高职高专"十四五"资源库精品教材·经管系列

公共关系理论与实务

（第四版）

李兰英　主　编
耿　铭　葛红岩　副主编

上海财经大学出版社

图书在版编目(CIP)数据

公共关系理论与实务/李兰英主编．—4版．—上海：上海财经大学出版社，2022.8
(高职高专“十四五”资源库精品教材·经管系列)
ISBN 978-7-5642-3991-6/F·3991

Ⅰ.①公…　Ⅱ.①李…　Ⅲ.①公共关系学-高等职业教育-教材
Ⅳ.①C912.31

中国版本图书馆CIP数据核字(2022)第100871号

□ 责任编辑　李成军
□ 封面设计　钱宇辰

公共关系理论与实务
(第四版)

李兰英　主　编
耿　铭　葛红岩　副主编

上海财经大学出版社出版发行
(上海市中山北一路369号　邮编200083)
网　　址：http://www.sufep.com
电子邮箱：webmaster@sufep.com
全国新华书店经销
江苏句容市排印厂印刷装订
2022年8月第4版　2022年8月第1次印刷

787mm×1092mm　1/16　18.25印张　467千字
印数：13 001—16 000　定价：49.00元

前言

《公共关系理论与实务》自2006年出版以来，受到众多读者的支持。我们继续本着务实求真、与时俱进的思想，在汲取该教材第一版、第二版和第三版的经验基础上修订本教材。

本次修订的原则是：第一，保持前三版的版面生动、知识体系务实的优点；第二，进一步将理论与实际相结合的特点，用案例引领教学的方式修订本书，做到用丰富多彩的实践案例说明公共关系理论；第三，在原来的基础上，修订了部分知识点，使知识点更符合当下的国情和公共关系的要求；第四，在案例的选择上去旧更新，主要是去掉早期的案例，选择最近几年发生的较新颖的、具有典型性的案例，并更新了大部分"引入案例""微型案例""案例研究""实验实训"等内容；第五，保留了少部分经典案例；第六，根据多年来实际教学的反馈，删改原有不适当的文字，更正了部分文字和数字错误。

在第四版中，具体分工如下：第一章、第五章、第七章、第八章由上海健康医学院李兰英老师修订；第二章由上海健康医学院耿铭老师修订；第三章、第六章由上海立信会计金融学院葛红岩老师修订；第四章、第九章由荆州职业技术学院高音老师和上海健康医学院李兰英老师共同修订。李兰英老师设计了全书的框架与体系，并负责全书的统稿、整理与修订工作。

感谢上海财经大学出版社和上海健康医学院对"公共关系理论与实务"课程项目的重视和支持，感谢广大读者对本书的厚爱和建议，所有这一切将始终鞭策我们不懈地努力和不倦地追求。我们衷心希望第四版教材能够得到广大读者的认同，能为读者们的学习、工作提供应有的帮助。但是，由于我们水平有限、时间仓促，书中难免存在疏漏与不妥之处，敬请读者批评指正，以便在教材修订时完善。同时在编写过程中，我们博采众家之长，参考颇多，在此深表谢意，参考资料的来源及作者姓名，我们已在书中和附录里注明。有些资料我们是参考互联网上发布或转发的信息，其中有些已经无法查明出处，在此编者向原作者所付出的辛勤劳动表示衷心感谢。相关意见可发电子邮件至 lshhl2001@163.com。

另外,为了方便教师的教学,上海财经大学出版社备有教师教学用的课件。如有需要,请致电或者 E-mail 联系。联系人:李成军,电话:021—65904706,E-mail:littlelcj2@163.com。

编 者

2022 年 4 月

目　录

第一章　公共关系概述

学习目标

通过本章学习，你应能够：

掌握公共关系的概念、原则及意识；

了解公共关系发展的历史脉络；

了解公共关系在中国的发展过程；

了解公共关系的就业前景。

引入案例

全球疫情大考，中国展现负责任大国形象

2020年，一场突如其来的新型冠状病毒肺炎疫情在中国各省市蔓延，情况不容乐观，武汉封城。随后，在党中央和国务院的正确领导和大力支持下，众多医护工作人员和防疫人员在一线奋战，无数普通的中国人积极配合防疫工作，海外华人华侨及各企业也纷纷捐款捐物，为祖国抗击疫情贡献力量，经过两个月左右的努力，这场防疫战争已见胜利的曙光，全国各地陆续复工复产复学。但全球范围内的疫情则并不乐观，多个国家陆续爆发严重的新冠疫情，截止到2020年4月22日，世界卫生组织统计的数字显示，全球患新冠肺炎疫情人数已超239万，情况尚不明朗，全面胜利的时间节点犹未可知。

在抗击疫情的过程中，中国对疫情迅速反应，建立方舱医院，倾举国之力抗疫，保障人民的生命安全，而后又对其他国家施以援手，陆续得到国际社会的好评。

中国快速控制疫情，人民对政府的信任度大大提高

临近春节，2020年1月，国内各媒体陆续报道了武汉出现不明肺炎疫情的新闻，1月9日，武汉出现首例新冠肺炎疫情死亡病例，1月10日，春运开始，人们陆续回到家乡过年，疫情进一步扩散。1月20日，钟南山院士正式对外界宣布，新冠肺炎疫情存在人传人的现象，引起了不小的轰动。1月23日上午10:00，武汉正式封城，此时，全国各省市也陆续出现新冠肺炎疫情，当天是腊月二十九，本是年前一天的喜庆日子，但全国人民的心都被疫情牵动着。

为防控疫情，武汉市决定参照北京“小汤山”模式建设火神山医院，从1月23日开始，建成了建筑面积3.39万平方米，可容纳1 000张床位的医院，从方案设计到建成交付仅用10天，2月2日，武汉火神山医院正式交付使用，并于次日开始接收新冠病毒感染患者。与此同时,武汉的雷神山医院建成也仅用10余天。

紧迫的工期正赶上春节期间人力物资极为紧缺的情况,但各企事业单位全力配合,昼夜不停施工,万众一心,与病毒抢时间,终于实现这项壮举,此次"中国速度"又一次被国内外称赞,有网友笑称,不愧是"基建狂魔"。

在两座医院建设过程中开启了24小时直播,吸引了众多宅在家抗击疫情的网友的关注,纷纷在线"云监工"。同时,这则10天建成医院的新闻也引起了外国网友的热议,他们为中国抗击疫情加油,更为"中国速度"点赞。国外众多媒体更是纷纷报道,并高度点评。

英国《卫报》在报道武汉计划10天内建成可容纳逾1 000张病床的火神山医院时指出,尽管有些不可思议,但实际上在短时间内建成医院应对重大健康危机,"中国已有建设模式可循"。在2003年"非典"疫情期间,7 000名工人在北京北部郊区"仅用一周时间"就建成了占地2.5万平方米,可容纳1 000张病床的小汤山医院。

新加坡《联合早报》报道称,完成这一切只有10天时间,考验的不仅是建筑技术,更是危难当前中国人民的韧性与凝聚力。

"德国之声"网站在题为"面对疫情 中国惊人的组织力"的报道中指出,中国在建设武汉火神山医院和雷神山医院的过程中展现了惊人的组织力,能在如此短的时间内调动这么多建筑工人,并将所需建材运到武汉,是不可思议的。

俄罗斯《共青团真理报》将火神山医院称为"奇迹医院",称其以"创纪录的速度"完成。

两座医院建设的"中国速度"为人称赞,但也仅是中国为抗击疫情所做诸多努力中的一点。疫情发展迅速,患者人数逐渐攀升,武汉医疗早已不堪重负,在疫情还不明朗的情况下,除夕夜,解放军医护人员冒雨搭载运输机奔赴武汉,随后,全国各省市医疗队冒着可能感染的风险陆续支援湖北。1月24日到4月15日,共计有315支医疗队,35 591位医护人员支援湖北,为此次抗击疫情做出了突出的贡献。她们不计生死的付出,挽救了无数的生命和家庭,更得到了全国人民的深深敬佩,在撤退回乡时得到了最高礼遇的接待。除此之外,各企业纷纷捐款捐物,海外华人华侨在危难时刻义不容辞地购买口罩、防护服等防疫用品寄回国内,为祖国抗击疫情贡献力量,也曾感动全国人民。

4月8日,封闭了76天的武汉正式在零点解封,这也标志着中国抗击疫情的又一个阶段性胜利。这场胜利来之不易,且中国仍然要严防境外输入,有诸多工作需要做。

中国陆续对外援助,彰显新时代的大国担当

中国的疫情逐渐好转,而全球疫情则不容乐观,不仅限于日本、韩国、印度等亚洲国家,意大利、西班牙、德国等欧国家陆续爆发严重的疫情。对此,中国陆续向其他国家提供援助,并对日本、俄罗斯等最初援助过我们的国家施以援手,"滴水之恩,涌泉相报"。

4月20日,俄罗斯总统普京就疫情问题与俄政府官员及有关方面专家召开视频会议时表示,俄罗斯向中国提供200万只口罩,而如今俄罗斯已经收到1.5亿只中国口罩。

随着新冠肺炎疫情在全球蔓延,欧洲国家尤其是意大利面临的疫情尤为严峻,面对意大利向欧盟的求助,没有一个欧盟国家响应欧盟委员会的呼吁。这时,有着丰富抗疫经验的中国伸出了援手。3月以来,中国已先后派出三批医疗专家组赴意大利开展疫情防控工作,为当地疫情防控工作贡献中国力量。4月19日,意大利民事保护部门发布的统计数字显示,意大利当天新增确诊病例、新增死亡病例及重症病例均保持下降趋势,显示该国新冠疫情持续缓解。

非洲新闻网报道显示，中国医疗队为尼日利亚在检测和治疗新冠病例，特别是治疗重症患者上，提供一手经验。除了提供专业知识外，他们还带来了捐款还提供医疗用品。

3月15日，塞尔维亚总统武契奇向民众发表电视讲话，宣布塞尔维亚进入紧急状态。武契奇含泪表示："欧洲团结是不存在的，这都是纸上的童话。""在这种情况下，只有中国可以帮助我们。在抗击疫情方面，中国的经验和技术都值得学习。"3月21日，中国援助塞尔维亚抗疫医疗专家组一行6人乘专机抵达塞尔维亚首都贝尔格莱德，由中国政府捐赠的一批医疗物资同机抵达，塞尔维亚总统武契奇率多位政府官员到机场迎接，并与医疗队成员一一碰肘表示欢迎。武契奇在机场亲吻五星红旗的一幕，让无数中国人为之动容。4月末，应塞尔维亚政府的请求，中国专家组两次将返程延期，为当地防控疫情继续做出努力。

面对疫情，以往提倡团结的欧盟并未给意大利、塞尔维亚等国家帮助，相反，甚至出现了同盟国之间争抢、扣留口罩等现象。中国在此次全球抗疫大考中的诸多努力，向多国捐防疫物资、派遣医疗团队或视频分享防控疫情的经验，是人道主义援助，更是对"人类命运共同体"理念的实践。由此，中国负责任、有担当的大国形象进一步为多国所认知，更对日后中国的政治形象、经济发展等方面有诸多益处。

疫情尚未结束，既要坚定信念，也要充分做好应对困难的准备

随着疫情持续蔓延，很多国家出现防护物资短缺的现象，众多留学生及其家长都极为忧虑，为此，中国各大使馆陆续为当地留学生发放"健康包"，解燃眉之急，更感动了无数海外学子。这场漫长的疫情战役凸显出了中华儿女强大的凝聚力，从疫情暴发初期广大海外留学生捐款捐物，到如今"祖国是你们强大的后盾"。中国对海外公民的关心和守护，在海内外赢得了赞扬。

然而，疫情发生以来，一直有国家忽视中国在国内外抗击疫情的有力举措，无视中国为全球疫情争取到的时间，以及做出的积极贡献，别有用心地针对中国。

由此可见，中国有力的抗疫实力以及高效的对外援助举措，确实使得中国国家形象在海内外大大提升，更进一步树立了中国有担当的大国形象。但与此同时，国际形势复杂，前路漫漫，疫情战役尚未全面胜利，对于国际舆论更是不容松懈，仍然有一场硬仗需要去打。

资料来源：中国公关网，http://www.chinapr.com.cn/p/2658.html，2020年6月11日，有删改。

以上系列活动的开展为中国赢得了声誉，获得了世界公众的认可，同时也使公众充分认识并了解中国作为大国的担当。

第一节　什么是公共关系

"公共关系"一词是英语"public relations"的中文译称，简称PR。它有两种理解：一是"公开的、公共的关系"，二是"公众的关系"。因此，也有些专家学者，尤其是海外学者，将"public relations"译作"公众关系"。

一、公共关系的含义

公共关系本质上是社会主体与公众对象之间双向的信息沟通、信息传播关系。公共关系作为一种经营管理学科，主要研究社会组织如何运用各种信息传播、双向沟通的手段，为组织发展创造良好的社会关系环境和社会舆论环境,使组织与环境之间相互适应,同步发展。

小资料

公共关系的几种定义

1978 年秋天,在墨西哥举办的第一届公共关系大会上,公共关系实践被定义为“一种分析趋势并预测其结果,给组织管理者提供咨询,实施对组织和公众有利的且有计划的行为的艺术和社会科学”。

美国公共关系协会则将公共关系定义为一种包括了最高层次的咨询并且牵涉到组织的战略策划的管理职能。

然而,把公共关系定义为“声誉管理”的做法也很流行。国际公共关系协会认为:公共关系将影响名誉——言行的结果和他人的评价。公共关系实践是一种关注名誉的行为,目的是获取理解及支持并影响观点及行为。

资料来源:道·纽森、朱迪·范斯里克·杜克、迪恩·库克勃格著,于朝晖等译:《公共关系本质》,复旦大学出版社 2011 年版,第 5 页。

对公共关系含义的理解和定义的表述是多层次的。综合各种观点,人们普遍认为公共关系既可以是一种状态,又可以是一种活动,还可以是一种学说,更可以是一种观念和职业。

(一)公共关系是一种状态

任何组织都处在一定的公共关系状态之中,这是一种客观存在的形态。

公共关系状态是指一个组织所处的社会关系和社会舆论状态,也就是这个组织在公众心目中的现实形象。社会关系状态是指一个组织与其相关公众之间联系的程度,如相互间的关系是紧密还是疏远、是融洽还是紧张、是合作还是对抗,等等。社会舆论状态是指一个组织在公众舆论中的反应程度,如是赞赏还是反对、是热情还是冷漠,等等。当人们说要“注意组织的公共关系”的时候,就是指要注意维护和完善组织良好的公共关系状态。

从公共关系的本质上看,社会组织的公共关系状态可以分为良好的公共关系状态和不良的公共关系状态。

1. 良好的公共关系状态。公共关系处于积极、有利的社会关系环境和社会舆论气氛之中。处于这种状态,社会组织的各项工作、业务的开展必然顺畅,到处受到社会公众的欢迎和支持,这是一种宝贵的无形资产,可使一个组织的有形资产增值。良好的公共关系状态是公共关系所追求的目标,具体表现为一个组织在社会公众中享有美好的形象,以与公众的利益彼此兼顾为准则,强调成功的人际关系、和谐的人事气氛和良好的社会舆论,以赢得社会公众的了解、信任和支持。这种公共关系状态会给社会组织或企业带来无形的财富。

微型案例　香格里拉的成功之道

香格里拉是国际著名的大型旅游企业连锁集团,它从 1971 年新加坡豪华香格里拉饭店的开业开始起步,很快便以其标准化的管理及个性化的服务赢得国际社会的认同,在亚洲的主要城市迅速发展。

香格里拉的总部设在中国香港,是亚洲最大的豪华旅游企业集团,并被许多权威机构评为世界最好的旅游企业集团之一,它所拥有的豪华旅游企业和度假村已成为最受人们欢迎的休闲度假场所。香格里拉始终把游客满意当成旅游企业经营思想的核心，并围绕它把其经营哲学浓缩于一句话——“由体贴入微的员工提供的亚洲式接待”。

香格里拉有八项指导原则：

(1)我们将在所有关系中表现真诚与体贴；

(2)我们将在每次与游客接触中尽可能为其提供更多的服务；

(3)我们将保持服务的一致性，客人只需打一个电话就可以解决所有问题；

(4)我们确保我们的服务过程能使游客感到友好，员工感到轻松；

(5)我们希望每一位高层管理人员都尽可能与游客接触；

(6)我们确保决策点就在与游客接触的现场；

(7)我们将为我们的员工创造一个能使他们的个人事业、目标均得以实现的环境；

(8)客人的满意是我们事业的动力。

与航空旅游公司联合促销是香格里拉旅游企业互惠互利的手段之一。香格里拉与众多的航空旅游公司推行“频繁飞行旅游者计划”。入住香格里拉饭店时，客人只要出示“频繁飞行旅游者计划”的会员卡和付门市价，就可得到众多旅游公司给予的免费公里数或累计点数，如：每晚住宿便可得到德国汉莎航空公司、美国西北航空旅游公司、联合航空旅游公司提供的500英里的优惠。

其他航空旅游公司有加拿大航空旅游公司、新加坡航空旅游公司、瑞士航空旅游公司、澳大利亚航空旅游公司、马来西亚航空旅游公司，以及泰国航空旅游公司等。另外香格里拉还单独给予客人额外机会领取奖金和优惠。

游客服务与住房承诺方面，则体现了旅游企业在承诺、信任原则上的坚持。

香格里拉饭店回头客很多。饭店鼓励员工同客人交朋友，员工可自由地同客人进行私人的交流。饭店建立的“游客服务中心”，与原来各件事要查询不同的部门不同，客人只需打一个电话到游客服务中心，一切问题均可解决，饭店因此也可更好地掌握游客信息，协调部门工作，及时满足游客。在对待客人投诉时，绝不说“不”，全体员工达成共识，即“我们不必分清谁对谁错，只需分清什么是对，什么是错”。让客人在心理上感觉他“赢”了，而“我们”事实上做对了，这是最圆满的结局。每个员工时刻提醒自己多为客人着想，不仅在服务的具体功能上，而且在服务的心理效果上满足游客。

香格里拉饭店重视来自世界不同地区、不同国家客人的生活习惯和文化传统的差异，有针对性地提供不同的服务。饭店为客人设立个人档案，长期保存，作为为客人提供个性化服务的依据。

资料来源：李付庆：《公共关系学》，南京大学出版社2017年版，第3—4页，有删改。

2. 不良的公共关系状态。公共关系处在消极的、不利的社会关系之中，必然会给社会组织或企业带来负面的影响，使其声名狼藉，最终导致社会组织或企业失去长远的利益。

微型案例　聚美优品

2014年7月底，聚美优品网站的第三方商户“祥鹏恒业”涉嫌造假，其整个运作产业链曝光。而后，聚美消息称陈欧暴怒宣布“砍掉整个奢侈品部门”，质问在场高管“只审资质文件管什么用”。12月16日，聚美优品被美国Milberg LLP法律事务所发起集体诉讼，导致股价缩水了近70%。随后，陈欧发表题为《你永远不知道，陈欧这半年在做什么》的长微博回应在美被诉讼事情。

陈欧掀起的“我为自己代言”的营销风暴让聚美快速俘获了一批用户。但是伴随着聚美成长，售假消息一直没有间断。陈欧曾公开表示，因为薄弱的媒体关系，售假被反复拿来说事；律师事务所起诉聚美则是因为背后有利益输送，律师事务所和律师是为了利益“搞”聚美和做空聚美。陈欧把接二连三的负面消息都推给了媒体和律所，显然会让公众认为其缺乏解决问题的诚意，影响个人和公司的形象。

资料来源：苏日娜、邓莎莎：《公共关系原理与实务》，武汉大学出版社2016年版，第16页，略有改动。

(二)公共关系是一种活动

组织的公共关系活动是一个组织长期进行社会交往、沟通信息、广结良缘、树立自身良好形象的过程，它表现为日常公共关系活动和专项公共关系活动两大类。

微型案例　中国首部国家形象片在美亮相

2011年1月17日一早开始，一则时长60秒的中国国家形象宣传片在纽约时报广场户外大屏幕播放。在接下来4周时间内，从每天早上6点至次日凌晨2点的20小时内，这则宣传片每小时播放15次，总计播放将近万次。细心的人们会发现，在播出国家形象片的荧屏侧面写着“感受中国”的英文字样，格外醒目。这部国家形象宣传片在向世界传递着什么？而美国公众，又从中感受到了什么？

这部由国务院、中国新闻办筹拍的总时长60秒的形象宣传片，被称为中国国家形象片——人物篇。这一短片集纳了来自中国的59个人物，平均每人亮相只有1秒，但是这59个人物的微笑、自信却给关注它的美国人带来深深的感动。

画面中的59个人，有很多是美国人十分熟悉的，比如：姚明、邓亚萍等知名运动员，以及一些艺术家、科学家、航天员，当然还有一些他们叫不出名字的普通老百姓。但是，他们却知道形象片中的这些人物一定是当代中国人的形象，也是中国人最喜欢的形象。外国媒体报道说，中国的宣传片是中国国家领导人到来之前的“盛大派对”，展示了中国的软实力。

通过形象宣传片让世界更多地了解自己的国家，是近年来公共外交领域的一个新亮点。这一中国国家形象宣传片的意义是把一代真实的中国人，一个真实的中国展示给美国的公众。在每一个人物的背后，都代表着这个领域的发展。形象宣传片传达的是所有中国人带给世界的微笑和自信，而中国国家主席的这次出访美国，也是中国形象的一次重要展示。

资料来源：张云：《公共关系概论——理论、实践和案例》，华东师范大学出版社2016年版，第23页。

公共关系作为组织的一项有意识的实践活动，是一项在利他行为基础上的利己行为。在改善公共关系状态的活动中，社会组织成员人人都能进行的公共关系活动称为日常性的公关活动，而需要完整的计划和专门性的技术才能进行的公共关系活动称为专门性的公共关系活动。

（三）公共关系是一种观念

公共关系观念影响和指导着个人或组织决策与行为的价值取向，从而反作用于人们的公共关系活动，并间接影响实际的公共关系状态。公共关系观念主要包括形象观念、公众观念、传播观念、协调观念、互惠观念等。此外，公共关系观念还包括团队观念、创新观念、服务观念、社会观念等。

微型案例　李娜成功背后的公关故事

依靠出色的战绩和高效的商业运作，在2014年的“福布斯全球名人榜”中，李娜以2 360万美元排名第41位，是全球仅有的3名上榜的女性运动员之一。退役之后，她又入选2015年“福布斯退役运动员收入榜”，以超过1 300万美元的收入成为唯一上榜的女性运动员。她在榜单中的“竞争对手”变成了迈克尔·乔丹、大卫·贝克汉姆这样赫赫有名的人物。

2009年，李娜从国家网球管理中心单飞，并很快签约IMG公司，与经纪人麦克斯·埃森巴德（Max Eisenbud）开始合作。彼时，她已经27岁，世界排名第25位。李娜与IMG的经纪人在合约里规定，IMG为李娜提供整体营销等国际化服务，以及一份含保底收入的薪资合同。与此同时，IMG拥有与李娜共享广告、代言等收入的权利。李娜希望IMG在2010年6月前，帮助自己的排名达到世界前十。当年，他们做到了。

一年后，李娜迎来网球场上的腾飞和商业发展的转机。她连续拿下2011年澳网亚军和法网冠军。在李娜夺得法网冠军数周之内，埃森巴德迅速为她谈成总价值为4 800万美元的合同。这一年，她的赞助商多了劳力士、哈根达斯、梅赛德斯一奔驰这样的国际品牌，而过去只有耐克。

IMG在为李娜挑选赞助商时，会设立一定的门槛，以让她的收入更稳定。譬如说，2014年在她澳网夺冠之前的要求是，每家公司的赞助年限最少3年，数额不低于800万元人民币。

2012年，李娜年满30岁，是不折不扣的老将。当年温网出局之后，李娜向埃森巴德表达了寻找新教练的想法，后者为她找来带领过比利时名将海宁的阿根廷教练卡洛斯·罗德里格斯（Carlos Rodriguez）。李娜的冠军团队也正式形成，核心成员包括埃森巴德、李娜的丈夫姜山、教练卡洛斯和体能师阿列克斯·施托贝尔（Alex Stober）。

在卡洛斯的指导下，处在职业生涯后期的李娜改变了发球动作，还调整了整个攻防体系，重视主动进攻，更频繁地来到网前。而体能师阿列克斯则负责让李娜在密集的训练和比赛中避免伤病。李娜的竞技水平依然在稳步提升，夺得了2014年的澳网冠军，而卡洛斯、阿列克斯和埃森巴德都出现在她夺冠感言的感谢名单中。

李娜离开赛场后，IMG公司又为她规划退役后的商界之路。李娜退役后，经纪人埃森巴德透露了IMG公司和李娜创造网球学校的计划。这所学校将辅以配套的餐饮休闲会所、疗养中心、健身中心等，并推出以李娜的形象为设计基础的特许商品。学校被定位为像迪士尼乐园一样的“李娜乐园”，是一整套综合性体育娱乐产业。

2014年3月，李娜发布自己的个人品牌“LINA李娜”，并宣布与新元素餐厅的首次合作，推出了“娜样活力”系列菜单。而2015年5月，一部关于李娜的传记电影正式对外公布，导演是陈可辛。

现在，IMG公司运作“李娜”这个品牌时又有了新方向，最终的目的是把这位性格球员打造成为“中国第一的商界女性”。虽然退役了，但是网球运动员在运动中的影响力依然可以延续下去，个人商业开发也并没有结束。

资料来源：苏日娜、邓莎莎：《公共关系原理与实务》，武汉大学出版社2016年版，第17页。

从上述李娜的公共关系宣传案例中可见，IMG在公众中为李娜用公共关系的观念塑造了李娜的公共关系形象。

(四)公共关系又是一种实务

公共关系实务，是作为组织管理职能的公共关系业务工作的总和。它包括公关调查、公关咨询、公关宣传、公关交际、公关服务及各种公关专题活动。

提醒您

对公共关系定义的理解可以概括为：

(1)公共关系的主体是社会组织或代表社会组织的个人。

(2)公共关系的客体是社会公众，而社会公众是由与社会组织有利益关系的个人、群体或组织构成的。

(3)公共关系的途径是利用传播手段进行社会组织与其社会公众之间的双向沟通。

(4)公共关系的目标是使社会组织获得社会公众的理解、支持和合作，为组织树立良好的形象，为事业的发展创造良好的社会环境。

(5)公共关系既是一种状态、一种活动，又是一种观念、一种实务。

微型案例　NBA传奇球星亲临打卡　燃爆康师傅冰红茶总冠军主题店

2018年6月7日，位于上海市赤峰路63号由康师傅冰红茶与全家联手打造的NBA总冠军主题店迎来了开业以来最大牌的“明星顾客”，被球迷们称为“海军上将”的NBA传奇巨星大卫·罗宾逊，NBA美女主播美娜是他此行搭档。两届NBA总冠军得主大卫·罗宾逊的到来，着实让这家被球迷们奉为“打卡圣地”的网红店熠熠生辉。

自5月1日开业以来，这里每天都会迎来不少慕名而来的球迷们，与店内展示的奥尼尔等蜡像，姚明、库里等巨星的签名球衣，以及乔丹的亲笔签名篮球等珍品争相合影。此前就连NBA总冠军奖杯也曾于5月17日在店里展出。

传奇球星突袭　中文互动球迷

活动当天，大卫·罗宾逊刚一露面便引来了球迷们的阵阵欢呼，在现场恭候多时的主持人美娜也热情地为他献上了康师傅冰红茶与NBA联合推出的总冠军限量礼盒，还授予了这位两届NBA总冠军得主“明星顾客”称号。远道而来的大卫·罗宾逊受到如此礼遇自然十分开心，对总冠军店内的一系列精心布置赞不绝口。

以两届NBA总冠军得主的身份亲自来总冠军店“打卡”，大卫·罗宾逊在接下来一系列互动中的表现令人刮目相看，简直像是回到了自己的主场。主持人和球迷们的各种

“套路”都难不倒他。无论是辨识人民币面额购买特定产品，还是用现学的中文与球迷们互动都不在话下。几名现场球迷还与这位传奇巨星切磋了球技。虽然退役多年，但他给球迷们亲身示范时的一招一式，风采丝毫不减当年。

中国的传统饮食文化一直都令 NBA 球星们颇有兴趣，此次在端午节前夕来到上海的大卫·罗宾逊也不例外，在现场品尝了民族传统节庆食物粽子，以及汤包、生煎等上海当地的特色小吃。

借势总决赛热度　传递燃痛快体验

随后的采访环节把现场的气氛推向了高潮，NBA 总决赛激战正酣，昔日的总冠军得主来到总冠军店，自然免不了被问及对今年总冠军归属的看法。大卫·罗宾逊告诉大家：“今天的比赛他也看了一点，勇士队的整体实力实在是太强了，但骑士队勒布朗·詹姆斯的表现绝对是现象级的。”此外，他还分享了许多自己当年以球员身份参加总决赛的经历，现场的媒体和球迷们听得津津有味。

康师傅冰红茶的品牌高级经理白茹也在采访中表示：NBA 在中国的粉丝以年轻人为主，这些年轻人正好也是消费康师傅冰红茶的主力军。此次联手 NBA 和全家(Family Mart)推出这家总冠军主题店，也是对消费者们的一种回馈，让大家有机会近距离接触许多 NBA 的珍品、甚至总冠军奖杯和传奇球星，是希望能把美国的篮球文化带给中国球迷。

另外，在饮料的销售旺季借助 NBA 总决赛这样的超级 IP，通过一系列深受消费者喜爱的内容与活动，将产品与销售场合进行强关联，对销售转化也有显著的促进作用。类似的模式在今后也将继续推广下去。此外，康师傅冰红茶在夏季的 NBA5V5 以及 10 月的 NBA 中国赛期间也将进行一系列有趣的活动。

值得一提的是，今年季后赛期间，康师傅冰红茶以品牌代言人乔尔·恩比德的形象推出的球星瓶颇受球迷追捧。

大卫·罗宾逊对于此次活动给出了不俗的评价，无论是总冠军主题店的布置还是今天的互动环节都很令他满意。“我对中国球迷对 NBA 的热情和支持充满感激，十分感谢康师傅能给予我这样的机会回馈中国球迷。篮球是需要许多人一起玩的运动，希望大家都能参与其中，Let's Play!”

资料来源：中国公关网，http://www.chinapr.com.cn/p/1428.html，2018 年 6 月 8 日。

二、公共关系的构成要素

微型案例　第 29 届奥运会会徽发布

项目背景

奥运会会徽是奥运会形象景观的核心元素，是当今世界最具价值的无形资产，因而构成奥运会市场开发和奥运会形象宣传的重要载体。因此，北京奥运会会徽发布活动是奥运筹备阶段具有里程碑意义的重大事件。会徽发布恰逢北京“非典”之后，是北京及全中国恢复国际形象的重要契机，也是中国人民恢复信心的重要时机，这无疑使会徽发布活动显得更加意义非凡。

项目调研

根据北京在举办大型活动方面取得的经验，北京奥林匹克运动会组织委员会(以下简

“奥组委”)多次组织国内活动创意精英,就北京奥运会会徽发布方式进行讨论。经过深入的研究讨论,北京奥运会会徽发布活动方式确定为采用大型推广活动的形式,将会徽形态融入恢宏的、富有中国特色的表演。通过电视和互联网方式向全世界直播,体现全国各地对北京奥运会会徽的企盼以及对奥运会筹备工作的关注与支持。

项目策划

(1)聘请国内外大型活动和奥林匹克策划专家,组成核心创意国际团队。

(2)严格保密,保证会徽发布前的悬念。

(3)消息披露层层递进,以预热宣传营造强大的新闻悬念。

(4)整合政府、社会各方有利资源,组成活动实施团队。

(5)聘请专业制作公司制作实施。

(6)充分做好各项预案,如天气变化预案,反复演练,确保电视直播成功。

(7)聘请国际专业公关公司,确保充分的境外媒体宣传。

项目执行

1. 活动准备

(1)成立核心创意国际团队和制作团队。

(2)成立发布活动领导小组和指挥部。

(3)协调北京市各委办局进行任务部署和分工;提前做好场地技术保障工作。

(4)多次彩排,制定详细的活动脚本,程序安排精确到秒;充分做好天气变化预案。

(5)设计并制作会徽宣传片、会徽海报,制作会徽纪念品。

(6)设计制作全面的媒体报道手册,制订危机处理方案。

2. 媒体预热和报道准备

(1)充分利用有关会徽评选过程中的各种新闻点,组织媒体宣传,保证前期关注热度。

(2)利用多种媒体平台。提前组织记者撰写通讯稿《会徽诞生记》;请中央电视台、北京电视台体育节目中心提前录制专题节目;请电视台播放预告性片花;安排公关公司通过多媒体传播技术向全球媒体定向发出报道安排,使媒体关注度不断升温。

(3)发布前两周组织9次新闻发布和新闻访谈,激发报道热情,引起公众期盼。

(4)协调国际奥委会果断、完善地处理国外某网站对会徽图样恶意猜测性泄露和负面报道事件。

3. 现场发布

(1)发布仪式地点选定在中华古老文明的象征性建筑天坛祈年殿,为会徽发布搭建了一个前所未有的寓意东方文明的背景和平台。

(2)会徽从世纪坛经长安街运送到天坛,由邓亚萍、成龙护送会徽入场。其间通过电视直播,向全世界展示现代化北京的风采,为发布会活动做了精彩铺垫。

(3)全国人民代表大会常务委员会委员长吴邦国和国际奥委会协调委员会主席维尔布鲁根为会徽揭幕,活动提升到了国家庆典的水平。

(4)播出国际奥委会主席罗格的电视致辞和张艺谋执导的宣传片。

(5)诠释会徽元素和理念的文艺表演。

(6)中央电视台和北京电视台对发布仪式进行互动式现场直播,奥组委官方网站进行网上直播。

(7)仪式后,现场举行简短新闻发布会,邀请会徽设计者、评审等相关人员会见媒体。

4. 后续宣传

(1)安排中央电视台、北京电视台各套频道在黄金时间、重点栏目于会徽发布当晚和之后一周全面推出有关会徽的专访、专题节目。

(2)组织平面媒体和电台进行后续新闻报道和专访,深度挖掘会徽诞生的故事。

(3)首届奥林匹克文化节期间,在世纪坛举行会徽展,推出会徽专题论坛,加深公众对会徽的了解。

(4)在青岛、沈阳、天津、上海等奥运会协办城市举办会徽巡展,继续扩大会徽在全国范围的影响力。

(5)利用举办一系列文化活动的方式公开宣传、推广会徽。

(6)开展严密的媒体监控,针对一些不属实报道(如专利注册问题)及时展开纠正性报道。

项目评估

(1)2008 年奥运会会徽发布仪式圆满成功,隆重、典雅、富有中国文化特色的会徽发布仪式得到社会各界一致好评。

(2)媒介的热烈反响是会徽发布活动取得空前效果的最好注脚。

(3)会徽的成功推出,同时也为之后北京奥运会市场开发的顺利启动奠定了坚实的基础。

资料来源:吴建勋、丁华:《公共关系案例与分析教程》,清华大学出版社 2013 年版,第 12—14 页,有删改。

由奥运会会徽发布的公共关系活动可以看出,公共关系活动是社会组织运用各种传播手段维持和发展组织与公众之间良好关系的过程。公共关系活动举办过程中,需要主体、对象与媒介的参与,三者缺一不可。公共关系运作的要素构成是:公关主体——社会组织;公关客体——公众;公关手段——信息传播。了解公关要素的构成及其相互联系,是有效开展公关活动的前提。

(一)公关活动的主体

社会组织是公关活动的主体。社会组织在社会学中一般指具有特定目标和职能,并具有一定独立性的社会群体。作为公共关系运作主体,它是主动开展公共关系活动、向公共关系客体施加影响的社会群体。最早的公共关系主体是企业与公司。目前已经形成了三大公关主体:政府、经济组织和非营利组织。它们共同构成了当今公共关系活动的多元化主体。在上述案例 2008 年北京奥运会会徽发布中,公关活动的主体是北京奥林匹克运动会组织委员会。

(二)公关活动的客体

公关活动对象一定是与该组织具有直接或间接关系的组织、群体或个人,统称为“公众”。公共关系学中的公众是一个特定的概念,它是组织公关活动对象的总称,即任何因面临某个共同问题而形成的并与组织运行发生互动关系的群体。

主体与客体,或组织与公众之间的地位是相对的、经常互换的,任何组织、机构、群体或者个人都是公关主体,同时也是公关对象(公众),绝不存在单纯的公关主体或单纯的公关对象。公众的范围十分广泛,一般从组织的角度可分为内部公众与外部公众两大类。内部公众主要指组织内部员工、股东等。外部公众包括顾客、社区、新闻媒介、政府、供应商、竞争者等。公众构成了组织生存和发展的人文环境和社会环境。因此,一个组织要想获得生存与发展,就必须处理好与各类公众的关系。

（三）公关活动的媒介

公共活动的媒介是公关主体借以与公关对象联系、沟通、交往的信息传播工具。传播沟通是公共关系工作的基本手段，是公共关系的实现机制，也是组织与公众之间沟通的桥梁和纽带。在公共关系活动中，组织将公关活动信息通过媒介传递给社会公众，从而影响公众对组织的认识、看法和态度，达到取得公众理解、信任、支持的目的。公关的媒介包括各种信息沟通工具、社会交际手段和大众传播渠道，例如，报刊、书籍、电视、电影、电话、电影、图像、传真、网络、手机、大小会议、App、微信公众号等都是公关媒介。

微型案例 《中国好声音》的公关传播方式

2012年，浙江卫视推出的《中国好声音》节目掀起了电视选秀的收视热潮，首期收视率破1.5%，第二期达2.8%，节目冠名费6 000万元，话题不断，影响力延伸到了互联网，不到一个月，《中国好声音》网络覆盖量超过了2亿条，新浪微博有了76万粉丝，视频观看次数超过了3 700万，还被列为广电总局表彰的2012年广播电视创新创优栏目之一。《中国好声音》作为一个大众传播现象，它的传播方式是什么？

《中国好声音》顺应潮流，把握时机，选择微博作为主要的网络口碑传播渠道，在节目首期播出后迅速打响知名度，并始终吸引着公众的关注。

1. 网站建设。好声音建立一个网站，把每一期歌手的视频分别剪辑，划分栏目放上去，从栏目划分看，分为新闻、团队、学员、视频、图片、音乐、互动、专题、音乐下载。新闻：是最新的动态；团队：是一个面，以四个评委团队为主线，覆盖这些入选学员；学员：放上所有的学员列表，根据第几期和字母排行列出，方便检索，这是点；视频：花絮内容，满足那些想了解更多所谓内幕的人的探索欲望；图片：其实这个栏目除了花絮图片外，应该是以海报和屏幕保护图片为主，这是面；音乐：满足那些想在线听音乐的人的需求，这是点；互动：满足那些希望参与的人，并以视频为主来吸引参与，这是面的做法。这些划分的好处是满足了不同人的需求，几乎每个栏目都在线收集潜在歌手的交互操作，这些主动参与的人，又由另外的渠道了解到《中国好声音》而燃起热情。这些渠道就是社交媒体、视频网站和户外广告。

2. 社交媒体。在社交媒体新浪微博上，《中国好声音》建立了两个微博账号，通过这两个账号及时发布信息、新闻，这些微博能快速聚集人气，主要通过口碑传播，而《中国好声音》微博更新频率还是很快的，这就保证了微博的吸引力，通过微博，把网站、花絮、线下推广串联起来，非常及时地让人了解到《中国好声音》每一步的举措。社交媒体上因为《中国好声音》和《中国好声音》微博会产生更多的调侃、模仿和讨论，这些像病毒一样的传播方式，反过来又影响到原本对《中国好声音》不了解的人的好奇，最后他们会好奇地去等每周五晚上那期最新的《中国好声音》节目，而为了让学员从虚拟走向现实，《中国好声音》还是不能免俗，使用了推介会这种形式，从微博能了解到各个城市什么时候开始线下推广，这些推介会反过来为微博提供了资源，让微博在每个周末固定时间保持了更新的频率。线下推广无疑拉近了学员和观众之间的距离。

3. 线下推广。线下推广通过户外广告和开在各地的学员推介会来实现，线下推广在上海的固定地点在上海大悦城，这个地方距离市中心人民广场很近，只有一站路的距离，而且出地铁口，上面就是大悦城，观众区比很多商场都大，又是室内，不会受到天气影响，交通便利，人们容易到达。这些便利条件让《中国好声音》的展现有了保证，但现场音响调音不完美，这是值得改进的地方。这些视频同时也会被合作的视频网站分享，以在更广泛的群体中传播。

资料来源：于燕：《公共关系理论与实务》，北京师范大学出版社 2018 年版，第 33—35 页，有删改。

公共关系就是以一定的组织机构为主体，与大众对象之间通过传播媒介进行沟通。

在公共关系工作中，必须做到组织、公众、媒介三要素高效、有机配合，组织必须通过高效的传播媒介把有效的信息传递给目标公众，公众的意见和建议也通过媒介反馈给组织，从而实现组织与公众之间的双向沟通。

三、公共关系的原则和意识

(一)公共关系的原则

公共关系的原则，就是社会组织及其工作人员为实现公共关系目标和保证公共关系工作的效果，在开展公共关系活动中必须遵循的基本工作原则。

社会组织要想有效开展公共关系，就必须坚持和遵循以下基本原则：

1. 诚信原则

所谓诚信原则，就是在公共关系活动中必须坚持以客观事物为基础的工作准则，公共关系主体必须如实地向组织和公众反映实际情况，既报喜又报忧，不回避问题和困难，坚持做到客观、真实、全面、公正。这是公共关系的首要原则，它要求必须及时、准确、全面、公正地向组织或公众传播信息。

提醒您

诚信原则的具体要求如下：

第一，向组织或公众提供的信息必须是准确真实的，即有一说一，既不夸大，也不缩小。只有准确真实的信息，才能得到组织和公众的信任。

第二，要全面、公正地向组织或公众提供信息，即要向人们提供事实的全部，而不只是某一个侧面。

第三，在处理组织与公众的双方关系时，应不偏不倚，给予同等的机会和条件，这样才能促成组织与公众的真诚合作，才能在公众中真正树立起良好的组织形象和信誉。

微型案例　复旦大学“复印门”事件

2015 年 5 月 27 日，正值复旦大学 110 周年校庆日，学校发布了一个名为 To My Light 的宣传片。该片在一周前已提前预热，并多次发布预告，校庆当日在网上一经发布便引来众多网友的围观。该片时长 4 分钟 50 秒，画面是从一架飞机的驾驶舱开始的，接着画面转进一间教室，一名穿着飞行服的女生在教室中醒来，随后漫步图书馆、看到正在阅读古代文献的老学者、在派对上跳舞、在操场上打太极拳、在黑板上手绘飞机……

但该片在上线当天，即被网友发现其与日本东京大学 2014 年的宣传片 Explorer 非常相似。微信公众号为“天黑动物园”的网友甚至将两片的创意、镜头、文案及画面等多处细节进行了详细的对比，对比内容发布后，一时间引起大量网友的热议。在复旦大学发布宣传片的官方微博下，网友们纷纷留言评论，暗含讽刺批评之意，甚至有网友把复旦大学戏称为“复印大学”。至此，复旦大学陷入了前所未有的“复印门”风波。

争议出现5小时后，复旦大学党委宣传部副部长、制片人滕育栋第一时间接受了《南方都市报》的采访，坚决否认抄袭。滕育栋称，片子是根据复旦大学2009届毕业生乐娅菲的真实经历改编，并没有受到日本东京大学宣传片的影响，“我们的选题截然不同，剧本是根据校友事迹写的，整个创作过程是独立的”。

同时，该宣传片的摄制团队也借复旦大学官方微信解释说：“像复旦这样的大学，能否避免以做文稿的方式做片子？我们想做一点突破，希望海内外校友和关心复旦的各界人士能够包容这种尝试。”

但是，复旦大学回应的报道一出，舆论哗然，网友纷纷指责复旦大学发言人对此事拒不承认的态度有违诚信与道德准则，事件在网络上持续发酵。迫于社会舆论的压力，在制片人接受采访的第二天，该宣传片从复旦大学的官方网站、微博、微信公众号等平台下线。复旦相关发言人对媒体称“将用新的宣传片代替”。然而风波并没有就此停止，第二部宣传片一经上线又被网友认为涉嫌复制了德国慕尼黑工业大学的宣传片 Typish TUM 的创意。28日晚上，复旦大学党委宣传部副部长、制片人滕育栋再次站出来接受媒体采访，正式向公众道歉，并称随时接受处理。然而，由于接连不断的公关措施应对不当，在一浪接一浪的批评声中，这所享誉中外的著名学府陷入了前所未有的舆论危机。5月31日，复旦大学官方微博才发布正式声明致歉。该声明称，“视频宣传片 To My Light 涉嫌抄袭，造成了不良社会影响，损害了学校声誉，伤害了大家的感情”，并“将启动相关调查工作，追究责任，严肃处理”。

资料来源：樊帅：《企业公共关系案例解析》，清华大学出版社2017年版，第36—38页，有删改。

2. 真实性原则

真实性原则反映了公共关系工作人员的业务素质和道德准则。公共关系的真实性，是指传播信息应该守信用、重承诺。科学的公共关系建立在“双向对称”的基础上，“双向对称”的公关模式依赖于信息的真实、准确和双向交流及分享。因此，公关信息传播不仅要客观真实，而且要力求全面，否则容易引起公众对事实真相的猜测和对组织诚实性的怀疑。真实性也是公关道德规范的要求。公共关系工作绝不能文过饰非，它是建立在讲真话基础上的一种友善平等的行为。

3. 公开性原则

所谓公开性原则，就是坚持公众对社会组织的状况、运作程序及决策过程，有了解、参与、评价的权利。现代公共关系实践证明，提高社会组织的透明度，引导公众参与组织管理，对于提高员工的主人翁精神，提高工作效率，增强公众对组织的亲善感、向心力和忠诚态度，以及保证组织决策的民主化、科学化，都有很大的作用。为此，组织就应该将封闭式管理向透明式经营管理转变，同时组织的决策过程要争取公众的参与。

4. 长期性原则

所谓长期性原则，就是在公共关系活动中要坚持立足于平时、靠长期努力的原则。长期努力是形成良好公共关系的基础。任何一个社会组织及其公众之间的良好关系都不是一蹴而就的，它需要长期坚持不懈的努力，不断维护、调整和改进。因此，公共关系和急功近利的思想是格格不入的。为了坚持公共关系长期性原则，在具体的公关活动中应坚持从平时做起、从我做起，自觉维护组织的形象及声誉，为保证实现组织的长远利益，应将公众利益放置于首位。

5. 科学性原则

所谓科学性原则，就是公关工作不仅要坚持以科学理论为指导，而且要坚持以调查研究为基础的工作原则。现代化组织的公共关系活动再也不能单凭直觉行事，处于不自觉的公共关系状态，而必须借助现代科学的理论和方法，有组织、有计划、有步骤地开展公关活动，以求达到最佳效果。

提醒您

科学性原则要求在实际的公关工作中做到：

第一，不能只凭经验和灵感，而是要做到凡事先调查，在调查的基础上科学研究、分析，做到有根有据，提高公关决策和计划的科学性；

第二，要尽可能采用现代调查研究的方法和手段；

第三，调查研究工作要制度化、规范化，并确立为公关工作程序的一部分。

微型案例　“最大份炒饭”事件的公关

2015 年 10 月 23 日，扬州举办了一场“最大份炒饭”的挑战赛，300 名专业厨师共同参与，炒出约 4 吨重的扬州炒饭，成功刷新了吉尼斯世界纪录。

随后，网友曝光的图片显示，现场工作人员脚踩炒饭，并将炒饭装进卡车运走，致使该事件再次掀起热议，纷纷怀疑这 4 吨炒饭的去向。主办方事后回应，由于长期存放，确有 150 斤炒饭无法食用，被送到了养殖场，其余炒饭送到了相关接收单位。

舆论普遍认为此举过于浪费。针对强烈的质疑，10 月 26 日，吉尼斯世界纪录官方发布消息：因“最大份炒饭”存在浪费的情况，此次挑战纪录无效。

据了解，举办“最大份炒饭”活动，主要是为了庆祝扬州建城 2 500 周年，相关部门想借此次活动，宣传扬州古城的美食文化。实际上，早在大赛前夕，扬州市质量监督局就出台了一份扬州炒饭的官方标准。据统计，按照官方标准，此次“最大份炒饭”的成本约 14 万元。近年来，吉尼斯世界纪录在中国大受欢迎，并陆续成为众多品牌和城市的宣传窗口，很多大型活动都有政府部门的参与或支持。“世界最长鞭炮”“世界最大月饼”等纪录陆续出现，不禁让人怀疑这类纪录的价值所在。

此次“申吉”风波，一方面给那些热衷于举办“最大”“最长”的活动以赚取噱头的主办方一个提醒：城市宣传无可厚非，可复制此类模式，但其毕竟不是长远之计。再好的纪录都不如踏踏实实为百姓办事，提高城市管理能力，打造良好的人文环境来得更为直接和踏实。另一方面，在此次事件中，扬州相关部门的公信力受到了很大的质疑，其长期维护的公正形象也大受批判。即便取消此次纪录，其未来的恢复公信之路依然要走很久。

资料来源：苏日娜、邓莎莎：《公共关系原理与实务》，武汉大学出版社 2016 年版，第 27 页，略有改动。

公共关系是一门科学，有一套完善的采集、分析、研究、了解公众意愿的组织管理机制。应严格做到调查研究工作的规范化、公关决策的系统化、公关实施的制度化，并以此作为组织运作的支持系统。

以“为公关未来导向”为主题的第48届美国公关协会年会对国际公共关系的新态势走向做了如下概括：(1)高技术的双向交流；(2)公关投资的重点是知识和头脑；(3)互动广告；(4)公关市场“准个人化”；(5)同步操作的互联网，改变了传统的公关操作模式；(6)亚洲成为国际公关的重点；(7)公关、广告、营销一体化趋势显现；(8)公关事务系统化、公开化；(9)第三方说话；(10)企业公关不再着眼于企业形象策划(corporate identity，CI)，而是重点分析企业的个性、企业的市场、行业和竞争关系，分析企业的立场、人格，从而给企业以准确的定位。

国际公共关系的这种新态势和新走向，要求作为社会科学和管理艺术的现代公共关系学必须以科学为指导，积极适应社会发展需要，创立新的公关理论，开拓新的公关活动领域。

(二)公共关系的意识

微型案例　腾讯和老干妈事件中的公关意识

腾讯和老干妈事件原本是一个很普通的合同纠纷案件，但极不寻常的是涉事双方的特殊身份。剧情反转尺度之大、速度之快，让公众目瞪口呆、脑洞大开。一夜之间，腾讯和老干妈事件就上了热搜，成为社会关注的热点。表面上看这是广告合同纠纷，其实是对腾讯和老干妈的危机公关能力的考验之战，危机公关的攻与防在双方之间不断切换。首先是腾讯起诉，老干妈如何应对；其次是老干妈发声，剧情反转，腾讯如何化解危机。不管是老干妈还是腾讯，核心都在于找到此次危机的源头。

此次事件刚一爆出，普通大众仅凭深圳南山法院的一纸裁定，就认为老干妈合同违约属于既定事实。再加上原告腾讯素有“南山必胜客”的美誉以及拥有互联网最强法务团队，势必会对老干妈造成极其恶劣的负面影响。对此，老干妈的危机公关极其简单：当天发表声明澄清，老干妈与腾讯从未有过商业合作，并已报案处理。次日贵州警方发布通告，宣布案件侦破。可以说老干妈很好地掌握了危机公关处理的黄金24小时法则，不仅使事件在还未多次发酵和失控的情况下就得到及时处理，而且还让该事件对老干妈的负面影响一扫而空。自此，老干妈乾坤大挪移，成功实现其危机公关的“由防到攻”的大转变。

与此同时，由于事态的反转，明明掌握主动权的腾讯公司反而变得极为被动，一时间让腾讯成为公众密切关注和质疑的焦点，并深陷舆论旋涡不可自拔。对于腾讯而言，如何分析危机来源，界定自己在危机中所处的位置，成为腾讯危机公关处理的第一步。对在一触即发的危机要尽早洞察及全面感知，同时对自己在危机中所处的位置要有足够清晰的认知，为后面的危机公关打下基础。

对此，腾讯采取的是一种折中方案。由于理亏，腾讯一上来就道歉认错，并且用一只“傻白甜”的企鹅形象巧妙地将话题转移，采取了冷处理的方式。从表面上看，腾讯和老干妈事件，危机出现在广告合同纠纷上，但其实际暴露了腾讯在公司内部管理上的混乱，包括合同签订以及内部控制等诸多管理风险。公司管理流程属于内部问题，让公众窥探太多也对公司不利，最好的处理办法就是转移公众视线。

所谓化解危机，是指应对危机提出行之有效的方案，并将方案执行到位。对于此事件，腾讯为了有效化解危机，不仅打造出一个“傻白甜”的憨憨企鹅形象，还精心准备对外做了三次回应，这种腾讯式公关堪称教科书级别公关。

第一次回应：今天中午的辣椒酱突然不香了

7月1日13:39，腾讯B站官方号发了一条动态：今天中午的辣椒酱突然不香了。

第二次回应：千瓶老干妈求骗子线索

7月1日17:56，腾讯公司官方微博发文称："其实，但是，一言难尽……为了防止类似事件再次发生，欢迎广大网友踊跃提供类似线索，通过评论或私信留言。我们自掏腰包，准备好一千瓶老干妈作为奖励，里面还包含限量版的孤品哦！"

第三次回应：我就是那个吃了假辣椒酱的憨憨企鹅

7月1日20:29分，腾讯B站官方号上传了一个《我就是那个吃了假辣椒酱的憨憨企鹅》的自嘲视频，不到一天时间数次反转，让世人啼笑皆非。

这三次回应表明腾讯公司并非坐以待毙，而是积极应对，不仅转移了公众关注的焦点，还化解了一场史无前例的危机。

首先，腾讯选择粉丝量相对较少、宽容度相对较高的年轻受众作为主流的平台B站第一次发声，以窥探公众对该事件的情绪。该动态评论区均以抽奖打广告和"嘲笑"为主，这算是一种对大众情绪的初试探。其次，腾讯趁热打铁，继B站发布动态3小时后在微博发声，发起了求骗子线索活动，并配了一张恶搞的企鹅形象。最后，腾讯乘胜追击，发布了一个终极自黑的自嘲视频，称自己就是一只"吃了假辣椒酱"的憨憨企鹅，别人买假辣椒酱亏了8元，自己却亏了1 600多万元。可以说，这是一种彻底放下身段的自我"认怂"。自此，憨憨企鹅遭到全网的调侃与嘲讽。正是这只可怜又略带可爱的"傻白甜"憨憨企鹅，以一己之力不仅吸引公众眼球，引发全网嘲讽，还博得了公众同情，成功化解该事件的负面影响。这种"自嘲式"危机公关在化解与老干妈之间尴尬的同时，还赢得了许多年轻网民的同情与好感，公众对腾讯的印象也由之前那种蛮狠霸道、遥不可及的"南山必胜客"一下变为憨憨可爱的小企鹅。可以说，此次腾讯危机公关可圈可点，算得上是危机公关的经典之作。

7月10日，腾讯与老干妈通过各自官方渠道发布了一则联合声明：双方宣布已厘清误解，未来将积极探索并开启一系列正式合作。可以说，这则联合声明绝对是神来之笔，不仅让腾讯的危机公关得以升华，从化解危机上升至转化危机的新高度，而且这种握手言和的收尾，对危机双方而言是最为有利的双赢结局。如果腾讯的危机公关仅止步于化解危机阶段，那么腾讯的危机公关水平不过尔尔；只有最后的转化危机，开启与老干妈的合作，才让这种腾讯式公关成为危机公关的经典案例。

资料来源：中国公关网，http://www.chinapr.com.cn/p/2873.html，2020年11月24日，有删改。

公共关系意识是指对社会组织在运行过程中产生的各类公共关系的认识和态度的总和，是公共关系活动在人们思想意识中科学、系统的反映，是公共关系管理的基本原则。公共关系意识是公共关系人员应具备的一项重要素质。公共关系意识主要有公众意识、形象意识、沟通意识、协调意识、开放意识、互惠意识与创新意识等。

1. 公众意识

公众意识在公共关系意识中具有引导作用，是以公众为导向的意识。社会组织要在社会公众中树立良好的品牌信誉，并保持良好的组织形象，想要得到社会各界的支持与关注，就需要在从事各种活动的同时，不仅要考虑到本社会组织的既得利益，而且要考虑到大多数社会公众的利益，把社会公众的利益放在首位，把满足社会公众的需求作为社会组织工作的出发点，做到为公众服务、对公众负责。

微型案例　舆情监控体现企业公众意识

3月15日是消费者权益日，多家媒体纷纷曝光企业侵犯消费者权益的不法行为，其中中央电视台“3·15晚会”曝光了多家知名公司：尼康D600被曝拍照现黑点，澳妙可奶粉篡改保质期等。

除了消费者关注，每一年的“3·15晚会”还有一群固定的观众——企业公关，不过他们观看晚会的心情比较复杂，通常是忐忑不安的。一家车企的公关部员工表示，虽然对品牌足够放心，但也怕出事，因为如果真的出现问题，马上就会出现一些危机公关，还有一些马上要做的市场活动，包括一些之前的市场宣传也要根据这个突发事件调整，一些策划、推广类的广告投放可能都需要更改。

还有一家公司的公关部干脆成立了应急小组，老板担任小组组长，大家一起在公司看“3·15晚会”。这家公司的公关部负责人表示，准备了几个不同的应急预案，其实他们很清楚基本不会上榜，但可以借这个机会做一次危机公关应急演习。

一家企业公关部负责人表示，被曝光后最重要的是迅速发声，一般企业都有应急预案。他说，如果被点到了，大约会在两个小时之内以官方的渠道发出声音，先做一个回应，然后内部针对所曝光的事情做出相应的分析，大概在一天之内。根据曝光的事情的严重程度，启动相应的应急预案，正常情况下我们还是会通过一些官方的渠道，通过媒体的渠道给消费者一个交代。除非达到了那种我们内部最高级别的舆情危机，我们会晚上通宵，否则，之前已经做好预案，启动预案、按部就班推进即可。

资料来源：苏日娜、邓莎莎主编：《公共关系原理与实务》，武汉大学出版社2016年版，第14页，略有改动。

2. 形象意识

形象意识是公关意识中的关键意识。要树立社会组织的公关意识，必须树立形象意识。如今，形象、信誉已成为一个社会组织谋求生存、争取发展的重要基础和条件，良好的形象和信誉可以赢得公众的信赖、支持和合作。如果组织没有良好的形象意识，就会失去公众的支持，组织的发展也就无从谈起。

良好的形象是组织的无形资产，公共关系的一切工作都是围绕形象目标而展开的，没有形象，也就没有组织存在的价值。在公共关系工作中，只有具有明确的形象意识的从业人员，才能够深刻理解知名度和美誉度对社会组织的生存和发展的重要性，才能在行动中敏锐体察组织形象的关键，自觉维护组织形象。一个具有良好形象的组织或企业会获得公众的信任，从而为自己赢得更大的市场空间。

微型案例　危机处置不当损害菲律宾政府形象

2010年8月23日上午，一辆旅游观光客车在菲律宾首都马尼拉遭劫持，车上载有22名中国香港公民。劫持者是一名被辞退的马尼拉警察局高级督察罗兰多·门多萨。他希望通过极端手段，表达对马尼拉警察局在 2008 年对他的指控的不满，并挟持人质要求菲警方恢复其督察职位。马尼拉警察局派出谈判小组赴现场与劫匪谈判。但警方对外界称无法保证门多萨提出复职的要求。危机发生后，菲总统府发言人称，将解救人质任务全权交予菲警方处理，总统府将不干涉人质解救过程。

菲警方与劫持者周旋了近 12 个小时，劫持者被当场击毙。但解救过程中，8 名人质不幸罹难，人质危机以失败告终。

危机解救失败三小时后，菲律宾总统阿基诺三世带领相关人员到出事现场视察，并发表声明，代表菲律宾人民向遇难中国香港游客的家属表示歉意。这是自人质危机发生后阿基诺三世首次出现在民众面前，而在现场的他却被媒体偷拍到面带笑容的镜头。

翌日，该图片在中国香港媒体和社会引发了新一轮舆论危机：中国香港媒体和民众指责菲领导人缺乏同情心，对事态严重性认识不够，漠视生命。菲当地媒体笔触犀利，指责阿基诺三世面对危机反应迟缓。《菲律宾星报》专栏辛辣而诙谐地讽刺阿基诺新政，称"阿基诺三世应该明白，当总统不像在公园散步一样简单"。菲民众也纷纷通过阿基诺三世个人博客质疑总统：危机发生时总统到底在哪里？

资料来源：张云：《公共关系概论——理论、实践与案例》，华东师范大学出版社 2016 年版，第 104—105 页。

3. 沟通意识

沟通意识是指管理者注重信息的双向沟通，主张依靠信息沟通赢得公众的理解、信任、合作与支持。任何组织都需要公众的理解与合作，只有这样，组织才能以更快的速度发展、进步。而争取理解与合作最有效的方式是与公众的信息沟通。公共关系传播的主要功能就是通过信息交流的沟通实现组织与公众之间的相互理解，让公众掌握组织的真实情况，了解组织的诚意，同时了解公众的需求取向和实际想法，进而协调组织与公众的关系。

微型案例 "南海仲裁案"荒唐出炉，中国通过大国公关赢得理解和支持

2016 年 7 月 12 日，菲律宾"南海仲裁案"仲裁庭不顾中方强烈反对，就涉及领土主权及海洋划界等事项，做出了所谓的最终裁决。面对这起严重违背国际法和国际关系基本原则的政治闹剧，中国政府第一时间发布关于在南海的领土主权和海洋权益的声明，明确表示该裁决无效、没有任何约束力，中国不接受、不承认。

在此之前，中国政府积极主动地与许多国家和国际组织沟通交流，阐述南海问题的由来和中国政府对南海问题的立场。通过这些大国公关活动，中国的声音受到高度关注。据不完全统计，共有 70 多个国家和国际、地区组织发表声明，对中国的立场表示理解和支持。

资料来源：中国公关网，http://www.chinapr.com.cn/p/310.html，2017 年 1 月 10 日。

4. 协调意识

组织公共关系的性质既有对立的一面，也有合作的一面。促使组织与其相关的公众建立信任与合作的关系，调节其对立性因素，并使其向合作方面转化是公共关系工作的重要一面。因此，只有在协调的状态下，社会组织和公众才能各得其所，获得更为广阔的发展空间。

微型案例　忽略公关意识,等于惹火上身

2019年4月,由全球200多名科学家合作的"事件视界望远镜"项目拍摄出人类历史上第一张黑洞照片。这张震惊全球的黑洞真面目曾一度引起各大品牌蹭热点,杜蕾丝借用科学图片的概念,配上文案"百闻不如一见";瑞幸咖啡为了纪念人类史上首张黑洞照片,更摆出12杯盛满不同"内涵"的咖啡,并将指针定格在具有历史意义的时间点,那正是存放黑洞的杯子;爱奇艺视频网站更以黑洞照片为背景,推出一句感性的文案"一次奇遇"。可见,众品牌都打着擦边球,以便将自己的品牌标识与历史性的一刻融合在一起。

而就在此时,国际知名的视觉内容生产网站"视觉中国"却将这张黑洞照片据为己有,作为正版的商业图片,打上品牌标签售卖,如果用户需要下载或使用,就需要向平台支付相应的费用。这一行为无疑惹怒了数亿网友:什么时候属于科学研究拍摄的照片成为他人的囊中物?正当这一私有化的行为遭到网友曝光时,共青团中央在官微上向"视觉中国"提出了质问:国旗、国徽的版权也是贵公司的吗?随着《人民日报》、央视新闻相继转发,接踵而来的品牌都向其提出了侵权诉求,最终,天津市网信办对其提出责令整改通知,要求下架所有违法违规的涉事图片。

促使"视觉中国"的品牌形象遭遇滑铁卢的,不是别人,正是品牌本身。当面对公众的质疑时,他们急于发布官方声明,而缺乏严谨的措辞,触犯了危机公关的痛点。首先,未及时与对方沟通协调,达成共识。擅自声称已获得合作方的使用授权。结果对方做出两点回应:并未授权给"视觉中国";只要注明来源,可随意使用,包括广告。其次,暴露了品牌的运营缺陷。在持续的事件发酵中,"视觉中国"继续辩解,称并不是每张照片都需要直接联系作者,言下之意就是他们可以使用他人的版权,而无须征得作品所有者的同意。

在危机应对中,这种目中无人甚至剥夺了公众知情权的认知,无疑体现出品牌在公关沟通协调意识上的盲目自大,忽视了自身没有意识到的小问题,进而造成了巨大影响。

资料来源:中国公关网,http://www.chinapr.com.cn/p/2594.html,2020年6月15日,有删改。

5. 开放意识

组织既要适应社会的发展,又要了解社会,更要面向公众敞开自己的大门,开放自己的门户,才能有更大的发展。社会组织应主动在公共关系行为活动中寻求建立良好公共关系的途径。开放意识倡导的就是社会组织要以开放的姿态和胸怀向公众及社会袒露自己,这种诚挚的举措是实现公共关系协调发展的重要基础和条件,增强社会组织行为的透明度,可以使社会组织坦诚、全面地融入社会,面向公众。

微型案例　2019年吉尼斯世界纪录开放日——北京站活动

2019年4月24日,全球纪录认证权威机构——吉尼斯世界纪录——来到中国北京,继上海首站后,再度奉上"2019年吉尼斯世界纪录开放日"精彩系列活动。吉尼斯世界纪录大中华区总经理马可代表吉尼斯向与会来宾分享近期的精彩挑战,以期让公众有机会深入了解吉尼斯。而众多知名品牌和广告公关代表则对挑战活动的创意和营销新思路表示出极大的兴趣。

"北京是吉尼斯世界纪录大中华区办事处所在地,这座伟大的城市帮助我们了解中国，发现中国。期待在未来能够在这里见证更多来自中国的世界纪录诞生。”吉尼斯世界纪录大中华区总经理马可说。

继上海、北京两站后，吉尼斯世界纪录计划前往广州、成都等城市，与公众、媒体、品牌和机构深度交流，希望就此发掘出更多令国人自豪、世界瞩目的中国骄傲。

吉尼斯世界纪录起源于英国，现已被公认为全球纪录认证的权威机构。它鼓励所有人以正向积极方式，超越自我、挑战极限，并通过认可各个领域“之最”，来帮助人们发现自己的潜力。

《吉尼斯世界纪录大全》自 1955 年出版，已在 100 多个国家以 40 多种语言累计售出超过 1.43 亿册。其中，《游戏玩家版》自 2007 年出版，已累计销售 400 万册。全球每年有超过 7.5 亿人观看吉尼斯世界纪录的视频节目。60 多年来，它独立核实并庆祝了众多世界之最，现存的 53 000 多条精彩纪录中，涵盖人类、科技、自然、社会、动物等多个领域。

资料来源：中国公关网，http://www.chinapr.com.cn/p/2101.html，2019 年 4 月 25 日，有删改。

6. 互惠意识

公共关系活动是一种追求利益的活动，是有明确目的的活动。互惠意识是公共关系意识中的功利意识。然而，公共关系活动追求利益的方式和最终目的与其他单纯的利益行为有明显的不同：首先，社会组织的利益是在满足公众利益需求的前提下实现的；其次，公共关系中的互惠互利不是直接的等价交换，是对物质和精神上的投入，不能要求产生立竿见影的经济成果，更不能急功近利，而是要相信“精诚所至，金石为开”，坚信平时的真诚必能得到应有的回报。组织在自身的发展过程中，能否想到信任、理解和支持自己的公众利益，能否想到自己对公众的回报，是组织是否具有互惠互利意识的表现。

优秀企业的互惠互利意识对自身的要求是：按照社会需要，提供适销对路的优质产品和服务，按时足量缴纳税金，维护社会的正常秩序；而不是制造假冒伪劣商品，偷税漏税，依靠坑蒙拐骗获取暴利。

优秀企业的互惠互利意识在面对问题时的要求是：对经营后果负责到底，积极开展售后服务，治理环境污染，关心职工待遇和工作环境的改善；而不是见利忘义，无责任感和短期行为。

优秀企业的互惠互利意识对社会责任的要求是：追求社会环境和谐，社会责任感强，积极融入社会公益事业，推动社会风尚良好发展；而不是事不关己，高高挂起。

微型案例　海尔集团售后服务原则

海尔集团创立于 1984 年，始终坚持以实际行动践行“真诚到永远”的承诺，并且于 1990 年投资 800 万元建立海尔售后服务中心。售后服务中心制定了一套详尽、严格的服务原则，包括：(1)售前、售后提供详尽的咨询；(2)任何时候都为顾客送货到家；(3)根据用户指定的时间、空间给予最方便的安装；(4)上门调试，示范性指导使用；(5)售后跟踪，终身上门服务；(6)出现问题 24 小时之内答复，使用户绝无后顾之忧。高质量的服务为海尔赢得了无数的回头客。

资料来源：张云：《公共关系概论——理论、实践和案例》，华东师范大学出版社 2016 年版，第 39 页。

7. 创新意识

创新意识是从事任何工作都必须具备的意识,创新意识也是公共关系意识中的特殊意识。它集中、深刻地反映和体现了公共关系的创造性这一本质特征。作为一种创造性的活动,公共关系活动要根据不同的对象、不同的目标,创造出与之相对应的公关活动方案,社会组织能够通过求新、求变、求发展的公关活动,不断给组织的公共关系增添新的营养,注入新的活力,使之在日益激烈的竞争中立于不败之地,创新是公共关系具有生命力的源泉。

公共关系的每一个过程都需要创新意识。公共关系是一门科学和技术,是因为它有可遵循的客观规律,有相对稳定的操作程序。而说公共关系是一门艺术,则是指它有突破固定程式、追求不断变化的特点,唯有创新,才能塑造具有个性的组织形象;也唯有创新,才能使组织的良好形象打动公众、征服公众。

微型案例　大数据、虚拟现实等高科技手段融入公关行业,助推行业发展更宽更广

新媒体时代"去中心化"和"碎片化"构成了互联网信息传播的两大特征,企业原有的公关模式已经不能完全满足客户和公众的需求。大数据应用和虚拟现实等高科技手段的快速发展,对公关行业的传播环境、生产内容、制定战略等产生了重要影响。传统的"整合营销"时代已经过去,创意结合技术才是新的发展模式,这给中国公关行业既带来了挑战,也带来了更宽更广的发展空间。

资料来源:中国公关网,http://www.chinapr.com.cn/p/310.html,2017 年 1 月 10 日。

第二节　公共关系发展的历史脉络

公共关系作为一门学科仅有百余年的历史,但作为一种社会活动、一种商业现象,不管是在国内还是在国外,都历史悠久。我们追溯公共关系源流,了解其发生与发展的历史过程,把握国内外公共关系现状,对全面、准确、科学地把握公共关系的思想和理论,开创我国公共关系事业的新局面具有重要意义。

一、公共关系的起源

公共关系"Public Relations"一词最早出现于 1882 年美国律师多尔曼·伊顿在耶鲁大学法学院毕业班所做的《公共关系与法律职业的责任》演讲中,但那时的公共关系并非表示现代意义的"公共关系",而是"大众利益"的意思。真正具有现代意义的公共关系第一次正式使用是在 1897 年,出现在美国铁路协会的《铁路文献年鉴》上。公共关系不是凭空产生的,它的形成是有一定历史渊源的。

现代公关的奠基人爱德华·伯纳斯这样写道:"公关的三个要素实际上是同社会史一样久远的:告知公众、说服公众以及整合公众。当然,达到这些目的的方式随着社会的变迁也在变化。"对于伯纳斯和其他这一领域的历史学家来说,公关与人类文明史是相生相伴的。在他们眼中,许多历史事件都可以作为公关行为加以解释。

原始社会主要通过恐吓和威胁统治,先进一点的文明则借助于商讨和辩论。随着统治者开始寻求达成共识,说服工作逐渐摒弃了武力,转而借助于对话,但是武力或以武力相威胁仍然经常会取代对话。随着文字的出现，真正意义上的公关诞生了。

（一）外国古文明时期的公共关系起源

为了树立他们作为战神或国王的形象，苏美尔、巴比伦、爱沙尼亚和波斯等古文明的统治者借助诗歌和其他作品宣扬其在战场上和政治斗争中的所向披靡。在埃及，许多艺术和建筑（雕塑、庙宇、坟墓）的初衷就是在人们心目中树立神职人员、贵族和抄写员的伟大形象。在古代以色列，《圣经》和其他宗教著作成为影响公众思想强有力的武器。随着希腊的崛起，书面语和口语成为社会整合的工具。雅典市场成为公众讨论的中心，人们在这里谈论商业和公众生活问题。讲演术盛行，公众利益成为哲学思想主要的关注点。

在古罗马，“公众的声音就是上帝的声音”和“公众事务”这样的短语及语句向我们展现了公关的影响力。据记载，古罗马的独裁统治者尤里乌斯·恺撒为了让罗马人做好公元前49年跨越卢肯河的准备，精心发布像《恺撒的高卢战争》（公元前52年）这样的宣传册，宣扬他作为高卢统治者的丰功伟绩。由于认识到了新闻对舆论的影响力，恺撒出版了名为《每日记闻》的日报，将元老院国民会议活动的简要记录、官吏使节或军队调动、宗教仪式等记载下来放在公共场所供人民观看，这一日报持续了400年之久。

基督教在罗马鼎盛时期兴起，耶稣和他的传道者在争取用宗教支配公众思想的斗争中取得了决定性的胜利。传教者根据国家不同的民族文化心态，开展各种形式的教义宣传，通过“礼拜”“弥撒”等形式传播教义，使民众坚持对“上帝”的信仰。

（二）中国古代公共关系思想与活动

1. 中国古代公共关系思想

中国古代的历史文化中蕴含着丰富的公共关系思想。

《国语》中的《邵公谏弥谤》先叙述了周厉王的残暴引起民怨的情况，然后批评了周厉王“防民之口，甚于防川”的做法，强调了民众言论与政权的关系。其中就包含着政府形象、政权形象的公共关系观念。

春秋战国时期，诸子百家争鸣，各自从自己的立场出发阐述人际关系的观点。如老子提倡“鸡犬之声相闻，民至老死不相往来”的小国寡民思想；墨子主张“兼爱”“非攻”的与人为善的交往原则；兵家认为“攻城为下，攻心为上”，推崇“不战而胜”思想；法家以“性恶说”为理论依据，向帝王宣传“法”“术”“权”“势”的治民之道；纵横家则主张“远交近攻”“纵横捭阖”的政治、外交政策等。但在公关上最有代表性的成熟观点，还是以孔孟为代表的儒家。

孔子提出了仁、义、礼、信的道德准则，并想以此调节人们之间的关系。孔子还提出了实现人际和谐关系的具体办法，即“己欲立而立人，己欲达而达人”“己所不欲，勿施于人”。“礼”是孔子的重要观点之一，他提倡“克己复礼”，要人们“非礼勿视，非礼勿听，非礼勿言，非礼勿动”。孔子的这些观点都被现代公共关系所接受，并在现代公共关系中起到了很大的作用。

孟子提出了“民贵君轻”的观点，强调民心向背对政权安危的作用。他论证道：“桀纣之失天下也，失其民也；失其民者，失其心也。”关于君臣关系，孟子认为：“君之视臣如手足，则臣视君如心腹；君之视臣如犬马，则臣视君如国人；君之视臣如土芥，则臣视君如寇仇。”而孟子的“天时不如地利，地利不如人和”说，更加强调了和谐的公众关系在国家管理中的重要性。

自汉武帝“罢黜百家，独尊儒术”之后，儒家思想对后世的影响越来越大。唐朝魏征提出的“水可载舟，亦可覆舟”便是孟子“民贵君轻”思想的发展。

古代思想家们也阐述了公共关系思想在日常生活中的作用。孟子的“人和说”也可以用到日常生活中，指人与人之间的协调关系。良好的环境、协调的关系，正是现代公共关系活动所遵循的基本原则和追求的美好目标。

2. 中国古代的公共关系活动

中国古代的政治生活和经济生活中都存在着公共关系活动和技巧。

春秋战国时期，诸侯征战，此消彼长。为了争取公众的支持，各国霸主纷纷招募“外交人员”（当时称“士”）到各国游说，宣传自己的主张。这些“外交人员”的主要职责就是协调各诸侯国的关系，树立自己君主和国家的形象，以谋求本国的发展、壮大。如东周的苏秦周游列国，到处宣传政治上的“合纵”主张，促使当时的齐、楚、燕、韩、赵、魏六国结成同盟。而魏国的张仪则凭借雄辩的口才，宣传“连横”的主张，对东方六国采取各个击破的政策，瓦解了六国“合纵”的政治军事同盟。苏秦和张仪所从事的游说和宣传、劝服和沟通工作，十分类似于现代的公共关系活动。

《烛之武退秦师》(《左传》)中记载，在“秦晋围郑”的危急关头，郑公派烛之武去劝说秦国退兵。烛之武对秦王展开了“危机公共关系”，他晓之以理、诱之以利，终于劝退了秦军，保证了郑国的安全。

商鞅变法是大家熟悉的历史事实。商鞅在制定改革制度和法令时也运用了“取信于民”的公共关系思想。新法令制定之后，为使老百姓心服口服地执行，商鞅先派人在城南门竖了一根三丈长的木头，并下令：谁能把木头扛到北门，就赏 50 两金子，这件事轰动了秦国。秦国老百姓自此无人不信服商鞅。从此，秦国的改革得以顺利进行，国家日益强大。

公元前 206 年，刘邦率军攻入咸阳，本想住在豪华的王宫里，但樊哙和张良告诫他别这样做，免得失掉人心。刘邦接受他们的意见，下令封闭王宫，并留下少数士兵保护王宫和藏有大量财宝的库房，随即还军霸上。并“与父老约，法三章耳；杀人者死，伤人及盗抵罪”，来宣传自己的主张。

中国古代人除了在政治上利用公共关系处理问题外，在古代商业活动中，也自觉或不自觉地运用各种传播手段和沟通技巧以招徕顾客，从而实现自己的经济目标。汉代张骞出使西域，开辟了中西文化交流的新纪元，从公共关系的角度说，这是中国古代一次规模宏大、富有成效的国际公共关系活动。明代郑和下西洋也是典型的国际公共关系活动，他率领商船，每到一处，都以瓷器、丝绸等物交换当地的产品，并与各国加强了经济和文化联系。这两件事在国际公共关系史上占有十分重要的地位。

中国古代“中庸”思想、“侠义”精神、“和”的原则、“士”的游说活动等，都是非常具有公共关系价值的。

二、现代公共关系的产生与发展

即使在中世纪，公共关系也没有停止前进的步伐，那些宣扬自由的伟大文件明确了舆论的力量。例如，13 世纪英国的权利和自由宪章《真名法典》就成为美国宪法的思想源泉。

“宣传”一词来源于天主教会。17 世纪，天主教会成立了“信徒宣传圣会”。圣会的成立表明教会认识到了由第三方加强政府与公众沟通之间的必要性。随着以新形式为载体的新知识的丰富，如《圣经》在 15 世纪由拉丁文翻译成日常用语，面向大众的书籍和报纸发行，与公众沟通的程度得到提升。

法国大革命使公共关系又上了一个新台阶。在《人类与公民权利宣言》中，法国革命的领导者们宣称公民可以自由地表达和交流他们的思想。1792 年，法国国民会议成立了第一个宣传部门。它是国内事务部的一部分，称为“民意局”。“民意局”向新闻记者提供资助，向全国各地派遣代表，以寻求公众对法国大革命的支持。

在美国，英国在北美的殖民地造就了一大批公关行业的精英，他们用讲演、报纸、会议、委员会、手册和通信等方式寻求人们对他们的信任与支持。保尔·瑞威尔、本杰明·富兰克林、约翰·彼得·曾格、萨缪尔·亚当斯、亚历山大·汉密尔顿、吉姆·麦迪逊和约翰·杰就是其中的代表。亚当斯被认为是美国革命的杰出媒介代理人，是他推动了政治变革。汉密尔顿、麦迪逊和约翰·杰立了大功，通过出版他们在1787—1788年写给媒体的信件，他们使宪法得以批准通过。这些信件的结集出版物就是《联邦主义者文集》。

美国独立战争的领导人起草的其他重要文件——《独立宣言》《宪法》《权力法案》——都可以看作公共关系的杰作。这些文件使个人命运与公众利益休戚相关，正是这样一种观念使美国成为公共关系行为的孵化地，公共关系被看作一种代表民主与自由事业多元利益的职业。

19世纪媒介代理的杰出代表是非尼斯·巴纳姆。1871年，他的马戏团"地球上最伟大的表演"组建。作为一名技艺超群的杂技演员，巴纳姆掀起了一股宣传与报道的热潮，马戏团每到一处都受到人们的热烈追捧。他的一个信条是"凡宣传皆好事"，善于制造舆论宣传。他曾经制造过这样一次宣传：马戏团里有个叫海斯的黑奴在100年前曾经养育过美国第一任总统乔治·华盛顿。报刊发表这一消息后，引起了轰动。巴纳姆又借机以各种不同笔名给报纸寄去"读者来信"，人为地引起一场讨论。在海斯死后，医生对她的尸体解剖，结果表示海斯不过80岁，并非像巴纳姆所说的160多岁。巴纳姆的第二个信条是"公众要被愚弄"。这一时期的报刊宣传活动置公众利益于不顾，不择手段地制造新闻，欺骗公众，因而受到人们的批评，有人将其称为"公众受愚弄时期""反公共关系时期"，但同时其又被公认为是现代公共关系产生的时期。

1903年，美国记者艾维·李在美国开办了第一家正式的公共关系事务所，真正使公共关系成为一门职业并获得社会广泛承认，这标志着现代公共关系的问世。他是第一个提出"说真话"宣传思想和第一位提供公关职业服务的人，因而被奉为"公共关系之父"。至今，艾维·李使用的很多技术和倡导的原则还被公关人士利用着。他坚持与媒体公开交流，他对媒体的态度也是坦诚的。他认为良好的宣传来源于企业良好的表现。

1904年，他与乔治·帕克一起成为公关顾问。他认为企业必须诚实、准确和公开地向外界传递信息，唯有如此才能赢得公众的理解和支持。他的两个非常有名的客户分别是宾夕法尼亚铁路公司和洛克菲勒家族公司。

为了维护客户的利益，他提出了"公众告知"这一宣传方针，与金融家威廉姆·范德比尔特臭名昭著的"公众该死"形成了鲜明的对比。在向媒体发布新闻和其他信息的时候，艾维·李都会附上他的"原则宣言"。部分内容如下：

> 我们所有的工作都是公开进行的。我们的目的是提供新闻，我们不是一家广告公司。如果您认为所有我们掌握的信息都应该原封不动地进入您的办公室，那么请您不要用它。我们的信息是准确的。我们所着手处理的任何事件的进一步的信息都会在第一时间提供，我们也很乐意协助记者直接验证信息的可靠性。简言之，我们的指导思想就是，代表企业和公共机构的利益，坦白而公开地向媒体和美国公众提供他们所关心事件的及时而准确的信息。

艾维·李认为，社会组织欲在公众之中获得良好的声誉，就必须把"真情告诉公众"；如果披露"真情"对公司不利,就应当调整公司自身的行为,求得社会谅解。他的宣传信条就是"公众应被告知"。1914 年,约翰·洛克菲勒请他处理 1913 年南科罗拉多发生的所谓"路德罗大屠杀"事件。1914 年 4 月,大约 9 000 人举行了罢工,一起意外的枪击事件引发了一场争斗,几名矿工、2 名妇女和 11 名儿童遇害。艾维·李建议洛克菲勒秉承公开的方针。在无烟煤业大罢工、宾夕法尼亚州铁路公司伤亡事件中,他也都遵循"讲真话"的原则,取得了卓越的成绩。更重要的是,通过他的活动使人们看到公共关系的重要性和必要性,从而使公共关系的作用被社会普遍认可,也为公共关系的进一步扩展和深入奠定了坚实的基础。

小资料

艾维·李与洛克菲勒家族

执掌着美国遭受毁谤及误解最深的富有家族之一的约翰·D. 洛克菲勒二世在 1914 年雇用了艾维·李。正如艾维·李的传记作者雷·埃尔顿·赫伯特所指出的,艾维·李为克菲勒家族所做的最大的贡献不在于改变其公司的方针,而在于使他们能更多地聆听公众的意见。例如,当洛克菲勒家族由于破坏了家族企业科罗拉多石油和钢铁公司的工人大罢工而受到公众的严厉指责时,该家族在艾维·李的建议下,雇用一名劳工关系专家,由他负责处理那次造成多人死亡的事故。最终结果是,成立了一个包含各方面成员的劳工管理委员会,负责调解工人在工资、劳动时间及工作条件等方面的诸多不满。洛克菲勒在多年以后承认,在科罗拉多的罢工中所取得的公关成果"是洛克菲勒家族历史上最重要的事件之一"。

在为洛克菲勒工作的时候,艾维·李试图使他们更加"人性化",所以积极向外界展示他们真实的生活状态,比如打高尔夫球、参加教会活动以及庆祝生日等。艾维·李的最终目的很简单,就是通过对洛克菲勒家族日常生活的宣传,获得每一位公众的理解和欣赏。尽管多年以后社会上仍存在很多针对这个家族的批评,但是,洛克菲勒家族已经成为美国慈善捐助事业的榜样。实际上,当今的很多亿万富翁,从比尔·盖茨到沃伦·巴菲特再到特德·特纳,无一不在效仿洛克菲勒当年的慷慨与乐于助人。

资料来源:弗雷泽·P. 西泰尔著,梁洨洁等译:《公共关系实务》,机械工业出版社 2004 年版,第 25 页。

真正促使公共关系走向正规化、科学化的重要人物是美国著名的公共关系理论家和实践家爱德华·伯纳斯。爱德华·伯纳斯一生致力于公共关系研究。他于 1913 年受聘于美国福特汽车公司,担任该公司的公关部经理。第一次世界大战期间,他又在威尔逊总统成立的官方公共关系机构"克里尔委员会"担任委员,专门负责向国外的新闻媒体提供有关美国参战情况的背景和解释性材料。1917 年,在第一次世界大战期间,公关信息委员会组建起来,目的就是帮助销售战争债券和加大对战争的支持力度。伯纳斯就是投身战争宣传战线的人之一。第二次世界大战期间成立了战争信息办公室,为了赢得对美国参战的支持,办公室组织了有史以来最大的公关活动。两次世界大战期间,罗斯福政府利用大量的公关技术推进他的新政立法。

第一次世界大战结束后,伯纳斯和夫人在纽约开办了公共关系公司。1923 年他出版了名著《舆论明鉴》,这是历史上第一本公共关系的专著。在该书中他第一次提出了"公共关系咨询"的概念。爱德华·伯纳斯的思想明确肯定了公共关系的重要职责是向组织提供政策咨询,而非仅仅向社会做宣传。同年，他把公共关系带入大学教育，在纽约大学首次讲授公共关系课程。1925 年，他又撰写了教科书《公共关系学》。

“投公众所好”是爱德华·伯纳斯公共关系思想的一个重要部分。他认为：首先应该了解公众喜欢什么，对组织有什么期待和需求，在确定公众价值观和态度的基础上，再进行有组织的宣传工作，以迎合公众的需要。爱德华·伯纳斯对公共关系原理与方法已形成一个较为完整的体系，他是使公共关系走向正规化、科学化的关键人物。

小资料

爱德华·伯纳斯访谈

1995 年，公共关系领域的先行者爱德华·伯纳斯与世长辞，享年 103 岁。我们的采访是在他 98 岁那年进行的。

问：当您第一次教授公共关系课程时，有没有想到这个领域会获得今天这样的地位？

答：我是 1923 年教授第一堂公共关系课程的，也就是在《舆论明鉴》一书出版之后。我当时感到，要想提高公关咨询的地位，方法之一就是在大学开展有关这一新职业的理论、实践和道德准则方面的讲座。纽约大学采纳了我的建议。不过，当时我并没有想到将来这一职业会在美国及世界其他地区如此普及。

问：您第一次教授公共关系课程的目的是什么？

答：目的就是提高这一新兴职业在社会上的地位。当时有很多人仍然认为，“公关咨询”一词不过是宣传人员、新闻机构、广告代理和媒体的委婉说法。就连 H. L. 孟肯在他出版的《美国语言》一书中也对公关咨询做了类似解释。但是，几年以后，他在《美国语言补遗》中对这一观点做出了更正，采用了我对这个术语的定义。

问：使得公关活动的地位获得提高的重要因素有哪些？

答：最重要的原因是群众力量的增强和领导层对公共关系的重视。西奥多·罗斯福的公平交易论促进了公关的发展。伍德罗·威尔逊的新自由论、富兰克林·德拉诺·罗斯福的新政也对公共关系的发展起到了促进作用。而且这些传统随着时间的推移会继续保持下来。

问：您对今天的公关实务有何不满意的地方吗？

答：当然有。在美国，公关一词就像肥皂泡一样有着不确定性。除非它能像法律、医院和建筑等职业一样，由规章制度界定它在公众心目中的地位，否则每个人都可以使用它。如今，任何水管工、汽车推销员，甚至是毫无道德规范可言的人都可自称为公关从业人员。而这些人并未接受过任何相关的教育和培训，有些人甚至不清楚“公关”究竟为何。公众也一样不清楚“公关”的含义。如果不引入相关的认证体系和注册机制，这种状况仍将继续下去。

问：目前公共关系实务的哪方面让您感到最满意？

答：我最满意的是，有些公关从业人员确实将他们的工作看作一种职业、一门包含科学规律的艺术。在这一领域，人们考虑的主要是公众利益而不是金钱动机。同时，社会上一些卓越的领导人物也逐渐认识到了公共关系活动的重要性。

问：您认为现在公共关系从业人员的才干与过去相比如何？

答：如今的公关产业人员大多数在所从事的领域受过良好的教育。然而，不尽如人意的是，这方面的教育仍会因开设课程的机构不同而导致水平有很大差异。这种情况主要是由于缺乏统一的行业标准造成的。公共关系活动应该是将社会科学知识与公众态度、员工或客户行为有机融合在一起的实践过程。

问：您认为 20 年后公共关系会变成什么样子？

答：对 20 年后的公共关系状况做出预测是很难的。但我不喜欢广告代理商兼并大型公关机构的趋势，这就像外科手术器械生产商兼并外科医学院或者法律书籍出版商兼并法学院一样不合理。无论如何，如果引入认证体系与注册机制，那么公关业只要在西方社会下，就能得到持续的发展。

资料来源：弗雷泽·P. 西泰尔著，梁洨洁等译：《公共关系实务》，清华大学出版社 2008 年版，第 40—41 页，略有改动。

20 世纪 50 年代以来，公共关系的实践和理论研究都进入了一个全新的现代发展时期，全球掀起了公共关系热。这一时期的代表人物是斯科特·卡特李普。

卡特李普和森特在 1952 年提出的“双向对称”公共关系模式，成为现代公共关系的重要标志。他们认为，公共关系的最终目的，是要在组织与公众之间建立一种和谐而良好的关系。因此，一方面必须把组织的想法和信息传播给公众，另一方面又必须把公众的想法和信息反馈给组织，只有这样，一个组织才能求得双向沟通和对称平衡的最佳生存发展环境。他们的代表作是《公共关系咨询》《当代公共关系导论》和《有效公共关系》等。

20 世纪 60 年代后，现代公共关系进入了新的发展时期，公共关系的应用范围越来越广，公共关系的职业化程度越来越高，公共关系学术研究进一步发展和普及。美国公共关系专家卡特李普和森特合著的《有效公共关系》受到广泛重视。詹姆斯·格鲁尼格的《公共关系管理》和他的公共关系实践活动闻名遐迩。英国公共关系专家弗兰克·杰夫金斯也出版了大量的公共关系学著作，为公共关系的理论发展做出了重要贡献。

这一时期公关发展的驱动因素之一是席卷全球的政治风暴。另外的因素包括逐渐兴起的消费者运动——保护普通大众免受不安全产品、不卫生工作条件、不公平定价和其他违背“顾客是上帝”这一逐渐被接受的社会契约的行为侵害。尤其是企业界，他们发现自己正在为顾客起草“权利法案”，正在用“平实的语言”重签他们的信用协定，正在为了满足消费者而进行各种各样的变革。

到 20 世纪 60 年代末，公关已经发展成为一个成熟的专业化的行业，在美国有大大小小的几百家公关机构，有超过 100 000 名个人从业者。随着时间的推移，昔日公关业的“传奇人物”和“明星”逐渐被一群有高技能的经理层所取代，他们的名字和报纸头条相对于其作为专业宣传员的日常工作成绩来说已显得微不足道，已不是衡量他们成功与否的重要标准。公关专家成为高层管理不可或缺的角色，通常直接向其服务的机构的董事长或首席执行官报告工作。

第三节　公共关系在中国的发展

一、公共关系在我国的发展概况

公共关系从 20 世纪 60 年代开始进入我国。当时日本、美国、西欧国家的一些跨国公司，在我国台湾、香港地区建立子公司，在子公司中设置公关部，聘用受过专业训练的公关人员从事有关业务。这种外来影响使公共关系理论和实务工作方法在港台地区发展起来。

1979 年，我国开始创办经济特区，大批港商到深圳了解投资环境，商谈合作协议。他们中的很多人运用公关方法在经济特区广交朋友，组织各种公关活动。随后在深圳和广州兴建一批合资酒店，设立公关部门，从中国香港地区或海外聘请公关人员主持工作。至此，“公共关系”这个新鲜的名词随着改革开放的大潮在我国由南向北、由沿海向内地逐渐流传开来。

1980 年，深圳蛇口华森建筑设计顾问公司率先成立，这是我国第一家公共关系性质的专业公司，它主要是适应特区建设的需要，提供经验与技术。随后公共关系迅速传播和延伸到北京、上海等中心城市。广州花园酒店聘请美国企业管理硕士林美玲女士担任公关部经理；北京长城饭店的第一任公关部经理是美国经理露西・布朗女士，她制定了《长城公共关系指南》；广州中国大酒店第一任公关经理是美籍华人田士龄小姐。国有企业第一个设立公共关系部的是广州白云山制药厂。1984 年白云山制药厂设立公关部以后，就每年拨出总产值的 10%作为“信誉投资”，以提高企业的知名度。同年 12 月，《经济日报》以《如虎添翼》为标题，报道了广州白云山制药厂公关工作的成功经验，并编发了《认真研究社会主义公共关系》的社论。接着《文汇报》《北京日报》《广州日报》等 30 多家报刊先后报道、介绍了我国公关事业的发展状况。

公共关系活动的另一个重大发展就是我国第一家公共关系专业公司——中国环球公关公司——在北京正式成立。1985 年，两家世界上最有影响的公共关系公司——伟达公司和博雅公司——先后进入我国。美国博雅公司与中国新闻发展公司达成协议，成立了中国第一家公共关系公司——中国环球公关公司。公共关系活动由设立公关部到专业公司的成立，表明公共关系已作为一种社会性的职业活动被人们接受，从而使中国公共关系的发展进入了一个新的历史阶段。1986 年 12 月，上海成立全国第一家省级公共关系协会。1987 年 5 月，中国公关协会成立。1988 年 1 月，中国第一家公共关系专业报纸《公共关系报》在杭州创刊并向全国发行。1988 年 9 月，全国省市公共关系组织第二届联席会议在西安通过了《中国公共关系职业道德准则(草案)》，这标志着公关已推广到全国各地和各行各业；同时，也表明公共关系向更加规范、更加专业化的高目标、高层次方向发展，最能反映这一高层次发展特征的就是中国环球公关公司所走的公关专业文化之路。

与博雅公司合作的 7 年间，中国环球公关公司都是以博雅公司在中国的代理身份开展公关业务的。1992 年年底，“环球”毅然结束和“博雅”维系 7 年之久的合作关系，完全凭借自己的智慧和努力，闯出了一条中国职业公关公司的专业化新路。公共关系的专业化不是光凭几个点子进行即兴单项式的策划或组织几次大型的公关活动。专业化的公共关系公司实际上是把公共关系作为企业战略管理的一个极其重要的组成部分，以顾问公司的身份与客户建立长期合作的伙伴关系，这种业务关系绝不是“一锤子的买卖”。因此，公关专业化之路不仅是环球公司的发展方向，更是中国公关事业发展的必由之路。经过多年的艰苦奋斗，环球公司从 1993 年的一个长期客户都没有，到 1996 年年底已经赢得了海内外数十家长期客户和项目客户，其中包括美国美林集团、可口可乐公司、英国GPT电讯公司、英美烟草公司、奔驰集团、瑞士欧米茄制表公司、中国香港九龙仓集团、广东健力宝集团、西安杨森制药公司、常州林业机械股份有限公司等中外驰名企业。1995年6月，中外八大公关公司在北京签署的《对在中国开展公关业务的职业标准立场》的文件中，环球是唯一的中国专业公关公司。由此可以说明，环球公司已成长为可以与国际著名的跨国公关公司相抗衡的中国公关公司。

随着中国加入WTO、北京申奥和上海申博的成功，中国公关业呈现快速发展的势头。中国公关市场与国际接轨的步伐大大提速，而"非典"、禽流感等灾难事件客观上为危机公关提供了广阔的市场。

1991年4月在北京成立的中国国际公共关系协会在行业发展和协调指导方面发挥了领军作用。中国国际公共关系协会从1994年起，每两年举办一届全国公关案例大赛。2000年3月，劳动和社会保障部第6号令将公关员正式列入持证上岗的90种职业之一。这一系列活动在推动公关职业化、规范化、专业化等方面做出了突出贡献。中国公关协会学术委员会在组织全国学术研究方面迈出了新步伐，对促进中国公关市场的成熟和发展做出了积极而有成就的探索。《公关世界》经过十余年的努力，成为国内外公开发行的主流媒体，反映了公关界的心声，推动了中国公关业的发展。高教公关理论研究对大学生素质教育的推动也呈现出科学有序、健康发展的态势。

回顾中国公共关系发展历程可以看出，行业协会基本成型，本土公司与跨国公司良性竞争，服务对象走向理性，教育层次比较完整，理论研究不断深入，中国公关业走向全面、平稳、健康的发展阶段。

二、我国公共关系的特点

经过几十年的吸收、改造、发展乃至形成自己的公共关系理论和实践，我国的公共关系呈现出与西方公共关系不同的特点。

（一）主体多元化

主体多元化在我国表现为组织内部业务部门的公关主体多元化，如工会、妇联、团委、办公室、信访办等单位虽不是职业的公关部门，但包含一些属于公共关系性质的工作。这些非公关部门仍是公共关系的主体，而这种公共关系主体的多元化对公共关系的开展是极为有利的。

（二）理论先行化

我国公共关系的发展是先有理论后有实践，这使我国的公共关系实践可以少走一些弯路，用理论来指导实践。

（三）教育社会化

西方国家的公共关系人员一般要接受正规的公共关系教育。在我国，为满足社会对公关人才的需要，采取了以社会教育为主的方法，通过短期、长期培训班，函授教育等途径培养人才。这种非学历教育层次虽低，但形式多样，参加人数较多，同时也有为数不多的正规教育可以满足对公共关系高级人才的需要。

（四）人员年轻化

西方国家公关人员的年龄一般在28～45岁，且无性别不均的现象；而我国从事公关工作的人员年龄普遍在30岁以下，且女性占绝大多数，这是由我国公关业发展不平衡造成的。我国的公关业起步于酒店、宾馆、旅游业，在这些行业中，年轻女性占有优势，从事接待工作的机会较多，这也是公共关系在传入我国不久便被人们理解为交际工作的直接原因。

三、公共关系发展机遇

(一)公共关系服务的社会化

微型案例 北京获2022年冬奥会举办权

国际奥委会第128次全会2015年7月31日下午在马来西亚吉隆坡投票决定,将2022年冬奥会举办权交给北京。

31日上午,在国际奥委会投票表决前,国家主席习近平通过视频向国际奥委会委员致辞,代表中国政府和人民表达对举办2022年冬奥会的期盼之情和最坚定的支持,表示中国政府高度赞赏奥林匹克运动的价值观和国际奥委会的改革主张,将全面兑现每一项承诺,全方位践行《奥林匹克2020议程》。

国务院副总理刘延东在国际奥委会第128次全会现场做了陈述报告,再次重申中国政府坚定支持北京携手张家口申办2022年冬奥会的立场。

中国奥委会主席、国家体育总局局长刘鹏,北京冬奥申委主席、北京市市长王安顺,国际奥委会副主席于再清,中国残联主席张海迪,国际奥委会委员、冬奥会冠军杨扬,北京冬奥申委总体策划部负责人杨澜,北京申冬奥形象大使、篮球运动员姚明,北京申冬奥形象大使、女子自由式滑雪空中技巧世界冠军李妮娜等代表团成员也分别做了陈述。现场屏幕还播放了北京申冬奥宣传片。

在国际奥委会委员参加的不记名投票中,北京获得44票,赢得2022年冬奥会举办权。另一申办城市哈萨克斯坦的阿拉木图获得40票。

刘延东等北京申办冬奥会代表团成员出席了2022年冬奥会举办城市揭晓仪式。

中国由此成为第9个既举办夏奥会也举办冬奥会的国家,北京则成为全球首个荣获过冬、夏两季奥运会举办权的城市。

资料来源:央广网:《北京获2022年冬奥会举办权 习近平致信申冬奥代表团表示热烈祝贺》,http://news.cnr.cn/native/gd/20150731/t20150731_519385453.shtml,2015年7月31日,有删改。

北京在2001年申奥成功后,北京市市长刘淇亲自到中国国际公关协会感谢公关界对申奥工作的支持。

北京两次申奥成功的案例表明:公共关系已在政府重大活动中发挥了积极作用。除此之外,上海申办2010年世博会的成功、2003年防控"非典"的积极应对,以及第五、第六届中国最佳公共关系案例大赛参赛案例所涉及的IT、电信、汽车、制药、金融、房地产、交通运输、航空运输、化妆品、家电、食品、能源、化工、网络、酒店、轻工、文化等行业以及众多非营利机构和政府部门,范围之广、融合之深,充分显示了公关服务社会化的趋势和功能。

自"非典"之后,我国政治生活中悄然发生着一个变化:新闻发言人在全国出现。目前,国务院各部委和上海、北京、山东、安徽、广东、辽宁、四川、甘肃、河南、重庆、吉林、南京、南昌、青岛、广州、深圳、石家庄、扬州、汕头、佛山等省(市)的地方政府都相继推出了自己的专职新闻发言人。建立新闻发言人制度是政府公共关系的重要组成部分,新闻发言人就是政府的"公关人"。新闻发言人的职责是让政府、企业等机构与社会公众进行良好的沟通,主要体现在制度的规范化、透明化上。世界各国均在政府的管理过程中大量使用新闻发言人制度,向社会各界及大众媒体发布权威信息，以此提高政府在公众中的美誉度和公信力。

（二）公共关系手段现代化

网络化是公共关系手段现代化的标志。人类社会已进入知识经济时代。知识经济是建立在知识和信息的生产、存储、使用、消费之上的经济，以知识和信息的传播、增值、应用等作为商品。信息技术和网络的应用不仅直接推动了全球经济一体化，而且为公共关系运作提供了新的传播方式和手段。互联网是继报刊、广播、电视后的新型媒体，其信息传播具有鲜明的特点：一是传播范围广，不受地域限制；二是信息容量大，可以存储大量信息且费用低廉；三是传播速度快；四是信息发布自主性强；五是信息内容形象生动，给受众带来极强的视觉和听觉冲击力的综合信息传播效果；六是互动性强，实现了即时沟通、即时交流。有专家预测，随着网络传播的发展，公共关系将变成具有互动功能的“个性化”关系，将成为社会组织与“公众”新的对话方式。

小资料

CNNIC 发布第 49 次《中国互联网络发展状况统计报告》

2022 年 2 月 25 日，中国互联网络信息中心（CNNIC）在北京发布第 49 次《中国互联网络发展状况统计报告》（以下简称《报告》）。《报告》显示，截至 2021 年 12 月，我国网民规模达 10.32 亿，较 2020 年 12 月增长了 4 296 万，互联网普及率达 73.0%。

网络基础设施全面建成，工业互联网取得积极进展

《报告》显示，在网络基础资源方面，截至 2021 年 12 月，我国域名总数达 3 593 万个，同比增长 9.4%；移动通信网络流量占比已经达到 35.15%。在信息通信业方面，截至 2021 年 12 月，累计建成并开通 5G 基站数达 142.5 万个，全年新增 5G 基站数达到 65.4 万个；有全国影响力的工业互联网平台已经超过 150 个，接入设备总量超过 7 600 万台套，全国在建“5G＋工业互联网”项目超过 2 000 个，工业互联网和 5G 在国民经济重点行业的融合创新应用不断加快。

网民规模稳步增长，农村及老年群体加速融入网络社会

《报告》显示，2021 年我国网民总体规模持续增长。一是城乡上网差距继续缩小。我国现有行政村已全面实现“村村通宽带”，农村网民规模已达 2.84 亿，农村地区互联网普及率为 57.6%，较 2020 年 12 月提升 1.7 个百分点，城乡地区互联网普及率差异较 2020 年 12 月缩小 0.2 个百分点。二是老年群体加速融入网络社会。得益于互联网应用适老化改造行动持续推进，老年群体上网、用网的需求活力进一步激发。截至 2021 年 12 月，我国 60 岁及以上老年网民规模达 1.19 亿，互联网普及率达 43.2%。老年群体与其他年龄群体共享信息化发展成果，能独立完成出示健康码/行程卡、购买生活用品和查找信息等网络活动的老年网民比例已分别达 69.7%、52.1%和 46.2%。

网民上网总时长保持增长，上网设备使用呈现多元化

《报告》显示，我国网民的互联网使用行为呈现新特点：一是人均上网时长保持增长。截至 2021 年 12 月，我国网民人均每周上网时长达到 28.5 个小时，较 2020 年 12 月提升 2.3 个小时，互联网深度融入人民日常生活。二是上网终端设备使用更加多元。截至2021年12月,我国网民使用手机上网的比例达99.7%,手机仍是上网的最主要设备;网民中使用台式电脑、笔记本电脑、电视和平板电脑上网的比例分别为35.0%、33.0%、28.1%和27.4%。

即时通信等应用广泛普及,在线医疗、办公用户增长最快

《报告》显示,2021年我国互联网应用用户规模保持平稳增长。一是即时通信等应用基本实现普及。截至2021年12月,在网民中,即时通信、网络视频、短视频用户使用率分别为97.5%、94.5%和90.5%,用户规模分别达10.07亿、9.75亿和9.34亿。二是在线办公、在线医疗等应用保持较快增长。截至2021年12月,在线办公、在线医疗用户规模分别达4.69亿和2.98亿,同比分别增长35.7%和38.7%,成为用户规模增长最快的两类应用;网上外卖、网约车的用户规模增长率紧随其后,同比分别增长29.9%和23.9%,用户规模分别达5.44亿和4.53亿。

资料来源:中国新闻网,https://www.chinanews.com.cn/gn/2022/02-25/9686153.shtml,2022年2月25日。

海尔集团是我国进军国外市场并取得成功的知名企业。它在实施国际化战略目标、打造全球知名品牌的过程中,运用先进的信息网络,了解消费者需求,随时与公众进行网络互动,以用户的难题作为科研开发课题,力求超前满足消费者需求。在2003年6月美国对中国的家电反倾销中,海尔集团注意网络信息的分析和收集,在第一时间向管理层提供了家电行业反倾销项目报告。高速度、高质量的报告为应对反倾销起了十分重要的作用,维护了其国际知名品牌的地位。

计算机与手机的轻松联网使现代化传播和沟通手段变得更加简单。随着中国企业国际化与经济全球化进程的加快,企业网络化是一个必然趋势。公共关系工作本质上是一个信息流动的过程,互联网为其提供了绝佳的信息通道。如果不充分利用网络开展公关,公关则失去优势。中国公关网和相关职业网站的建立和运作已做了有益探索。公关网络化是必然趋势,公关要在运用现代化传播手段方面始终走在前头,要领先一步。公共关系的发展需要整合所有传播媒体的优势,发挥现代网络传播功能,推动公共关系的发展。

微型案例 京东的新旧媒体公共关系传播

京东旗下设有京东商城、京东金融、拍拍网、京东智能、O2O及海外事业部等,2013年正式获得虚拟运营商牌照。2014年5月在美国纳斯达克证券交易所正式挂牌上市,2016年6月,1号店并入京东。

京东能成为中国最大的电商企业,与它的公关传播是分不开的。

新媒体的出现,并不代表着旧媒体的消失。新旧媒体各有所长、彼此融合,在不断磨合过程中给公关带来新的传播方式。对于年轻一代来说,很少有人愿意通过报纸、广播、电视获取信息,所以,新媒体的草根性、即时性、主动性更受年轻人青睐。手机、平板电脑、移动设备的发展,使得用户能够随时随地获取信息、分享信息,而在快节奏的生活下,大多数用户是通过碎片化的时间获取信息。这就需要传统媒体结合新媒体弥补不足。

京东除了利用新媒体有效传播之外,还积极利用旧媒体整合传播。例如京东赞助《我是歌手》电视娱乐节目，并在线上京东手机 App 里通过抽奖游戏“喜摇摇”与观众互动，中奖的公众能够赢取百万京券和电视节目现场门票；在热播的《爱情公寓》电视剧里植入京东的广告；还有许多类似《爸爸去哪儿》《男人帮》等反响强烈的电视节目中也都能看到京东的名字。京东挑选娱乐性强、轻松好玩的娱乐节目，借助电视媒体拉动综合媒体进行公关传播，借助电视节目的高收视率与影响力，把企业核心信息和电视传播内容很好地衔接在一起，使京东品牌形象更直接、更深刻地印在用户心里。因此，对于企业来说，有效利用新媒体传播的同时，也不能忽略旧媒体的传播作用。新旧媒体相结合，才能获得更大、更广的传播效果。

资料来源：于燕：《公共关系理论与实务》，北京师范大学出版社 2018 年版，第 66—67 页，略有删改。

第四节　公共关系与就业

一、公共关系职业前景

（一）公共关系职业是 21 世纪最富前景的朝阳行业

公共关系已经成为一个创造潮流也创造奇迹的职业，被看作 21 世纪最富前景的朝阳行业，也是 21 世纪平均收入最高的行业之一。

据美国劳动统计局统计数字显示，在美国，公共关系业在 21 世纪之初就已经拥有一支由 20 万人组成的专业队伍，行业规模达数十亿美元。此外，该机构还将公共关系列为最具潜力的行业之一。与此同时，在美国有近 200 所高校设有公关专业或授予相关学位的教学项目，而公共关系也成为学生注册选修率最高的课程之一。据有关数据显示，仅美国政府的信息中心就聘请了大约 9 000 名传播人员，另外还有 1 000 名左右的传播专业人士在国防部任职，美国最大的 20 家公关咨询公司每年的服务费收入超过 20 亿美元。

《中国公共关系业 2020 年度调查报告》显示，2020 年突如其来的新冠病毒疫情给中国公共关系市场带来较大影响，尤其是以线下业务为主的公司，影响程度更大。尽管如此，2020 年中国公共关系市场依然呈现增长态势，表明市场对公关的需求仍在不断增加。调查显示，2020 年整个市场的年营业规模约为 688.7 亿元人民币，年营业额增长率 3.1%，略高于全年 GDP 2.3%的增幅，利润增长率为 1.2%。受疫情和整体经济形势的影响，行业收入与上一年度相比，增幅有较大的回落。调查显示，2020 年度中国公共关系服务领域前 5 位分别是汽车、IT（通信）、互联网、快速消费品、金融。汽车行业依然占据整个市场份额超过 1/3，继续高居榜首，且比去年略有提高。调查显示，40 家公司在新的服务手段应用进展方面，新媒体营销、事件营销、娱乐营销、危机管理、舆情监测、政府关系、企业社会责任、议题管理有所增加。其中，38 家开展新媒体营销，35 家开展事件营销，18 家开展意见领袖（KOL）管理，21 家开展娱乐营销，18 家开展危机管理，9 家开展体育营销，7 家开展客户关系管理，4 家开展海外品牌传播管理，9 家开展舆情监测，6 家开展政府关系，1 家开展城市营销，7 家开展企业社会责任，4 家开展议题管理，1 家开展投资者关系管理。

小资料

2020年中国公共关系行业发展分析

2020年中国公共关系行业呈现以下显著特点：

(1)TOP30榜单的头部公司中，增长势头出现了明显的分化现象。部分线上业务占比较大的公司出现逆势增长，保持了两位数以上的较快增长幅度；与此同时，以活动传播等线下业务为主的公司出现了业务停滞，甚至负增长的情况。即使疫情好转，这种分化趋势未来也将进一步加剧，部分公司面临较大的调整和转型压力。

(2)汽车、IT(通信)、互联网继续占据市场前三位，而且市场占比都比2019年有一定程度的增加。同时，受疫情影响，市场份额居第4位的快速消费品和第6位的制造业在整个市场占比中出现下降的趋势。调查显示，2020年度中国公共关系服务领域前5位分别是汽车、IT(通信)、互联网、快速消费品、金融业。汽车行业占据整个市场份额的40%，继续高居榜首。IT(通信)、互联网也比2019年略有提高，快速消费品市场下降幅度明显，但仍居第4位。

(3)与2019年度相比，金融服务超过制造业位居第5位。调查显示，制造业份额略有下降，而金融业市场份额略有增加。娱乐文化、医疗保健排第7和第8位。旅游业受到下半年疫情形势好转的驱动，市场份额超过2019年，呈现逆势增长。

(4)人力成本增加给行业带来很大运营压力。调查显示，TOP公司平均月薪14 429元，比上年同期增长1.7%；大学生转正平均月薪6 125元，比上一年同期增长6.1%。人员成本逐年增加，这是公关行业的一个明显趋势，加上管理费用加大，以及兼并收购出现的商誉和无形资产减值等因素，公关公司运营压力依然存在。

中国公共关系行业面临的挑战与机遇

(1)公共关系行业分化趋势越发明显。行业中各公司首次出现非一致性增长，分化剧烈，部分公司呈现一定的增长，但多数公司出现停滞甚至下降趋势。可以预计，未来市场将形成几大巨头占据第一梯队的局面。伴随激烈的市场竞争和行业的跨界融合，一部分公关公司会做大做强，成为服务领域广泛、跨界整合明显、国际化不断加强的综合性公司。一部分公关公司则专注于深耕某一垂直领域，成为针对性很强的专业型服务公司。不能跟随市场变化调整的公司可能会被淘汰出局。

(2)线上鼓舞助力公关是大势所趋。因为疫情的影响，线上业务需求激增，比如视频传播、直播带货、网上教学等相关业务需求不断增加。后疫情时代，通过线上服务助力公关是大势所趋。科技与公关的融合让一些公关公司成功转型，不仅创造出有价值的内容，更让品牌和消费者能够进行良好的沟通和互动，在拓展业务范围的同时也提升了客户的满意度。

(3)疫情暴发凸显企业内部公关的重要性。企业成本管理、裁员与增效、公司信誉与社会责任再次受到关注。新冠疫情的冲击前所未有，许多企业面临困难局面。一些优秀的企业领导人会把保住员工的就业机会当成优先考虑因素，这样的内部公关也是企业品牌形象的重要体现。做好了内部公关的企业，其未来发展将更有竞争力、更具爆发力。

(4)突发公共事件频发让危机公关再受关注。近年来,突发公共事件越发频繁,如何在新媒体时代进行危机公关,并取得良好的传播效果对公关从业者将提出更高的要求。

(5)全球疫情背景下的国家形象传播,成为一个崭新课题。伴随"一带一路"倡议与公关全球化趋势的深入推进,中国国家形象面临新的挑战和机遇。疫情期间,一些西方国家通过其掌控的全球舆论话语权,采取多种传播手段,诋毁中国的国家形象。疫情让中国的国家形象传播难度进一步加大,公关行业如何利用自身优势,通过创新手段,帮助中国企业走出去,如何在"一带一路"沿线国家讲好中国故事,成为一个崭新的课题。

(6)资金问题依然是公关公司发展过程中面临的挑战。公关行业主要服务对象集中于大中型企业,市场地位较高,导致公关公司在结算方式上处于劣势。较长的赊销账期及垫资等问题,使得公关公司资金状况不甚乐观,再加上运营成本的日益攀升,限制了企业的发展空间。在外部融资方面,融资难、融资贵成为公关公司面临的共同挑战。

资料来源:中国国际公共关系协会,https://www.chinapr.com.cn/upload/gongguan/file/20210526/1621993449734818.pdf,2021年5月21日,有删改。

(二)公共关系专业人才需求旺盛

随着国外先进公共关系理念的日益渗入和实践,公共关系事业日益专业化、规范化,原来低层次的"公关人"在规范的公共关系运作之中因力不从心而渐被淘汰,日益规范的公关事业急需正规的公共关系人才;中资公共关系公司壮大,外资公共关系公司抢滩,对人才的争夺十分激烈;同时公关专业服务趋向细化,公共关系人才更需专业背景。

快速增长的公共关系行业,带来的是旺盛的人才需求。人力资源和社会保障部统计数字显示,在近几年的岗位需求中,公共关系行业一直占前几位。这种需求既包括对基础人才和初级人才的需求,更包括对中高级人才的需求。

目前,专业公共关系公司的从业人员加上在企业、政府、媒体等组织从事与公共关系相关的人员大概有50万人。我国目前各类工商企业已达几千万家,若每10家设置1名专职人员,就能形成几百万人规模的职业大军。

《中国公共关系业2020年度调查报告》显示,40家公司中,15家以新媒体业务为主,6家以活动代理及执行为主,15家以传播代理及执行为主,4家以顾问咨询为主。新媒体业务、传播代理及执行,是本年度公关市场的主要业务类型。由此可见,公共关系与新媒体工作人员、公共关系与新闻传播人员、具备公共关系综合素质的文员等人才成为企业招聘的主要对象,具有公共关系综合素质和能力的人在市场准入中显示出明显优势,体现了人才标准的变化趋势和时代要求。

政府机构新闻发言人制度的建立,地市级政府机构新闻发言人的设立和培训,政法系统在地市级法院、检察院设立新闻发言人,也使政府对公共关系专业人才的需求呈快速增长趋势。

(三)公共关系进入国家职业管理系列

公关员职业认证是为了推进中国公共关系业的职业化、专业化和规范化发展,提高从业人员的地位而设立的。公关员职业认证是劳动就业制度的一项重要内容，也是一种特殊形式的国家考试制度。它是指按照国家制定的职业技能标准或任职资格条件，通过政府认定的考核鉴定机构，对劳动者的技能水平或职业资格进行客观公正、科学规范的评价和鉴定，对合格者授予相应的国家职业资格证书。

1999 年，国家劳动和社会保障部正式将公共关系列入国家职业分类大典，并制定了国家职业标准。从 2000 年起开始全国每年两次的公关员职业资格考试，到 2003 年已有 5 万人参加。2004 年，《公关员国家职业标准(新版)》通过鉴定，在原有的“初级公关员”(国家职业资格五级)、“中级公关员”(国家职业资格四级)和“高级公关员”(国家职业资格三级)的基础上，增设了“公关师”(国家职业资格二级)和“高级公关师”(国家职业资格一级)，以适应公共关系职业发展的需要。这个标准反映了本职业在我国的发展水平，涵盖了各等级的职业功能和工作内容，突出了能力要求。这个标准的实施将使我国公共关系职业的专业认证和教育培训工作迈上新的台阶，对于加强全国公共关系专业人才队伍的建设、提高从业人员的专业素质、促进公共关系行业的发展具有重要意义。

小资料

《公关咨询业服务规范》(节选)

初级职务(客户助理、客户主任、高级客户主任)；

中级职务(客户经理、高级客户经理)；

高级职务(客户总监、副总裁、高级副总裁)。

或：初级职务(客户代表、高级客户代表)；

中级职务(顾问、高级顾问)；

高级职务(总监、副总裁、高级副总裁)。

一般来说，从初级职位晋升到高级职位大多数专业人员需要 8～10 年的时间，这其中除了专业技能和职业素养的要求外，还有一个重要的原因就是社会阅历和工作经验的积累。

资料来源：中国国际公共关系协会，https://www.cipra.org.cn/site/content/2893.html，2019 年 4 月 6 日。

(四)公共关系教育培训任重道远

我国公共关系专业人才主要依靠院校教育和社会培训培养。院校教育从中专、大专、本科到研究生教育，已形成较完整的公共关系专业教育体系。全日制本科教育通过四年规范化学习，学生可以比较快地适应社会，成为社会上各大专业公共关系公司和企业公共关系部的高级公共关系人才。我国中山大学、中国传媒大学、东华大学等五所大学率先开设公关本科专业，目前公共关系专业是各个大学普遍开设的专业之一。研究生教育在专业方向和专业硕士点的建立上已经成型，这为培养公共关系高级专业人才创造了条件。值得注意的是，众多高职院校开设了公共关系专业和在非专业中开设公共关系课程，这对培养具有公共关系素质和沟通能力的复合型技能人才发挥了积极作用。

社会培训也随着公共关系市场的不断扩大而逐渐形成规模。以国家人力资源和社会保障部实施的公关员国家职业资格鉴定考核为依据而实施的国家职业培训、由原国家人事部高级公务员培训中心和中国公关协会合作针对公务员和企业管理人员举办的公关专业证书考核培训、由中国高等教育学会公关教育研究会主持的大学生公共关系素质培训和由中国国际公关协会举办的公共关系公司等高层公关专业技术人才培训等模式，逐渐趋于稳定并形成多层次相融合的公共关系社会培训体系。值得重视的是，公共关系社会培训向普及和提高两个方向发展。一方面，企业和院校合作举办的以大公关为角度，融公关、营销、礼仪服务为一体的公共关系综合能力培训，适应了众多中小企业提高员工素质、提高企业核心竞争力的需求。例如，山西某超级商场有限公司组织百名柜组长以上管理人员在公共关系职业培训中心接受公共关系专业培训，有 80 人分别获得国家初、中级公关员职业证书，公司经理获得高级公关员证书。另一方面，公共关系公司内部的职业培训也在升温。随着市场竞争的加剧，公共关系公司都在注重提高员工的专业素质。较为成熟的公共关系公司，如蓝色光标、伟达等都建立了自己的培训模式，对入门的初级人员和中高级人才都有相对应的培训机制。国际公共关系公司的培训侧重实战演练，培训效果明显。但整个培训体系还不够完善，培训内容、方式、体系还需进一步改进。

（五）公共关系职业专业化是公共关系业健康发展的必然趋势

公共关系作为一项智力产业，专业化智力劳动的价值将得到前所未有的尊重。由于市场经济体制的发展，各类组织均已改变了以往那种大而全的组织管理架构，并接受了资源稀缺的市场新观念，这势必促使组织在开展公共关系活动中，考虑吸纳最优秀的公共关系人才加盟，让组织有限的传播资源取得最大的效益。公关市场的发展与不断成熟，激活了公共关系人才市场。公共关系人才的争夺战已打响。公共关系公司为开拓市场，想尽一切办法从其他公司挖人才，这种人才的激烈竞争既促进了中国公共关系事业的发展，也促进了公共关系职业的专业化。众多专业公共关系公司力争打造“专业团队、卓越执行”的实力形象，因为“业精于专”方显核心竞争力。公共关系业内人士已认识到，公共关系是人才密集、知识密集、经验密集和资源密集的职业，是一种讲求专业技术、独立的、有期限的顾问性质的商业服务。采用规范的服务流程，有明确的公司运营战略，重视专业服务的营销推广，重视专业服务技术的研发和新型服务手段的使用，才能进一步提升行业地位，促进公关专业服务市场规模的进一步扩大，以及服务领域、服务层次和服务水平的进一步提高。

小资料

公关行业未来转型的趋势

第一是公关营销化。媒体环境的变迁已经让公共关系行业奋起急追，跨界营销、短视频、流量池、私域直播、精准获客、娱乐至上……层出不穷的新玩法已经和公共关系密不可分。对于大部分企业来说，品牌和营销本就是相辅相成的，品牌营销的本质就是将商业行为品牌化并如实交付的一个良性循环。相反，没有商业动机的营销是缺乏逻辑基础的，比如 2009 年魔兽世界贴吧的“贾君鹏”事件引发网络狂欢后，好多“公关专家”前来认领，说这个案例是其一手策划的，然而这个事件背后的商业目标究竟是什么，没人能说清楚。说到底，这根本就不是一个营销案例。因此，品牌和营销之间拥有天然的关联性，就像再有情怀的创业首先也要研究商业模式一样，品牌和营销化未必要分清界限，只有这样，品牌才有机会创造更大的商业价值。

第二是公关策略化。公共关系的多个价值维度中，危机公关一直是最被认可的，因为品牌的声誉向来是“百年累之，一朝毁之”。比如新冠疫情期间，苦心经营品牌多年的餐饮品牌西贝莜面村、海底捞等负面新闻不断，品牌声誉一落千丈，如果企业在决策之前，能够更加重视消费者的沟通策略和声誉风险的推演，做好充分的准备甚至改变决策，就会避免类似的危机发生。同样，品牌体系搭建、市场竞品分析、用户画像等对策略性要求更高的咨询服务，在大数据等信息化技术加持下，也有机会挖掘出公共关系的更大潜力。

第三是公关年轻化。2020 年新冠疫情给各行各业都带来巨大冲击，也从一定程度上推动了行业的转型，让市场更加重视线上传播的建设，比如直播经济、在线教育等领域的发展在疫情期间不降反升，也成就了一批以线上传播为主的公关广告公司。后疫情时代，行业必将进一步分化，更关注年轻人、更追求创意的线上营销有机会异军突起，毕竟公共关系行业的发展是与媒体环境息息相关的，因此长期来看，公关行业的年轻化是必然的趋势。

资料来源：中国公关网，http://www.chinapr.com.cn/p/2936.html，2021 年 1 月 25 日，有删改。

二、企业公共关系最需要的人才

“入世”加快了中国企业与国际经济接轨的步伐，塑造企业新形象、创建跨国公司、打造世界品牌已成为有志企业家的追求，但在此过程中，难免会碰到各类危机事件需要企业及时处理。如果企业处理得恰当，就会转危机为机遇；如果企业处理得不好，就会导致危机急转而下威胁到企业的生死存亡。实践证明，传统的公共关系人才已无法满足企业与国际接轨的需要，企业公共关系迫切需要“新鲜血液”。

（一）危机公共关系人才

俗话说：“不怕一万，只怕万一。”这种危机尤其以工商业居多，如近年来发生的家电问题、食品不符合指标、化妆品出现违禁成分等，对企业来说都是危机。在紧急关头，危机公共关系人员就显得尤为重要。如能临危不惧，处理得当，便可化险为夷，将危机转为契机，同时企业还可以得到更多消费者的关心和支持。危机公共关系人才可谓“临危受命”，要在短时间内帮助组织渡过“形象危机”，并维持、重塑企业形象。这要求从事危机公共关系的人员必须具备下列基本素养与能力。

1. 反应敏捷

公共关系人员要在危机发生时做出相应的反应，赶赴现场，迅速了解事件的来龙去脉，找出根源，分清责任及承担者，确保企业对危机事件的立场在第一次新闻报道中就得到正确的描述。

2. 具有良好的判断能力和处理问题的能力

在危机发生后，通过进一步分析公众心理和企业所处的特定环境，对危机进行准确定位，采取相应的对策。公共关系人员在审视危机时，应站在一个客观、公正的立场上，找出问题症结，运用有效的公共关系手段，消除公众的误会，争取多方支持，同时需根据企业形象受损程度，开展弥补企业形象缺陷的公关活动，重塑企业良好的形象，维护企业的信誉。

3. 善于与各类媒体打交道

危机发生后，企业往往会成为公众关注的焦点，媒体也将会连续报道危机事件，使企业面临不利的舆论环境。这时，危机公关人员应积极主动地配合媒体工作，真实、客观、及时地提供给他们所需的信息，保证企业与公众之间信息传递的及时与畅通，正确引导公众，给公众肯定的答复，争取在最短的时间内将各种对企业不利的传闻、猜测、流言等扼杀在摇篮里。

（二）企业新闻发言人

国家有国家的新闻发言人，企业同样也需要有自己的新闻发言人。企业通过新闻发言人发布信息，可以引导舆论提升企业的市场形象和社会形象，以及在遇到危机事件后，将不良的影响降到最低。新闻发言人制度是当今世界许多大企业推行的一种基本的信息发布制度，这一制度体现的公开性和透明度，在促进企业经营方式向现代开放式经营模式的转变中具有重大意义。

企业新闻发言人是企业及企业负责人的形象包装师，是企业与新闻媒体及社会公众的中介人，是企业公关部门的核心人物，也是企业的高级管理人才。他们受企业委托，向公众表达企业对某些事情的意见与主张。发言人可以及时向公众和媒体发布企业发展的各种信息，吸引媒体关注，保持企业声誉；同时通过发言人，企业也可以更好地与顾客沟通，使顾客对企业产生信任感，让顾客不断了解企业，关爱企业。在时下的中国社会中，企业聘请专职新闻发言人的机会并不多，很多时候新闻发言人的角色是由企业负责人的助理或秘书充当；有时也由企业负责人亲自出面充当新闻发言人，但他们可能不具备专业新闻发言人的素质，偶尔也会影响企业形象。作为企业新闻发言人，要有良好的综合素质：气质非凡，仪表出众，交际广泛，敏捷善言有口才，知识渊博有思想，沉着冷静善应对等。专家认为，一名成功的企业新闻发言人不仅要精通新闻业务，还要具有公共关系学、市场营销学、企业管理学、社会学等多方面的知识，是一名复合型的技能型人才。

小资料

新闻发言人制度的规范要求

第一，建立健全日常工作机制。要成立固定的新闻发言工作小组，对有关新闻发布工作进行明确的分工。例如，确定由谁担任新闻发言人、谁接听记者日常来电、谁组织策划新闻发布会、谁起草新闻发布稿和准备应答口径等。

第二，应该具备较高的职业素质。企业的新闻发言人需直接与记者打交道，任何一点失误都可能对企业造成极大的影响。新闻发言人应该熟悉企业内部公关传播工作，而且能掌握企业经营的实质层面信息，能及时、巧妙应对记者提出的诸如企业发展战略、营销策略等问题。

第三，建立规范的媒介记者档案。企业要在新闻发布活动中把握主动权，就应该事先对出席发布会的各位记者的特点做到心中有数。这就要求企业的新闻发言人平时建立规范的记者档案。

第四，建立舆论跟踪分析机制。新闻发言人平时要指定专人收集报纸、电视、网络等公众和记者对企业报道的信息，对报道内容加以分析，为新闻发布和回答记者提问提供参考。

第五，建立新闻发布后的评估机制。在新闻发布会后，新闻发言人要跟踪了解媒介对新闻发布会是如何报道的、新闻发布会是否达到预期的目的。

三、公共关系的职业准则

随着社会经济的飞速发展以及公共关系的社会化、专业化、职业化，公共关系人才的需求大增，对公共关系人员的要求也越高。为了适应公关事业的发展需要，对公共关系人员应经常进行培训和深造。

微型案例　北京喜来登长城饭店的公共关系部

北京喜来登长城饭店在成立之际就设立了公共关系部，招收和培训了一批高质量的公关人员，制定了一套公关活动计划和准则，把公关贯穿于饭店的各个环节。1984年年初，长城饭店试营业期间，公关部经理露西·布朗女士为提高饭店的知名度可谓绞尽脑汁。当时人们对公关相当陌生，觉得很神秘。一次，有服务员在打扫房间时，发现客人的床头摊放着一本书，她没有挪动书的位置，也没有信手把书合上，而是细心地在书摊开的地方夹进了一张小纸条，以起到书签作用。客人对服务员细致的服务大加称赞，并将此事告诉了同来的几十名同事，以及她所认识的所有朋友。

露西小姐以这件事为契机告诉大家，这就是公关活动！公关需要从细微处做起，所有饭店工作人员都应通过自己的一举一动体现公关意识，从各方面树立完美的形象。

资料来源：苏日娜、邓莎莎：《公共关系原理与实务》，武汉大学出版社2016年版，第26页，略有改动。

（一）专业培训

专业培训是对各类公共关系人员的业务培训，公共关系人员担负的任务不同，培训的内容和要求也有所不同。

1. 专职人才培训

专职人才是指负责组织公共关系工作的组织、设计和实施，协调内外各种关系，领导组织各种重大公共关系活动策划的智囊型人才。他们必须具备较全面的知识结构和能力结构，系统地掌握公共关系学和其他相关学科的知识，并具有比较丰富的社会经验和工作经验。他们是组织开展公关的骨干，组织领导要创造学习条件，让他们有进修、提高、深造的机会。

2. 专业人才培训

专业人才担负着公共关系活动中技术要求较高的工作，如绘画、摄影、广告设计、社会调查、新闻写作、市场分析、商情预测等。对他们应着重培养较深造诣的专业知识和相应的业务技能，要求他们能成为某一项或几项业务的专才。

3. 工作人员培训

组织公共关系部门的一般人员主要承担日常公共关系事务和辅助公共关系活动，应能自觉、主动、高效地完成本职工作，并在实践中不断积累经验、摸索规律，提高工作能力。因此，对他们的培训要求是养成良好的职业道德风尚，对工作热情、勤恳，兴趣广泛，应变能力强，在繁杂的日常事务中能抓住工作重点，有条不紊，能掌握一技之长。

（二）培训内容

1. 基础课。包括以下四类：(1)经济管理类，如管理学、经济学和市场营销学。(2)社会科学类，如社会学、人类学和相关法律课程。(3)语言文字类，如中文写作、新闻采访、英语等。(4)应用技术类，如计算机应用等。

2. 专业基础课。主要包括传播学、企业文化、动作语言学、媒介学、广告管理学、组织环境学等。

3. 专业课。主要包括公共关系原理、公共关系实务、社会调查、演讲、谈判、摄影、礼仪等课程。

公共关系人员的培训内容可以是全面系统的，也可以选择其中几门公共关系理论，因人、因需要而定。

(三)培训方式

培训方式可以是全脱产或业余的办班学习，可以送入设有公共关系专业的院校或参加有关高校开办的函授学习，可以派员到专业公共关系公司实习进修，也可以以自修为主，兼请公共关系专家定期上门讲课辅导等。

理论教育固然必要，实践锻炼更为重要。各行"状元"和各业"尖子"都是在生产和社会实践活动中造就出来的。公共关系的优秀人才也只能在公关实践中培养造就。

小资料

《公关咨询业服务规范》(节选)

第三十八条　一名优秀的专业人员应该具备如下职业素质：

——知识能力。迅速而轻松的学习能力；观察、收集、选择和评价的能力；判断、演绎、归纳和推理的能力；综合和概括的能力；创造性思维和知识创新能力。

——合作能力。尊重他人，容忍、融洽；预料和评价人们反应的能力；善于与人打交道；获得信任和尊敬的能力；礼貌和良好的风度。

——交往能力。倾听能力；沟通能力；引导和训练他人的能力；说服和动员的能力。

——个人成熟度。举止行为的稳定性；抵抗压力以及在恶劣环境下工作的能力；做事沉着、镇静、客观、克制；灵活性和适应性。

——职业追求。自信、健康的职业志向；执着、勇气、积极、毅力；企业家精神。

——职业道德。诚实可信、真诚助人；客观评价自身能力；承认错误、勇于向失败学习。

——身心健康。良好的身体条件；较好的心理素质；乐观、积极、向上。

资料来源：中国国际公共关系协会，https://www.cipra.org.cn/site/content/2893.html，2019年4月6日。

小　结

关键术语

公共关系　公共关系的起源　公共关系在中国的发展　公共关系与就业

本章小结

1. 公共关系的定义可以概括为：(1)公共关系的主体是社会组织或代表社会组织的个人；(2)公共关系的客体是社会公众，而社会公众是由与社会组织有利益关系的个人、群体或组织所构成的；(3)公共关系的途径是利用传播手段进行社会组织与其社会公众之间的双向沟通；(4)公共关系的目标是使社会组织获得社会公众的理解、支持和合作，为组织树立良好的形象，为事业的发展创造良好的社会环境；(5)公共关系既是一种状态又是一种活动，同时又是一种实务。

2. 公共关系的要素包括公关活动的主体、公关活动的客体、公关活动的媒介。

3. 公共关系的原则包括诚信原则、真实性原则、公开性原则、长期性原则、科学性原则。

4. 公共关系人员应具有的公共关系意识主要有公众意识、形象意识、沟通意识、协调意识、开放意识、互惠意识和创新意识等。

5. 我国公共关系的特点包括主体多元化、理论先行化、教育社会化、人员年轻化。

6. 公共关系的职业前景主要有以下几个方面：公关职业是21世纪最富前景的朝阳行业；公关专业人才需求旺盛；公共关系进入国家职业管理系列；公关教育培训任重道远；公关职业专业化是公关业健康发展的必然趋势。

知识结构图

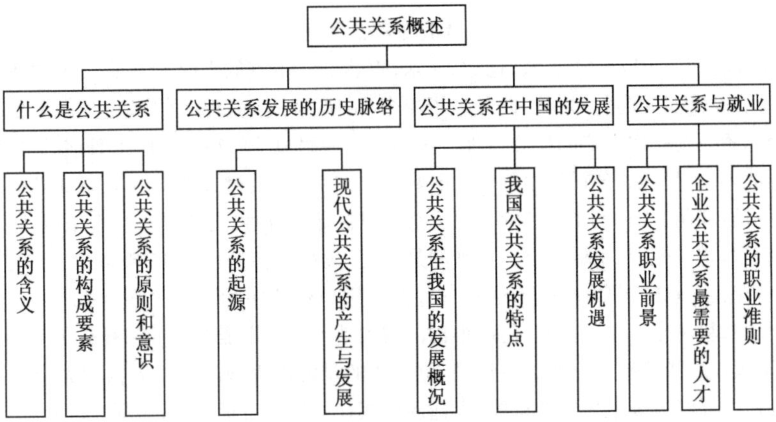

应　用

案例研究

案例一

蓝色光标公共关系机构助联想成功植入《北京遇上西雅图》

“上映6天票房1.1亿元”“网上‘无差评’”“影院排片逐日递增”，最终国内票房超过5亿元，这是2013年由薛晓路导演，汤唯等领衔主演的热映影片《北京遇上西雅图》取得的优异成绩。除了优异的票房成绩外，这部被网友戏称为“当寂寞遇上温暖”的影片中浪漫的剧情和经典的台词也给观众带来了深深的感动。

影片中除了剧情和台词之外，巧妙植入的联想电子产品也给观众留下了深刻的印象，不少网友纷纷吐槽：“好喜欢汤唯那款橙色的联想手机啊”“联想的计算机还能弹钢琴，好高端”……

据了解，联想这次在《北京遇上西雅图》的成功植入，是由蓝色光标娱乐营销部门为其量身打造的。任何一个成功的植入都不是偶然的，最开始，蓝色光标娱乐营销凭借自身独有的电影植入评估体系，对影片题材、主要演员、导演及制作团队，以及发行方实力方面进行了详细的评估和大胆预测，然后独具慧眼地发现了这部优秀的影片，当然，更重要的是“联想也慧眼识珠地接受了我们的推荐”，蓝色光标娱乐营销业务主管何玉涛表示。

此外，在项目初期，联想娱乐营销团队、蓝色光标娱乐营销团队和影片制作团队三方精心设计了植入的情节，制定出了联想产品要随着剧情的发展和演员的情绪进展曝光的策略。在影片拍摄和后期制作中，蓝色光标娱乐营销派出了专业的植入人员到剧组跟踪和协助植入镜头的拍摄。影片上映期间，还为联想提供了以植入为基础的，包括形象授权、首映式合作、联合预告片、联合宣传等全方位的整合营销服务，使植入影响扩展到更深远的范围，而这点是那些单纯的植入公司所不具备的能力。

据悉，蓝色光标娱乐营销是蓝色光标公共关系机构旗下四个业务版块之一，为客户提供“影视植入”“明星/名人管理”“院线整合营销”三个领域的专业服务；此前曾参与投资出品了王家卫导演的电影《一代宗师》，并为捷豹路虎、JEEP 牧马人、广汽丰田、北京现代、北京汽车、大众汽车、蒙牛特仑苏、西铁城等客户提供专业的娱乐营销服务。

资料来源：陈丽清等：《公共关系学》，电子工业出版社 2014 年版，第 24—25 页，略有删改。

问题：

1. 请结合案例分析，蓝色光标娱乐营销为联想的成功植入《北京遇上西雅图》做了哪些工作。这些工作体现了公共关系哪些方面的内容？

2. 请结合案例谈谈公共关系对企业发展的重要性体现在哪些方面。

案例二

碧浪冲击吉尼斯

1999 年国庆节前夕，一件高 40.6 米、宽 30.8 米、重达 930 千克的大衬衣在北京东二环附近一家大楼上悬挂起来。这件约有 12 层楼高的衬衣在此悬挂了半个月，吸引了大量路人的目光。这是爱德曼国际公关公司为美国宝洁公司策划的一次重要的媒介事件。宝洁公司的碧浪洗衣粉是其麾下著名的品牌，如何让中国公众接受它呢？为此，爱德曼公关公司绞尽脑汁，想出了这样一个用大衬衣冲击吉尼斯世界纪录的活动。这件大衬衣的布料足可以缝制 2 350 件普通衬衣，衬衣上还印制有“全新碧浪漂渍洗衣粉”的字样，其中红色的“碧浪”两个字高 5.9 米，宽 9.8 米，非常醒目。更妙的是，这件大衬衣在悬挂了 15 天以后，经风吹雨淋和空气污染变得非常肮脏，在大衬衣的揭幕仪式上，还有一些嘉宾用更难洗净的墨汁泼在衬衣上。7 月 23 日，宝洁公司用全新的碧浪洗衣粉洗净了这件衬衣，使新推出的碧浪洗衣粉一举成名。爱德曼公关公司策划的这次媒介事件，其意义并不仅仅在于打破吉尼斯世界纪录，更主要的是要使中国的消费者认识碧浪洗衣粉。他们先用大衬衣冲击吉尼斯世界纪录吸引公众的视线，引起新闻媒介的广泛报道；然后再通过洗净如此肮脏的衬衣，强化碧浪洗衣粉的功效，在市场上产生了强大的冲击力。

资料来源：吴建勋、丁华：《公共关系案例与分析教程》，清华大学出版社 2013 年版，第 20 页。

问题：

1. 案例中的爱德曼公关公司是如何运用公共关系的？

2. 这个案例体现了公共关系的哪些意识？

实验实训

1. 以小组的形式调研我国公共关系的发展情况，并在全班报告调研结论。

2. 走访学校就业部门老师并搜集相关资料，以公共关系与就业为主题举办班级座谈会。

复习思考题

1. 什么是公共关系？

2. 公共关系的意识和原则是什么？

3. 我国公共关系的特点是什么？

第二章　公共关系的主体

学习目标

通过本章学习，你应能够：

了解公共关系主体的类型和业务范围；

了解公共关系的职能和作用；

了解公共关系人员的基本素质和培训；

掌握公共关系的主要活动模式。

引入案例

中国公共关系业2020年度调查报告（节选）

年度排行榜

2020年度公关公司排行榜包括TOP公司和最具成长性公司两个榜单，其中TOP公司30家，最具成长性公司10家。该榜单以自愿参与调查活动、提交完整数据、能够接受考察核实的公关公司为评选对象，以“TOP公司评选标准”为评选依据，通过加权指数计算产生最终结果。榜单统计分析由CIPRA研究发展部执行，CIPRA公关公司工作委员会常委会审议。

关于“营业收入”注释：

本调查中所使用的“营业利润”一词，专指公共关系服务收入（不含广告、制作等业务）。该收入为含营业税的服务收入，须扣除第三方费用（包括外购劳务、媒体购买等）。

2020年度TOP30公司榜单

（排名不分先后，按公司品牌英文名排序）

APR 注意力传播

BlueFocus 蓝色光标

Cenbo 森博

CHUAN DIGITAL 传智数字

CIG 新意互动

CYTS-Linkage 中青旅联科

mrg 嘉利智联

MSL China 明思力中国

Ogilvy 奥美

Ruder Finn 罗德传播

Smart fish 鱼得水

Topline 尚诚同力

D&S 迪思传媒
DRIVING STRONG 达毅思创
EVISION 时空视点
GXEVER 际恒锐智
Hill+Knowlton Strategies 伟达公关
iforce 百孚思
itrax 爱创
Linksense 联华盛世
Longwise 郎知传媒
Trends Digital 趋势中国
TRUSTWIN 君信品牌
WINS 汪氏
WISE BRAND 和智传信
WISEWAY 智者品牌
WOM 沃姆互动
Worldwide Companion 开普天下
zenconsulting 哲基咨询
ZONE 众行传播

2020 年度最具成长性公司榜单

(排名不分先后,按公司品牌英文名排序)

99IE 九九互娱
Allision+Partners 励尚公关
Chongqing Langbu 狼卜
Greatsea 瀚海博联
HighTeam 海天网联
KnowsTeam 知曰互动
Let-media 莱媒数字
LIGHTING 蓝灯广告
MEGA 美格国际
XS 相顺传播

TOP30 公司研究

营业情况

TOP 公司平均年营业利润 1.38 亿元,同比下降 0.7%;TOP 公司人均年营业利润 40.6 万元,同比增长 9.1%。营业利润率的下滑,说明行业竞争进一步激烈,进而压缩了利润空间。

作为行业第一家上市公司,蓝色光标经受住了全球大疫情的严峻考验,业绩逆势大涨,全年营业利润增长 20%,其中公关传播年营业额为 23 亿元,年营业利润 90 143 万元。

年平均签约客户 78 个,同比下降 17.0%。其中,外资客户占比 26.4%,同比下降 15.1%;日常代理客户占总签约客户的 62.5%,同比增长 3.0%。

新服务手段方面,TOP 公司在事件营销、娱乐营销、新媒体营销、危机管理、意见领袖(KOL)管理方面实现较快发展。

随着新媒体业务需求的不断增加,18 家 TOP 公司新媒体业务营业利润超过 3 000 万元,占总体营业利润的 46.2%,主要提供产品推广、企业传播、事件营销、口碑营销、整合传播的业务。新媒体业务规模不断扩大,表明行业发展的新趋势。

运营管理

TOP 公司平均员工人数 337 人,同比下降 9.2%;管理团队 40 人,同比增长 8.1%。出现这种原因,可能是面对疫情对经济的影响,部分公司采取了减员增效的办法。

女性雇员占比 62.4%,同比增长 2.6%;员工平均年龄 30 岁左右,与上年持平;人员流动率 28.9%,同比增长 3.6%;平均留任时间 3 年,与上年持平;周平均工作 45 小时,同比增长 2.3%。

年人均培训时间 75 小时,同比增长 2.7%,主要集中于专业技能、业务认知、岗位技能等方面,一般通过公司课程、内部业务交流、部门岗位培训、行业培训解决。

平均工资为 14 429 元/月，同比增长 1.7%，客户经理平均工资为 14 747 元/月，同比增长 3.3%；应届大学生转正平均工资为 6 125 元/月，同比增长 6.1%。

资料来源：中国国际公共关系协会，https://www.chinapr.com.cn/upload/gongguan/file/20210526/1621993449734818.pdf，2021 年 5 月 26 日，有删改。

第一节　公共关系主体的类型

一、公共关系主体的表现形态

从狭义上说，公共关系的主体是指公共关系的专职机构和专职人员。从广义上说，公共关系的主体是各种类型的社会组织。从更广泛意义上理解公共关系的主体，公共关系需要全员参与，每一个员工都是本组织公共关系活动的主体。

公共关系是一门“内求团结，外求发展”的艺术，处理的是组织内外的各种人和人之间的关系，需要高超的技巧，依赖于健全的公共关系机构和具备良好素质的公共关系人员。随着社会的发展，公共关系的职业化特点越来越明显，现代社会需要专门的组织机构从事公共关系工作。在现有的公共关系机构中，主要分为两类：一类是社会组织内部设立的公共关系部门，如组织内部的公共关系部（或公共事务部等）；另一类是专门承接公共关系委托业务、代理其他社会组织公共关系业务的服务性机构（如公共关系公司、公共关系事务所等）。当然，任何组织的公共关系活动都离不开公共关系人员，以下分别加以介绍。

（一）公共关系部门

随着社会分工的发展，公共关系的职业化特点越来越明显，为了强化组织的公共关系职能，许多社会组织设置了专门性的公共关系部门。

小资料

国务院新闻办公室的主要职责

国务院新闻办公室（简称国务院新闻办）成立于 1991 年 9 月，是国家机构中重要的媒体管理部门，主要职责是推动中国媒体向世界说明中国、报道中国，同时也推动中国媒体报道各国的新闻要事，增进中国和世界间的相互了解。其具体职责如下：

推动中国媒体对外说明中国、指导和协调对外新闻报道。

制定对外新闻事业的发展规划，并负责组织实施。

组织对外介绍中国政府的方针政策和中国经济社会发展情况。

推动中国媒体对国际问题的报道，包括政治、经济、科技等方面新闻信息。

举办新闻发布会，向中外记者介绍中国情况和方针政策。

组织编写并发表中国政府白皮书，阐明中国政府对重大问题的原则立场和基本政策。

指导各省（自治区、直辖市）政府新闻办公室的工作，并为港澳台记者来内地（大陆）采访提供服务。

开展与国外新闻机构的交流合作，并为国外记者来中国采访提供服务。

接待要求访问本办的重要代表团及重要人士。

制定互联网新闻事业发展规划，并指导协调互联网新闻报道工作。

负责对外介绍中国人权事业发展情况，组织开展人权领域的对外交流与合作。

负责对外介绍西藏的发展建设情况，组织有关西藏方面的对外报道和交流活动。

研究世界媒体及中国香港、澳门、台湾舆情。

组织综合性、跨部门、跨地区大型文化交流活动，组织制作对外介绍中国情况的图书、音像、影视出版物。

资料来源：张云：《公共关系概论——理论、实践与案例》，华东师范大学出版社 2016 年版，第 33 页。

1. 职能地位

有人把组织的公共关系机构称为组织的“五官”，即眼、耳、鼻、舌、喉。眼——观察组织与公众之间联系和沟通的状况；耳——聆听来自各方面对组织的意见、批评和建议，并及时传递给组织；鼻——嗅出对组织和公众利益不利的“气味”，及时通报并加以调“味”；舌——品尝和体味公众的“酸、甜、苦、辣”，为公众解决困难，送去温暖和情谊；喉——向组织的一切公众传播有关组织及与公众相关的信息，让公众了解组织。

其实，组织内部公共关系机构的地位不是“五官”所能全部概括的，从总体上衡量，公共关系机构在组织内部应该成为五个中心。

(1)资料存储中心

它要搜集、处理、存储与组织有关的内外部各类信息、资料，使之程序化、系列化，便于随时调用。

(2)信息发布中心

它是组织的“喉舌”，向组织内外部公众发布各种信息，类似于组织的新闻发言人。

(3)环境监测中心

它随时观察组织的内外部环境，掌握这些环境具体变化的状况，类似于组织的“侦察兵”。

(4)趋势预测中心

它分析和预测组织内部环境变化的速度和方向，以及这些变化对组织产生的影响和应采取的对策。

(5)公众接待中心

它将接待组织内外部各类公众的来访，处理各种社交活动，与社会和公众建立广泛而密切的联系。

当然，并不是所有的组织公共关系机构都具有这样的地位，这取决于组织公共关系机构的具体模式、组织领导人对公共关系的认识和公共关系机构负责人在组织中的影响。

2. 设置原则

(1)需要原则

一些大中型企业和其他一些社会组织相继成立了公共关系部门。有的没有设立专职机构，但在其他部门中设置了公共关系的人员，如公关秘书。不是所有的组织都有必要设置公共关系部门。是否有必要设置公共关系部门，要根据组织自身的运行和发展需要决定。有些规模较小、初创阶段的组织，就不一定需要设置专门的公共关系机构。但是，不一定需要设置专门的公共关系机构的组织，同样需要公共关系工作。总的趋势是，公共关系职能会不断加强，专职公共关系部门逐渐增加。

(2)精简原则

所谓精简原则，即要求完成该组织所担负的任务，配置最精干的成员、拥有最简化的工作程序和组织架构。它体现在两个方面：一是人员不多，精干高效；二是机构内部的层次不多，因事设职，因职设人，不搞小而全。

(3)自动调节的原则

即公共关系部具有相对的独立性，能够在确定的范围内自主地履行职责，并能适应客观环境的变化。在公共关系部内部也要给各个环节一定的灵活性，使其能够在不断变化的客观环境中主动地处理问题。当然，这种灵活性是以实现总目标为前提的。

(4)专业性原则

公共关系部是专门开展公共关系工作的组织机构；它的每一项工作都涉及组织的声誉和影响。因此，在组织上和工作内容上都要保证其正规性。在公共关系工作内容专业化的同时，还应做到队伍的专业化，即公共关系部的全体人员应具有强烈的公共关系意识，受过一定的专业训练，具有一定的专业水准和能力，具有开拓创新精神等。

(5)协同性原则

在实现公共关系目标时，公共关系部要依赖其他部门的配合。公共关系部主要起到沟通、协调、组织的作用。通过公共关系部，可协调多方面、多层次错综复杂的关系。对外起到主动沟通的作用，对内能够维系组织各方面关系的平衡，这些是实现公共关系目标的必要条件。

(6)服务性原则

公共关系部接受组织最高领导层的领导，并对其负责。它不是领导部门，也不是直接的经营管理部门，在指导思想上必须明确公共关系部服务的性质；否则，工作就会偏离正确的轨道。

(7)针对性原则

在组建公共关系部时，要根据不同的工作性质和组织面对的不同公众设置机构、安排人员，不一定用一个固定的模式。只有这样，才能使机构富有特色，更加有效和实用。

(8)权力与责任相适应的原则

公共关系部及其人员均应有在规定的范围内从事公关工作的权力，同时也承担一定的责任。责任与权力不相匹配，则不能正常开展工作。

3. 公共关系部门的类型

(1)部门所属型

这类型的公共关系通常附属于行政部门、销售部门或广告宣传部门(见图2—1)，其地位不是很突出。公共关系工作只是一种偶然性的活动。该类型一般适合小型企业或组织采用。

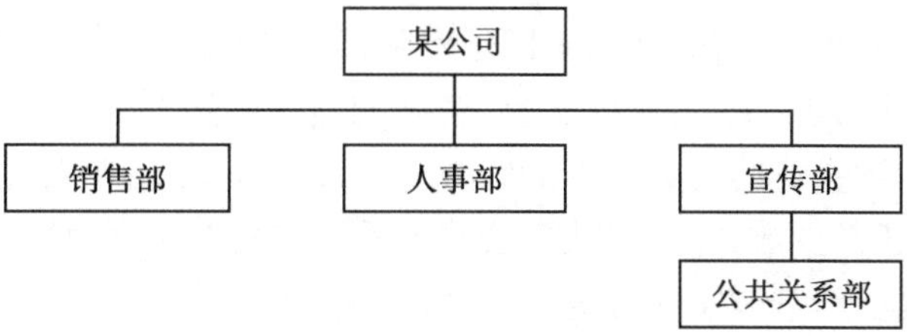

图2—1

(2)部门直属型

这类公共关系部与组织的销售财务、人事、技术各部门处于同一层次(见图2—2),是二级部门,地位十分突出。要成功地开展工作,还要积极地与其他部门密切配合。

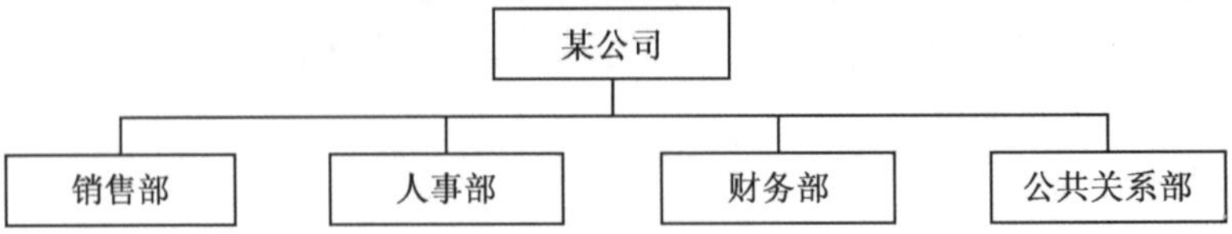

图2—2

(3)领导直属型

这类公共关系部从组织系统和组织地位看,属于第三级机构,公共关系部归属于总经理负责领导(见图2—3),是一个有相当自主权的职能机构。这种设置类型综合了以上两种类型的优点,有利于灵活全面地开展公共关系工作。

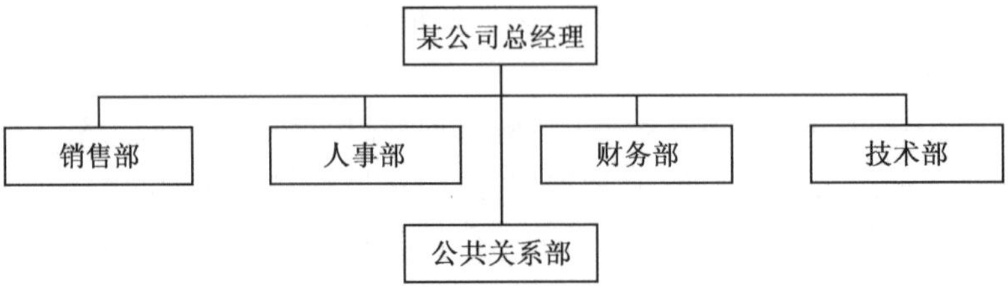

图2—3

(4)职能分散型

在许多组织的机构设置系列中,不设公共关系部,但可将公共关系的职能分解在其他部门。例如,有的组织在营销部门中设有专门从事组织及产品形象宣传和调研工作的职位,在宣传部门中,有专门负责与新闻媒介联系的工作职位等。

4. 人员配备

公共关系部应配备两类人员:一类是从事调查研究、分析判断、策划制作的人员;另一类是执行人员。第一类人员应具有科学调查(如抽样调查)的知识、较高的分析问题能力、较高的政策水平、较宽广的视野和战略眼光。第二类人员包括宣传广告设计人员、接待人员、摄影录像人员、组织内部刊物的编辑人员等。

公共关系部是一个专业性很强的部门,其配置的人员必须精干,绝不能随便拉一两个人来滥竽充数;更不能把那些善于"拉关系""走后门"的人请来"挂羊头卖狗肉"。至于公共关系部人员的多少,据有些公共关系著作介绍,美国年产值超过10亿美元的巨型企业平均为44人;一般的大中型企业平均为10余人;其他文教、医疗、工会、基金会等非营利性组织平均为6~7人。在我国,一般大中型企业的公共关系部约有10人;也有超过10人的。在我国社会组织内设置公共关系机构的还是少数,能真正从事公共关系工作的人才更短缺。因此,公共关系人员只能根据需要和可能配置,掌握宁缺毋滥的原则,因地制宜。

(二)公共关系公司

公共关系公司是指由公共关系专家和专业人员组成,以提供咨询服务、新媒体营销、事件营销、客户关系管理、危机管理等内容为主的知识密集型商业组织。公共关系公司以现代高科技为手段，广泛运用现代化的办公设备、通信工具为其客户提供高质量、高效率的服务。目前全国各地已出现了一批公共关系公司（如注意力传播、蓝色光标、传智数字、迪思传媒等），已形成一定气候，咨询水准、实务操作水平也已经有了较大的提高。

小资料

CIPRA发布2020年中国公关传播行业财富排行榜、利润最强榜单

2020年5月28日，中国国际公共关系协会（CIPRA）发布了2020年中国公关传播行业财富40强排行榜和利润最强TOP 20榜单，以深入反映中国公关传播行业资本市场的发展现况和未来趋势。

本次发布的榜单参照国际通用标准，以公关传播行业中的沪、深两市和新三板上市挂牌公司为选取范围，根据各公司2019年度公开年报的数据为评选依据。

在2020年中国公关传播行业财富40强排行榜中，蓝色光标以281亿元的营收遥居榜首，科达股份（爱创天杰）、华扬联众、联创互联（上海麟动）、联建光电（友拓公关）分列榜单第二至五位，中青博联、华谊嘉信（迪思传媒）、众引传播、多想互动、宗源营销分列第六至十位。

在“利润最强TOP 20”排行榜中，蓝色光标以7.1亿元的净利润名列第一，华扬联众、中青博联、多想互动、众引传播分列榜单第二至五位。

资料来源：中国国际公共关系协会，https://www.cipra.org.cn/site/content/4253.html，2020年12月7日。

1. 基本特征

公共关系公司自身的性质决定了它具有以下特征。

（1）专业性

公共关系公司是一个职业化的组织机构，专门为客户提供某一种公共关系技术服务，或者为专门的行业（如政治组织、经济组织、文化体育等组织）提供公共关系咨询业务、新媒体营销或事件营销等。这些公共关系公司往往在某一行业有广泛的关系资源，具有丰富的专业知识和实践经验。

（2）客观权威性

由于公共关系公司与委托业务的客户之间没有上下级关系，只是合同关系，因此观察问题和分析问题的立场比较客观。同时，公共关系公司由各具专长的专家所组成，他们提出的方案具有权威性，更有说服力和可行性。

（3）经济性

公共关系公司开展公共关系活动具有整体规划的经济性。作为商业机构，按照一定的标准提供有偿服务，通过经营、服务活动取得盈利。一些规模不大的组织专门设置公共关系部门未必会节约成本。

2. 经营方式

（1）公共关系咨询

公共关系公司可能根据客户的要求，凭借现代化的通信、办公技术，众多的专门人才，为客户提供社会、政治、经济、文化、教育、科技等方面的情报，提供市场信息、公众态度、社会心理倾向及社区文化习俗的分析资料；为客户分析与诊断公共关系问题；为客户的形象设计、形象评价及公共关系政策或决策提供咨询等。如有些公共关系公司不仅承接一般社会组织的公共关系课题，还接受政府、国外机构委托，进行大范围的重大公共关系实务操作。

小资料

《公关咨询业服务规范》(指导意见)(节选)

第五十一条　公关顾问们应该严格遵守职业准则，养成良好的职业操守。特别应该注意以下10项从业原则：

——服务意识。公关顾问服务是一种专业服务，应该以客户为中心，以满足客户的专业需求为服务目标；在服务过程中，充分尊重客户，不炫耀自己的专业技术。

——教育引导。公共关系是一种对公众的教育和引导，应该从社会文明和社会进步的角度出发，有效、积极、正确地引导社会舆论和公众态度，不损公利己。

——公正公开。公关顾问们主要通过信息传播手段开展工作，应该以公平、公开的态度对待客户、公众乃至竞争对手，创建良好的商业环境，促进社会进步。

——诚实守信。公关顾问服务讲求诚信，依赖信誉，应该以诚实的态度服务客户和公众，准确、真实地传播信息；讲求商业信誉，将公众利益放在首位。

——专业独立。公关顾问服务是一种独立服务，应该充分运用专业技术和经验服务客户和公众，提供客观、独立的建议和服务。

——保守秘密。保守秘密是专业服务的一个普遍原则，也是本职业的立足之本，既不能泄露客户的任何秘密，也不能利用这些秘密为自己或其他客户谋求利益。

——竞争意识。专业技术需要得到不断提升，行业发展需要优胜劣汰，应该尊重平等的竞争，避免因竞争而损害竞争对手的行为发生。

——利益冲突。专业服务中不可避免会出现各种利益冲突，应该避免现在、潜在的利益冲突，个人利益应服从客户利益，客户利益应服从公众利益，建立广泛、持久的信任。

——社会效益。公关顾问服务除了创造经营利益外，应该考虑广泛的社会效益。在专业服务过程中，还应该考虑利用其专业所长促进社会文明和社会进步。

——行业繁荣。没有行业的繁荣，也就没有个体的利益，应该积极传播公共关系知识，不断提升专业技术，维护行业地位，促进行业繁荣。

资料来源：中国国际公共关系协会，https://www.cipra.org.cn/site/content/2893.html，2019年4月6日。

(2)传播信息

公共关系公司代为客户传播各种信息，包括为客户撰写新闻稿件，选择新闻媒体，建立媒体关系，举行记者招待会(或新闻发布会)；为客户设计、印制宣传资料和纪念物品及统一的标识制品；为客户制作宣传影片、录像带或光盘等视听资料；为客户制订广告投资计划，设计制作产品广告及公共关系广告；协助客户推广产品信息，制造有利的市场气氛；等等。

(3)组织活动

公共关系公司协助客户与相关公众进行有效的联络沟通，帮助客户与政府、社区、媒体等公众建立并维持良好的关系；为客户安排、组织重要的交往活动，如会见与会谈、参观访问等；为客户策划组织各种专题活动，如剪彩仪式、庆典、联谊以及各种社会赞助活动等；组织各种会议，如信息交流会、产品展销会及洽谈、谈判会等。

(4)人员培训

公共关系公司代为客户进行各类人员的知识或技能培训，使其具有足够的公共关系理论知识和实际操作技能，以适应岗位的需要。

以上是专业公共关系公司的基本职能，需要特别指出的是，一家专业公共关系公司不应承接超出自己特定职能的业务项目，对有损客户整体形象的委托项目，也应力劝客户慎重考虑，不能简单顺从地听命于客户的主张。

小资料

公共关系从业者工作内容部分列表

1. 写作。这是最根本的公共关系技巧，写作的载体很多，从新闻报道到演讲，从宣传手册到整个领域的广告。

2. 媒体关系。处理与媒体的关系是公共关系的另一个职能。

3. 策划。策划特别活动、媒体活动、管理职能以及类似事件。

4. 咨询。提供业务咨询与沟通服务。

5. 宣传。这是与营销相关的职能，经常被错误理解为公共关系的“唯一”职能，它能为客户或雇主起到积极的宣传作用。

6. 营销传播。与营销相关的另一个职能，例如制作宣传手册、销售文件、会议展示以及促销活动。

7. 社区关系。向社区传递组织积极的信息和形象。

8. 顾客关系。通过书面和口头的方式与顾客沟通。

9. 雇员关系。与非常重要的内部人群、管理者以及公司雇员沟通。

10. 政府事务。处理与立法者、监管者、各级政府官员，以及所有涉及政府事务接触的人士的关系。

11. 投资者关系。对上市公司来说，就是要与股东以及给他们建议的人沟通。

12. 特别公众群关系。处理与那些对特定组织有独特意见的人群的关系，例如从美国黑人到妇女，再到老年人。

13. 公共事务和事件管理。处理公共政策、政策对组织的影响以及找到并处理对公司产生影响的事件。

14. 网站发展和网络接口。制作一种通常意义上的组织与公众主要的结合点，即组织的网站。同样重要的工作是监管网站并在适当的时候对组织面临的挑战做出回复。

资料来源：弗雷泽・P. 西泰尔著，潘艳丽、陈静等译：《公共关系实务》，清华大学出版社 2008 年版，第 40—41 页，略有改动。

3. 工作原则

(1)客户导向

公共关系公司必须根据客户的需要策划和开展公共关系活动,要站在客户的利益立场上考虑费用预算。

(2)职业忠诚

公共关系公司必须为客户严守机密。尤其是当不同的客户之间是相互竞争的对手时,公共关系公司既要忠诚于过去的客户,又要对现在的客户表现忠诚。此外,公共关系公司在任何时候都不得干涉客户内务,不损害客户利益。

二、公共关系主体的应用领域

(一)公共关系主体应用领域的多元化

公共关系在开创期主要的应用领域是工商企业界。当代公共关系活动已经发生了重大的变化。一方面,公共关系在社会上已经成为一个独立的行业,成为一种专门的职业,已经被社会普遍接受;另一方面,公共关系活动的主体不仅仅是企业、公司,主体应用领域已经扩展到政府部门、事业团体、军事组织、宗教组织、慈善机构等各类社会组织。目前已经形成了三大公共关系领域:政府、政界;企业、经济实业界;非营利组织。

政治组织是在社会中从事政治活动的组织,是一定阶级、阶层、集团的代表。政治组织包括政党和政权组织。在现代社会中,一定的政治组织为向其代表的社会群体及整个社会表明自己的政治见解、主张及方针、政策,必须开展公共关系活动,争取广泛的社会认同、社会支持和社会赞誉,必须搞好与社会民众的关系。因此,它必然成为现代社会中一个重要的公共关系主体。当然,由于政治组织对整个社会的广泛影响力,它又必然成为其他社会组织的重要公共关系的对象。

经济组织是人类社会中最基本、最普遍的社会组织,履行社会的经济功能。现代公共关系主要发生在社会的各个经济组织之间,它是公共关系的主体,也是市场经济条件下公共关系的最大市场。

非营利组织是指不以营利为目的的社会组织,一般包括各类专业学术团体、事业单位和民间组织等。这类组织不以营利为目的,旨在通过组织努力,宣传普及某种观念、知识,推动某项事业的发展。因此,非营利组织也日益成为公共关系的主体之一。

(二)不同主体的公共关系特点

1. 政府公共关系

政府公共关系是以各级政府为主体、以广大内外公众为客体的一种特殊的公共关系类型。政府公共关系活动是指政府为了更好地管理社会公共事务,争取公众对政府工作的理解和支持,塑造良好的形象,运用传播手段与社会公众建立、协调、改善关系的政府行为。

政府公共关系的目标是塑造廉洁、务实、民主、人道和负责任的政府形象。政府公共关系的对象涉及一切社会公众。政府公关活动的最终目标是提高社会效益,在价值追求上表现为公共取向,即政府的一切活动都必须奉行公众利益、社会利益至上的原则。

政府公共关系活动要遵循公开的原则,主要形式有公开政务活动、公开办事、公众参政议政、开展电子政务等。

微型案例　广州越秀区委常委殴打空姐事件

2012年8月29日晚，微博认证为南航保卫部安全员、乘务长的“天赐之洋”在其微博中称，8月29日下午，在合肥飞往广州的CZ3874航班上，有乘客因为行李放置问题产生不满，用包打砸当事空姐，在乘务长协调后，仍对其又抓又打。打砸空姐者的身份被搜索确认为“广州市越秀区区委常委、区人民武装部政委方大国”。8月31日21:14，广州越秀区宣传部授权大洋网发文称，方大国并未殴打南航空姐，系其家属与空姐发生拉扯，且网传“军车威胁当事人”的情况并不存在，称该事件已“妥善解决”。然而，次日一名现场的中非留学生却对此结果曝出了反证。在网友的强势“围观”和媒体的持续报道压力下，9月3日传出方大国已被停职检查，接受组织进一步处理的消息，但并未得到广州越秀区相关政府部门的确认，而整个事件的最终处理结果也在其他热点事件的爆发后不了了之。

此次事件由于当事者和相关政府部门不适当的应对处理，以及自媒体时代广大网民的强势“围观”和各大媒体的跟踪报道，逐渐演变成一场公关危机事件。

资料来源：李华君、陈先红：《中国危机公关案例研究报告2012卷》，华中科技大学出版社2014年版，第30页，有删改。

2. 企业公共关系

追求美誉、塑造良好的企业形象，是企业公共关系活动的基本目的。这样才能使企业获得良好的生存和发展环境。企业不能依赖公共关系粉饰一个不好的品牌，也不可能创造一个不存在的品牌。公共关系所做的工作就是尽可能真实地叙述一个故事的发生，同时又要设法迎合客户的需求。有时公共关系只是企业整个营销方案中的一个部分，这个营销方案就是为了帮助创建一个品牌，或者让一个现有的品牌常推常新。如果认为仅仅依靠公共关系就能创造出一个品牌，那便是非常严重的错误。但是，若人们认为公共关系无足轻重、可有可无，那就更加错误了。公共关系旨在为产品、企业、个人或者实体建立一个积极的公众形象。公共关系必须和其他工作一起开展，才能使得企业品牌的塑造活动收到效果。

(1)以公众为对象。企业是公共关系的主体，公众是客体。企业通过公共关系活动求得公众的信任与支持，这就意味着企业必须将公众利益置于首位，通过信息交流和行为互动，才能达到相互协调、共同发展的目的。

(2)以长远为方针。企业追求永续发展，公众对企业的认识与评价也是在长期中逐渐形成的。因此，企业公共关系活动必须着眼于长远效果。急功近利只会适得其反。

(3)以诚为本。公众对企业的理解、信任都是建立于企业以诚为本这一基础上的。否则，企业无法与公众有效沟通，更谈不上取得公众的信任与支持。

(4)以沟通为手段。沟通是形成和发展企业与公众关系的桥梁。企业要想富有实效地开展与公众的种种联系，必须重视对多元化沟通手段的研究与利用。

(5)以互惠为原则。企业公共关系的形成是以一定的利益关系为基础的。换言之，在市场经济中，互惠互利是企业与社会共同发展的基本保证。这意味着只有实现和增进公众与企业利益，形成相互依存、相互促进的“双赢”局面，才能推动经济社会的长久发展。

微型案例　迪士尼公司的品牌形象塑造

迪士尼公司的名字和商标在世界上任何地方都是被认同的。不管是在美国加州的比弗利山庄，还是在黎巴嫩首都贝鲁特，都是如此。曾经有人做过统计，米老鼠的知名度是世界上最高的，它高过了美国总统，高过了美国著名的影星汤姆·克鲁斯，甚至高过了圣诞老人（因为他也只在世界上1/3的国家中受欢迎）。

从表面上看，迪士尼似乎是为所有的人提供了所有的东西。该公司不仅以“迪士尼”的品牌拍摄电影和电视节目，还在“点石”（Touch Stone）和“好莱坞”（Hollywood）的旗号下提供各种娱乐节目。迪士尼公司拥有属于自己的电视网络（美国广播公司），也同样在有线电视上通过迪士尼频道和美国广播公司家庭频道播放节目。这家公司在美国、日本、法国和中国都设有主题公园。它还拥有ESPN电视体育频道、多家出版公司、视频销售公司、房地产公司、零售商店等。迪士尼的商标以各种形式出现，有米奇老鼠的耳朵、各种著名设计师设计出来的时尚用品、电子产品、日历、家具、乐器、音像制品和手表等。迪士尼公司还组织百老汇的演出，它甚至还拥有佛罗里达州的一个镇。

但是，无论它怎样扩大自己的影响，迪士尼总是对自己的顾客承诺同样的事情：高品质、热情的顾客服务，以及对家庭的奉献。它会在自己的主题公园中设置一些刺激项目，但公园的街道永远都是干净的，公园里的“演员”会帮助在公园里游玩的人解决各种问题。迪士尼世界的顾客永远都不会听到“对不起，我们办不到”这样的话，至少他们会得到如何解决问题的选择机会。如果迪士尼在百老汇上演节目，你可以放心，节目都是适合孩子们观看的，家长们绝不会提出异议。

如今，迪士尼已经成了一个超级品牌，它始终保持着公司创立之初对顾客的承诺，矢志不渝。任何东西只要挂上了迪士尼的品牌，就值得信赖，因为品牌与消费者之间有着一个约定，并且迪士尼每时每刻都在兑现自己的承诺。

人们很容易认为迪士尼对它的员工的要求有些荒唐，因为它们要求员工成为“演员”，员工说的每一句话都要经得起推敲，就像要对外直播；公司不允许男性员工留胡子，要求主题公园的所到之处一尘不染。但是，攻击迪士尼品牌的形象，或是无视它所享有的前所未有的成功将是十分愚蠢的。这家公司一直在发展，却从来不敢对自己给顾客的承诺有丝毫的懈怠。

虽然迪士尼公司的品牌理念没有直接以文字的形式呈现给消费者，但是消费者却很容易体会和理解得到。迪士尼能够为你提供上乘的质量、良好的客户服务，并且注重家庭的和睦。所有这些理念在网站上、主题公园里或以迪士尼品牌提供的娱乐节目中，人们都能体会到。无论何时何地，公司都不会违背自己做出的承诺，只要出现的是迪士尼的品牌，其品牌特征就始终保持不变。有时候，人们会对品牌的承诺提出一些异议，公司会及时加以纠正，对于影片会删改一些被认为不适合孩子们的镜头。迪士尼从来都是十分严肃地对待自己的承诺。

资料来源：迈克尔·莱文著，庄晖、时启亮译：《品牌化世界——公共关系与品牌塑造》，格致出版社、上海人民出版社2008年版，第19—21页，有改动。

3. 非营利组织公共关系

非营利组织公共关系主要用于扩大影响、发展成员、争取公众支持以及推广观念、筹措资金等。非营利组织通过有效的公共关系，促使组织的使命得到认可，如学术团体旨在促进学术交流，工会旨在维护工人利益，消费者组织就是为保护消费者利益而组建的，建立起与组织公众沟通的渠道，争取公众支持，创造和保持筹集组织活动经费的有利环境，推动有利于组织使命的公共政策的制定和施行，告知和动员组织的关键成员（如雇员、志愿者或委托人）。

第二节　公共关系的从业人员

一、公共关系从业人员的基本要求

有些人认为公共关系工作对人的要求就是“俊男靓女”加“口若悬河”，这其实是对公共关系工作的极大误解。公共关系工作专业性很强，对从业人员也有特殊的要求。作为一名专业的公共关系从业人员，首先应具备合理的知识结构和专业技能，其次应有较强的综合能力，此外还必须有良好的心理素质和道德素质。

小资料

公关人的四个段位，从“菜鸟”变专家

俗话说：外行看热闹，内行看门道。其实公关行业并不浅显，其学问之高深，值得每一位从业人员认真学习钻研。就分类而言，公关可以细分为很多种，如企业公关、媒体公关、危机公关等。若想在公关行业有所建树，就需要经历以下四个阶段的磨砺。

第一个阶段，需要合理看待“低”门槛。

任何一个行业，都需要专业的人才运营，公关行业也一样。由于大学缺乏相关的专业授课，因此新人步入公关行业第一个要面对的就是专业不对口的问题。部分初入行业者简单地认为“公关就是陪客户吃吃饭、喝喝酒”，或者“公关就是写稿、发稿，开开新闻发布会”。其实，任何一个身处公关行业的资深工作者都清楚公关行业对从业人员的高要求，不仅需要有出众的口才、出色的逻辑思维、脱颖而出的创意，还需要有时刻把控项目发展节奏和核心的魄力，以及进入项目循环后强大的抗压能力。如果新人在入行之后不能正确看待所谓的“低”门槛，没有在合理时间内完成硬性素质的积累，进一步的成长和发展就会举步维艰。

很多同行都见过大学应届毕业生在公关圈没有沉淀多久就离开了，转而选择其他行业。这一现象的根本原因在于，这部分新人没有适应公关行业的“低”门槛。入行前的“低估”和入行后的高标准要求使他们迅速产生“理想很丰满，现实很骨感”的巨大心理落差，届时个人又不能马上调整好心态，于是只能选择逃避，做得不长久也情有可原。但是，人在社会中生存，就是一个不断发现问题、思考问题、解决问题的过程。公关行业对个人的塑造作用是巨大的，效果是明显的。如果你能成为一个合格的公关人，就能迅速胜任其他相关行业的工作。更重要的是，个人在生活中解决问题的能力会得到较大幅度的提高。因此，公关“攻”的不仅仅是别人，还有自己。

第二个阶段，如何成为一名合格的公关人。

经过一段时间的工作和学习，新人对公关行业已有初步了解，并在逐步成长。但是想要晋升为合格的公关人，还需要积累更多的经验。在这个阶段保质保量保时地完成手头上的工作最为重要，这一要求看似简单，实际上并不容易达到。这不仅需要正确理解工作要求，还需要初步预估和分析工作指令，对可能产生的后果规划备选方案，关键的一点在于，要在规定时间内完成这些全部的工作内容。这个阶段对每一个公关人而言都是漫长的煎熬，但是只有经历过如此强大的工作压力的洗礼，并从中逐渐学会合理分解工作压力，将工作压力成功转化为工作动力的实用技能，才能真正成为一名合格的公关人。

第三个阶段，量变如何成为质变，这是一个很重要的问题。

这个阶段将面临一个问题——如何进行自己的职业规划？对一个公关人而言，积累最为重要。如果说第一阶段看中的是与生俱来的优秀素质，第二阶段看中的是专业性，那么第三阶段看中的则是身为公关人的主观能动性。在工作中肯定会有人教导你工作的步骤、工作的优先级以及工作的核心，但仅仅掌握这些是远远不够的。从执行人员到项目经理不是对工作的持续累加，而是实现螺旋式的进步。这个过程给予每一个公关人站在更高的角度了解客户需求和行业发展的机会。若期望在这条工作线中实现量变到质变的飞跃，首先就要了解更多的行业背景，以更专业的角度站在谈判桌前；其次在保证完成已有工作量的同时，充分了解客户的多元化需求，并将需求合理转化成团队的具体工作内容；尔后，了解身边同事的工作内容和工作量，明白每个人在项目进行中不可或缺的地位，并根据每个人的特点有意识地调整项目分工，实现团队效益最大化。处在第三阶段的公关人只有从简单的重复性的劳动中抽离出来，用更多的时间了解客户需求、优化团队、思考行业发展，才能真正做到全盘把控，成为公司的舵手，引领整个团队乘风破浪，同时也实现了自我的华丽蜕变。

笔者现在的团队里有个人总是问各种问题，人送外号“百科”。他会询问公关行业的当前态势、客户需求的新动向、新媒体发展新趋势等各种问题。无论是在午饭时间还是在去见客户的路上，他都从未停止过问问题。当然，一有时间我们就会一起探讨如何把方案做得更好，如何顺利推进项目，如何更合理地规划排期。“学习狂人”是他给同事留下的最深刻的印象。有一天有个很难啃的小项目，笔者决定拿他试试，因为这个项目即便丢了也不可惜。然而，他的表现却让我大吃一惊。他从项目提案PPT的撰写，到执行排期的制作，再到与客户的沟通都十分顺利。最终他顺利拿下了项目并配合其他部门漂亮地完成了所有工作。从那一刻起，笔者就知道他完成了蜕变。毫不夸张地说，当时我们都嘲笑的小“百科”，如今已经成为左膀右臂，是笔者工作中最得力的助手。

第四个阶段，思考者一直思考着。

这个阶段你已经成为一名成功的领导者，此阶段的主要任务是对客户进行行业培训，同时积极开辟市场，让更多的客户选择你、信任你，甚至依赖你。这个阶段的你能明显感受到行业的发展是永不停息的，“逆水行舟，不进则退”。新媒体的迅猛崛起，社交平台的弱肉强食，电商赔钱的跑马圈地，大数据时代的精准需求，这一切的变化都来得猝不及防。有人担心传统的公关行业会因为时代的变迁而落寞。其实正因为时势的瞬息万变，才更需要公关人全程把控。公关人甚至公关领袖此时都需要结合新兴资源，在时代的变迁中，将传统公关行业留下的精华结合新媒体的优势整合成全新的产品包，将公关行业做成产业链，实现合纵连横。

我们一直在公关界努力着，就是因为我们享受每个项目完成之后的成就感。当你从“菜鸟”变成资深人士的时候，就能真切地感受到这个行业的独特魅力。公关行业的发展还有很长的路要走，这一路我们将与你并肩前行。

资料来源：中国公关网，http://www.chinapr.com.cn/templates/T_Second/index.aspx?nodeid=46&page=ContentPage&contentid=9061，2015年2月2日，有删改。

（一）公共关系从业人员的知识结构

公共关系从业人员与其他行业人员的最大区别在于，他们具有从事公共关系工作的必要知识和专业技能，特别是有了职业准入制度以后，是否具备公共关系理论和实务知识更是成为公共关系人员的必要条件。要成为一名合格的公共关系从业人员，掌握以下几方面知识是非常有帮助的。

1. 公共关系的基本理论知识

这方面的知识主要有公共关系的基本概念、职能作用，公共关系的由来和历史沿革，公共关系的核心概念和基本理论，公共关系的三要素及其相互关系，公共关系工作的基本程序等。

2. 公共关系的基本实务知识

公共关系是一个实践性强、重视经验积累的职业，当然也重视公共关系基本实务知识和技巧。事实上，公共关系调研知识、公共关系策划知识、公共关系谈判技能、公共关系传播方法等，是每个公共关系从业人员都应该掌握的实务知识。

3. 相关学科专业知识及开展特定公共关系工作所需的专业知识

公共关系从业人员为了更好地开展工作，还应该掌握一些相关学科的理论知识。与公共关系学科联系最紧密、对公共关系理论和实务影响最大的学科有管理学、传播学、社会学、心理学、行为科学，而市场营销学、广告学、人际关系学则因为与公共关系学科的理论和实务有很多交叉之处而颇具借鉴意义。除此以外，公共关系从业人员在接受特别的委托公共关系业务（如国际市场公共关系、特殊行业公共关系）时，还要了解相应的地区文化传统、风俗习惯以及特殊行业的基础知识。

现代社会是信息爆炸、知识爆炸的社会，公共关系人员再勤奋，也不可能全部掌握所需的公共关系知识，但每个公共关系人员都应以此为目标激励自己，不断地学习和吸收最新的公共关系理论、实务知识和公共关系技巧，努力使自己成为知识结构合理的公共关系人员。

（二）公共关系从业人员的能力结构

美国公共关系专家坎托曾在《公共关系杂志》（*Public Relations Journal*）上撰文，阐述成功的公关从业人员应具备的几大特征：（1）对于紧张状态做出反应；（2）个人主动性；（3）好奇心和学习；（4）精力、活力和抱负；（5）客观的思考；（6）灵活的态度；（7）为其他人提供服务；（8）友善；（9）多才多艺。分析这几大成功因素，我们发现大多与公共关系人员的工作能力相关，由此可见，较强的综合能力对公共关系人员十分重要。

一般来说，合格的公共关系人员应努力使自己具备以下几方面的能力。

1. 表达能力

它包括口头表达能力与书面表达能力。

口头表达能力，就是通常所说的口才。口头表达是公共关系工作中实现信息双向交流沟通最主要、最直接、最迅速的传递手段，能在特定场合对公众发表专题讲话，以争取公众，创造和引导舆论的演讲形式；也能在人际交往中与个别公众面对面沟通，进行解释、说服等；还能为争取组织利益而与其他组织谈判。为此，公共关系人员要掌握口头表达的规律和艺术，能充分借助面部表情、肢体动作等辅助语言，增强口头表达的说服力、亲和力和感染力。

书面表达，就是写作能力、文字能力。公共关系人员在工作中涉及写作的范围非常广，从日常的信件函牍、公文告示到公共关系计划、调查报告、总结报告，从新闻稿、演讲词、广告语到公共关系手册、公共关系策划书，都需要公共关系人员有熟练的文字功夫和写作技巧。

因此，公共关系人员要熟练掌握包括新闻、信函、计划、总结、分析报告等各类文体，同时要注重严谨的逻辑思维和朴实流畅的文风。

2. 社交能力

公共关系人员工作的大量内容是直接面对各方面、各类型的社会公众，迅速建立双向的有效沟通，赢得好感、认同与合作。这就要求公共关系人员必须具备与人打交道的较强本领（即社交能力）。只有这样，公共关系人员才能在各种社交场合从容应付，广交朋友，树立自己的良好形象，也为组织赢得更多的发展机会。

3. 组织管理能力

公共关系人员要善于调动、组织和协调组织内外公众的力量和关系；善于制定公共关系工作的日常计划和专题计划，并适当有效地组织实施与评价；善于组织和参与各种公共关系原理与实务常见的会议和活动，并恰当有效地选择和运用多种传播手段，推动组织预期目标的实现与完成。

4. 自控应变能力

公共关系活动中经常会遇到各种意想不到的突发事件和问题，此时公共关系人员要能做到镇定自若、头脑清醒、正确判断、机智应变，圆满解决问题。

5. 创新能力

公共关系工作从某种程度上说就是以变促变，不同时间、不同地点、不同对象，同一内容的工作方式也会不尽相同。因此，公共关系人员的工作是一种具有创造性、创新性、开拓性的工作，它要求公共关系人员思维活跃，激情勃发，摒弃成规与陋俗，不断开创公共关系工作的新境界。

（三）公共关系从业人员的生理和心理素质

谈到公共关系从业人员的心理和生理方面的素质，对公共关系了解不深的人便会认为：外向型性格的人比内向型性格的人更适合从事公共关系工作，相貌英俊、漂亮的人比相貌平平的人工作得更出色，善于应酬和交际的人比不善应酬的人更有优势。其实这是一种误解，我们当然不能否认那些性格外向、热情奔放、英俊潇洒、善于交际的人可以从事公共关系工作，但后者同样可以在公共关系行业找到自己的位置。原因在于以下三个方面：

第一，性格的内向和外向、相貌的俊美与否、交际能力的高下是相对的，并无统一的标准，很外向的人也有沉默寡言的时候，很内向的人在知己面前同样会滔滔不绝，更何况还有“情人眼里出西施”的俗语，因此这种区分本身就不科学。

第二，公共关系工作是多样化的，既有公共场合的交际应酬，也有独处一室的日常工作。整理资料要求细致，分析问题需要严谨，接待来访要求耐心，文案工作也与人的美丑关系不大，因此正如一句广告语所说：每个人都有机会。

第三，尽管我们经常讲“江山易改，本性难移”，但事实上，通过适当的学习和培训，人们还是可以改变自己的。闻名世界的日本魔鬼训练、美国的卡耐基成功学训练和希尔成功学训练，就是通过卓有成效的培训使人达到特定要求的典范。

当然，公共关系作为一种职业，还是需要具备一定的生理和心理素质。但这些生理和心理素质是可以培养出来的，只要通过一定的努力，就可以使自己具备或努力培养以下方面的心理素质，成为一名合格的公共关系人员就并非难事。

1. 兴趣广泛

公共关系人员的职业特点决定了他必须与各种专业、各方面、各层次的人物打交道，具有广泛的兴趣是建立交往的基础，是寻找共同点和接近点，实现与公众沟通、交流的主要手段。同时，对于公共关系人员来说，具有广泛的兴趣可以博采众长、见多识广，在复杂的环境和关系中机智应变，顺利开展工作。

2. 意志坚强

公共关系人员应该在错综复杂的公共关系活动中，在诸多棘手的困难面前，保持较强的心理承受力、忍耐力和自制力，保持很强的自信心、上进心，敢于承担责任、承认错误，善于动员自身力量从容处置，迎难而进，以达到既定目标。

3. 性格开朗

人的性格在公共关系交际中具有重要意义。开朗外向型性格的人常常充满热情、具有朝气，可以使人感到亲切，易于创造交流思想、交流感情的环境，能够使人在困难面前保持乐观向上的情绪，形成宽容豁达的精神。因此，公共关系人员具有开朗、开放的性格，是促进公共关系工作开展的重要条件。

4. 保持心理健康

心理健康（心理卫生）是指保持良好的持续的心理。不仅是指没有心理疾病，而且是指能良好地适应外界环境，并能充分发挥身心潜能，创造性地开展工作。心理健康的最基本条件是情绪正常、精神愉快、意志坚定。心理健康的本质含义是具有积极发展的心理状态，它要求个体能随环境条件的变化而不断调整自己内部的心理结构，以达到与外界的平衡。凡是心理健康的人，既能为社会所接受，又能为自身带来愉悦。

5. 保持良好的仪表和风度

生理素质是指公共关系人员的体形、长相、外表、风度等方面的要求。公共关系工作要求经常与公众打交道，从生理的角度看，匀称的体形、强健的体格、端正整洁的仪表和潇洒飘逸的风度，会对公众产生天然的吸引力和首因效应，为进一步交往、增进友谊、开展工作奠定相应的基础和条件。

（四）公共关系从业人员的道德修养

一个学科、一个行业、一种职业的真正成熟，其标志并不是从业人员的大量增加，也不是营业额或客户数量的迅速增长，而是形成该行业的职业道德准则。所谓职业道德，是社会对各种不同职业、行业所提出的专门化的道德要求，是一种系统化、条理化的规章准则。任何一种行业、职业，只有认真履行自己的职业道德准则，才会得到社会的认可、支持和理解。公共关系行业在长期的社会实践中，其职业道德准则也得到了不断完善。

在公共关系发展史上，美国公共关系协会是最早推出自己职业道德准则的专业协会，到1988 年推出新的《职业道德准则》时，该准则已先后修订过 6 次。在美国公共关系协会的带动下,很多公关协会推出了自己的道德准则。

1. 国际公共关系协会的《国际公共关系道德准则》

在所有的公共关系道德准则中,《国际公共关系道德准则》无疑是影响最大的。很多国家直接采用此准则,或以此为范本制定自己的职业道德准则。长期以来,国际公共关系协会致力于推动各国公共关系工作职业化和规范化。该协会的第一个《国际公共关系道德准则》(《雅典准则》)于 1965 年 5 月推出,其后经多次修订,形成了现在的《国际公共关系道德准则》。

小资料

《国际公共关系道德准则》的主要内容如下:

Ⅰ. 国际公共关系协会成员必须竭诚做到以下各条:

第一条 为建设应有的道德、文化条件,保证人类得以享受《联合国人权宣言》所规定的诸种不可剥夺的权利做贡献。

第二条 建立各种传播网络与渠道,以促进基本信息自由流通,使社会的每个成员都有被告知感,从而产生归属感、责任感与社会合一感。

第三条 牢记由于职业与公众的密切联系,个人的行为——即使是私人方面的——也会对事业的声誉产生影响。

第四条 在自己的职业活动中尊重《联合国人权宣言》的道德原则与规定。

第五条 尊重并维护人类的尊严,确认各人均有自己做判断的权利。

第六条 促成真正进行思想交流所必需的道德、心理、智能条件,确认参与各方都有申述情况与表达意见的权利。

Ⅱ. 所有成员都应保证:

第七条 在任何时候、任何场合,自己的行为都应赢得有关方面的信赖。

第八条 在任何场合,自己均应在行动中表现出对所服务的机构和公众双方的正当权益的尊重。

第九条 忠于职守,避免使用含糊或可能引起错误的语言,对目前及以往的客户或雇主都始终忠诚如一。

Ⅲ. 所有成员都应力戒:

第十条 因某种需要而违背真理。

第十一条 传播没有确凿依据的信息。

第十二条 参与任何冒险行动或承揽不道德、不忠实、有损于人类尊严与诚实的业务。

第十三条 使用任何操纵性方法与技术来引发对方无法以其意志控制因而也无法对之负责的潜意识动机。

资料来源:蒋楠:《公共关系原理与实务》,中国人民大学出版社 2013 年版,第 50—51 页,略有改动。

2. 英国公共关系协会(IPR)的职业行为标准

英国公共关系协会的职业行为标准同样在国际公共关系领域享有盛誉。该准则共有 16 条,第一条开宗明义地规定了公共关系人员的职业行为标准,“各会员在其职业活动中应尊重公众利益和个人尊严”，在任何时候都应忠诚、公正地对待他目前及以往的客户与雇主、其他会员、传播媒介及公众。该准则还注意维护准则本身的权威性，其第 15 条维护准则规定：“各会员均应维护准则，并团结其他会员在实际中加以贯彻，如果其会员发现另一个会员参与破坏准则的行为，应向协会报告，全体成员都应自觉支持协会推行此准则，协会亦应支持它的会员。”该准则还对传播媒介、信息保密、利益冲突、职业声誉、中伤他人、影响他人等条款，制定了相应的规范和要求。

3. 中国公共关系职业道德准则

具有中国特色的全国省市公共关系联席会议在我国的公共关系工作中，特别是公共关系职业道德的制定上扮演了非常重要的角色。在 1989 年 9 月的第二次联席会议上，提出了《中国公共关系职业道德准则(草案)》；1991 年 5 月的第四次联席会议上，正式通过了经过国内公共关系专家反复修订的《中国公共关系职业道德准则》。

小资料

《中国公共关系职业道德准则》

1. 公共关系工作者应当坚持社会主义方向，自觉地遵守我国的宪法、法律和社会道德规范。

2. 公共关系工作者开展公关活动，首先要注重社会效益，努力维护公关职业的整体形象。

3. 公共关系工作者在公共关系活动中，应当力求真实、准确、公正和对公众负责。

4. 公共关系工作者应当努力提高自己的政治水平、文化修养和公关的专业技能。

5. 公共关系工作者应当将公关理论联系中国的实际，以严肃认真、诚实的态度从事公共关系学教育。

6. 公共关系工作者应当注意传播信息的真实性和准确性，防止和避免传播使人误解的信息。

7. 公共关系工作者不能有意损害其他公关工作者的信誉和公关实务。

8. 公共关系工作者不得借用公关名义从事任何有损公关信誉的活动。

9. 公共关系工作者应当对公关事业具有高度的责任感。不得利用贿赂或其他不正当的手段影响传播媒介人员真实、客观的报道。

10. 公共关系工作者在国内外公共关系实务中，应该严守国家和各自组织的有关机密。

资料来源：蒋楠：《公共关系原理与实务》，中国人民大学出版社 2013 年版，第 51—52 页。

二、公共关系人员的培养和考评

成为一名合格的公共关系人员并不是一件容易的事，达到公共关系人员的基本要求只是第一步，而接受公共关系教育和培训是必经之路。

(一)公关关系人员的培养

公共关系工作从一定意义上说是一种手段，手段的成功与否关键在于人的运用与把握。公关人员的素质并非天生，而是后天有意识、有组织地不断加强教育培养、培训的结果。

1. 培养规格

(1)通才型

就是知识面广,有较合理的知识结构,有良好的心理素质和综合能力素质,在工作中能独当一面,较好地处理复杂问题的公共关系领导人才或专职管理人员。有人把此类人才结构形象地称为“三个 1/3”,即:

①1/3 的企业家,有企业家头脑和强烈的经济效率的观念,敢于竞争,有追求卓越的自信,具备深刻的洞察力、敏锐的判断力、丰富的想象力、果断的判断力和较顽强的意志力。

②1/3 的宣传家,有较强的形象观念和信息观念,能说会写,富有传播技巧,信息灵通,左右逢源。

③1/3 的外交家,待人热情真诚,说话幽默高雅,举止端正,态度谦和,善交朋友。

(2)专才型

比较精通某方面的公共关系技术技能,如编辑、写作、设计创意、市场调查、绘画摄影、设计广告等。这类人才是公共关系工作不可或缺的人才,是某方面的专家,较适合某些具体的业务工作。

2. 培养途径

(1)学校正规的教育培训

这是一条专门培养公共关系人才的正规途径,也是社会培养公共关系人才的一种方式。在这种方式下,学生可以系统地学习公共关系理论,潜心研究公共关系技巧,掌握信息传播工具,并参加适当的实践与模拟活动。学校正规培养的优点是:课程学习安排具有系统性和科学性,专业基础知识学习具有广泛性和厚实性。

(2)在职进修培训

在职进修是我国公共关系教育培训中最受欢迎的形式之一,其主要特点是:教学的现实针对性较强,周期短,见效快;学生的学习目的明确,且已有实践经验,故易于理解、接受和领悟,而且能学以致用。

(3)短期培训

由高校、企业或行业组织(如公共关系协会)举办,时间长短不一,有半月、一月、半年等。培训对象是有一定实践经验的人员,培训目标和重点是专业基本理论与知识,着力于理论水平的提高。此外还有岗前培训,主要是进行专题讲座与报告,属于角色培训。

(4)见习培训

这种方式的特点是在实践中学习与提高,让见习者在一段时间内充任本组织或外部组织公共关系人员的助手,见习并实际参与公关实践,学习别人处理公共关系事务的技术和方法,增强感性认识。

(5)聘请专家、学者指导

聘请公共关系专家来单位指导和咨询,帮助解决公共关系工作中的疑难问题,对公共关系人员进行业务的实际辅导和点拨。这种方式针对性强,启发性大,实际效果好。

(6)其他培养形式

例如,组织员工参加自学考试、函授刊授教育及电视广播教育,并为之提供参加辅导、面授等条件,多途径、多形式地提高专业理论水平和业务水平。

小资料

“人”与“器”的融合——美国高校公共关系专业人才培养经验及启示

美国是现代公共关系的发源地，也是公共关系高等教育的发轫地，其公关教育理念在全球范围内产生了重要影响。改革开放以来，公共关系学在中国亦获得了长足的进步，很多高校开设了公共关系专业或课程，对此领域逐渐深耕。本文通过研究者赴美国访学的亲身体验，选取美国5所具有代表性的高校（南加州大学、波士顿大学、佛罗里达大学、雪城大学、密歇根州立大学），调研其公共关系专业人才培养目标设置、培养模式和课程方案体系设计等，发现其在培养理念、教育模式和课程设置三方面有一些细节值得我们学习与借鉴。

一、培养理念：舍弃面面俱到，突出核心目标

美国高校的公共关系专业一般开设在传媒学院或公共管理学院下，各个高校会结合自己的研究重点和师资力量的优势，提供不同的课程，突出自己的培养特色。比如南加州大学公共关系专业是新晋公关教育翘楚，近十年来专业发展飞速成长，被评为全球最好的专业，非常注重对学生全球视野和写作能力的培养。其专业人才培养方案包含大学的通识教育课程、专业必修课程和选修课程三大模块。所有本科生必须要求完成8门核心文学课程和2门全球视野课程。8门核心素养文学课程中有6个核心素养类别，所有学生都必须在艺术、生命科学、物理科学和定量推理中分别完成1门课程，在人文探究和社会分析中分别完成2门课程。全球视野中有两个基本要求，即使学生成为全球社区中对社会负责的成员，尊重多元文化的价值观和传统，了解因种族、阶级、性别和其他社会元素而对人产生不同影响的权力结构，以及对全球性问题与本地区挑战之间相互作用的感知。南加州大学的公共关系专业毕业生往往能凭借其出色的写作能力、多媒体和数字制作、社交媒体和战略规划技能被用人单位录用，并因其原创活动的开展能力在职业生涯中得到快速提升。

波士顿大学中的传播学院包括三个系：影视系、新闻学以及大众传播、广告与公共关系。不同系之间的课程可以相互打通，他们的培养理念主要是经典传承和持续革新，旨在提供一系列基于方法论和现实世界的工作策略，加深对媒体关系、跨文化事务、数字表达等内容的深刻理解。毕业生通常在如何影响舆论、协调各部门关系、设计创新有效的活动解决复杂与关键性问题方面具有强劲竞争力。

佛罗里达大学的公共关系教育特别注重学术发展与实践并进。它的研究领域包括新媒体技术、慈善事业、公共卫生教育、组织与公共关系的质量和培养、社会变革方法以及社群与组织文化。它致力于为学生提供一个学术环境，使教师与学生、公共关系领域和学术界能相互分享，为希望继续攻读公关专业或其他专业的研究生提供帮助。同时，它通过制定社交媒体策略和战术，开展预测、制定计划、进行决策或行动，培养学生优秀的写作和批判性思维能力，为企业、政府机构和非营利组织做好人才储备。

雪城大学的公共关系专业致力于拓展数字传媒新方向，运用新工具教授传统方法，让学生在今天的传播行业中成功地进行领导和创新。学院拥有数字媒体创业中心，在新闻、视觉、广告、公共关系、电视或电影领域等方面可以很好地满足学生的学

习及研究兴趣。它的整个课程重点放在数字传播、社交媒体分析和多媒体运用上，力图向学生提供扎实的理论学习，以及对多样性媒介和多元文化的理解。

密歇根州立大学的公共关系专业设置在传播艺术与科学学院，主要致力于学生战略规划技能，培养公共关系客户经理、媒体关系专家、社交媒体经理。专业要求开展实习和其他合作教育机会，学生可以选择在广告分析、创业与创新、销售领导或体育业务管理方面进行课程辅修，课程外活动包括公共关系和广告协会与俱乐部、全国学生比赛和体验式学习，具备战略规划意识与经验。

综上所述，每个高校都会根据自身特点选择适合的发展方向和培养理念，不求大而广，只求精而深，这样就能更好地培养专业人才，同时也使专业发展具有自身独特的魅力和可识别性。在人才培养方面，最难的是脚踏实地选择自身定位和方向，舍弃面面俱到的奢念，走一条精深而具有影响力的道路。

二、教育模式：输入行业领袖，盘活产学合作

公共关系是一门实践性很强的专业，行业发展往往走在前沿。课堂教学要与时俱进，必须常常输入行业领袖的思想和血液。美国高校大多数教授公关专业的老师，或同时在广告、新闻等行业担任高级职位，或曾拥有丰富的相关工作经历，他们不仅能分享行业前沿知识，给学生提供生动的案例，而且能给学生提供实习平台与人脉。雪城大学纽豪斯公共传播学院则创建了卓有成效的校友网络，随时给学生提供创新课程和交流沟通与实践机会。佛罗里达大学公共关系的三位教授（琳达·杭恩、凯瑟琳·凯利和璜·卡罗斯·莫耶达）在女性公关议题、非营利公关和全球公关三个研究课题中，均拥有权威的地位，他们不仅能给予学术引导，且与行业领袖交流甚多，同时可为学生提供多方面指引。马里兰大学曾聘请凯旋公关资深副总裁戴维·洛克兰担任公关研习教师，给学生提供在公关执行上的实战经验。如波士顿大学所有新生都需在 BU Hub 中选择课程，BU Hub 可以通过课外实践让学生拿到部分学分。他们还拥有 PR 实验室这个由学生来运作的公关代理机构，让学生能够真正接触客户，开展公共关系相关实务性工作，对实践能力养成有很大的帮助。而密歇根州立大学的每个学生必须在老师的指导下完成 250 个小时的专业公共关系实习或研究经验。雪城大学的公关专业不仅注重数字媒介的研究，还特别强调实用教育，他们的公关研究及项目课程常与真实客户交流，学生必须学会在实践中解决问题。

产学合作教育被证明是一种行之有效的方式，中国高校虽然也开展了一些合作教育，但还不够深入与灵活。国外合作教育给我们提供了两方面的借鉴：首先，在时间管理上，我们可以尽量让学生早些参与实践，如果让学生自由选择某一学年完成实习而不是在最后一年完成，既可以让他们更好地了解公关实务，又对他们再次回到课堂知道自己要什么更有益；其次，在合作教育管理机构方面，国外一般都由几个机构同时督导，以起到真正的引导作用。职业中心负责帮助学生发现自己的潜力和能力，解决学生在学习过程中的心理与情绪问题，使其更好地前行；指导老师非常注重细节，从学生的实习计划到过程中的指导，到对学生中期和实习后的考察，评分非常细致，在细节上能给予学生引导作用；雇主则能在真正的工作中给予学生专业技能的指导，使其将所学知识灵活运用。

三、课程设置:培养战略视野,磨炼战术能力

综观美国高校公关专业课程设置,虽然注重方向有所不同,但都特别注重两项能力的培养:公共事务战略规划能力和写作表达战术能力。如南加州大学要求公共关系专业学生能充分理解与大众传播有关的性别、种族、文化多样性等内容,关注公共事务,具有战略视野;而且要求其具备传播专业的工具和技术,具备符合公共关系沟通的撰写和表达能力。佛罗里达大学的通识课则有比较政治、国际关系导论、美国州与地方政府、美国联邦政府、宏观经济学等课程,让学生能对美国政府的历史与发展有宏观的认知,从而能站在国家战略视野角度学习和运用公共关系。波士顿大学公共关系的主修课程共28个学分,其中包括在教室、行业以及国外研究机构等公共事务或非营利组织中的学习。他们把如何讲故事、交流写作入门、交流研究方法等放在很重要的位置,非常注重如何写作与表达。佛罗里达大学的课程中有说明性和议论性写作、演讲概论、公共关系写作。雪城大学的整个课程中重点关注数字传媒、社交媒体分析和多媒体讲故事上,他们的必修课有公共传播实用语法、传播与社会、多媒体讲故事、数字时代的新闻和高级公共关系写作等。这些课程的开设说明公关人才培养不仅要注重战略眼光的开启,也要注重战术技术的操练。

从课程设置上来看,美国公关专业一方面特别注重学生参与公共事务战略规划能力的培养,以使学生能更好地了解国家运作机制,积极参与公共事务,将所学知识运用于国家建设之中;另一方面特别注重数字时代的写作和表达能力的培养,以使学生在社会交往和公共事务中能更好地与人沟通、表达自我、说服他人。老师通常会给学生列许多书单,并不定时考核和讨论。比如治学严谨的格鲁尼格教授夫妇在每学期所教授的每门课的课程大纲上,总会清楚地列出书单,每星期所要念的少则数篇论文,多则两三本书,外加40页的期末报告和3小时的期末考试。学生课外的阅读量和工作量很大,必须要通读很多书才能写出好的文章,懂得如何更好地表达。而在课堂上,老师都会选择让学生通过演讲、课堂讨论和团队策划公关活动等方式激励学生学习的主动性。这给国内公关教育提供了非常有益的借鉴,在课堂里一边讲授理论,一边鼓励学生与实体公司合作,可以使学生在真实的沟通中发现问题,并更好地理解理论的内涵;又可以使学生通过演讲锻炼自己的表达和沟通能力,在实践中验证,为将来的职业生涯积累经验,增加竞争砝码。

综上所述,美国在公共关系专业人才培养模式上给予我们以下经验和启示:第一,从培养理念上说,必须摒弃以往面面俱到的综合性人才培养方式,而是结合本校学科和发展特色,集中所有精力,开创一条属于自己的人才培养之路,塑造可识别性的特质,如此才能在社会和市场上具有不可替代的核心竞争力。第二,从教学模式上说,高校应加强对合作教育的支持与投入,一方面,探索更好的输入行业领袖血液的方式,让课堂能与时俱进,了解前沿信息;另一方面,与企业合作,把学生带入真实社会之中磨炼,更好地进行人才对接。第三,从课程设置上说,我们不仅要注重在战略理念层面培养坚守公共利益、引领公共精神、倡导共享共治的人才,坚持全员全过程全方位育人,培养具有家国情怀和责任担当的栋梁,还要在战术层面注重培养学生的

沟通、写作、表达能力。

资料来源：曾琳智、李响："人"与"器"的融合——美国高校公共关系专业人才培养经验及启示，中国公关网，http://www.chinapr.com.cn/p/2877.html，2020年12月16日，略有删改。

（二）公共关系从业人员的资格证书

早在1953年，美国著名公共关系专家爱德华·伯纳斯就看到不合格的公共关系人员滥竽充数的危害性，提出对公共关系从业人员实行职业许可证制度，以保证公共关系职业的权威性。但直到1965年美国公共关系协会才开始实行专业资格认证制度，到20世纪80年代中期，该协会11 700名会员中的1/3通过了APR资格认证考试。

相比而言，英国公共关系协会主持的CAM考试虽然比美国的APR晚，但其影响力更大。CAM是传播(Communication)、广告(Advertising)和市场(Marketing)教育基金会的缩写。

CAM考试分两个等级。第一等级有7门考试课程：市场学、广告、公共关系媒介、调查与行为研究、传播实践、商业与经济环境。公共关系、广告和市场营销人员只要通过其中6门课程考试，就可获CAM传播研究证书，获此证书后再参加第二等级考试。第二等级的考试分开进行，针对公共关系人员的考试课程有4门——商业组织公共关系、非商业组织公共关系、公共关系战略、管理资源，考生只要通过其中3门就可获得CAM公共关系文凭和公共关系从业资格。该项考试和专业资格不仅在英国被认可，而且得到了国际广告协会的正式承认。

1993年，中国公共关系协会也开始推进"公共关系专业资格证书"培训活动。经过几年的实践探索和不懈努力，从2000年起，在全国举行统一的公共关系从业人员任职资格考试，合格者获"公关员"称号，有资格从事公共关系工作。

（三）公共关系人员的考核方法

考核是指组织对本单位公共关系人员的思想、品行、技术业务、工作态度、工作能力、工作绩效以及健康状况等进行评价。

1. 考核内容

主要有德、勤、能、绩四个方面。

(1)德

即思想政治素质，包括是否遵守国家政策、法律法规，是否具备良好的职业道德和社会公德，以及敬业精神、奉献精神、廉洁自律和团结协作精神等。

(2)勤

即勤奋精神，包括工作出勤率、工作积极性等。

(3)能

即完成各种公共关系专业性活动的能力，包括知识水平、业务水平、表达能力、交际能力、分析判断能力、组织管理能力、预见反应能力、应变耐久力、开拓与创新能力等。

(4)绩

即工作的实绩(数量与质量)，包括工作业绩、工作效率、工作质量等。

2. 考核方法

考核的方法要坚持科学性原则，即做到客观、公正、全面。常见的考核方法有以下几种：

(1)量表评定法

量表评定法是以一种标准化的等级量表为工具，采用组织评、群众评、自己评等多种途径，全面评定公共关系人员的方法。

量表评定法的优点是评定项目设计严格，定义明确，计量方法统一合理，评定结果既可以反映一个人的实际水平，也可以进行相互间的比较。因此，这是一种比较好的判定方法。

这种方法是根据各考核要素，把所有的被考核者分别按两两一组的方式比较，并判断每组的优者和劣者，然后综合其结果得出最终序列和成绩。采用这种方法考核的准确性较高；而且由于考核者在考核过程中很难判断每个被考核者的最终成绩，因此可以避免考核者的主观影响。但这种考核方法的被考核人数有限，手续烦琐，工作量大。

(2)考试评议法

考试是检查公共关系人员专业理论、技术知识的重要考核手段，分为口试和笔试两种。公共关系人员的职位不同，对其文化程度和专业理论知识的要求也不同。

评议就是采取多种方法征求有关人员对被考核人员的意见，并组织分析、讨论，最后做出公平、正确的评价。这里关键是需要事先深入了解公共关系人员的全面业务工作状况，以避免评议结果的片面性和主观性。

(3)工作标准法

这种方法主要是根据从事各个职务的公共关系人员的各项具体要求(包括工作的质量、数量、时间期限、工作方法等)制定工作标准，并以此标准衡量公共关系人员的优劣。这种方法有明确而具体的客观标准，比较公平合理，特别适合考核工作成绩。这一方法适用于调整职务津贴和奖金分配，但不宜直接套用，以决定公共关系人员的晋升和调配。因为有些职务不易制定标准，尤其是复杂的脑力劳动更难制定标准，所以，这种方法的适用范围有一定的局限性。

除上述方法外，公共关系人员的考核方法还有很多，如代表比较法、评分法、因素评级法等。各种方法都有优劣，而且考评的侧重面也不同，因此在选择考核方法时，必须从实际出发，不能套用一种模式。

小资料

奥美公关公司对员工的要求：

1. 性格方面：(1)有幽默感；(2)性情随和，平易近人；(3)待人接物从容不迫；(4)健谈；(5)不畏挫折；(6)有感召力；(7)仪表动人；(8)往来于大庭广众而不畏怯；(9)有创造性；(10)思维敏捷；(11)做事喜欢拟订计划。

2. 品德方面：(1)相信大多数人的本质是好的；(2)赢得同事间的依赖；(3)有判断是非的能力；(4)遵守诺言；(5)为人公道正派；(6)做事有良好的道德和责任感；(7)处理各种事项有伦理观念；(8)集体利益胜过个人利益。

3. 智慧方面：(1)具有说服他人的能力；(2)善于与人交往；(3)欣赏别人谈话，做一个好听众；(4)有好奇心；(5)对其他人的行为有兴趣；(6)写作流畅；(7)每天抽空读书看报。

4. 教育程度方面(涵养)：(1)大学毕业(相当于大学毕业水平)；(2)懂得经济学基本知识；(3)了解经营和管理学的基本知识；(4)受过哲学和逻辑学的思维训练；(5)了解宣传学；(6)能演讲；(7)写文章能正确使用方法；(8)懂社会学；(9)能撰写新闻稿及其他稿件；(10)有谈判的经验；(11)对心理学有兴趣；(12)有社交试验或社会活动的经验；(13)有销售、广告或人事管理经验；(14)了解舆论调查方法。

5. 行政能力方面：(1)能主持会议；(2)能合理地分授职权；(3)善用人之所长，发挥部属的积极性；(4)尽快恳切承认自己的错误，并坦然接受教育；(5)能创造轻松愉快的工作气氛；(6)有耐心；(7)善于协调不同性格的人一起工作；(8)理解上级意图及接受指示；(9)能自我克服偏见；(10)了解政府的组织机构和方针政策。

资料来源：百度文库，https://wenku.baidu.com/view/26b6d1ee172ded630b1cb672.html，2012年2月15日。

第三节 公共关系的职能

公共关系作为一种管理职能，在组织的经营管理中具有明确的职责范围，发挥着特定的功能和作用。而这些职能和作用的发挥，不仅为组织的生存和发展创造了良好的外部环境和内部条件，而且渗透到社会生活的每一方面，对社会产生了积极影响。公共关系职能和作用的发挥，还能使公共关系从业人员不断更新观念，逐渐提高素质。因此，了解公共关系的职能作用，对进一步了解公共关系在现代社会中的重要地位，有着十分重要的意义。

公共关系以建立对社会组织的良好形象为目标。围绕这一目标所开展的具体工作形成其职能范围。在现代社会中，公共关系能迅速发展起来的根本原因在于公共关系自身的职能对组织的生存、发展有着不可替代的作用。公共关系的职能广泛而复杂，国内外学者对它的看法和概括也不尽一致，国内外公共关系职能部门的职责范围也有很大差别，但一般来说，可以从组织职能、个人职能和社会职能三个方面进行认识。

一、公共关系的组织职能

(一)采集信息、监测环境

1. 采集信息

信息是预测和决策的基础，因此要发挥预警功能，首先要充分地掌握环境信息。公共关系主要采集有关组织信誉和形象方面的信息。

(1)产品形象信息

产品既可以指工商企业提供给顾客的有形物品，如衣服、电脑等，也可以指无形的劳务支出或服务，如律师服务、歌星演唱等。我们甚至可以从广义的角度，把政府部门的政令通告、慈善机构的慈善活动也看作这些组织的产品。成功的组织都非常重视公众(消费者)对该组织产品的意见和评价。产品形象主要通过产品的质量、性能、品种、款式、价格、包装、服务(特别是售后服务)等反映，因此，公共关系人员应认真收集这方面信息。

(2)组织形象信息

与产品形象相比，组织形象对组织而言可能更重要。因为产品形象是公众对产品这一因素的评价，而组织形象则是公众对组织的整体印象，后者更能反映组织的公共关系状态，对企业公共关系工作的效果的反映也更全面。组织形象信息包括公众对组织机构、管理能力、人员素质、服务水平等方面的看法和态度。

(3)其他社会信息

对于一个成功组织或一次成功的公共关系活动而言，除了要掌握自身的信息和组织形象信息以外，还必须随时跟踪国内外政治、经济、文化、科技等方面的状况和变化，社会时尚潮流的更替，人们普遍关注的舆论热点。只有这样，才能做到通观全局，以立于不败之地。

2. 监测环境

采集信息并不是公共关系的最终目的，信息只有在经过加工、整理和分析后，才能在预测趋势时真正发挥其作用。

(1)监测政府决策趋势

尽管很多组织的领导人都自称远离政治、不谈政治，但在现代社会，组织或个人还是不得不与政府部门打交道，受到政府部门直接或间接的影响。任何组织都必然受到政府的法律、法令、法规以及政治、经济、文化、外交等方面政策的影响，受到党派势力力量消长的影响，还会受到政局稳定性的影响。

因此，任何组织的现实行动必须符合政府的现行政策，未来行动则必须符合政府的未来政策走向。这就要求公共关系部门密切关注政策环境，随时掌握政府决策动态和方向，及早预测与组织有关的各种现行政策可能发生的变化，以及这种变化可能带来的机遇和挑战，以使组织提前准备应对之策。

(2)监测社会环境变化趋势

社会文化是人们在长期的社会实践中积累起来的全部精神财富，既包括民族传统、风俗习惯、伦理道德、价值观念、文化水准和宗教信仰等相对比较稳定的因素，也包括自然环境、经济环境、科技环境等变化相对较快的因素。这些因素都可能对组织的公共关系工作产生或强或弱的影响。例如，社会需求和市场环境的变化会从整体上影响组织的经营；公众需求、公众心理的变化将很快给产品开发提出挑战；社区内的重大问题可能引起公共关系纠纷，也可能使组织在不经意间形象变得更好；日益兴起的环保主义和绿色主义则将对组织的未来发展带来持久的长远影响。因此，组织必须密切注视社会环境的发展动态，以使组织能根据环境变化主动出击，获得更大的发展空间。

(3)监测竞争对手的发展动态

孙子兵法云：知己知彼，百战不殆。尽管很多公共关系专家在正式场合都会说，在公共关系学者眼中没有竞争对手，只有合作伙伴；但为了更好地与这些伙伴合作，你必须了解其长处，清楚其弱点，然后才能在相互合作中取长补短，各取所需。因此，洞察竞争对手的公共关系状态，借鉴竞争对手的成功经验和失败教训，分析竞争对手的优劣所在，预测竞争对手的未来走向，同样是公共关系的重要工作。

(二)引导舆论、塑造形象

1. 通过公共关系活动，引导公众理解并接受组织

(1)当公众对组织缺乏认识和了解时，组织应主动宣传自己、介绍自己，促进公众的认知和了解。

(2)当一个组织及产品有了基本的公众印象及良好的评价之后，组织应继续努力，强化这种良好的舆论态势，使组织形象深入公众心中。

(3)当公众对组织的评价游离不定、好坏莫辨时，组织应谨慎地发挥引导作用，使舆论尽可能向有利于组织的方向发展。

(4)当组织形象受损时，组织应该根据不同情形采取相应措施。如果是因组织自身失误危害了公众利益，就应该本着实事求是、有错即改的态度，坦率认错，尽快采取补救措施，将损失减少到最低限度，并把组织处理事故的过程以及整改措施及时告知公众，求得公众谅解，以期

重获支持和信赖。如果是因为公众误解,应及时向公众澄清事实真相,消除误会;对于他人陷害则应尽快揭露其阴谋,并将本组织采取的预防措施向公众宣布,以防事态扩大,然后再逐步恢复公众对组织的信心。

2. 通过社会交往,塑造组织的良好形象

公共关系的对象是公众,其是特定的人群而不是单个的人,但任何公共关系工作总是要落实到个人身上。因此,除了通过大众传播引导舆论从而影响大量公众外,应借助各种社交活动即人际交往,为组织建立广泛的社会联系,广结良缘也是公共关系的重要功能。

当然,我们在理解这种社会交往(人际交往)的作用时,特别要注意:人际交往只是公共关系的一种手段,绝不是唯一的手段;不能把公共关系看作人际应酬,更不要把它同庸俗关系即所谓的"关系学"混同起来。

(三)沟通内外、协调关系

1. 减少摩擦

由于作为公共关系主体的组织和公共关系对象的公众处于不同地位,它们之间必然会存在利益的种种差异和矛盾。又由于它们在信息的掌握上总是不对称的,因此,摩擦在所难免。这就要求组织充分运用公共关系,努力减少摩擦,协调内外关系。

2. 化解冲突

摩擦是小的冲突,冲突是大的摩擦。对于社会组织来说,有冲突并不是什么丑事,只有有了冲突而不思化解、不求改进才是不可原谅的。发生了冲突,公共关系便可充分发挥其协调功能,运用各种有效的交际手段和沟通方式,化干戈为玉帛,解冲突于无形。

3. 平衡关系

在公共关系发展过程中,不平衡模式一直占据主要地位,最初是组织完全以己为主,根本不考虑公众利益。后来人们提出公众是上帝,一切为了公众,这种思想仍是一种不平衡观。现代公共关系理论认为,组织和公众都是公共关系的主体,双方都有自己的利益,两者同样重要。当双方利益出现分歧和矛盾时,组织既不能牺牲公众利益,也不要一味地牺牲自己利益,而应通过平等的对话、协商,使双方达成共识,双方都应该做出必要的让步和妥协。因此,公共关系的任务便是在维护双方利益的前提下,实现利益平衡下的新的合作。

(四)咨询建议、参谋决策

决策咨询的重要性体现在:(1)决策的基础是信息;(2)决策者根据各类咨询建议制定与公众意见一致的战略;(3)方案实施后,也需要公共关系部门收集信息评价;(4)为决策者提供服务的同时,也为公众服务,利用各种传播沟通,提高知名度、美誉度。

(五)团结员工、发展组织

应从以下几个方面来团结员工、发展组织:(1)关心职工的物质精神需要,增加感情投资;(2)重视信息共享;(3)塑造与创造企业文化;(4)正确处理与非正式组织的关系。

微型案例 徐静蕾的多重角色公关

从大陆演艺圈的"四小花旦"之一,到频频获奖的年轻导演;从点击量超亿的人气博主,到国内点击量最高的免费电子杂志主编;从人见人爱的青春偶像,到经营自己字体的"书法家"……短短十年时间里,徐静蕾走出了另一条路。

1. 作为明星

作为明星,徐静蕾懂得和粉丝打成一片,赢得了广泛的受众支持。徐静蕾的出色表演和独特个性，吸引了很多粉丝。这些粉丝们组织了一个团体——静盟，以此来表示对徐静蕾的支持和追随。

在《老徐的博客》出版之后，徐静蕾制订了针对静盟注册会员的新书发放计划并且赠送静盟部分新书，还通过中信出版社组织了书源，以报答粉丝这些年对她的厚爱。《老徐的博客》的发放从静盟的注册会员开始，注册会员可以优惠价格购得新书，另外还赠送光盘。通过这些活动，徐静蕾不仅加强了与粉丝的联系，还能吸引新的粉丝加入她的核心粉丝团——静盟，以此扩大自己在演艺圈和博客圈的影响力。

2. 作为导演

作为电影圈内的人，她深谙夯实文化底蕴的重要性，完成了从演员到导演的转型。

2003年由徐静蕾自编自导自演的处女作《我和爸爸》荣获第23届中国电影金鸡奖最佳导演处女作奖，并引起了国际电影界的关注。该片还在2004年荣获第4届华语电影传媒大奖最佳编剧和最佳新导演殊荣。

2004年9月，由徐静蕾自编自导自演的《一个陌生女人的来信》，荣获第52届西班牙圣塞巴斯蒂安电影节最佳导演奖。

2005年6月，在美国《时代》周刊名为《中国新革命》一文中，徐静蕾作为中国唯一一位导演及演员入选，被称为“中国电影界有革命性的代表人物”。这是徐静蕾作为导演取得成功的一个历史性标志。

3. 作为传媒人

作为传媒人，她紧跟媒体时代的变迁。在新媒体时代，徐静蕾并没有走传统演艺人的路线，而是充分利用新媒体带来的便利，并依靠自己的力量发展了中国的新媒体经济。2005年10月，她的新浪博客“开博”，2007年7月，她的博客点击量突破1亿人次，成为中国名副其实的“博客女王”。她创办了“鲜花村网站”，该网站中徐静蕾个人日志中的内容与她在新浪博客中的内容同步更新。

4. 作为商人

作为商人，徐静蕾懂得将注意力进行转移。在博客点击率不断创造新的神话的同时，徐静蕾不失时机地推出了她的第一部博客文集——《老徐的博客》，收集了她博客中的精彩片段，并由中信出版社出版。

在拍摄《梦想照进现实》的时候，为了配合电影的发行与宣传，徐静蕾又成立了自己的电影投资和发行公司。徐静蕾在2007年4月创办并主编了电子杂志《开啦》。虽然这份电子杂志在2011年年底停刊，但其曾经因为徐静蕾的存在而风靡一时，引起了很大的社会反响。2007年，徐静蕾与方正公司合作，推出了我国首款个性化字体——静蕾简体。“静蕾简体”是根据徐静蕾的手写字而创作的字库，用户只要花10元，下载安装此款字体后，就可像使用其他字体一样使用徐静蕾的“手写体”。

资料来源：网络相关报道；张岩松：《现代公共关系案例教程》，清华大学出版社、北京交通大学出版社2011年版，第51—53页，有删改。

二、公共关系的个人职能

（一）公共关系推动个人观念不断更新

1. 注重个人形象的观念

尽管我们常常说“爱美之心，人皆有之”，但事实上，总有些人对自己的形象并不是很在意，在言谈举止、姿态动作及穿着打扮方面表现得漫不经心。组织会通过公共关系活动向人们灌输形象意识，它甚至会要求个人在公共场合和社交场合尽量修饰自己的外表和仪容，保持得体的形象和风度。如IBM要求其白领员工（办公室人员）上班时西装革履、衣冠整洁；很多营业性场所要求其员工仪态大方，保持职业微笑。

2. 尊重他人的观念

在公共关系活动特别是与人交往和沟通过程中，我们特别强调要尊重他人。在企业看来，消费者是衣食父母、是上帝，当然要尊重；在党派领袖看来，选民是水，他们是舟，水能载舟亦能覆舟，不尊重选民，自己就得下台。其实从人际交往的角度看，尊重他人就是尊重自己，你尊重别人，别人才会尊重你。所以在公共关系活动中，应该培养人们学会尊重他人的观念。

3. 合作观念

社会分工和专业化不仅需要人们交往、沟通，更需要人们合作。企业与企业之间的合作日益加强，如麦当劳、可口可乐和迪士尼就因为共同的利益走到了一起；国家和国家之间的关系也日益紧密。在工作中，人与人的合作也正变成一种社会要求，是否具备合作精神或合作观念，甚至成了某些组织录取新员工的一个重要标准。而在提倡合作观念方面，公共关系可以说是不遗余力的。因此，公共关系确实有助于人们树立合作观念。

微型案例　罗斯福总统的公共关系立场

富兰克林·德拉诺·罗斯福(Franklin Delano Roosevelt)使用了每一个可能的公共关系工具推销他的新经济政策，其中包含许多激进的改革。接受公共关系专家路易斯·麦克亨利·豪威(Louis McHenry Howe)的建议，罗斯福表现出的形象是自信和快乐的，那正是美国大众想要相信的形象。他在广播中对民众讲话。他拍照时微笑。流行歌曲中提到他。他甚至还同意在罗杰和哈特(Rogers and Hart)喜剧音乐剧中把他写成一名主要角色。当然，不是每个人都喜欢罗斯福的公众形象，在一些家族里罗斯福的名字仍旧是一个忌讳字眼。不过总体而言，美国人民喜欢罗斯福，他们四次把他选进白宫即是明证。

资料来源：道·纽森、朱迪·范斯里克·杜克、迪恩·库克勃格著，于朝晖等译：《公共关系本质》，复旦大学出版社2011年版，第50—51页，有删改。

（二）公共关系促使个人能力得到提高

1. 交际能力

在从事公共关系活动时，公共关系人员的交际能力和水平往往会对公共关系活动效果产生很大影响，有时甚至是决定性的。比如在新中国成立之初，周恩来总理就以其卓越的交际能力在国际政治舞台上纵横捭阖，为新生的中华人民共和国创造了良好的外部环境。交际能力在公共关系活动中的这种极端重要性，使得公共关系人员必须努力学习和掌握各种交际礼仪和规范，不断提高自己的交际能力和水平。

2. 自我调节能力

在公共关系活动中，公共关系人员常常要与不同的组织和个人打交道，经常会面临各种突发事件，其自身的心理状态也会随时发生变化。但工作不能不做，而且必须要做好，这就促使公共关系人员随时调整自己的心态，摆正自己的位置，不管在何种情况下都能以职业态度和乐观心情面对工作和生活。这样，当然会对提高自我调节能力有所帮助。

3. 应变能力

公共关系是一门实践性很强的工作，而现实中的公众和环境都是比较复杂的，会时刻发生变化，根据变化的环境做出正确决策就是公共关系人员的必修课。因此，公共关系人员在从事这些公共关系工作时，应变能力自然而然地得到了锻炼而且逐步提高。

微型案例 福特公司的新总裁

1945年公共关系热情帮助了战后行业复兴。在那一年，福特公司的新总裁亨利·福特二世雇用了厄尔·纽森做公共关系顾问。在一次汽车工人的罢工中，纽森帮助福特写了一封给联合汽车工人(United Automotive Workers, UAW)的信，敦促工会要保持理智和公正。纽森还帮助福特准备1946年1月对汽车工程师协会(Society of Automotive Engineers)的演讲，还有2月在旧金山联邦俱乐部(Commonwealth Club)的反工党演说。在纽森的帮助下，年轻的福特成了一名公众人物，一位著名的、受尊敬的、代表负责任商业管理的发言人。

资料来源：道·纽森、朱迪·范斯里克·杜克、迪恩·库克勃格著，于朝晖等译：《公共关系本质》，复旦大学出版社2011年版，第51—52页，有删改。

三、公共关系的社会职能

(一)净化社会风气，调控社会行为

以追求交流、协作、互惠互利为特色的公关意识和以运用公平、公正、公开的手段为特征的公关活动，在20世纪逐渐得到了社会的认同，进而成为现代占主导地位的社会观念和价值标准的一个非常重要的方面。由此，使得人际交往和社会经济生活中那种你死我活的生存斗争、势不两立的激烈对抗逐渐趋于缓和，也使得那种暗箱操作、权钱交易、权色交易、钱色交易等丑恶行为越来越受到社会舆论的谴责。通过公平、公开、互惠互利的公共关系活动，组织完全可以达到目标，人们当然没有必要再用那些有违法律和道德的不正当手段。这样，公共关系就在无形中起到了净化社会风气、调控社会行为的作用。

(二)消除心理障碍，优化心理环境

现代社会的一个突出现象是：人们在享受高度物质文明的同时，精神方面的失落感却越来越强。有了汽车、火车、飞机、高速公路、高速铁路等，人们的地理距离越来越近了，但人们之间的心理距离没有缩短反而拉大；很多人天天见面，却熟视无睹，形同路人；很多人心情苦闷、精神压抑，却无处倾诉。所以，一些有识之士不无忧虑地说，现代特别是当今社会，对人类威胁最大的不是战争，不是原子弹，而是越来越严重的心理障碍、心理疾病。

按照心理学理论，每个人都有合群的需要、情感的需要、交往的需要。如果这些需要得不到满足，就会导致人的心理失衡；这样的人多了，就会形成社会问题。而公共关系恰好可以提供给社会一种良好的关系氛围，它可以用真诚广泛的社会交往、双向交流的沟通，帮助人们摆脱孤独、恐惧、忧虑和隔阂，提高心理适应能力和心理承受能力，从而营造一种良好的社会心理环境。

正如美国黑人运动领袖马丁·路德·金所说，人们之所以会互相仇视，是因为他们之间害怕；他们之所以害怕，是因为他们互相不了解；他们之所以互相不了解，是因为他们互相不能交流；他们之所以互相不能交流，是因为彼此隔离。因此，接触、对话、交流这些公共关系的基本观念是优化社会心理环境的绝妙良药。

小资料

对许多美国人来说，21 世纪是从 2001 年 9 月 11 日那天开始的。对美国的恐怖袭击使得美国政府必须要有专业的公共关系行动，来使美国人安心，来解释政府在加强安保方面的立场，同时还要处理人们关于公民自由受到侵犯的担忧；航空公司和旅游景点要想说服美国人，安保级别上升了，旅行就安全了。维多利亚·克拉克(Victoria Clarke)成为美国公共事务助理国防部长，就是说，她成了国防部的公共关系人员，这使得她成为最著名的公共关系人员之一。

资料来源：道·纽森、朱迪·范斯里克·杜克、迪恩·库克勃格著，于朝晖等译：《公共关系本质》，复旦大学出版社 2011 年版，第 69 页，有删改。

(三)繁荣社会经济，提高整体效益

首先，公共关系有助于营利性组织获得更好的经济效益，从而促进整个社会发展。其次，公共关系有助于建立和维护地区、国家良好的经济环境，为该地区、国家内的企业提供良好的发展条件，也有利于吸引更多的外部资源(如投资、技术、人才)进入该地区，从而促进该地区整体经济的发展。再次，公共关系活动还可促进现代社会中信息的共享和交流，大幅降低市场交易成本，使经济活动变得更为规范和有序，更有效地利用社会资源。

(四)促进民主政治，倡导社会文明

公共关系是民主政治的产物，公共关系的不断发展又会反过来促进民主政治的发展。公共关系强调“公众至上”，主张社会组织的一切行为都应立足于满足社会成员的各种需要，热忱为他们提供各种优质服务。这种观念的培养和树立及其在整个社会的不断普及，一方面，使管理人员和政府公务员形成公仆意识，使他们自觉深入民众，关心公众欲望，倾听公众声音，解决公众的实际问题。另一方面，当社会成员看到自己的意见得到重视，自己的权利得到尊重时，又会唤起他们主动参与社会事务、国家事务的意识，这样就会在社会中形成一种积极、健康的政治环境，大大有利于民主政治的健全和发展。

第四节　公共关系的活动模式

不同类型的组织机构，同一社会组织在不同发展阶段，社会组织在同一阶段中针对不同的公众对象或者为了实现不同的公共关系目标，需要选择不同的公共关系活动模式。

一、宣传型公共关系

宣传型公共关系，即运用各种传播媒介和各种方式方法开展组织的宣传工作，树立组织良好社会形象的公共关系活动模式。这种公共关系活动模式根据宣传对象不同，可分为对内宣传和对外宣传。具体形式可以多种多样，如内部刊物、职工手册、黑板报、宣传橱窗、海报、企业网站、公众号、短视频、宣讲会、研讨会、记者招待会、新产品展示会、经验或技术交流会、公共关系广告、对外开放参观、各种典礼和仪式等。

微型案例　G20 杭州峰会赢得国内外好评，中国再次展现大国形象的宣传型公共关系

2016 年 9 月 4 日至 5 日，G20 峰会首次在中国举办。作为近年来中国主办的影响深远的多边经济会议，G20 杭州峰会在创新增长、结构性改革、贸易投资合作、发展议程等多方面取得积极进展。峰会再次展现了中国的大国形象，提升了中国的国际地位。作为东道主，中国为与会来宾呈现的一台大型水上情景表演交响音乐会——《最忆是杭州》，利用科技与自然的结合，完美地将中国元素和世界文化相互交融，用软实力展现国家形象。

资料来源：中国公关网，http://www.chinapr.com.cn/p/310.html，2017 年 1 月 10 日。

二、交际型公共关系

交际型公共关系是社会组织在社会交际中所开展的一种公共关系活动模式。这种公共关系活动模式的目的是通过社会组织与社会公众的接触，进行情感上的联络，为社会组织建立良好的社会关系，从而形成有利于社会组织发展的人际环境。其方式是沟通社会组织的团体活动或个人交往。团体活动包括见面会、招待会、座谈会、宴会、慰问、舞会、促销等。个人交往有交谈、拜会、祝贺、赠礼、信件往来等。交际型公共关系因为可以直接与公关对象接触，所以具有直接性、灵活性的特点。在这里还需要注意的是，交际型公共关系不能违背中央的各项规定，不得行贿受贿，做一些有损社会组织或个人形象的行为。

微型案例　海底捞：将交际融入服务的口碑营销

海底捞创办于 1994 年，是一家大型跨省直营餐饮品牌火锅店，在全国拥有 60 余家直营店，营业额超过 10 亿元，其顾客回头率达到 50%以上。是什么力量使这个经营街头麻辣烫的小店在 18 年中有了翻天覆地的变化呢？

我们可以从北京大学光华管理学院访问教授黄铁鹰的撰文中了解到其中的奥秘，文中讲述了几个海底捞在服务上创新的小故事。事情发生在海底捞上海三店的 11 号雅间，服务员姚晓曼为回头客郇女士及其女儿点菜时，客人问撒尿牛肉丸一份有几个，姚晓曼立刻意识到可能一份不够客人吃，便问她一共几个人，对方回答 10 位。正常一份是 8 个，姚晓曼最终让厨师专门做了 10 个的。

还有一次，姚晓曼的同事张耀兰注意到一位客人把鹌鹑蛋上面的萝卜丝夹到碗里吃。她想客人一定很喜欢吃萝卜丝，于是去厨房要了一盘萝卜丝，又为客人放上几味调料。当她把拌好的萝卜丝端到桌上时，客人感到惊讶的同时也非常高兴。最后客人的儿子要了一碗米饭。接下来一个月，他们连来了 3 次，还把其他朋友介绍过来。

资料来源：张云：《公共关系概论——理论、实践和案例》，华东师范大学出版社 2016 年版，第 40 页。

三、服务型公共关系

服务型公共关系是社会组织向社会公众提供各种优质、特色的社会服务的一种公共关系活动。这种活动模式的目的是社会组织以自己的实际行动回馈社会、服务社会，从而建立良好的公共关系，树立社会组织的良好形象。服务型公共关系是社会组织密切联系社会公众最有效的一种活动模式。服务型公共关系适用于任何一种社会组织。

微型案例　海尔售后服务公关

1994年的“无搬动”服务、1995年的“三免服务”、1996年的“先设计后安装”服务、1997年的“五个一”服务、1998年的“星级一条龙”服务，海尔的核心内容是从产品的设计、制造到购买，从上门设计到上门安装，从产品使用到回访服务，不断满足用户新的要求，并通过具体措施使开发、制造、售前、售中、售后、回访6个环节实现服务制度化、规范化。1999年，海尔专业服务网络通过ISO9000国际质量体系认证；2000年，星级服务进驻社区；2001年，海尔空调实现“无尘安装”。

2003年，海尔推出了“全程管家365”。海尔的服务已经历了十次升级，每次升级和创新都走在同行业的前列。

我们常说海尔服务好，其实海尔产品的返修率也挺高，但就是售后问题抓得快、抓得狠，问题一旦出现，就在最短时间内解决，不惜代价。这种做法虽然成本较高，但问题的实质把握得准，对后续销售的负面影响不大。中国有句古话“好事不出门，丑事传千里”，海尔正是凭借服务，把个别产品存在问题的“丑事”转化为服务第一的“好事”。

在产品同质化日益严重的今天，售后服务作为销售的一部分，已经成为众厂家和商家争夺消费者的重要领地，良好的售后服务是下一次销售前最好的促销，是提升消费者满意度和忠诚度的主要方式，是树立企业口碑和传播企业形象的重要途径。

资料来源：百度文库，http://baike.baidu.com/view/151891.htm? fr=aladdin，2022年2月16日。

四、社会型公共关系

社会型公共关系是社会组织通过举办各种与本组织相关的社会性、公益性、赞助性活动塑造社会组织良好形象的一种公共关系模式。这种活动模式的目的是社会组织通过参与各种类型的社会活动扩大社会组织的社会影响力，提高社会组织的知名度和美誉度，赢得社会公众的信赖。这种公共关系模式在短期内不一定会为社会组织带来惊人的利益和效果；但从长远来看，却能为社会组织树立良好的社会形象，营造一个适宜社会组织发展的良好生态环境。

微型案例　悬壶济世　铸就金牌

瑞金医院原名为广慈医院，建于1907年，现为上海交通大学医学院的附属医院。广慈是广为慈善的意思。今天的瑞金医院走过了百年的进程，知名度和美誉度都得到了提高，成为行业中的金字招牌。瑞金医院文化的理念是：广博慈爱，追求卓越。办院宗旨是：质量建院、人才强院、科技兴院、文化立院。为打造“三心工程”，即以良好的信誉使病人

“放心”，以一流的服务使病人“称心”，以优美的环境使病人“舒心”，医院开展了“满意度工程”建设，如精神文明查房、人性化服务创新项目、门急诊窗口服务明星评比、“病员礼赞”表扬排行榜，构建体现文化内涵的服务品牌，成为全国“救死扶伤，实行革命的人道主义”的品牌医院。

1. 参与社会公益活动，承担社会责任

打造医院品牌的过程中，医院注重体现社会责任，追求社会效益最优化。如派医疗队赴滇扶贫、派援疆干部及援外医疗，开展各种大型咨询、医疗服务、现场手术、赠送药材、讲座报告、远程医疗，积极参加抗震救灾，同时注重回馈社会、关爱弱势群体等。

2. 主办专题活动，提升专业形象和地位

获得第二届“中美21世纪医学论坛”的主承办权后，瑞金医院利用这个平台搭建了一个公关舞台，精心策划，以公共关系为核心，展开事件营销，充分借助媒体的推广作用，广泛而有效地树立并强化了医院的品牌形象，提升了品牌的知名度和美誉度。

3. 自有媒体的创作，加强与外界的沟通

瑞金医院自有媒体有杂志《瑞音》、院报《瑞金医院报》，这两本刊物以科学、真实、严谨、颇有文采的文字向公众讲述了自己的故事。同时通过刊物向外界受众普及健康保健知识，提高大众的防病治病能力；向大众提供并介绍品质优良的保健产品；向社会传播医学最新动态；不断向社会提供成功病例信息等。瑞金医院也积极与外部媒体联系，所有重要的医院事件都邀请媒体报道，并与媒体合作策划各种主题活动，不断借助媒体向外宣传医院先进的医疗技术、服务理念和文化内涵。

资料来源：马志强：《现代公共关系案例教程》，上海交通大学出版社2012年版，第123—127页，有删改。

五、征询型公共关系

征询型公共关系是社会组织以问卷调查等形式采集社会上关于本组织相关情况的信息为主的公共关系模式。这种活动模式的目的是通过问卷、电话、访谈等多种形式了解社会上关于本组织的相关信息，为组织未来的经营决策提供更可行的咨询，使组织更了解市场和公众，保持社会组织的前瞻性。

微型案例 长城饭店的日常调查

北京喜来登长城饭店是1979年6月由国务院批准的全国第三家中外合资合营企业，1983年12月开始试营业。随着改革开放的深入发展，北京新建的大批高档饭店投入运营，饭店业竞争日益激烈。长城饭店之所以能在激烈的竞争中立于不败之地，成为京城饭店的佼佼者之一，除了出色的推销工作和优质服务外，饭店管理者认为公共关系工作在塑造饭店形象上发挥了重要的作用。

长城饭店的日常调查研究通常由以下几个方面组成：

1. 日常调查

(1)问卷调查。每天将调查表放在客房内，表中的项目包括客人对饭店的总体评价、对十几个类别的服务质量评价、对服务员的服务态度评价，以及是否加入喜来登俱乐部和客人的游历情况等。

(2)接待投诉。几名客户经理24小时轮班在大厅内接待前来反映情况的客人,随时随地帮助客人处理困难、受理投诉、解答各种问题。

2. 月调查

(1)顾客态度调查。每天向客人发送喜来登集团在全球统一使用的调查问卷,每日收回,月底集中寄到喜来登集团总部,进行全球性综合分析,并在全球范围内开展季度评比。根据量化分析,对全球最好的喜来登饭店和进步最快的饭店给予奖励。

(2)市场调查。前台经理与在京各大饭店的前台经理每月交流一次游客情况,互通情报,共同分析本地区的形势。

3. 半年调查

喜来登总部每半年召开一次世界范围内的全球旅游情况会,其所属的各饭店的销售经理从世界各地带来大量的信息,相互交流、研究,使每个饭店都能了解世界旅游形势,站在全球的角度商议经营方针。

这种系统的全方位调研制度宏观上可以使饭店决策者高瞻远瞩地了解全世界旅游业的形势,进而可以了解本地区的行情;微观上可以了解本店每个岗位、每项服务及每个员工的工作情况,从而使他们的决策有的放矢。

综合调查表明,任何一家饭店,只有较高的知名度是远远不够的,要想保持较高的"回头率",还要靠优质的服务使客人满意。怎样才能使客人满意呢?经过调查研究和策划,喜来登集团面对竞争提出了"宾至如归"的方案。计划中提出在3个月内对长城饭店上至总经理、下至一般服务员进行强化培训,不准请假,合格者发证上岗。在每人每年100美元培训费基础上另设奖金,奖励现金。其宗旨就是向宾客提供满意的服务,使他们有宾至如归的感觉。随着这一方案的推行,饭店的服务水平又有了新的提高。

资料来源:吴建勋、丁华:《公共关系案例与分析教程》,清华大学出版社2013年版,第32—33页,有删改。

六、建设型公共关系

建设型公共关系模式是社会组织为了塑造良好的公共关系形象而采用的一种积极主动的自我宣传的方式,引导社会公众对社会组织的认知与了解。这种活动模式一般用于社会组织的创业初期、新产品上市等需要组织宣传的阶段。

微型案例　中国共产党首发形象宣传片圈粉无数,从严治党、依法治国鼓舞人心

为向中国共产党成立95周年献礼,中央电视台特别推出公益短片《我是谁》,短短1分30秒的形象宣传片,打动了无数人。在温暖朴实的镜头中,表现出平凡党员的不平凡事迹,传递出"我是中国共产党党员,我一直就在你身边"的理念。他们的微笑和自信展示出中国共产党党员的风范。宣传片体现了党和国家事业的发展对党员提出的新要求,让广大群众深受鼓舞。

资料来源:中国公关网,http://www.chinapr.com.cn/p/310.html,2017年1月10日。

七、维系型公共关系

维系型公共关系是社会组织通过各种传播媒介，持续不断地向社会公众传递有关组织的各种信息，加强社会公众对组织的了解，并对组织的经营状况有更深刻的认识的一种公关模式。维系型公关模式的目的是不断巩固社会组织在社会公众中的良好形象，它一般存在于社会组织的发展时期。

微型案例　维护公众心目中的品牌

大多数人（甚至包括那些实际从事营销推广和广告宣传的人）都认为品牌维护只不过是按几下键盘，在计算机里输入一些无关紧要的信息，媒体上就会刊登文章对一个新的品牌开展公共宣传。

其实不然。品牌维护是品牌塑造过程中不可或缺的部分。市场上竞争激烈，一个品牌想要生存，就必须持续不断地强化品牌承诺、品牌特征，还要开展品牌整合战略。营销人员始终应该牢记，市场都是险象环生的。

品牌推介活动所持续的时间可长可短，短的持续几周，长的持续几个月。但是，品牌维护工作是无穷无尽的。为了塑造一个成功的品牌，营销人员必须时时刻刻忠于职守。品牌塑造的工作不可能一蹴而就，参与其中的人必须持之以恒。

要想了解品牌维护的真谛，最好的方式是观察如果工作失当，会遇到什么麻烦。我们来观察一下麦当劳曾经遇到过的挫折。

雷·克洛克(Ray Kroe)是麦当劳帝国的创始人、快餐业巨人。他在1955年收购了当地的一家汉堡包餐馆，然后对快餐业进行了翻天覆地的改造，创造出了世界级的营销帝国。但是我以为，若是今天再给他这样的一次机会，让他经营麦当劳3万家连锁店中的一家，他不见得就会成功。

麦当劳曾经是世界上最被信赖的品牌之一。当人们走进克洛克的店铺时，他们总能看到一个清洁的环境（特别是卫生间），由一名经过训练的员工提供友好、快捷的服务，享受美味的快餐。

我家住在洛杉矶，前不久，我走进那里的一家麦当劳快餐店。那里很脏，卫生间很不干净，当我要柜台里的营业员为我的饮料添加一些冰块的时候，她根本没有反应，因为她不会讲英语。

问题是此类事情经常发生。根据2002年4月29日《财富》杂志的报道，麦当劳没有向公众提供他们所期待的东西。报道中说："人们抱怨拿到手的食品与广告中的图画并不一致。在2001年的一项调查中，麦当劳的客户满意度是62分，比温迪快餐少了10分，比汉堡王快餐店少了3分。在消费者认可度调查中，麦当劳的得分也不高。"

对于顾客来说，品牌维护就是一种品牌保障，也就是说，一切都完好无缺，原来是什么样子，依然是什么样子。维护与风险控制不是一回事，后者是在出现了对品牌不利的情况时的被动应对，而品牌维护则是不惜一切代价保持一个品牌的现有状况。

资料来源：迈克尔·莱文著，庄晖、时启亮译：《品牌化世界——公共关系与品牌塑造》，格致出版社、上海人民出版社2008年版，第80—84页，有删改。

八、进攻型公共关系

进攻型公共关系是指社会组织在与周围舆论环境发生不和谐时，主动进攻，以积极主动的方式引导舆论，改变社会组织的生态环境，创造全新局面的一种公共关系活动模式。

微型案例　“南海仲裁案”荒唐出炉，中国通过大国公关赢得理解和支持

2016 年 7 月 12 日，菲律宾“南海仲裁案”仲裁庭不顾中方强烈反对，就涉及领土主权及海洋划界等事项做出了所谓的最终裁决。面对这起严重违背国际法和国际关系基本原则的政治闹剧，中国政府第一时间发布了关于在南海的领土主权和海洋权益的声明，明确表示该裁决无效，没有任何约束力，中国不接受、不承认。

在此之前，中国政府积极主动与许多国家和国际组织沟通交流，阐述南海问题的由来和中国政府对南海问题的立场。通过这些大国公关活动，中国的声音受到高度关注。据不完全统计，共有 70 多个国家和国际、地区组织发表声明，对中国的立场表示理解和支持。

资料来源：中国公关网，http://www.chinapr.com.cn/p/310.html，2017 年 1 月 10 日。

九、防御型公共关系

防御型公共关系是社会组织为了防止社会组织在经营或管理方面可能出现的危机或问题而采取的一种公共关系模式。这种活动模式的目的是在发现问题的初期就寻找应对之策，及时止损，把问题消灭在萌芽状况，防止问题的扩大化，并借此进一步树立组织的良好形象。

微型案例　肯德基的随“鸡”应变

肯德基是全世界最大的炸鸡公司之一，在世界上已有 1 万多家分店，备受各国人民的赞赏和喜爱。以哈兰·山德士上校形象设计的肯德基标志，已成为世界上最出色、最易识别的品牌之一。它的成功与其强烈的公关意识和公关活动是分不开的。

肯德基炸鸡有它独特的工艺和特制的工具，味道鲜美可口。炸鸡店精选重量相同的肉用仔鸡，加入 11 种特制的香料调配，放入特制的自动高速气压炸锅中烹制。入锅前，须在蛋白液中浸 7 下，在裹粉里翻动 10 次，再按压 7 回方能入锅。肯德基认为，原味炸鸡出锅一个半小时内味道是最完美纯正的，过时即逊色。于是，他们规定，食品烹制后一个半小时不卖掉，须坚决丢弃，不准减价处理或给员工吃。违反规定者，轻则受罚，重则被辞退。

在美国，肯德基每年还要举行一次“白手套奖”评选活动。这个奖是一块闪闪发光的牌子，上面写着：“本店是全美国最清洁卫生的商店。”参加竞争的炸鸡店必须接受两次严格的卫生检验，两次检验的间隔须超过 60 天，卫生程度必须高达 95%以上，并且一些主要食物，如鸡和色拉的样品还要送交具有权威性的检验部门化验，以确定细菌的含量。公司还经常派代表检验各地的炸鸡店，如果发现获奖的店在抽查或顾客反映中低于“白手套奖”标准，公司便立即收回奖牌。每次“白手套奖”的颁奖典礼都异常隆重，到处张贴海报，散发宣传品，邀请政府官员及社会名流参加，犹如盛大节日一般。

2005 年肆虐的“禽流感”使得肯德基面临前所未有的危机。政府公关是肯德基在“禽流感”爆发初期打出的一张牌，典型的例子是几个国家的高层官员在肯德基上演“吃鸡秀”。疫情伊始，流言四散，视听混淆，大众传媒的公开报道和“意见领袖”的登台亮相往往可以起到引导舆论的积极作用，在权威导向明显的亚洲国家效果尤为突出。肯德基在几个疫区国家请高官出境的主要目的即在于此。尽管老百姓对政府官员“亲自”吃鸡的显性评价可能并不高，但内心或多或少会产生些许安全感，这在一定程度上有助于减少恐慌气氛，让人们不再“谈鸡色变”。与此同时，肯德基还约请权威人士现身说法。2 月 5 日，中国肯德基在北京召开新闻发布会，邀请北京市商务局饮食管理部门领导、农业大学营养专家和畜牧业专家品尝产品。中国农业部总畜牧师贾幼陵在会上指出，经过加温的食品应该不存在活性病毒，禽流感病毒在 56℃下 10 分钟就能杀灭，70℃用 2 分钟就杀灭了。肯德基的所有鸡肉产品都需要经过 2.5 分钟到 14 分钟、170℃以上的高温加工，所有食用肯德基的鸡肉是绝对安全的。

肯德基进行品牌传播，宣传产品和塑造形象。一方面，肯德基通过店面等产品宣传方式，详细介绍选择原料、制作加工的每一个细节，传递“肯德基为您把关，让您安心享用”的信息；另一方面，肯德基加大了电视广告、店内招贴画等的投放力度宣传，让消费者明白，经过高温加工的肯德基产品没有传播“禽流感”的可能。

在“禽流感”危机中，肯德基不仅采取了很多让消费者放心食用的公关手段，而且在产品延伸中体现了肯德基随“鸡”应变的能力。据悉，越南由于疫情相对严重，肯德基曾一度关闭在越南境内的所有分店，重新开张后已不再经营炸鸡等招牌菜，转而经营鱼肉汉堡、上校鱼块等食品。继在越南推出“鱼餐”获得不错的市场反应后，肯德基在中国也对产品线进行了适当的延伸，猪排汉堡应运而生。

资料来源：曾琳智：《新编公共关系学》，上海财经大学出版社 2016 年版，第 168—169 页，略有删改。

以上社会组织常会用到的几种模式，社会组织在选择哪种活动模式的时候都会依据组织的当下情况合理选择，并且会同时采用几个公共关系活动模式。

小　结

关键术语

公共关系部门　公共关系公司　公共关系人员　宣传型公共关系　交际型公共关系
服务型公共关系　征询型公共关系　建设型公共关系　维系型公共关系　进攻型公共关系
防御型公共关系

本章小结

1. 公共关系机构是专业从事公共关系工作的组织机构，代理特定组织的公共关系工作，其实质是公共关系的实施主体。现有的公共关系机构主要分为两类：一类是社会组织内部设立的公共关系部门；另一类是专门承接公共关系委托业务，代理其他社会组织公共关系业务的服务性机构。

2. 公共关系机构在组织内部充当资料存储中心、信息发布中心、环境监测中心、趋势预测中心、公众接待中心等角色。

3. 公共关系公司是指由公共关系专家和专业人员组成，以提供咨询服务、新媒体营销、事件营销、客户关系管理、危机管理等内容为主的知识密集型的商业组织。

4. 公共关系组织职能主要包括采集信息、监测环境；引导舆论、塑造形象；沟通内外、协调关系；咨询建议、参谋决策；团结员工、发展组织；等等。

5. 公共关系的个人职能主要表现在：公共关系推动个人观念不断更新；公共关系促使个人能力得到提高。公共关系的社会职能主要是：净化社会风气，调控社会行为；消除心理障碍，优化心理环境；繁荣社会经济，提高整体效益；促进民主政治，倡导社会文明。

6. 宣传型公共关系即运用各种传播媒介和各种方式方法开展组织的宣传工作，树立组织良好社会形象的公共关系活动模式。

7. 交际型公共关系是社会组织在社会交际中所开展的一种公共关系活动模式。这种公共关系活动模式的目的是通过社会组织与社会公众的接触，进行情感上的联络，为社会组织建立良好的社会关系，从而形成有利于社会组织发展的人际环境。

8. 服务型公共关系是社会组织向社会公众提供各种优质、特色的社会服务的一种公共关系活动。这种活动模式的目的是社会组织以自己的实际行动回馈社会、服务社会，从而建立良好的公共关系，树立社会组织良好形象。

9. 社会型公共关系是社会组织通过举办各种与本组织相关的社会性、公益性、赞助性活动塑造社会组织良好形象的一种公共关系模式。这种活动模式的目的是社会组织通过参与各种类型的社会活动扩大社会组织的社会影响力，提高社会组织的知名度和美誉度，赢得社会公众的信赖。

10. 征询型公共关系是社会组织以问卷调查等形式来采集社会上关于本组织相关情况的信息的公共关系模式。这种活动模式的目的是通过问卷、电话、访谈等多种形式的社会调研来了解社会上关于本组织的相关信息，为组织未来的经营决策提供更可行的咨询，使组织更了解市场和公众，保持社会组织的前瞻性。

11. 建设型公共关系模式是社会组织为了塑造良好的公共关系形象而采用的一种积极主动的自我宣传的方式，引导社会公众对社会组织的认知与了解。这种活动模式一般用于社会组织的创业初期、新产品上市等需要组织宣传的阶段。

12. 维系型公共关系是社会组织通过各种传播媒介，持续不断地向社会公众传递有关组织的各种信息，加强社会公众对组织的了解，并对组织的经营状况有更深刻的认识的一种公关模式。

13. 进攻型公共关系是指社会组织在与周围舆论环境发生不和谐时，主动进攻，以积极主动的方式引导舆论，改变社会组织的生态环境，创造全新局面的一种公共关系活动模式。

14. 防御型公共关系是社会组织为了防止在经营或管理方面可能出现的危机或问题而采取的一种公共关系模式。这种活动模式的目的是在发现问题的初期就寻找应对之策，及时止损，把问题消灭在萌芽状况，防止问题的扩大化，并借此进一步树立组织的良好形象。

知识结构图

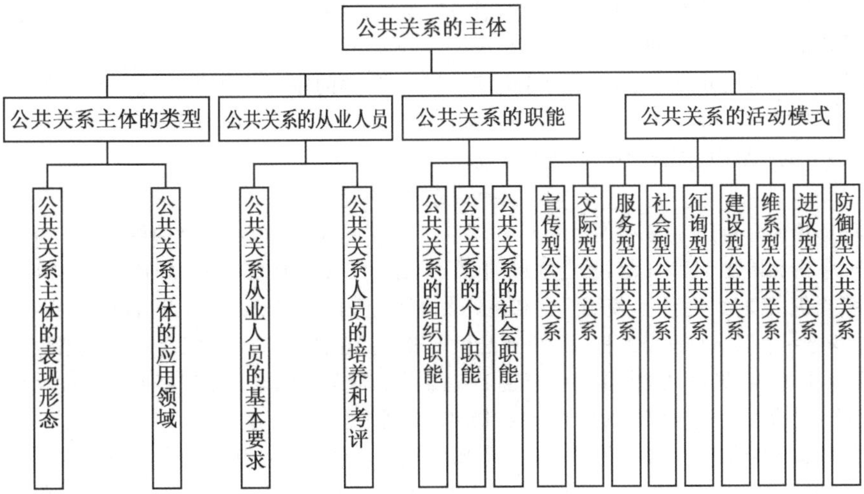

应　用

案例研究

案例一

博雅公共关系公司的公关服务

博雅公共关系公司(Burson-Marsteller)是全球领先的公共关系和传播咨询公司。博雅公共关系公司于1985年在新华社的邀请之下进入中国，是最早进入中国的国际公共关系公司之一。今天，博雅在北京、上海、广州和成都四地拥有相当大规模的服务团队，通过电子网络和一致的服务理念，与博雅全球的专业传播顾问紧密合作，即时互动，共享知识、经验和资源。博雅公关(中国)运用自身的战略眼光，打造创新的计划，协助客户建立并巩固企业和品牌声誉。其可为客户提供包括公共关系、公共事务、数字媒体、广告等诸多传播服务。博雅公关(中国)服务的客户涵盖跨国公司、行业协会、专业服务公司、政府及其他大型机构。

罗马尼亚政府曾委托美国博雅公关公司帮助罗马尼亚增加对美国市场的出口。博雅受理这项任务后，动员了大批人力、物力开展公关代理业务活动。一方面是为了帮助罗马尼亚厂商选好打入美国市场的突破口，帮助他们了解美国消费者的心理偏好，选择自己在美国市场上有潜力的产品组装生产，安排美国一流的时装专家到罗马尼亚举办讲座，介绍美国的流行款式和质量标准；在罗马尼亚举办了美国酒类展览会，帮助罗马尼亚酒类厂商了解美国人对酒的品种和质量要求。另一方面是为了帮助美国公众更多地了解罗马尼亚及其产品，博雅公关公司在美国举办了“罗马尼亚周”展览会，专卖罗马尼亚的产品，还在美国收视率较高的《今日》电视节目中连续播放了一周有关罗马尼亚的报道。美国博雅公关公司的这一代理活动使罗马尼亚政府较好地实现了预定目标。

资料来源：乜瑛：《公共关系学》，浙江大学出版社2017年版，第36—37页。

问题：

1. 通过本案例的描述和互联网的相关介绍，请你来谈谈公共关系公司的主要经营范围等相关内容。
2. 在这个案例中，博雅公共关系公司主要起到了什么作用？

案例二

抖音“激活”品牌能量,百年老店亨得利的变与不变

来到青岛,就不得不提中山路的老字号,这些老字号代表了老青岛人的记忆。“头戴盛锡福,脚踏新盛泰,身穿谦祥益,手戴亨得利”是青岛人的一句老话,指的是四家老字号商店。过去,穿戴这几家商店行头走亲访友是一件很体面的事,更是身份的象征。

随着时代的发展与变化,中山路上的百年老字号搬的搬,停的停,有的慢慢淹没在历史的长河中,渐渐被人遗忘;有的则紧跟时代的发展步伐,不断发扬光大。在当年四家老字号中,仅有亨得利屹立在当年崛起的位置,依然在青岛人的心目中占据着不可替代的位置。

匠心传承,成就百年老店

老字号能够历久弥新,保持旺盛的生命力,根基在于代代传承和对匠心精神的尊重。作为青岛最早的钟表、眼镜品牌,亨得利始建于1924年,已走过95年风雨,延续三代。创始人郑章华及历代亨得利掌门人坚守“诚信经营、货真价实”的经营理念,使得亨得利在钟表眼镜行业的市场博弈中散发出独具一格的魅力。

作为“中华老字号”,亨得利努力将每一件商品做到极致。在青岛亨得利,配置一副眼镜需要经过17道工序。验光、选镜片、镜架、磨制、检测、整形……这17道工序是亨得利的老师傅们根据多年从业经验自己编制而成的。17道工序是亨得利“科学配镜”最权威、最生动的诠释。

在近百年的钟表经营中,青岛亨得利一直处于国内领先地位。1999年山东省第一家欧米茄专卖进驻亨得利,让中山路两旁的道路堵得“水泄不通”,此后店里又引入了众多国际知名品牌,老字号的魅力让许多世界级大牌产品在青岛亨得利设立了特约经销维修中心。

亨得利一直秉承严格的培训制度以保证产品和服务质量,眼镜学徒工学徒时间为3年,修表工学徒时间为4年。学徒期满后,都要经过专业考核才能开始独立工作。即使是现在,随着国外先进仪器的不断引进,亨得利依然保留着传统的手工验光和配镜工艺。

参与抖音“非遗合伙人”计划,百年老店历久弥新

除了匠心传承,老字号必须不拘于古,不断适应新的消费需求,勇于创新,才能立于不败之地。有着中华老字号美誉的亨得利经历了近百年的风雨,依然是同行业中的佼佼者。如今,时代变了,消费者也变了,传统的营销思路也得改变。在“酒好也怕巷子深”的时代,老字号的营销理念可谓至关重要。

随着我国消费结构和传播环境不断呈现年轻化趋势,布局品牌年轻化就成为诸多老字号做出的现实选择。他们密切关注年轻人追求什么,喜欢什么样的流行元素,有什么样的消费习惯,以此为品牌灌注新鲜活力,让产品和服务能够一直活跃在主力消费人群面前。

抖音短视频作为年轻人最爱玩、也是最好玩的短视频平台之一,在营销思路上可以提供更有创意、更有趣味的合作形式,帮助品牌渗透到年轻人的群体中。正因为如此,亨得利这个“老品牌”牵手抖音短视频秒变“新晋网红”。亨得利和青岛区域抖音大号“时间博物馆”共同制作展现工匠技艺传承的视频,参与抖音发起的“非遗合伙人”计划,让亨得利的工匠传统走进更多年轻人,通过POI为线下门店导流。进入暑假旺季市场,亨得利顺势投放抖音广告,短短一个月就积累几百条评论,抖音企业号粉丝运营增长,相比去年同期,门店销售额得到显著提升,年轻人也进一步了解认知到亨得利的品牌。

通过品牌年轻化的革新,亨得利呈现给消费者一个既有着深厚传承,又能积极入世的潮流“网红”IP品牌形象。抖音用户群体覆盖面广、影响力大,极大程度地赋予了“老字号”新的内涵。以年轻人的语言与之沟通,站在年轻人的视角表达产品诉求,用年轻人的玩法传达品牌理念,传承创新并重——正是秉承了这样的发展理念,亨得利这一百年品牌才得以长盛不衰。

资料来源:中国公关网,http://www.chinapr.com.cn/p/2358.html,2019年9月5日。

问题:

1. 通过这个案例,你从中得到怎样的启示?
2. 在这个案例中,企业运用了哪些公共关系活动模式?

实验实训

1. 以班级为单位模拟组建公共关系公司,为公司制定经营范围、工作规范,设计部门与岗位。

2. 全班同学分组分别为各公共关系活动模式在网上或图书馆搜集案例，并做成 PPT 的形式在课堂上宣讲。

复习思考题

1. 公共关系部门设置的原则是什么？
2. 如何理解公共关系的职能？
3. 公共关系从业人员应该具有什么样的素质和能力？
4. 举例说明公共关系活动模式。

第三章　公共关系的客体

学习目标

通过本章学习，你应能够：
掌握公众的概念及特征；
了解组织内部公众的类型和作用；
理解组织外部公众的类型和作用。

引入案例

京东的员工“关怀秀”

一、春节营业不打烊

物流配送是电商竞争的重中之重，是电商企业最终赢得用户的手段之一。春节期间俨然成为B2C电商之间的一块“试金石”。随着物流配送能力的长足发展，一年一度的春节长假已经不再成为电商企业的“空窗期”。2014年春节前夕，京东商城、国美在线、易迅、亚马逊、当当网等多家电商纷纷宣布，今年春节“不打烊”。京东商城宣布将长久秉承“客户为先”的理念，以全年无休的“全勤战备”状态，对消费者过年网购保驾护航，春节期间可照常下单，物流配送也如平日一样。此外，京东全国客服中心也将24小时正常运营。

因此，京东的很多网络运营及物流配送员工在春节期间也照常上班，一方面，要处理节假日人们大量的网购订单，工作比往日更加辛苦；而另一方面，春节期间不放假导致他们长时间不能与亲人朋友团聚，更是让他们中心感觉遗憾和孤独。

二、节日关怀暖人心

春节期间，为了传达公司在传统重大节假日对员工的关爱，京东开启春节特殊员工关怀慰问。总部高管随同区域相关部门负责人一起，对工作中表现优秀、业绩突出、家庭负担较重的困难职工，以及工作在边远区域（国家规定的634个县、市艰苦边远地区）的仓配员工送去实物慰问，并致以关切问候。

此外，春节期间，公司领导看到了一则《安徽留守儿童疑因父母不回家过节自缢》的新闻，不久后在公司通过内部邮箱发了一封邮件，邮件中讲道：“为了更多家庭过得更好，我们有数万兄弟在节日期间要为客户服务。但是，我们不能忘了我们的孩子们，他们思念亲人的痛苦无比巨大。因此，全国所有春节期间加班的同事，凡是有孩子的同事，按照每个孩子

3 000 元给予补贴，要求同事们把孩子接到身边共度佳节。如果个别同事离家太远，费用不够，超出部分，实报实销。离家近的，多余费用不用退还。没有孩子的同事，每人至少补贴 1 000 元加班费。有的人会说同样加班，对没有孩子的同事不公平。那就祝愿这些同事们早日喜结良缘，早生贵子吧。”

公司领导还表示：“我知道这要增加几千万元的费用，我也知道各部门都有预算压力，那就让我们杜绝浪费和腐败，把这笔钱节约出来。为了我们的孩子！再次，我也要求人资部门加快合作建校项目，尽早解决京东内部留守儿童问题。”毫无疑问，春节期间领导的这一举措使公司内部的工作人员都感受到了来自公司和高层管理者的关怀和慰问，十分感动。

三、媒体报道获好评

当时此事以领导个人内部邮件的形式流传了出去，被各大媒体广泛报道，占据了众多报纸版面的头条，并在微博、贴吧、论坛等网络媒体上迅速传播开来，被公司以外的社会公众及网友所熟知。这一举措使公司领导和京东都获得了社会上的好评。实际上，这次京东的员工关怀秀给京东带来了多方面的好处。首先，这是京东一次出色的内部公关，通过关怀员工，公司领导与内部的员工群体增进了情感。其次，这也是京东对外部公众的一次“笑里藏刀”的公关秀。熟悉京东的人都很清楚，京东一直在强调自己区别于竞争对手的物流服务，而此次公关秀不仅赢得了公众对京东品牌的好感，又让更多的人了解了京东有一支庞大的专业配送队伍。最后，这也是公司领导个人的魅力展示，树立了负责任的领导形象和负责任的企业形象。

资料来源：樊帅：《企业公共关系案例解析》，清华大学出版社 2017 年版，第 81—82 页。

开展公共关系活动，首先要根据公共关系目的确定工作对象，然后从实际出发选择合适的工作模式。公共关系也称为公众关系，因为公共关系的工作对象就是公众。了解和研究公众是做好公共关系工作的前提。

第一节　公众的概述

微型案例　百事“把可乐带回家”

春运，是人类史上最大的一次迁徙。春节，是阖家团圆、共享天伦的节日，对每个中国人都有举足轻重的意义。作为全球食品和饮料行业的领导者，每年在中国春节之际，百事中国都会发起一个大型的新春品牌活动。我们一直都在思索如何将企业的商业品牌活动打造成一个极具影响力的、能引发全民参与的社会话题。

谈“快乐”其实并不是一件非常特别的事。但是，如何能给春节这个全中国人都最重视的传统节日赋予“乐”以特殊的意义，如何能引发消费者关注、让大家回归传统快乐过年，如何能让“把乐带回家”引发巨大的社会反响，成了这个项目需要解决的核心问题。

2012 年公司做了大量的调查，发现近七成的人由于各种原因觉得回家痛苦，其中近六成过年不愿回家。社会上正在兴起一种族群——恐归族。因此我们提出了“把乐带回家，你回家是父母最大的快乐”的理念，推广了百事的温情微电影，同时在线上发起了“@______，我已经在路上了，你呢？”号召大家过年回家，陪父母共享天伦之乐，回归传统中华文化。

2013年新春我们再次提出“把乐带回家”，并结合当时的社会热点事件，将“家”的含义延伸，从个人小“家”到社会大“家”，提出了“有爱的地方就是家，有家就有快乐”的公关概念。推广百事新的微电影和《相亲相爱》MV的同时，我们在线上发起“@______，这一年有你真好”的活动，并送1 000个有困难的人快乐回家。我们希望能通过我们的新春项目唤起人间温情，消除社会冷漠，号召社会大爱。我们整合各路资源，将“把乐带回家”又推上了新的传播高峰！

资料来源：胡炜：《活力源于创新——2012—2013年上海市优秀公共关系案例集》，东华大学出版社2015年版，第119页，略有删改。

一、公众的概念

1. 公众的含义

所谓公众，就是具有某种共同利益，与特定的公共关系主体相互联系、相互作用的个人、群体或组织的总和，是公共关系工作对象的总称。

公共关系中的“公众”与一般意义上的“人民群众”“人群”几个概念容易混淆，应注意它们之间的区别。人民群众是一个政治哲学及社会历史概念，从本质上讲，人民群众是指一切对社会历史发展起推动作用的人们。所以，人民群众是指以劳动群众(包括体力劳动者和脑力劳动者)为主体的、占居民绝大多数的、对社会发展起到推动作用的人们。而人群作为一个社会学用语，从本质上讲，是个松散的结构，凡是人聚在一起均可称为人群。“公众”作为公共关系学的概念，特指与公共关系主体有相关利益的公共关系客体，即公共关系主体的工作对象。

2. 公众的特征

(1)群体性。从观念上说，公众总是作为群体出现的，它是与某个社会组织相关的所有个人、群体或组织的集合。每一个社会组织的生存与发展都不会只和某一个人或某一类人相关，而会涉及社会的各个方面，如生产企业至少要与原材料供应商、经销商、政府主管部门、内部职工、消费者等密切相关；商业企业的消费者公众也往往是一个庞大的社会群体。就公众个体来说，他是作为某一类公众或者说是这个社会群体中的一员出现的。

(2)整体性。公众不是单一的群体，而是与某一社会组织运行有关的整体环境。任何组织的生存和发展都离不开一定的公众环境。公众环境是指组织运行过程中必须面对的社会关系和社会舆论的总和。这些社会关系和社会舆论范围很广，涉及组织内部和外部，而且相互关联，构成复杂。公共关系工作不能只注意其中某一类公众而忽略其他公众，对其中任何一种公众的疏忽都可能导致整个公众环境的恶化。因此，应该将组织面对的公众视作一个完整的环境，要用全面、系统的观点分析自己面临的公众。

(3)共同性。公众是具有某种内在共同性的群体。这种共同性表现为公众成员之间的某种共同点，如共同的利益、共同的目的、共同的问题、共同的背景、共同的兴趣等。正是这些共同点，使某些社会群体具有相同或类似的态度和行为，形成组织所面临的一类公众。例如，在地理位置上与企业接近的居民，客观上成为企业行为最直接的感受者，从而使他们的态度和行为与企业具有内在联系，形成企业的社区公众。再如，当企业危机出现时，那些因为企业行为而致使自身利益受到侵害的个人、团体或社会组织，会不约而同地对企业施加同样或类似的压力，这是因为企业行为对他们产生了共同的影响。所以，共同的利益和共同问题使这些公众成为企业公共关系必须立即处理的危机公众。2001 年 1 月 27 日,发生在日本东京关西机场的"日航事件"的受害者有共同的遭遇、共同的要求,他们作为一个整体,对"日航"形成一定压力。

(4)变化性。"没有永远的敌人,只有永远的利益",组织公共关系工作面对的公众无时无刻不处于变化之中。这种变化表现在公众的性质、结构、数量、重要程度等诸多方面。公众的这些变化可能给组织的发展带来新的转机,同时也蕴含着挑战与危机,因此,要求公共关系工作在战略、方针、目标和手段上必须做出相应的调整与反应,以帮助企业抓住机遇或避免危机,得到更好的发展。所以,公共关系工作应随时注意公众的变化,必须用发展的眼光分析、认识自己的公众。

提醒您

> 从群体性、整体性、共同性和变化性这几个方面来把握公众的特定含义,才能深刻理解"公众"的含义,从而为成功开展公共关系工作打下坚实的基础。

二、公众分类的方法和标准

不同的组织有不同的公众,同一组织有不同的公众,而同一种公众又可以根据不同的标准做不同的区分。

(1)按公众的归属,可将其分为内部公众和外部公众。内部公众是一个社会组织内部的公共关系对象。

企业的内部公众有职工、股东等,其与企业荣辱与共,是企业发展的核心力量。内部公众既是社会组织的公共关系主体,也是公共关系客体。

外部公众是社会组织的外部公共关系对象。它主要包括与组织相关的协作者、竞争对手、消费群体、政府部门、舆论传播者等,他们一起构成了企业的外部经营环境。

微型案例　关心员工的总裁

2016 年 4 月 17 日,在北京某小区内,一名顺丰快递员在派件过程中,其所骑行的三轮车不慎碰撞到一辆正在倒车的小轿车。轿车驾驶员下车后情绪激动,先是言语辱骂快递员,后又连续扇了快递员数记耳光。

事件在网络发酵后,顺丰集团官方微博第一时间发文,表示要追究肇事者的责任。同时一张网络流传的截图显示,顺丰集团总裁王卫在其朋友圈发文称:"如果这事不追究到底,我不再配做顺丰总裁!"该"声明"迅速在网络上获得压倒性的声援。虽然部分舆论认为"声明"有借机营销之嫌,但多数网友认为此举"既给了外界一个交代,又暖了员工的心"。与此前女子酒店遇袭事件中企业的表现相比,顺丰的公关态度明显赢得公众好感。

事件发生后,顺丰不到 24 小时就在官微上表明了自己的态度:"对于责任,我们不会因愤怒而抛弃公允;对于尊严,我们也不会因为理解而放弃追回!"声明态度明显,一方面表示追究责任,另一方面将单纯的打人事件上升到社会道德层面,成功地引导舆论转向对快递行业生存状况的讨论。

紧接着顺丰官微又发布:"我们已找到这个受委屈的小哥,顺丰会照顾好这个孩子,请大家放心!”引发舆论同情。该表态顺应了舆论风向,博得公众好感。

资料来源:中国税务网,https://www.ctax.org.cn/yqyd/201604/t20160426_1039071.shtml,2016年4月26日,有删改。

(2)按公众的重要程度,可将其分为首要公众和次要公众。

首要公众即关系组织的生死存亡,决定组织成败的那部分公众。组织为了维护与重要公众的关系,往往要投入比较多的时间、人力和财力。

次要公众是指对一个组织的生存发展有一定的影响作用,但不具有决定性作用的公众。

当然,这种首要和次要的划分只是相对的,而且两者之间也可能存在转化关系。次要公众也不能完全放弃。社会组织应根据内外环境的变化,及时调整自己的工作重点,既要保证首要公众,又要兼顾次要公众。

微型案例

在长城饭店宴请美国前总统里根,英国女王伊丽莎白下榻白天鹅宾馆,对饭店、宾馆来说,这些重要人物就是其首要公众。如果对首要公众照顾得好,就会迅速提升其知名度和美誉度;否则,就会带来很大的负面影响。

(3)根据公众对组织的态度,可将公众区分为顺意公众、逆意公众、中间公众。

顺意公众、逆意公众、中间公众对组织的态度可以分别用赞同、敌对、冷漠来形容,也就是说,顺意公众是对组织持支持和赞同态度的公众;逆意公众则与之相反;而中间公众是对组织持冷漠或不明确态度的公众。组织的公共关系工作是指通过多方面沟通、协调、影响公众的态度,精心维护与顺意公众的关系,转变逆意公众的态度,尤其是要花大力气引导中间公众成为顺意公众。

微型案例　善待顾客——诺顿百货公司的秘密武器

美国有一家创造了零售业奇迹的百货公司——诺顿百货公司。该公司由8家时装专卖店组成,最初诞生于太平洋西北岸,后又席卷了整个加州最繁华的市场,如今正向美国东海岸挺进。它在10年中成长了10倍,市值达到40亿美元,创下了每平方英尺店面销售额400美元的业绩——几乎是超过同行业平均水平1倍,以至于它的竞争对手只要一听到诺顿要进城开设新店,就顿感惊恐万分。

诺顿的“秘密武器”是什么呢?

那就是善待顾客,以优质的服务,让顾客满意。

一位企业主管曾经给诺顿的老总写信,抱怨到该店跑了几趟,仍未把西装改好,只好退回。结果总经理亲自带着一套新西装和一位裁缝到那位主管办公室让其试穿,等这套西装改好,免费送给这位顾客。更为感人的是,有位老妇人请店员替她找一条不会卡在轮椅车轴的披肩,这位店员找遍所有诺顿连锁店,又利用休假日到其他店去找,仍未找到,最后她干脆亲自为这位老妇人织了一条。诺顿百货的一个男装部服务员曾经收到一封来自瑞典制造公司经理的信函，称在他这里买了一件2 000美元的衬衫，误放入热水中洗涤而缩水，请教服务员有什么好的专业建议。服务员当即拨通了瑞典的国际长途电话，告之那位顾客，可替他免费退换衬衫，只需将缩水的衬衫寄回，全部邮费由公司承担。

正是这种优质的服务，使诺顿百货服务名声如日中天。许多忠心耿耿的顾客有时会从数百公里外赶来购物。该批最忠诚的顾客甚至称自己是“诺家帮”。

资料来源：李付庆：《公共关系学》，南京大学出版社2017年版，第83页。

(4)根据公众的稳定程度，将其划分为临时公众、周期公众、稳定公众。

①临时公众：因某一临时因素、偶发事件或专题活动而形成的公众，比如因为飞机航班误点而滞留机场的旅客、足球场闹事的球迷、促销活动现场挤伤的顾客等。虽然这些公众是临时的，但如果不予以重视，往往导致危机的发生，给组织带来不可预料的负面影响。

②周期公众：按一定规律和周期出现的公众，比如每逢假日、黄金周出现的旅客，招生时的考生及其家长等。周期公众的出现是有规律的，可以预先做准备。应该利用各种手段做出比较准确的预测，并做好充分准备。对某些社会组织来说，周期公众的一部分可以转化为稳定公众。

③稳定公众：成为社会组织会员或者贵宾级别的公众，可被看成社会组织的稳定公众。社会组织必须具有一定的稳定公众的比重，才能有更稳定的发展前景。

临时公众、周期公众和稳定公众的划分是制定公共关系的临时对策、周期性政策和稳定策略的依据。

(5)按公众在其形成过程中不同阶段的特点，可将其分为非公众、潜在公众、知晓公众和行动公众。

①非公众：是公共关系学的特殊概念，社会学中没有这个概念。非公众指目前与某社会组织不存在任何相互影响、相互作用的公众。划分出非公众可有助于减少公共关系工作的盲目性，避免不必要的浪费。

②潜在公众：是指与某社会组织的关系处于潜伏状态的公众。往往是由于某个公共关系问题尚未充分显露或这些公众本身还未意识到问题的存在，因此作为公共关系主体的社会组织应该未雨绸缪，防患于未然。但是“潜在公众”也不都是“隐患公众”，可能是对该组织不了解的盲目公众。例如，偶然选择了某商品的顾客，如果企业利用有效传播手段让这些顾客充分认识到该商品的优点，这些“潜在公众”就会成为稳定的顺意公众。

③知晓公众：是潜在公众逻辑发展的结果。即公众已经明确自己与该组织的利害关系，迫切希望了解更多的真实信息。这时，该社会组织必须本着“公众必须被告知”的原则，及时传播沟通，以引导知晓公众成为理解和支持组织的顺意公众。尼克松在处理“水门事件”时，由于没有正视知晓公众的要求，失去了引导舆论的时机，使自己越来越被动，最后只好辞职下台。

④行动公众：自然就是知晓公众的发展结果，当公众对社会组织的了解足够多时，就会采取积极或消极的行动。这时公共关系工作就不仅是引导的问题，而且必须采取相应的更为积极的公关活动，使与顺意公众的关系更为稳固，使逆意公众得到安抚，尽力挽回危机造成的损失。

每一个公共关系工作者都应该灵活运用各种分类方法，对不同的组织进行细化的公众分类，以提高工作效率，增强工作效果。

第二节 组织的内部公众

一、职工

职工是指企业的构成人员，包括一线操作工、营业员、技术人员、行政后勤管理人员等。职工是企业内部公关的主要对象，同时也是外部公关的有力支持力量之一，这种双重角色使得职工在公共关系中的地位特别重要。

职工是企业生存和发展的基本力量。企业的工作需要依靠全体职工的合作努力才能完成。要想调动全体职工的积极性，就必须做到尊重职工的人格，为他们提供一个展现个人才能、实现人生价值的平台，营造融洽的工作气氛，增强职工的主人翁意识，为职工提供优厚的福利待遇和终身保障，使他们获得幸福感、认同感、归属感。

小资料

根据《员工最愿意效力的100家美国公司》(*100 Best Companies to Work for in American*)的作者之一米尔顿·莫斯科维茨(Milton Moskowitz)的观点，有5个标准经受住了时间的考验：

1. 员工愿意表达不满。莫斯科维茨认为，员工希望能够向管理层"反馈"自己的观点甚至是不满。他们希望能够接触到管理层。他们希望在内部刊物上刊登批评意见。他们希望管理层能够关注。

2. 高级管理层能让员工接触到并和蔼可亲。开明的公司会努力实施扁平化管理，并取消会引起等级间的差异和隔膜的专供高级管理人员使用的餐厅和健身房等设施。莫斯科维茨说，这些公司采取行动消除等级分化。他还指出，精明的首席执行官会实施MBWA管理，即走动式管理。

3. 内部沟通优先于外部沟通。对于组织来说，最糟糕的事情莫过于员工要通过10分钟的新闻才能知道对自己所在公司的批评信息。精明的组织总是把有关本公司的信息先告诉自己的雇员，即非常强调内部沟通的优先性。

4. 注重简洁易懂。有多少雇员会定期阅读《员工福利手册》？答案应该是"很多"，因为员工福利计划对每位员工来说都很重要。然而实际情况却是，大多数员工从来没有翻过这类手册。对这方面问题处理较好的公司会尽量用简洁清晰的语言撰写这些手册，好让大多数普通员工能够很容易读懂，而不是只为了让人力资源专家看懂。

5. 友好的语气。莫斯科维茨认为，好的公司会在所有的沟通过程中都试图给员工以"家庭般温馨的感觉"。有家高科技公司要求每位员工佩戴的胸卡上用大写字体写上自己的名字。莫斯科维茨称，这些小事情其实是非常重要的。

资料来源：弗雷泽·P. 西泰尔(Fraser P. Seitel)著，潘艳丽、陈静译：《公共关系实务》，清华大学出版社2008年版，第211—212页，有删改。

职工也是企业组织对外公共关系的生力军。职工是组织与外部直接接触的触角。其言行举止不同程度地代表着组织形象，所以他们时常站在对外公共关系的第一线。当组织内部职工的积极性被广泛调动起来的时候，他们就会积极主动地充当对外公共关系员的角色，这时组织对外公共关系的成功才能有最大的保障。

微型案例　星巴克的成功经——把员工当伙伴

"在自己的店子里他总会笑得合不拢嘴。"人们常常这样说舒尔茨。为什么呢？

星巴克确实是个可以为之骄傲的地方。当舒尔茨来到星巴克，总会善意地和雇员、顾客打招呼。"星巴克是我常去的第三个场所，"舒尔茨就座后总要来一杯咖啡，一边品尝，一边和旁人闲聊起来，"第一个是家，第二个是办公室，星巴克则介于两者之间。在这里待着，让人感到舒适、安全和家的温馨。"舒尔茨说他正试图在美国推行一种全新的"咖啡生活"。

是什么创造了星巴克奇迹？将星巴克一手带大的董事长霍华德·舒尔茨回答："我们的最大优势就是与合作者相互信任，成功的关键是在高速发展中保持企业价值观和指导原则的一致性。"而在这种价值观里，员工第一，顾客第二，把员工当作合作伙伴，却是最重要的一点。每一个员工都是公司的股东，都可以根据自己的情况搭配薪酬结构，进行"自选式"福利组合，真正让员工享受到针对性的实惠。一个把员工当伙伴的企业、一个毫无架子并每天都能和员工畅快交流的企业家、一个真正为员工生存与发展考虑的组织，是员工快乐的源泉，也一定是行业中的佼佼者，攻无不克、战无不胜。

资料来源：张云：《公共关系概论——理论、实践和案例》，华东师范大学出版社2016年版，第128—129页。

二、股东

股东是股份公司股票的持有者。他们是企业的投资者，依法享有一定的权利和义务。股东是企业的内部公众，然而从行政隶属关系看，绝大部分股东并不属于企业内部成员。因此，股东公众又是企业的外部公众。

微型案例　股东的圣诞礼物

每逢圣诞节，美国通用食品公司便会准备一套本公司的罐头样品，分送给每一位股东。股东们为此感到非常自豪，他们不仅极力向别人夸耀和推荐公司的产品，而且在圣诞节之前便准备好一份详细名单，由公司按名单把公司生产的罐头作为圣诞礼物寄给他们的亲友。因此，每到圣诞节前，通用食品公司都要额外收到一大批订单。股东享受到了折扣优待，公司赚到了一大笔钱。

资料来源：曾琳智：《新编公共关系学》，上海财经大学出版社2016年版，第86页。

股东与公司利益休戚与共，密不可分。良好的股东关系可以为企业赢得更多的投资者，保持公司股价的稳定和上升，还可以通过广大股东的"口碑"作用，扩大企业的知名度和美誉度，为企业在社会上树立良好的企业形象。

依据不同的标准，股东可以有不同的分类：按照股票归属对象不同，可以分为国家股股东、法人股东、外资股股东、自然人股东；按持有股票的多少，可以分为大户股东和散户股东；按股东在公司的地位不同，可以分为普通股东和董事会成员股东。

企业或组织需与股东建立和保持良好的关系，应尊重股东的权益，经常性及时地就组织的经营状况、发展规划、资金状况和债务情况等与股东沟通，要真实、不欺瞒地通报给股东，以赢得股东的信任，坚定股东的信心。

微型案例　做还是不做？——众股东共同决定可口可乐新配方上线

可口可乐公司准备投资开发新配方的可口可乐，但是，由于原配方的可口可乐早已深入人心，为消费者所了解和喜爱，故仍占有广大的市场。公司担心新配方的可口可乐投资不仅不会赢利，而且可能影响公司的声誉，从而影响公司原来产品的销售，使公司利益受到损害。于是，公司决定召开股东大会，对此项目进行分析与讨论，以便决定是否要开发新配方的可口可乐。在股东大会上，股东各抒己见，把自己对市场的了解及信息和盘托出，并共同协商。在所有股东的相互支持下，公司决定投资该项目，并根据股东的意见修改了原投资计划。当新产品出现在市场上时，其以独特的、不同于原配方的口味受到了人们的喜爱，销售状况良好。我们看到，在良好的股东关系推动下，可口可乐公司投资的新项目获得了巨大的利润，使公司获得了更好的发展。

资料来源：张云：《公共关系概论——理论、实践和案例》，华东师范大学出版社 2016 年版，第 135 页。

第三节　组织的外部公众

一、顾客

顾客是指购买使用本组织产品或服务的个人或团体，是最主要的外部公众。这里的“顾客”含义是广义上的，它不仅包括狭义上所指的生活资料的购买者和各种服务的享受者，而且包括生产资料供应者、各种服务的提供者和其他业务对象。

微型案例　推销创造“上帝”

国外某企业的两名推销员到南美洲的一个全是土著人居住的岛上推销皮鞋，由于土著人从来不穿鞋，因而一双鞋也没有推销出去。其中有一个失望而归；而另一个则留下来，先是自己穿上皮鞋做示范，然后向岛上的人宣传穿鞋的好处，并教会了他们穿鞋，最后成功地把鞋卖给了他们。这位推销员成功地开垦了市场“处女地”，创造了“上帝”——顾客。

企业与顾客之间存在相互依存的关系。企业为顾客提供所需的物质产品、精神产品或服务，而企业的生存和发展离不开顾客的信赖和支持。良好的顾客关系是企业发展的“源动力”。

随着市场经济的发展和企业间竞争的加剧，对每一个企业来说，顾客关系都是必须处理好的关系。“顾客就是上帝”不是一个空洞的口号，而必须赋予它实在的内容。要处理好与顾客的关系，不仅要为顾客提供优质价廉的产品、满意的服务，还要及时沟通，甚至帮助顾客渡过难关，从而与顾客建立一种相互信任、相互支持、风险共担的良好关系，以达到共存双赢的目的。

微型案例　“某网在手，看清楚再走”

2017年某月初，某女演员怒怼某网捆绑销售，她曾经多次发现并手动取消隐藏在订票信息下的“预选保险框”，但是“仍被套路”，且投诉未果。在这条微博最后，某女演员要求某网诚实面对问题，向公众致歉，并奉劝“某网在手，看清楚再走”。

这条微博毫无疑问成了当日的微博头条，多位网友也出来顶帖，晒出自己的真实案例，观众关注度出奇的高。

事件持续发酵，吃瓜群众都在等某网的官方声明。最后某网络公司回应：对于某女演员的投诉官方会按正常流程处理，但是并不会就此事发表任何进一步的说明。

同一年的某月某日，也曾有一篇文章刷爆朋友圈，《一年100亿？揭秘“某网‘坑人’陷阱”》，该文怒斥某网种种问题。某网于第二天发布了公关声明，指出文章不属实，“100亿”纯属造谣诽谤，没有任何事实依据。

资料来源：刘建芬：《公共关系原理、实务与案例》，厦门大学出版社2018年版，第54页，略有改动。

二、社区

公共关系中所指的社区关系，是指一个社会组织与社区内的其他组织和居民的协调关系。社区是指人们生活、生产和社会活动相对集中的范围。作为社会组织生存和发展的客观环境，社区对社会组织的影响表现为多个方面，例如，商店、学校、邮局、医院、机关等为企业的职工提供便利条件，社区公众可能就是该企业的顾客和劳动力来源等。所以，企业应该树立强烈的社区意识，加强与社区公众的双向沟通，利用企业自己在技术、资金、人才、设备、设施等方面的优势，为社区多办实事、办好事，促进社区的繁荣，充分体现企业的社会责任感，赢得社区公众的好感与赞誉，获得良好的“口碑”，为企业创造最佳的发展环境。

微型案例　华阴市华山镇药厂社区：开展环境卫生整治、营造良好社区环境

为深入推进社区环境卫生整治，进一步优化人居条件，营造干净、整洁的生活环境，提升社区居民生活质量和健康水平，近日，华山镇药厂社区组织党员志愿者开展了环境卫生整治志愿服务活动。

活动中，在社区书记的带领下，党员志愿者们热情饱满、积极行动，彻底清理和整治了居民区、主干道及社区文化活动广场的白色垃圾、生活垃圾、杂草落叶等。大家分工有序、干劲十足，绿化带中的杂物和枯草落叶被清理干净，文化活动广场整洁清爽，得到了居民的高度赞誉。志愿者们的行动也感染了周围的居民，居民纷纷表示要从自身做起，珍惜和爱护社区环境。

此次活动进一步改善了药厂社区的环境质量，提高了居民爱护环境的意识，提升了居民保护环境的主动性与自觉性，推进了环境整治和志愿者服务活动的常态化，营造出共建共享文明社区的良好氛围。

资料来源：https://baijiahao.baidu.com/s? id=1714828958876850072&wfr=spider&for=pc，2021 年 10 月 28 日，略有删改。

三、政府

政府是国家权力机关，是任何社会组织必须面对的重要的外部公众。任何组织都不能超脱政府的管理。与政府机构及其工作人员建立良好关系，是为了争取政府对企业的了解、信任和支持。政府的认可和支持将是组织发展中最具权威性和影响力的。

处理好社会组织与政府的关系，主要应从以下几个方面着手：

(1)严格遵守国家的政策、法律法规，做一个“合法公民”。这是处理好组织与政府关系的前提。

(2)积极主动地配合政府主管部门的工作。如实汇报工作，积极配合政府的检查与监督。

(3)遵循市场规律组织生产和服务活动，通过正当、合法途径提高经济效益，为国家做贡献。

微型案例 伊利的政府公关

在乳品企业中，伊利深谙“政府”公关营销之道，在这方面长期投入巨大。2005 年年末，伊利斥巨资 3 000 万元支持地方基础设施建设，鼎力支持每年一度的“昭君”文化节；还与团中央发起“中国青少年发展伊利梦想基金”，与全国妇联等部门一起长期主办科学哺育知识的普及教育。另外，在以“新农村 · 新发展 · 新机遇”为主题的“建设社会主义新农村论坛”活动中，由于伊利在建设社会主义新农村进程中做出了杰出贡献，带领 500 万农牧民发家致富，故荣获“建设社会主义新农村行业龙头企业”称号。另外，伊利的高利税是其政府公关营销中最有力、最简单，也是最直接的方式，其纳税总额已近 50 亿元，其中 2005 年纳税 9 亿元，2006 年纳税超 10 亿元。

资料来源：苏慧杰、李春芝：《市场营销实务》，北京理工大学出版社 2012 年版，第 218 页。

四、新闻界

新闻界是指专门掌握和运用大众传播媒介的社会机构和组织，主要包括报社、杂志社、电台、电视台等，主要工具是报纸、杂志、广播、电视。新闻界公众是公共关系工作对象中最敏感、最重要的一部分，是对外传播的首要公众。因为新闻界是社会舆论的权威性组织，取得了社会公众的广泛信赖，具备最广大的信息传播对象，能够在最短的时间内把最翔实的信息传播出去，因而得到新闻界的了解、理解和支持，就能帮助组织迅速与目标公众沟通，形成对本组织有利的舆论气氛，从而树立良好的组织形象。

要处理好社会组织与新闻界的关系，可以从以下几个方面着手：(1)积极主动地与新闻界取得联系，并建立经常性的联系；(2)坚持实事求是，快速高效的原则；(3)充分尊重，以礼相待；(4)冷静对待新闻界的负面报道，妥善解决。

微型案例　郭德纲师徒打骂记者事件

2010年7月28日，北京电视台《每日文娱播报》节目首次曝光郭德纲在小区内占用公共绿地一事。8月1日下午，北京电视台《每日文娱播报》栏目编导和摄像一行两人实地调查此事。摄像记者周广甫在探访郭德纲别墅时，被住在该别墅的郭德纲弟子李鹤彪打伤。当时拍摄的视频显示，李鹤彪先后两次殴打摄像记者周广甫，并试图当着警察的面抢夺其摄像机和素材。8月2日，被打记者周广甫含泪讲述了被打全过程，他说："我们在得知郭德纲别墅涉嫌侵占公共绿地的消息后，按照正常采访程序，到现场采访了业主，然后就到郭德纲家求证。我们先敲门，并且表明自己是北京台记者。但是还没说几句话，出来的两个人就开始谩骂，后来就开始追着我们打。后来警察来了，他们才暂时停止。"被打记者表示："当着警察的面他们并不承认打人，后来得知我们拍下了全过程时，他们便当着警察的面开始抢我们的录像素材。"被打记者强调，在与对方沟通时，他们曾四次向对方表明自己是北京台记者，但对方仍旧是连打带骂。3日下午，德云社在北京召开了记者说明会，郭德纲并未现身。4日凌晨，郭德纲打破沉默，更新了自己的博客，以《有药也不给你吃》为题，首次对徒弟打人事件做出了回应。郭德纲在本次打人事件中，还讲了一些"牛话"："跟中国人不能讲理，一个大嘴巴他就全明白了""实话实说，关于北京电视台，我也是很无奈，这么些年，说大话使小钱，很龌龊的一个单位""今儿我徒弟打人了，打就打了呗，过两天给他搞一专场，智斗歹徒民族英雄专场""为什么只打你不打别人？断章取义，剪辑视频，混淆视听，扮猪吃虎，蒙蔽善良百姓，你们丧失了新闻工作者的本质"。

资料来源：龙志鹤：《公关案例选粹与评析》，经济管理出版社2011年版，第78—79页。

五、金融界

金融界是指专门发挥信贷咨询、货币流通、证券交易等职能的社会经济组织和部门。

企业要发展，必然对金融界产生依赖性。组织的贷款、货币结算、市场预测等活动都离不开金融界的支持。

社会组织为了取得金融界的支持，必须提高经济效益，主动与金融界保持联系，增强还贷能力，信守诚信原则，按时还贷，取得金融界的信任。此外，应配合金融部门的检查、监督工作，认真遵守法律法规，为组织的发展营造良好的外部环境。

六、社会知名人士

社会知名人士是那些为世人所关注、崇拜并尊敬的具有强大社会影响力的各类名人，包括政界要人、文体明星、著名企业家、科学家、发明家、教育家、名记者、名作家、医学专家等。他们的共同特点是在社会上具有一定影响力，知名度高，社会关系广泛，有一定的崇拜者，时常是新闻的焦点、舆论中心、众人瞩目的对象。

与社会知名人士搞好关系，对一些社会组织的生存和发展有以下好处：(1)社会知名人士的社会关系，给组织发展带来新的生机；(2)利用社会知名人士的社会声望，可提高组织的知名度；(3)社会知名人士的知识和专长可为组织出谋划策；(4)可冷静对待新闻界的负面报道，妥善解决。

提醒您

组织与社会知名人士交往时，应注意以下问题：

（1）根据组织的自身特点，选择与那些确实能给组织带来正面影响的社会知名人士交往和合作。

（2）举止得当，自尊自爱，不失礼节。

（3）提前预约，遵守时间。

微型案例　名人效应与名人策划

某出版商有一批滞销书久久不能脱手，便给总统送去一本，并三番五次征求意见。总统忙于政务又不便与其多纠缠，就说了一句："这本书不错。"出版商便大做广告："现有总统喜爱的书出售。"于是，这些书被一抢而光。不久，这个出版商又有另外的书卖不出去，他又送了一本给总统，总统上了一次当，想奚落他，就说："这本书糟透了。"出版商听后又大做广告："现有总统讨厌的书出售。"为此，又有不少人出于好奇心理竞相购买，书又销售一空。第三次，出版商又有书送给总统，总统吸取前两次的教训，不做任何答复。出版商却仍大做广告："现有令总统难以下结论的书出售，欲购从速。"结果，书又被迅速售完，总统为此哭笑不得，商人却大获其利。

资料来源：张云：《公共关系理论、实践与案例》，华东师范大学出版社2012年版，第208页，有删改。

七、外宾客商

随着我国对外开放的不断深入，各社会组织与外国公众的交往越来越广泛。处理好与外宾客商的关系，无论是对社会组织本身的发展还是对国家的总体利益，都是有好处的。

在处理与外宾客商的关系时，应注意以下几个原则：

（1）要运用各种传播媒介，传播有利于国家、民族的信息，使外宾客商对我国有客观的认识，为进一步合作、交流奠定基础。

（2）不卑不亢，一视同仁。不管国家大小、国力强弱、宗教信仰如何、肤色怎样，都要对其抱有尊重，同时应不失自尊。

（3）了解外商习惯，按照国家惯例交往，避免不必要的争端。

（4）树立组织形象，扩大组织影响。组织应以优质的产品和优良的服务，向对方展示自己的完美形象，扩大自身的国际影响。应维护组织信誉，建立长期友好的互利关系。

小　结

关键术语

公众　内部公众　外部公众　首要公众　次要公众　顺意公众　逆意公众　中间公众　临时公众　周期公众　稳定公众　非公众　潜在公众　知晓公众　行动公众

本章小结

1. 所谓公众，就是具有某种共同利益，与特定的公共关系主体相互联系、相互作用的个人、群体或组织的总和，是公共关系工作对象的总称。“公众”作为公共关系学的概念，特指与公共关系主体有相关利益的公共关系客体，即公共关系主体的工作对象。

2. 公众具有群体性、整体性、共同性和变化性的特征。

3. 按公众的归属，可将其分为内部公众和外部公众。内部公众是一个社会组织内部的公共关系对象。内部公众既是社会组织的公关主体，也是公共关系客体。企业的内部公众有职工、股东等，是企业发展的核心力量。

4. 外部公众是社会组织的外部公共关系对象。它主要包括与组织相关的协作者、竞争对手、消费群体、政府部门、舆论传播者等。他们一起构成了企业的外部经营环境。具体来说，组织外部公众主要包括顾客、社区、政府、新闻界、金融界、社会知名人士、外宾客商等。

5. 按公众的重要程度，可将其分为首要公众和次要公众。首要公众即关系组织的生死存亡，决定组织成败的那部分公众。组织为了维护与重要公众的关系，往往要投入比较多的时间、人力和财力。次要公众是指对一个组织的生存发展有一定的影响作用，但不具有决定性作用的公众。

6. 根据公众对组织的态度，可将公众区分为顺意公众、逆意公众、中间公众。顺意公众、逆意公众、中间公众对组织的态度可以分别用赞同、敌对、冷漠来形容。也就是说，顺意公众是对组织持支持和赞同态度的公众；逆意公众则与之相反；而中间公众是对组织持冷漠或不明确态度的公众。组织的公共关系工作是通过多方面沟通、协调、影响公众的态度，精心维护与顺意公众的关系，转变逆意公众的态度，尤其是要花大力气引导中间公众成为顺意公众。

7. 根据公众的稳定程度，将其划分为临时公众、周期公众、稳定公众。

8. 根据公众在其形成过程中不同阶段的特点，可将其分为非公众、潜在公众、知晓公众和行动公众。非公众是指目前与某社会组织不存在任何相互影响、相互作用的公众。潜在公众是指与某社会组织的关系处于潜伏状态的公众。知晓公众是潜在公众逻辑发展的结果。行动公众自然就是知晓公众的发展结果，当公众对社会组织的了解足够多时，就会采取积极或消极的行动。

知识结构图

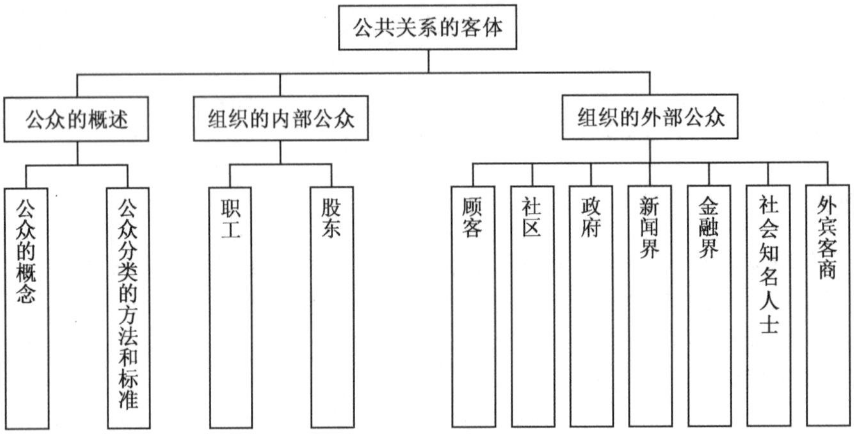

应 用

案例研究

案例一

去哪儿网借助媒体及时澄清“假保险”事件

2014 年 10 月 26 日，央视播出报道《20 元航班延误险买的竟是假保险》。根据报道，有乘客在去哪儿网上所购买的航班延误险保单号在保险公司官网上无法查到。乘客怀疑 20 元航班延误险是去哪儿网自己卖的，保费全都装进了去哪儿网的口袋。

而后央视记者调查确认，去哪儿网所售航班延误保单号均无法查询。去哪儿网方面称公司与保险公司为内部关系流程，理赔由去哪儿网负责，不用通过保险公司。而有关专家则认为，如果去哪儿网所说属实，其做法涉嫌“擅自经营保险业务”，非授权公司代理保险属于“违规”。

去哪儿网的航空意外险事件在央视一经披露，消息便在网络上开始迅速传播，引起网友的讨论和质疑，得知 20 元航班延误险是假保险的公众及消费者纷纷将矛头指向去哪儿网，对其进行了负面的评价和指责。如此种种，把去哪儿网推上了舆论的风口浪尖。

央视报道后反响强烈的公众舆论立刻引起了去哪儿网的注意。对此，去哪儿网在官方微博上很快做出了回应，表示央视播出的报道中关于去哪儿网的部分存在不实之处。去哪儿网是一家在线旅游平台，拥有合法合规的保险销售资质。去哪儿网与太平洋保险公司合作，太平洋保险公司通过去哪儿网平台销售其航空延误险，属于合法合规的保险产品。至于消费者提出购买的保险无法查询到，去哪儿网称，原因是太平洋保险网络系统发生了故障。目前，太平洋保险已经对网络故障问题展开紧急修复，并开通了紧急服务专线“4008310066”，为通过去哪儿网购买太平洋保险延误险的消费者提供咨询服务。

去哪儿网及时的官方回应给很多关注此事的人吃了一剂定心丸，打消了他们心头的疑虑。然而仅仅去哪儿网一家官方微博的回应短时间内并不足以打消该事件对社会造成的恶劣影响。

新闻媒体是企业公关最常见的“盟友”，新闻媒体作为盟友，其优势在于“时效性快、覆盖度高、权威性强和可信度高”。这时，就到了发挥新闻媒体作用的时刻了。去哪儿网的声明发出后，大量新闻媒体的官方微博转载了去哪儿网的这则声明，一时间霸占了新浪微博实时的热点和热搜榜，澄清假保险的声明在网络上铺天盖地地传播，有效遏制了假保险事件的升级，避免了对去哪儿网品牌造成更大的不利影响。

大多数时候，时间就是企业公关的敌人，公关的机会稍纵即逝，而这时新闻媒体作为最快、最可信的触及社会公众的传播渠道，充当着企业公关第三方盟友急先锋的角色。

资料来源：樊帅：《企业公共关系案例解析》，清华大学出版社 2017 年版，第 111—112 页。

问题：

1. 结合案例分析说明，去哪儿网是如何开展公关活动的。
2. 在世界知名的公司中，你还知道有哪些公司针对其公众开展过一些相关公关活动，请举例说明。

案例二

摘掉总统的乌纱帽

——“水门事件”的媒介关系

1974 年 7 月底，美国国会弹劾总统尼克松。其罪名是：“妨碍司法程序，滥用职权，蔑视国会。”8 月 8 日，尼克松被迫辞职，丢掉了头上的乌纱帽。

对于尼克松，人们记忆中最鲜明的恐怕就是两件事：尼克松访华，改善中美关系；“水门事件”丑闻曝光后被迫辞职。作为一位对人类历史曾做出杰出贡献的美国总统，为何会被迫辞职呢？这得从“水门事件”说起。

美国社会有两大政党：共和党和民主党。这两大对手的力量对比往往突出地表现在总统竞选上。对两党而言，用尽一切办法使自己的党内成员竞选为总统，无疑是至关重要的大事。

尼克松总统是共和党领袖。1972 年在总统任上时，他手下的 5 名“争取总统连任委员会”成员于 6 月 17 日假扮维修工，潜入民主党总部大厦，在主席奥布莱恩的办公室里秘密安放了窃听器，被警方当场抓获。这就是著名的“水门事件”。

丑闻被揭露后，舆论哗然，对于总统的这种不道德做法，各大媒介纷纷指责，并要求就此事展开调查。危机已经来临。面对此种情形，尼克松却采取了不明智的做法，不向公众发出任何与此事有关的信息，他认为还是“少说为妙”“人们会很快忘记这件事的”。

然而，急于得到解释的公众对白宫这种缄口不言的做法产生了激烈的抵触情绪。在此背景下，《华盛顿邮报》的两名记者穷追不舍，力图促进国会对事件的调查。

沉默的总统还想封住别人的口，他为此做了以下几件事：

1973 年年初，美国参议院成立了“水门事件调查委员会”，要求总统及其助手出面协助调查，但被尼克松拒绝了，方式是采取了“行政特权”。这一不合作的态度引起了调查委员会的极大愤慨，他们立即将这一消息向新闻媒介透露，新闻界又大肆渲染，从而使总统的形象严重受损。

尼克松命令助手开列一份反政府人士的记者名单，用“可使用的联邦机器去勒紧我们的政敌”。这种对着干的态度使得美国新闻界那些本来就爱挑刺的记者大为恼火，心中十分气愤。

在被迫向公众解释“水门事件”时，他们以“国家安全”为理由搪塞，其陈述是：“为了国家安全，我们不得不获取情报，我们不得不在机密的情况下做这件事。”

1973 年 7 月，一名总统助理证实尼克松将他办公室里的谈话都秘密录了音。最高法院决定迫使尼克松交出这 64 盘录音带，但尼克松一口回绝。当特别检察官科克斯坚持这样做时，尼克松下令首席检察长理查森解除科克斯的职务，遭到拒绝后他竟然免去了检察长的官职，副检察长拉克肖也享受了同样的“待遇”。

这种做法被披露出来之后，人们坚决要求弄清“水门事件”的真相。

在调查此事的过程中，尼克松一再指示手下用不正当手段掩盖真相，包括做伪证、收买被告使之缄默等。这些后来都被公之于众。

在舆论压力和法律压力下，尼克松的助手开始分化并提供证据。在录音带风波之后，国会终于弹劾尼克松总统。

资料来源：何春晖：《中外公关案例宝典》，浙江大学出版社 2006 年版，第 49—50 页。

问题：

1. 上述案例中，尼克松是如何处理与媒介的关系的？
2. 在处理与媒介的关系时，组织应该采取什么样的处理方式？

实验实训

1. 以所在学校为公共关系中主体，调研学校的外部公众有哪些，并评估学校的外部公众状况。

2. 搜集组织与公众关系的案例，在班上宣读并讨论。

复习思考题

1. 谈谈你对公共关系中公众概念的理解。

2. 在公共关系中，公众是如何分类的？

3. 组织的内部公众有哪些？他们的各自特征是什么？

4. 组织的外部公众有哪些？他们对组织开展公共关系会产生什么样的影响？

5. 谈谈你对顺意公众、逆意公众、中间公众的理解，并结合实际案例分析他们对于组织公共关系的重要意义。

6. 按公众在其形成过程中不同阶段的特点，公众可以怎样进行划分？此种划分对公共关系有什么重要价值？

第四章　公共关系传播媒介

学习目标

通过本章学习，你应能够：
了解传播的概念、特征及构成要素；
了解公共关系传播效果评估；
理解公共关系传播的内容与主要形式；
掌握公共关系传播的主要媒体及其选择依据。

引入案例

国货成潮的背后

2020年，中国国货迎来高光时刻，在消费市场刮起国潮旋风。

在20世纪70至90年代，回力鞋、百雀羚等一系列国货就凭借自身过硬的质量和实惠的价格，备受国人的喜爱。但随着国际品牌的大量涌入，一些曾经作为国民首选的品牌有些失色。如今，这些品牌重塑自身，焕发新生，回归消费舞台中央。

"朋友们，定好闹钟，拼人品的时刻到了！"

1月18日，球鞋收藏爱好者小白在朋友圈写下这样的话，附上的图片是最近热度最高的国产篮球鞋之一——李宁韦德之道9。

虽然这款篮球鞋目前还没有正式发售，但是从上次NBA球星亲自上脚开始，这款球鞋的热度便一直居高不下。据悉，这款全新的"李宁韦德之道9 Infinity宣告配色"，将采用抽签形式发售。谁能想到，能发售这样火爆单品的李宁公司曾面临超过30亿元人民币的巨额亏损。

1990年，"体操王子"李宁创立了自己同名的专业体育品牌公司。李宁曾经是"70后"和"80后"心中的"潮品"，但随着90后成为运动品牌消费的主流人群，李宁遭遇品牌老化质疑，销售和口碑一路下挫。在经过重塑品牌后，李宁拥抱年轻人、改革供应链、发力电商，在融入中国文化的同时加入潮流元素。终于，30岁的李宁品牌再次翻红，重新成为"国货之光"，获得了大量年轻消费者的追捧。

在2018年，李宁旗下主打运动潮流的副牌"中国李宁"在巴黎时装周上一炮而红。全新的设计风格和营销方式，让中国李宁圈粉无数。

在场内，乒乓球元素、复古运动风格、中国风的秀场布置，向世人传递出“本土的即是世界的”声音。在场外，李宁借助微博等社交媒体全方位报道整个过程，引爆了当时的社交媒体，以短短4天就破千万的文章曝光总量，引发现象级讨论事件。

当“Z世代”(即1995年至2010年出生、深受互联网影响的一代人)成为消费主力军时，他们不再盲目追求大品牌，买国货、用国货、晒国货已经成为“国潮青年”们新的日常生活方式。“守得住经典、当得了网红”的国货新潮流产品，让他们直呼“真香”“想买”。

资料来源：贾璇：《国潮复兴，国货崛起 这届年轻人就是爱国货》，《中国经济周刊》2021年第2期，第24—25页。

公共关系主要是利用媒介传播的手段，通过组织与公众之间双向的交流与沟通，达到塑造组织形象的目的。所以公共关系活动实际上就是社会组织利用媒介传播达到塑造形象的过程。

第一节　公共关系媒介传播的内容与形式

一、传播的概念与特征

（一）“传播”的概念

“传播”一词的英文是Communication，《牛津字典》的解释是：“借着语言、文字或形象，获得观念、知识等的分享、传送或交换。”《大英百科全书》解释为：“若干人或者一群人相互交换信息的行为。”传播学中所说的“传播”主要是指人类社会中，在个人或群体中发生的流通、共享或扩散信息的行为过程。从本质上讲，传播是传递、输送、沟通、交流信息的意思，同时它还包含分享信息的含义。综合以上论述，我们可以将“传播”概括如下：促进传者与受者之间信息的双向交流与共享的过程，即个人与个人之间、集体与集体之间或个人与集体之间交换、传递、共享信息的过程。

社会组织的目标能否达到，很大程度上取决于其公众分享信息的有效程度。公共关系传播是指一个社会组织为了提高自身的知名度、美誉度、信誉度，借助一定的传播媒介方式，向公众传递与交流信息或观点。

（二）传播的特征

1. 社会性

传播是人类社会维持社会生活的一种最常见、最基本的社会行为，没有传播，就形不成社会；同时传播又是一定社会关系的体现，传受双方表述动机、内容和采用的姿态、措辞等，无不反映各自的社会角色和地位。

2. 共享性

传播的意义在于与传播对象共享信息，通过传播将个人或少数人掌握的信息化为更多人共有的信息，使传受双方达成某种程度的一致。

3. 符号性

传播者将要表达的意思转换成语言、文字、音响、图画、表情、动作等符号；信息的接受者对传递来的符号进行还原，了解信息内容。这就要求传播的符号要双方都能理解。

4. 互动性

信息通常是在传者与受者之间传播，传者处于主动地位，但受者可以通过信息反馈影响传者。任何一种传播都是双向交流，纯单项的传播没有任何意义。

二、传播的构成要素

1. 信源，即传播者。传播者既可以是某个个体，也可以是某个群体或某个社会组织。传播者是信息发出的源头，称为信源。

2. 信息，即传播的内容。信息是指人们需要表达、传递的意识和行动，它可以是语言文字信息，如情报、消息、数据等，也可以是非语言文字信息，如观念、态度、动作、表情等。

3. 编码，即传播信息的设计过程。传播者根据传播对象的特点，在不违背法律和道德准则的前提下，科学合理地编排信息，便于传播对象的接受与正确理解。

4. 媒介，即传播的渠道，又称信道。即在传播过程中用以记录、保存、传递信息的载体和渠道，是信息传播的中介和途径，媒介和信息密不可分。

5. 受众，即受传者，又称信宿。受传者既可以是某个个体，也可以是某个群体或某个社会组织。受众得到信息后，会根据自身的理解产生反应。

6. 译码，即受传者对信息的理解过程。受传者收到信息后，将信息译成自己理解的内容，受传者的译码能力取决于自身的受教育程度，以及是否具有相应的文化和生活背景。

7. 噪声，即附加在所传递的信息上对所传递信息的真实性产生破坏的一种信号。噪声会使信息在传递过程中失真，受众会因噪声对信息产生错误的解释而影响信息的传播效果。

8. 共同经验范围，即传播者与受传者之间的共同经验。在传播过程中，传播者总是根据自己的经验编码，而受传者总是根据自己的经验译码，若两者的共同经验范围越大，则传播效果越好。

9. 反馈，即受传者的反应。受传者根据自己的经验和理解译码后，会产生相应的反应，发出反馈是受传者能动性的反应。反馈既能反映传播者的信息传播效果，又能影响传播者的态度和继续传播活动。

10. 环境，即影响传播的外在构成要素，包括政治环境、经济环境、文化环境、地理环境、人口环境、区域环境等。一切传播活动都是在一定的环境下进行的，其传播效果直接受环境影响。

三、公共关系传播的内容

公共关系传播的内容是多方面的。凡是从根本上有利于提高本组织知名度和美誉度，树立良好的组织形象和创造“人和”的有关信息，都是公共关系传播的内容，根据组织发展各个不同时期的特点，公共关系传播的内容大体包括如下几个方面：

（一）传播本组织解决问题和困难的情况

任何组织的发展都不可能是一帆风顺的，在其发展过程中总要出现和遇到这样或那样的问题和困难。这些问题和困难往往会影响组织与公众的关系，招致公众对组织的不理解、不支持、不合作，使组织无法顺利开展工作，使组织的形象蒙上阴影。在这种情况下，组织的领导者和公共关系人员要沉着冷静，不要向内外公众掩饰存在的问题和困难。要运用传播手段，向公众说明问题和困难产生的原因、目前所采取的措施和解决问题的步骤等，使公众树立起对本组织的信心；否则，内部公众和外部公众都会因不了解情况或误解而对组织失去信心和信任。

微型案例　支付宝的“校园日记”和“白领日记”

2016 年 11 月 27 日，支付宝发布了新版本，并悄悄上线了一个叫“圈子”的新功能，有不少用户上传了大尺度照片，照片出现在“白领日记”和“校园日记”两个圈子中，一时之间火爆全国。这两个圈子仅限女大学生和女白领用户发布状态，男性用户只能点赞或打赏，如果想评论，那么芝麻信用分必须达到750分以上。芝麻信用大于或等于750分意味着“有钱”“多金”。事情到这里，似乎都有点变质了。央视评论称，隐隐之中，一股暧昧低俗之气在流淌。支付宝“生活圈”功能的上线迅速在社交网络上蔓延，更多的却是质疑。

2016年11月28日，支付宝“校园日记”事件继续发酵，而媒体报道数量呈爆炸性增长。远在美国出差的支付宝母公司蚂蚁金服的董事长彭蕾于11月29日发布了内部信予以回应，并在内网发帖：自己做错的事，永远不要怪别人！随后，支付宝微博、微信也同步发出了道歉信《错了就是错了》，态度诚恳。

资料来源：《年终盘点：2016十大危机公关事件，看看谁上榜了！》，梅花网，https://www.meihua.info/a/68495，2016年12月29日，略有删改。

（二）传播本组织取得的新成果

当组织进入正常发展阶段时，保持、巩固和进一步扩大组织在公众中的良好影响，对于组织今后的发展是极为重要的。公共关系人员要把本组织取得的新成绩、新成果或增设的新设备、新产品、新工艺和新的服务项目、服务方式等方面的情况及时传播给社会公众，这样才能保持和加强组织对公众的特别影响，从而取得社会公众对组织的进一步了解、支持和合作。

（三）传播本组织的独特风格和特有形象

公共关系传播本组织独特风格和特有形象的内容，主要表现在组织的创建时期。因为一个组织刚创建，它在社会公众心目中还是一片空白。为使本组织在创建初期就能给社会公众产生信任感，公共关系人员必须在本组织独特风格和特有形象方面下功夫。就企业而言，不仅要使自己企业和产品的命名，商标、广告的制作，门面的装修等独具特色，而且传播手段也要不同凡响，要善于造声势、先声夺人，让企业的独特形象初步树立于公众心目中。

微型案例　中国数字冰雪运动会

中国数字冰雪运动会由国家体育总局冬季运动管理中心、中国冰雪大会组委会主办，数字冰雪（北京）科技有限公司承办，是中国首个以冰雪加电竞为内容，线上线下同时进行的国家级运动会。

国家号召与全球电竞浪潮推动构成传统体育与电竞结合的大趋势背景。

在习近平总书记提出“带动三亿人参与冰雪运动”的总号召下，国家体育总局冬季运动管理中心联合中国冰雪大会组委会，共同开展线上线下相结合的冰雪赛事活动，以冰雪题材电子竞技结合线下冰雪赛事，推动冰雪运动在更大范围内普及。

2019年中国电竞市场规模为1 000亿元，新冠疫情之后全球电竞观众暴增。传统体育与电竞一次标志性的牵手是2018年雅加达亚运会。

2022年冬奥会进入倒计时，其对经济的影响力更加凸显。中国数字冰雪运动会打造“中国冰雪第一IP”，将与各个领域的品牌联合布局冬奥会，搭载最好的冬奥会活动平台，展现最优质的资源。

项目团队从开幕式起就布局了全矩阵媒体传播，超过40家主流媒体全赛季持续报道。媒体阵营包括国家级电视媒体、地方电视台、新媒体门户网站、直播平台、社交网站、官方微博、公众号等，从线上海选，校园联赛、区域赛，每一个节点的内容素材输出、包装制作、宣传都在全媒体平台同步。区域赛活动当天媒体数据为：每场超过 20 家媒体在现场采访报道；线下超 1 500 人到达现场参与活动；线上活动当地覆盖受众 20 万人；全国触达受众 1 000 万人以上。

9 月广州站、10 月无锡站、11 月成都站、12 月哈尔滨站。在 2021 年 3 月的总决赛全面释放项目品牌赋能、传播影响力、资源整合力。中国数字冰雪运动会成为 2021—2022 年度冬奥主题极具影响力、极高规格、极具创意的体育电竞赛事，是企业进入冬奥宣传阵列的最佳平台资源。

自项目开展以来，迅速刮起冰雪电竞热潮，在媒体上多次引爆话题热点，“冰雪＋电竞”“数字冰雪”“冰雪下江南”“热雪沸腾”“雪战巅峰”等关键词持续成为热搜。广州站单站新闻稿转发媒体达到 80 家，百度收录超过 200 篇，现场直播在线人数超 100 万人，网络传播总量超过 1 000 万次。活动现场邀请电竞类、体育类 KOL 直播，直播间最高在线观看记录达到 20 万人次。

广州站之后，64 位晋级选手都进行了社交传播分享，在《极限巅峰》游戏圈内引发观赛、参赛热潮。冠、亚、季军发出邀战视频，喊话总决赛 PK（对决），争夺百万元奖金，更助推激战氛围。

项目不断产出优质的原创内容，热度快速上升形成 IP 效应。其与媒体建立起内容和传播渠道的互惠合作，在客户端构成资源型平台，受到越来越多客户的青睐，合作伙伴数量平稳上升。

资料来源：金旗奖编委会：《2020 最具公众影响力公共关系案例集》，中国财富出版社有限公司 2021 年版，第 141—143 页，有删改。

（四）传播本组织形象受到损害的真相及所采取的措施

一般来说，组织形象受到损害，通常有以下几方面原因：

1. 公众误解

因公众误解致使组织形象受到损害时，公共关系工作的传播内容就应侧重于说明真实情况，解释公众的误解。

2. 他人陷害

由于他人陷害原因使组织形象受到损害时，公共关系的传播内容应侧重于澄清事实真相，揭露他人陷害，并提醒社会公众不要继续受骗。

3. 自身工作

由于自己工作失误而导致公众利益受损时，组织形象必然受到影响。公共关系工作的传播内容应本着实事求是、有错必纠的态度，坦率地检讨本组织的过失，并将采取的改进补救措施、整顿情况及时向社会公众说明，求得公众的谅解，以帮助组织重振声誉。

微型案例　星巴克声明中美价格差异不基于同一维度比较

目前，媒体曝光星巴克咖啡“暴利”。以北京星巴克为例：咖啡豆 1.6 元＋牛奶 2 元＋一次性用品 1 元＝4.6 元，每杯 354 毫升的星巴克拿铁物料成本不足 5 元，国内售价 27 元。相比之下，同样的一杯咖啡，伦敦售价是 24.25 元，芝加哥售价是 19.98 元，孟买售价则只有14.6元。

“星巴克中国”官方网站对此做出公开声明，声明全文如下。

亲爱的中国顾客们：

近期我们注意到了媒体对于星巴克定价的相关报道，星巴克公司对此非常重视，并希望在此和大家沟通。

秉承星巴克一贯的价值理念，自1999年进入中国市场以来，我们始终致力于在赢利和社会良知之间取得平衡。

星巴克专注于向顾客提供全方位的体验，并带来卓越的价值。在中国，星巴克不断投入产品研发创新；同时提升门店的设计，使每家星巴克门店都成为独一无二的“第三空间”；并投入大量资源，如成立“星巴克中国大学”来培训和提升我们的星级咖啡师，保持我们与顾客之间的感情连接，并满足顾客和当地社区不断变化的需求。这些都是星巴克提供给顾客的价值所在。

与其他国家和地区相比，星巴克在中国市场的运营成本和市场动因是完全不同的。因此，对比星巴克在中美市场的价格差异并不是一个基于同一维度的比较。星巴克在全球各个国家的定价策略都是长期的，并且是根据不同产品及不同市场的具体情况，以及各种运营成本的动态变化而综合考虑、评估和制定的。

在此，我们衷心感谢中国消费者对星巴克的长期支持与认可。未来我们将继续努力，关注消费者的需求，以此为基础不断提升，向大家提供全方位的星巴克体验。在倾心提升顾客的体验和价值的同时，我们也将继续致力于星巴克伙伴（员工）的职业发展与成长，并积极回馈当地社会，努力成为社区的好公民。

星巴克中国

2013年10月21日

资料来源：陈丽清等：《公共关系学》，电子工业出版社2014年版，第80—81页。

四、公共关系传播的形式

公共关系作为一种传播行为，为有效达成组织与公众的沟通，必须运用各种不同的传播方式。因此，了解各种传播形式及其特点，有助于完整地理解公共关系的传播活动。

（一）自我传播

自我传播又称个体自身传播，指的是个人接受外部信息进行自我信息处理的活动。传递信息的主体和接收信息的客体是同一个体，交流沟通的“双方”是同一个人，是自己与自己的沟通，其表现形式是人的自言自语、自我反省、自我发泄、自我陶醉、自我斗争和沉思默想等。善于自身传播的个体，在事情发生时能做到有所准备、反应敏锐、应对自如；在困难和挫折面前能做到泰然自若、心理平衡。自我传播是人类一切传播的基础。自我交流活跃，在人际交往中就比较敏锐，反应迅速。自我心理平衡，就能形成和谐的外界关系，在遇到困难和挫折时也能泰然处之；反之，就难以适应多变的外界环境，无法抵御来自各方面的压力和挫折。

（二）人际传播

人际传播是个体与个体之间直接的信息传播与交流。它是一种最常见、最广泛的传播方式。人际传播内容丰富，既包括信息的交流，也包括情感的沟通。人际传播形式多样，但大致分两种：一种是面对面的传播，另一种是借助某种有形的物质媒介的传播。前者一般通过语言、表情、手势等直接沟通，能立即得到反馈；后者一般通过书信、电话、网络等媒介沟通。

人际传播，特别是面对面的人际传播，具有以下重要特点：

(1)传播方式随意。人际传播的对象特定、范围狭窄、社会影响力小，因而在人际传播时，传受双方承受着较小的心理压力，在信息的内容选择和信息符号的编码上可以比较随意。因此，这种传播方式是丰富多彩的，可以是严肃的主题，可以是轻松的话题，也可以是毫无意义的调侃。尤其是在较小的心理压力下，双方可以交流甚至深入探讨一些不易在公众场合传播的内容，最终达成某种默契或一致，这种传播效果在其他传播方式中是很难达到的。

(2)信息反馈灵敏。人际传播反馈快捷，基本上可以做到实时反馈。人际传播反馈细致，由于这种传播的反馈是在特定情境氛围中获得的，因此比一般的传播方式能得到更多、更为精确的反馈信息。传受双方均可以通过对方的反应修改、补充传播内容或改变传播方式，这无疑大大提高了双方达成一致的可能性。

(3)传播符号多样。人际传播是真正意义上的"多媒体"传播。人际传播所使用的符号多样化，除语言、文字、图像、音乐外，还通过表情、眼神、动作、姿态、服饰等多种渠道或手段传递信息，甚至特定的时间和空间也能成为一定的信息符号。传播符号的多样性使得人际传播具有较强的表现力，成为一种高质量的传播方式。

(4)信息沟通情感。人际传播不仅可以交流信息，而且可以沟通情感。个人感情的沟通一般随着对象的增加而递减，个人交往场合比在公众场合沟通感情的效果更明显。这就是组织与公众的关系不能完全取代人际关系，公共关系必须广泛使用人际传播的原因。

(5)传播面窄、容易失真。个体之间的传播面狭窄，不利于信息迅速、广泛地传播，加上传受双方受各自见识、态度和情绪等因素的影响，容易使信息在多次传播中失误。

(三)公众传播

公众传播是指传播主体面向相对集中、人数较多的公众群体的传播。如大型集会上向公众演讲、大型的演出和竞赛活动、展览会、庆典活动等。其特点为：

(1)面对相对集中、规模较大的公众群体。公众传播涉及比较广泛的公众层，公众因参与同一活动而聚集于同一现场。

(2)传播者与公众大规模的现场参与。依据传播的一般规律，传播的对象越多，受众的参与性就越低。但由于公众传播是在一个特定的现场、围绕一个特定主题的大规模传播活动，传播者经过精心策划、周密组织激发公众的参与热情，加上规模庞大的现场公众队伍聚集了极强的人气，公众的情绪彼此激励、互相感染，会形成热烈的现场气氛，给公众留下深刻的印象。

(3)多媒体的综合使用。公众传播由于是在特定的现场中进行的，故为多种媒体的使用带来了方便。事实上，为了达到良好的传播效果，公众传播总是力求同时运用多种媒体。例如，展览会上有产品实物、文字介绍、录音录像、电脑触摸屏；大型文艺晚会有服装、舞美、灯光、音响等。与人际传播的多媒体不同，公众传播运用的各种媒体大多是先进的、专业的、高档的设备，无疑大幅提高了传播信息的表现力。

(四)组织传播

组织传播是指组织所从事的信息活动，包括组织内部个人与个人、团体与团体、部门与部门、组织与其成员的传播活动以及组织与相关的外部环境之间的交流沟通活动。组织传播既是保障组织内部正常运行的信息纽带，也是组织作为一个整体与外部环境保持互动的信息桥梁。组织传播的特点如下：

(1)传播的主体是组织而不是个人。传播的目的是为了保持组织的高效率,传播活动受组织目标和计划的制约,整个传播过程处于组织的管理和控制之下。组织传播主体的组织性并不意味着只能以组织机构的名义传播,有时组织传播是通过个人或以个人的名义进行的,但此时个人的传播活动不代表自己而代表组织,是组织传播的一个组成部分。

(2)组织内部正式传播的层次性和有序性。组织内部传播主要有自上而下的下行传播、自下而上的上行传播和同级部门成员之间的横向传播。组织内部传播的层次性和有序性保证了组织系统运行的效率,但过多不合理的层次可能会导致信息的衰减和失真。

(3)组织内部非正式传播的自由性和平等性。组织非正式传播是指在组织的制度性结构以外的传播。非正式传播能弥补正式传播的不足,在组织内部营造积极、健康、活泼的人文环境,提高成员的向心力。

(4)组织外部传播的公众性和大众性。组织外部的传播对象远比人际传播更为复杂和庞大。组织外部传播的公众对象多、构成复杂,有近距离的沟通,也有远距离的沟通;有相对集中的公众,也有高度分散的公众。因此,组织往往需要借助大众传播媒介传播。

(5)传播手段的综合性。组织传播对象是广泛的公众,在传播活动中必须综合运用人际传播、公众传播、大众传播等多种方式。单一的传播方式和媒介是不能胜任组织传播任务的。

(五)大众传播

大众传播是指专业化的媒介组织运用报纸、杂志、广播、电视、网络等大众传播媒介,以非特定的多数人为传播对象的大规模的信息生成和传播活动。大众传播的特点如下：

(1)传播内容的大众化。大众传播的对象是“受众”,任何人无论其性别、年龄、社会地位、职业、文化层次如何,只要他接触大众传播的信息,便是受众的一员。受众的广泛性,意味着大众传播是以满足社会上大多数人的信息需求为目的的大面积传播活动,也意味着它具有跨阶层、跨群体的广泛社会影响。

(2)传播主体的职业化。大众传播的传播者是从事信息生产和传播的专业化媒介组织,包括报社、出版社、广播电台、电视台以及以大量发行为目的的音乐、影像制作公司。

(3)传播手段的技术化和产业化。大众传播借助现代印刷、摄影、电话、卫星通信、互联网络等高新技术大量复制信息,能迅速大范围地传播,成为现代信息产业的主要部分。

(4)信息反馈的间接性。大众传播属于单向性很强的传播活动,互动机制较弱。尽管受众可以通过读者来信、热线电话等形式反馈媒介信息,但这种反馈大多是事后的,缺乏即时性和直接性。

第二节　公共关系传播媒介选择与效果

媒介作为沟通传播主体与传播对象的桥梁,在传播系统中是非常重要的环节。在传播媒介日益丰富的现代社会,选择哪种媒介、什么地方的媒介、在什么时候使用媒介,对于最终形成什么样的传播效果起到关键性作用,媒介选择的错误便意味着信息传播的根本失误。我们依据媒介的发展演变,将人类传播划分为口头传播、文字传播、印刷传播和电子传播等不同时期。而了解媒介特点、熟悉媒介作用是组织公共关系工作的基本要求。

一、人际传播媒介

以个体对个体信息交流为主要特征的人际传播是公共关系传播中最常见、最广泛的一种传播方式，而且其他的传播活动中也渗透着人际传播的内容，离不开人的接触。通过人际传播与交流创造的良好人际关系环境，是顺利开展其他传播活动的必要前提。人际传播的媒介包括以下几个方面。

（一）口头语言媒介

语言是面对面人际传播的主要信息载体，是人类信息、情感交流、实现交际目标的最基本工具。公共关系活动中公共关系人员的大量日常和专业的工作都离不开语言的运用。正因为如此，口头表达能力是职业公共关系人员必备的能力素质之一。在人际传播中，要实现交际目标，达到与公众的沟通，除了注意发音、遣词造句、正确使用语言工具外，还要讲究说话的艺术、方法和技巧，特别是要根据不同谈话对象的特点灵活地运用。

微型案例　周恩来总理答记者问的语言艺术

一名西方记者B不怀好意地问周恩来总理："在你们中国，明明是人走的路为什么却要叫'马路'呢？"周总理不假思索地答道："我们走的是马克思主义道路，简称马路。"

美国代表团访华时，曾有一名记者C当着周总理的面说："中国人很喜欢低着头走路，而我们美国人却总是抬着头走路。"此语一出，话惊四座。周总理不慌不忙、脸带微笑地说："这并不奇怪。因为我们中国人喜欢走上坡路，而你们美国人喜欢走下坡路。"

一名美国记者D在采访周总理的过程中，无意中看到总理桌子上有一支美国产的派克钢笔。那记者便以带有几分讥讽的口吻问道："请问总理阁下，你们堂堂的中国人，为什么还要用我们美国产的钢笔呢？"周总理听后，风趣地说："谈起这支钢笔，说来话长，这是一位朝鲜朋友的抗美战利品，他作为礼物赠送给我。我无功受禄，就拒收。朝鲜朋友说，留下做个纪念吧。我觉得有意义，就留下了这支贵国的钢笔。"美国记者一听，顿时哑口无言。

一名西方记者E说："请问，中国人民银行有多少资金？"周恩来委婉地说："中国人民银行的货币资金嘛，有18元8角8分。"当他看到众人不解的样子，又解释说："中国人民银行发行的面额为10元、5元、2元、1元、5角、2角、1角、5分、2分、1分的10种主辅人民币，合计18元8角8分……"

资料来源：龙志鹤：《公关案例选粹与评析》，经济管理出版社2011年版，第100页。

（二）非语言媒介

在一些特殊的场合，非语言媒介在信息传播中更真实，更可靠，更具表现力、感染力、吸引力。在具体的公关活动中，一切非语言媒介都可以作为沟通的手段。

1. 体态语言

体态语言是靠人的动作、姿态、体态、表情等传递信息的一种无声的语言。它在人际传播中发挥着十分重要的作用，是每一个传播者都不可缺少的传播工具。公共关系人员如果能熟练掌握和运用，不仅可以恰到好处地表达，而且能够准确无误地理解交往对象传递出的所有信息，这样就可以始终把握交往的主动权，促使交往的成功。

2. 辅助语言和类语言

辅助语言是指说话过程中的音量、音质、声调、语速等要素，是语言表达的一部分，对语言表达起辅助作用。类语言是指有声无义的功能性发声，如哭声、笑声、叹息等。在公共关系语言交际中，辅助语和类语言是伴随口语表达的一种特殊语言现象，它的巧妙运用和正确读解，对于增强表达效果、准确获取信息、实现双向沟通，有着非常重要的意义。

3. 空间距离语言

这是通过人在交往中所处的距离、位置传递信息的一种无声语言。人际传播中，交往双方所处的位置和距离反映了双方现时关系的状态和进一步发展的趋势。公共关系人员应对此有所了解并正确运用，根据交往的场合和交往对象的特点，正确地选择自己的位置和把握恰当的人际距离。

二、群体传播媒介

群体传播是指按照一定的聚集方式，在一定场合所进行的信息传播。演讲会、报告会、新闻发布会、展览、大型文体活动等群体传播综合运用了各种传播媒介，主要包括以下几种。

（一）语言媒介

在群体传播中有许多场合需要传播者充分发挥语言艺术的魅力，在准确传达组织信息的同时，充分展现自身形象和组织的精神风貌。

(1)演讲、报告。即通过演讲或报告者资料翔实、逻辑严密、情绪激昂的表现，感染、说服和影响听众。其传播效果与传播者个人的表现有直接的关系。

(2)会见、谈判。会见属于礼节性沟通，一般是互致问候和祝愿，遇到分歧时双方各自表达自己的原则和立场，不争论。谈判即就具体问题进行磋商，通过双方的妥协达成一致。

(3)座谈。即由主持人代表组织听取与会者意见、发表组织观点，参与者有较多平等地发表观点的机会，特别适合双方的信息沟通、情感交流和达成谅解。

（二）文字媒介

文字媒介主要是指群体传播中运用的各类印刷品，如用于新闻发布会上散发的新闻稿和新闻背景材料；用于展览会、展销会上的产品介绍、文字说明及其他宣传材料；在其他场合，用于向广大公众赠送和分发的文字材料。

(1)公共关系报刊。这是有条件的组织自主出版、定期不公开发行、免费赠送的内部报纸和刊物。

(2)宣传手册。组织为配合特定主题编制的宣传资料。其与内部报刊的区别在于：不定期印刷，宣传主旨单一明确，通常用于组织的对外宣传。

(3)宣传材料。即组织为宣传企业形象、产品或服务特色而印制的宣传品，如产品简介、产品报价单、促销宣传品、邮寄广告等。

(4)海报、购买现场宣传品。即配合某一活动主题制作的宣传海报、横幅、彩旗、悬置品或不干胶宣传品等。

小资料

企业宣传册设计制作的目的

宣传册是企业重要的宣传载体之一，一般常见的有企业形象宣传册、企业产品宣传册、企业服务宣传册、企业招商宣传册、企业周年宣传画册等。

那企业设计制作宣传册的目的何在？

(1)展示企业实力

宣传册的种类相对来说是比较丰富的，不管企业所推出的宣传册属于哪种类型，里面的内容都是对企业某一部分的文字或图画阐述，这种方式就是对企业内容的一种输出。一般来说，这种企业文化、企业内容的输出是企业实力的展现，尤其是产品、服务、荣誉以及专利等方面的内容呈现，更能让人了解企业实力，增加大众的信赖感。

(2)提高企业知名度

宣传册的本质就是宣传，对于企业而言，它不仅是用于展现企业实力的一本册子，更是吸引公众的主要传播方式。当更多的公众看到了这本画册，了解了这家企业后，企业的知名度就会得到一定的提升，这对于产品的销售，以及企业在市场上的影响力都是有一定提升作用的。

(3)树立良好形象

当企业拥有良好的企业形象时，便能让消费者对其产生好感和信任。当大多数人都说企业很好的情况下，就会加深消费者对于该企业的印象，进而购买其产品。好的形象更易于帮助企业树立良好的口碑。

资料来源：某文化传媒公司：《企业宣传设计制作的目的何在》，https://baijiahao.baidu.com/s?id=1693473557776177618&wfr=spider&for=pc，2021年3月6日，有删改。

(三)视听类媒介

视听类媒介是指用于展览、展销、会议等传播活动中的视听类媒介，主要包括以下几种。

(1)图片资料。多用于展览中的宣传图片和附图的宣传材料上，可以向公众提供真实的形象资料，加深公众的印象。

(2)幻灯片。通过幻灯机放映出的幻灯画面比单纯静止的图片展示效果更好。它主要用于会议或演讲中的文字、图表显示、展览会上有关内容的重点介绍和连续展示、产品功能介绍及所提供服务的详尽说明等。

(3)短视频或录像片。短视频或录像片兼有录音、幻灯、图片的许多优点，是传播信息中比较理想的一种方式。它多用于展览、参观、会议、产品介绍和服务说明，能使这些宣传活动更富有生机，更具有吸引力和感染力。

(四)实物媒介

实物媒介主要是指用于展览、赠送的产品样品、产品或企业建筑微缩模型等。这些用于特殊场合的样品、模型、象征物上凝聚着组织的各类信息，展现着产品和组织的形象，它们实际上充当了组织对外传递信息、沟通与公众联系的特殊媒介。

(1)产品和模型。在企业公共关系或营销活动中，产品本身就构成一种可信度较高的信息载体，通过质量、性能、外观、商标、包装等能全面、直观地传递出产品最实在可靠的信息。因此，产品作为传播媒介，被广泛用于展览会、订货会和赞助活动。

(2)公关礼品。即用于加强组织与公众情感交流的实物宣传品。

(五)组织形象标识系列

组织形象标识由标准字、标准色及特殊图形或吉祥物构成，如可口可乐飘逸洒脱的红底白字、海尔公司的大眼睛儿童等，主要用于增强对公众的视觉冲击，便于形成统一的、特色鲜明的视觉形象，以区别于其他组织和产品。它可以广泛用于产品外观、产品包装、广告宣传、办公用品、交通工具、员工服饰等。

微型案例　江苏镇江启动“规范外文标识 提升城市形象”系列公益活动

2021年7月8日，镇江市“规范外文标识 提升城市形象”系列公益活动启动，“镇江市公共场所外文标识规范小程序”上线运行。

近年来，在镇江工作、学习、生活的外国人越来越多。城市的国际化水平得到了不断提升，但城市公共场所的外文标识还不够规范，这在一定程度上影响了城市对外开放的形象。为解决这一问题，镇江市外办决定联合各相关部门在全市范围内开展“规范外文标识 提升城市形象”系列公益活动，此项活动将一直延续到年底。

据介绍，“镇江公共场所外文标识规范小程序”有多个入口，可分别通过镇江市“镇合意”App、镇江外事微信公众号和微信扫码等途径进入小程序。镇江市民发现不规范外文标识后，可通过该小程序随手拍照，及时上传，帮助相关单位和部门第一时间发现问题。

为了鼓励市民参与，镇江市外办每月将会评选出“随手拍达人”，并且给予一定奖励。

此外，《镇江市公共场所标识外文译写指导手册》将于今年9月份正式出台，有英文、日文、韩文三个版本，里面收录了1 500多条常用标识的外文翻译范例，涵盖道路交通、文化旅游、教育、体育、医疗卫生和邮政电信等多个领域，为规范外文标识活动提供参考。

本次公益活动还召集了以高校学生、酒店及景区工作人员为代表的外文规范标识志愿者，他们将赴相关公共场所集中走访，推广“公共场所外文标识规范小程序”。同时，还提供现场翻译和校对服务。来自丹麦的江苏大学留学生沈佩妮欣喜地表示，自己既是这个公益活动的参与者，也是受益者，“在镇江生活了3年，相信以后在镇江生活更方便、更亲切”。

资料来源：https://xw.qq.com/cmsid/20210709A04Y8P00，2021年7月8日，有删改。

三、大众传播媒介

大众传播是公共关系传播中最主要的传播途径，大众传播媒介也是公共关系传播中运用频率最高的媒介。

(一)印刷类大众传播媒介

印刷媒介是指借助印刷技术，以文字、图片等形式将信息印刷在纸张上传播的报纸、杂志和书籍。

1. 印刷媒介的优点

(1)印刷媒介的信息容量大，可不受时间、版面的限制，充分容纳和处理信息内容，增强报道的广度和深度。

(2)印刷媒介能使公众有充分的选择自由。由于印刷媒介属平面媒介,不受时间和接收顺序的限制,因此,读者可根据需要和兴趣自己掌握阅读的顺序和速度,有主动的选择权和取舍权,而且便于读者保存、检索和重复使用。

(3)印刷媒介相对成本较低,无须专门的接收设备,普及性强,影响力大。

2. 印刷媒介的缺点

(1)传播速度相对慢,时效性低。尽管印刷类媒介不断运用最新传播技术试图弥补这一缺陷,但因文字出版有个写作、编辑、印刷、传输的过程,加上受出版周期的限制,与电子类媒介的“现场直播”速度相比较慢。

(2)缺乏形象性。印刷类媒介采用的信息符号主要是文字、图画和色彩,缺乏直观性、形象性和生动性。

(3)对读者要求高。印刷媒介对受众有一定文化水平的要求,因文字是一种需经过长期教育后才能破译的信息符号,没有文化或文化水平低的人无法从此类媒介中获得信息。同时,由于交通运输等客观条件的限制,它还不能覆盖社会的整个人群。

(二)电子类大众传播媒介

电子类大众传媒主要是指依靠电子技术,以电波或电缆、光缆来传播声音、文字、图像、色彩,运用专门的电器设备发送和接收信息的广播、电视、新媒体等。

1. 广播

广播是指通过无线电波或导线传送声音符号,供公众收听的传播媒介。在我国,无线收音机和有线广播喇叭的普及率都很高。

广播传媒的优势表现在:

(1)传播迅速、传播面广。广播节目制作较电视和印刷媒体简单,传播速度快,其短波频率可做远距离的无线传播,因而信号覆盖面广。

(2)适应面广,老少皆宜,受众不受文化水平限制。广播使用口语、音响传播,形象生动、亲切随和,有较强的说服力和感染力。

(3)接收方便灵活、无独占性。广播接收设备(收音机)体积小巧,利用无线传播,接收信息不受空间环境限制,人们可以一边工作一边收听广播。

(4)成本低廉,与受众的交流性强。由于制作简便,加上广播的发送和接收设备简单,因此,广播的运作成本比电视要低得多,这就使广播与受众的交流增强。

广播也有局限性,表现在:

(1)听众接收的信息受广播电台编排的节目次序限制,听众只能按顺序接收,不能自由选择接收。

(2)广播所呈现的只是语言和音响,没有文字和图画,这就限制了广播信息的表现力,使其不适宜表现复杂的、难以理解的信息内容。

(3)信息稍纵即逝,不能重复,不便于保存。

2. 电视

电视是用电子技术传递活动图像的传播媒介。电视是我国发展最快、影响最大的大众传播媒介,也是公共关系传播的最重要手段之一。

电视的优势在于:

(1)电视综合了语言、文字、音响、图像、色彩符号等,是视听结合的新媒介,形象生动、丰富多彩,信息的表现力和现场感极强,信息接收不受文化程度的影响,具有很强的普及性。因此,其受众队伍庞大,覆盖了社会的各个群体。

(2)信息传播迅速,尤其是“现场直播”形式,做到了与事件的发生同步传播。

(3)电视的娱乐性最强。

但是,电视的局限性也是十分明显的。

(1)与广播一样,观众只能按照电视台编排好的节目顺序依次接收,缺乏主动性。

(2)电视节目制作耗资巨大,制作、播放和接收成本较高。电视观众构成复杂,不宜做受众针对性强的宣传。

微型案例 从《舌尖上的中国》《白鹿原》到《装台》,电视节目带火陕西美食

2012年,为了让国民得知粮食的来之不易,央视特意制作了各地的美食节目,节目中讲述了食物的来之不易,没想到却带火了全国各地的美食。这部纪录片,从原材料到最终上桌,几乎原原本本展现了出来。很多人都管这部纪录片叫“吃货宝典”,这也勾起了很多人的食欲,其中陕西面食油泼面也走进了很多人的记忆当中。

陕西面食在全国屈指可数,陕西人对面食的狂热更是很多地区无法比拟的。在陕西的各大城市,面馆随处可见,甚至因为面馆太多,形成了面馆一条街的景象。就在《舌尖上的中国》油泼面的余热还未散去,2017年由张嘉译主演的电视剧《白鹿原》在江苏和安徽卫视首播。

在剧中,张嘉译蹲在地上,手捧一碗热腾腾的油泼面,吃的时候还发出吱吱的声音,打动了很多影迷的味蕾。就在看完这个镜头之后,别说外地的朋友,就连我地地道道的陕西人,也被朋友拉出去吃了一碗油泼面,那时间很多人发朋友圈似乎都离不开“油泼面”这道美食。

如果说《舌尖上的中国》和《白鹿原》只是带火了油泼面,那么电视剧《装台》可以说是带火了整个陕西美食。电视剧刚开始时的油泼面、胡辣汤、锅贴、油饼、肉夹馍,妥妥地给陕西美食又做了一次免费广告,《装台》和《白鹿原》的总播放量超过了70亿,陕西美食想不火也难。

资料来源:https://baijiahao.baidu.com/s? id=1692191888917163503&wfr=spider&for=pc,2021年2月20日。

3. 新媒体

新媒体(new media)是一个相对的概念,是报刊、广播、电视等传统媒体以后发展起来的新的媒体形态,包括网络媒体、手机媒体、数字电视等。新媒体亦是一个宽泛的概念,即利用数字技术、网络技术,通过互联网、宽带局域网、无线通信网、卫星等渠道,以及电脑、手机、数字电视机等终端,向用户提供信息和娱乐服务的传播形态。严格地说,新媒体应该称为数字化新媒体。

微型案例 小微博,大危机

随着微博的诞生与流行,越来越多的社会性组织纷纷开设微博进行公关。微博虽小,其杀伤力却不可小觑。最近一则《安利产品大揭秘》的微博火了,其直指安利VC片来自石药集团,“原料是石药集团的,生产是石药集团,只有包装是安利的。这款产品与石药集团自己品牌的VC片是一样的，但价格悬殊太大，安利纽崔莱复合VC片销售价格是313元一瓶，石药的价格是10元左右”。“这还了得，太暴利了。”受此心理影响，这条微博被大量转发，并引来众多微博评论，继而引起各种质疑。据统计，这条微博被转发1万多次，引发评论400多条。《21世纪经济报道》马上跟进报道，继而被各大网站转载，将安利VC片微博事件进一步放大。

资料来源：张云：《公共关系概论——理论、实践和案例》，华东师范大学出版社2016年版，第210页。

相对于报纸、电视、广播，新媒体在传播信息方面具有以下特点：

(1)交互性。这是新媒体最独特、最别具一格的特点之一。新媒体上的信息传播，用户完全可以根据自己的兴趣和要求决定浏览的页面，并且能及时将意见反馈给信息提供方。BBS论坛、网上调查、聊天、微信、微博等都是交互性的体现。

(2)巨量性。用“信息海洋”形容新媒体是最贴切不过了，由于新媒体设计的“无中心化”，借助其无限链接功能，新媒体上的信息是巨量的，且很容易扩展。

(3)高速性。由于新媒体上的信息经过了数字化的处理变得极易传输，高速性已成为新媒体的一个重要特征，利用这一特征，新媒体也可以实时、实况报道。

当然，新媒体传播也存在缺点：网上虚假信息过多，不能有效监督，导致人们不完全相信新媒体的信息。

大众传播除新闻传媒外，还包括电影和书籍，在特定的公共关系传播中也可以选择使用。

微型案例　盒马鲜生1948事件

盒马鲜生在2019年4月策划了一场“民国集市”活动，活动本身没有问题，但海报上出现的“让物价回归1948”出现了大问题，因为1948年通货膨胀极为严重，物价飞涨民不聊生。

随后共青团中央发表了一篇“物价重回1948？那可惨了”的文章。共青团中央在微博里发“那里，没有人像此时此刻的你一样，背后有一个血气方刚、挺直腰杆、誓死护你周全的祖国”。盒马随后在微博回应道：“高中历史《中国近代现代史》下册(必修)第三章第二节，罚抄100遍并背诵全文……在抄书了……”

好在盒马鲜生的公关部门实在高超，成功化解了品牌危机。

资料来源：2019年度7大危机公关事件盘点，https://baijiahao.baidu.com/s?id=1651987526170971180&wfr=spider&for=pc，2019年12月4日，有删改。

(三)户外传播媒体

户外传播媒体是指霓虹灯、广告牌、路牌、旗帜、灯箱、车船、气球、市政公众建筑等传播宣传信息的渠道。户外传播媒体的宣传内容一般比较简单，侧重于企业名称、品牌名称的宣传，能够提高社会组织的知名度。

城市高层建筑和市政公共场合里五光十色的霓虹灯由于色彩鲜艳，容易给人们的感觉系统以强烈的刺激。但是这种媒体受到场地的限制，没有流动性，辐射面较小，即使在繁华的闹市地段，公众也难以闹中取静、驻足观看，宣传效果一般比较微弱。户外传播媒体信息载量有限，信息量不大，不能传播关于社会组织的详尽信息，不能有效地展示社会组织的整体形象，但有利于传播特色化的信息。

现在越来越多的社会组织，特别是企业利用各种交通工具，如火车、汽车、地铁、轮船、出租车等媒体或形式宣传。车船作为传播媒体，具有以下优点：

(1)它是一种流动性媒体，辐射范围相对较大。加上乘坐车船的人多，阅读对象遍及各地、各阶层、各职业和各年龄段，有利于提高知名度。

(2)制作简单，费用低廉。

(3)信息精简，内容集中，突出了特色形象，有利于强化知名度。

微型案例　世界移动通信大会强势来袭，属于户外媒体的机会来了

作为全球最具影响力的移动通信领域的展览会，MWC(世界移动通信大会)是今年难得的“户外大事件”之一，各国通信品牌齐聚，相关品牌如何在户外传播方面抓住这一盛会脱颖而出，一举吸引全球合作伙伴与消费者的目光？

传播从机场和火车站开始

品牌如果想要全方位、深度触达参会人群，就需要围绕这些人群的出行路线与场景选择合适的媒体与之互动。

首先，从国际旅客抵达巴塞罗那到离开，巴塞罗那国际机场就是其必经之地，其次就是当地的火车站，如马德里到巴塞罗那的高铁只要2个小时，每天25趟，是当地人常用的交通工具。因此，机场和火车站及高铁内媒体可以作为品牌接触目标用户的主要交通媒体。

从机场/火车站到场馆的移动覆盖

从机场或火车站出来前往展会(Gran Via)，可以乘坐大巴、地铁，或打车，如果品牌想在途中触及参展人群，可以选择站点外大牌或公交类广告。比较理想的户外传播策略是关键站点的大幅覆盖，或是站点之间网络化媒体的多次曝光，以及流动于各站点的移动媒体(如公交、出租车等广告载体)的有效串联。

场馆内外的沉浸式体验

到了展会中心，附近有地铁和停车场，品牌可以在场馆内外发布广告引导大家前往自己的展台，或者是营造品牌沉浸式的体验，从众多参展品牌中脱颖而出。

资料来源：《世界移动通信大会强势来袭，属于户外媒体的机会来了!?》，搜狐网，https://www.sohu.com/a/455129526_100091764，2021年3月11日，有删改。

四、传播媒介选择的依据

了解各种传播媒介的特点并不是公共关系工作人员的目的，真正的目的是为了更好地选择媒介，搞好公共关系传播，提升社会组织的形象。

微型案例 西安：把握深厚历史传统的文化积淀与优势

（一）2018“西安年·最中国”系列文化活动

2018“西安年·最中国”系列文化活动历时24天，以国家及文化示范区西安市曲江新区为龙头、以城区为中心、覆盖西安全域，开展了18类184项庆典礼仪、民俗文化、民风特色活动。活动创新理念，升华立意，以富含历史意蕴的“西安年”彰显浓厚的中国年韵味，树立西安新时代最具中国特色的年节庆典文化的城市新形象，打造西安面向全国乃至全世界展示“中国年”的文化新品牌，呈现了西安中国年的传统“和”文化的新品质。

（二）西安网借助抖音打造现象级产品

西安网与西安市旅发委、抖音平台的开发公司策划以“世界的西安——中国文化dou动全球”为主题的系列活动，通过文化城市助推、定制城市主题挑战、抖音达人深度体验、抖音版城市短片全方位包装推广西安，用短视频向全球传播优秀传统文化和美好城市生活。

截至4月底，抖音上关于西安的视频量超过61万条，播放总量超过36亿次，点赞总量超过1亿。

资料来源：《中国城市品牌传播经典案例（2018）发布》，人民网，http://yuqing.people.com.cn/n1/2018/1204/c209043-30441468.html，2018年12月4日。

选择传播媒介应做如下考虑：

1. 传播对象的特点

（1）公众受教育程度。公众的受教育程度高低与媒介选择存在密切关系。一般来说，受教育程度高者多选用印刷媒介进行阅读分析，获取信息；相反，受教育程度较低者多选用电子媒介获取信息。

（2）公众年龄结构。年龄结构水平与媒介选择存在的关系是：中老年多选用印刷媒介，青少年更适合电子媒介。

（3）公众生活、工作习惯。不同的公众，生活、工作习惯不同，接收信息的时间和采用的方式都不同。生活习惯不正常的公众无法在规定时间内收听或收看，印刷媒介更适合他们。

（4）公众经济状况。公众经济生活水平高，有可能接近费用较高的媒介；相反，只能接触费用较低的媒介。

2. 传播信息的内容

（1）传播信息内容的复杂程度。如果要传播的信息是难以理解的，通常适宜采用印刷媒介，便于公众反复深入思考、研究和理解；相反，使用电子媒介则更适合。

（2）传播信息内容的保存价值的大小。如果传播的信息有较大参考价值，需要保存，则宜用印刷媒介。尽管电子媒介有时也可保存，但费用高，可选择性小。

（3）传播信息内容的详细程度和趣味性。传播信息要求较详细但趣味性较小，宜用印刷媒介；相反，配以声音、图画较易感人，易于理解，直观性强，能引起兴趣，适宜用电视媒介或电子媒介。

（4）传播信息内容的性质。不同的传播信息内容会吸引不同的公众。总的来看，随着年龄增长，公众更接受知识性、政治性、公共事业性较强的信息，宜较多使用印刷媒介；年龄较小者更愿意接受趣味性较强的信息，宜用电子媒介。

3. 经济合理的原则

公共关系工作人员在选择传播媒介时，还应考虑组织自身的经济负担能力和传播价值问题，精打细算，充分利用现有条件，以最少的费用争取最好的传播效果。

微型案例 巨额广告费拖垮中国核桃粉大王

四川智强集团原是一家地方国营食品企业，名不见经传。但在 1998 年央视广告招标会上，该集团却以 6 750 万元的巨资夺得央视在 1999 年第一、二、四季度广告黄金段位的“A 特段”。加上在其他媒体投放的广告，所耗广告费用高达 1 亿多元，成为当年四川投放广告最多的企业，被称为四川“标王”。

在巨额广告费的轰炸下，“智强”商标的知名度在全国范围内迅速提升。该集团的主导产品“智强核桃粉”“智强鸡精”等产品销往全国近 400 个大中城市，出口到了新加坡、泰国等东南亚国家。企业也先后获得“四川省重点企业”“四川省小巨人企业”等殊荣，并被誉为“中国核桃粉大王”。

然而，巨额的广告投入和一系列荣誉光环并没有让四川智强集团在市场上持续火爆下去。由于该集团在鼎盛时期的年产值才 1.6 亿元，但每年的广告费就超过 1 亿元，企业经营被高昂广告费所困。短短几年时间后，四川智强集团的经营状况每况愈下，出现了借钱或贷款打广告的现象，而应付货款一拖再拖，各种债务纠纷接踵而至。

到 2003 年成都春季糖酒会，已是强弩之末的四川智强集团上演了最后一次广告“大手笔”——出巨资包断主会场的大门和最重要的展场。不久，溃败就一发不可收拾，仅仅半年后，四川智强集团即向法院提出了破产申请，成为被广告拖垮的典型企业。

资料来源：《巨额广告费拖垮中国核桃粉大王》，http://finance.sina.com.cn/roll/20060220/0857558481.shtml，2006 年 2 月 20 日。

由此可见，组织或企业在选择媒介时，要依据自身的发展情况和生产实力而定，不能盲目选择。

五、公共关系的传播效果

（一）获得良好传播效果的条件

传播活动的目的是取得对于组织有利的结果。为此，必须对传播活动的各因素加以分析，为取得最佳的传播效果创造最好的条件。

1. 传播者

在整个传播活动中，传播者是信息传递关系中的主体，是信息的发出者。传播者发出的信息能否被公众接受，在很大程度上取决于其自身条件状况，包括如下几个方面：

（1）从传播者的知名度看，组织信息发出者如果是在社会生活中有名望的人，他所传播的信息也容易引起公众的注意。

（2）从传播者的信誉度看，信息传播者如果是被公众认为可靠的、可以信赖的人，具有公正无私的品德，公众态度则较容易向有利于组织的方向转化。

（3）从传播者的权威性看，信息传播者如果是所传播信息内容方面的专家和学者，则他的观点具有权威性，信息容易被接受。因为在相同条件下，公众宁愿相信专家意见而不相信一般人的意见。

(4)从传播者掌握的语言艺术水平看，在传播过程中，如果传播者能够准确地选择和恰当地运用词汇，充分、贴切地表达思想感情，巧妙、熟练地运用各种语言形式把信息传递给各类公众，则信息的可接受性增大。

(5)从传播者与传播对象的一致性看，在传播活动中，传播者如果能表明在利益上与传播对象一致，或者表明不会从其传播中得到个人好处，便会得到公众的认同，传播效果也会更好。

2. 传播的信息

传播能否取得预期的效果，与被传递的信息内容也有很大关系。传播的信息应具有以下几方面特点：

(1)真实可靠性。真实的信息才会赢得公众的欢迎。尽管有时真实性在产生预期效果方面无明显影响，但是在推动和促进公关传播活动的成功方面有很大的潜在影响力。

(2)显著性。传播的信息对于传播对象来说，要较为明显，能引起公众注意，信息要有一定强度或刺激性，以吸引公众的注意力。

(3)新鲜性。如果所传递的信息毫无新颖独到之处，就会被淹没在大量信息之中不被注意，因此信息中需要不断补充新的成分。

(4)相关性。相关性是指信息要与传播对象的利益或决策有一定关系，产生某种影响，由此造成公众对信息的接受。

(5)明确性。传播的信息内容应条理清晰、表达准确，使公众很快能理解传递的信息；否则会引起公众的反感，产生适得其反的效果。

(6)重复性与连贯性。在长期的传播活动中，传播内容应保持内在一致性，给公众以完整的组织形象。如果是同一信息的传播，就应在每次重复时都加入新的因素，增加信息的吸引力。

3. 传播对象

传播对象是能动的因素，必须对它有全面的了解，才能有针对性地传播信息，取得预期效果。

(1)传播对象的团体背景。传播对象是否接受某种信息，与他所在团队的观念有很大关系。因此，必须了解其团队背景因素和团队中的各种观念、规范倾向以及传播者的固有观念等，使得传播信息的内容尽量与公众已有观念保持一致性。

(2)传播对象所需的信息内容。在传播之前，应首先调查公众最希望得到的信息，以便增加传递信息的针对性和适应性。

(3)传播对象如何取得信息。在传播信息之前，如果能首先掌握公众比较喜欢或接近的已有媒介资料，就可选用适合公众的传播媒介，增强公众对信息接触的可能性。

(4)传播对象接受能力。接受能力包括接受习惯、阅读能力、知识水平，据此确定传播方式、媒介选择、符号形式等，以便最大限度地适合公众实际情况。

(5)传播对象的结构与数量。如果面临的公众结构较松散、数量较小，则易对他们产生影响；相反，则较难使公众接受组织的信息和观点。因此，在传播前应对公众进行分析，针对不同类型公众采用不同形式的传播。

提醒您

> 以上三个方面是对取得良好的传播效果进行的分析。实际上，公共关系传播活动本身就是一项复杂的工作，公共关系人员在开展公共关系传播活动时，要事先进行大量的调查研究，做好充分的准备，传播过程中也应密切注意公众意向和发展趋势，及时纠正和补充传播信息的内容，以取得良好的传播效果。

（二）怎样改善传播效果

根据我国学者邵培仁、唐克西等人的研究，以下介绍一些改善传播效果的方法。

1. 美化

美化就是给人物或事物加上一些美好的评价或修饰，从而使人产生美好的印象。在政治宣传、文艺广告和商业广告中，我们常常可体会到这种手法。运用美化的基本条件有：美化对象要可信，即具有被美化的条件；美化要适度，用词要慎重。过分美化或远离实际的胡乱吹捧是对受传者的欺骗和愚弄，将导致传播的最终失败，使受传者对传播者及其传播内容产生不信任感和逆反心理。

2. 典型示范

典型示范是请具有一定名望、声誉或经验丰富的人对受传者现身说法，来证明和评价人物、事物和观点。在各种广告中，我们常可以看到一些名人、歌星、影星、运动员在使用某种食品、药品及其他生活用品后，用自己的感受证明它们“味道（效果）好极了”，目的在于利用“名人效应”吸引和说服受传者。很多公司都会聘请名人或明星担任其“产品代言人”，就是希望利用代言人的“名人效应”增强其广告宣传的效果。

微型案例

力士洗浴用品自进入中国大陆内地以来，就曾先后邀请国际影星娜塔莎·金斯基、张曼玉、刘嘉玲、舒淇等人在电视屏幕上反复亮相，名人身上的光环效应以及她们所具有的美的特质，激起公众对美的向往和追求，使力士成为极受消费者欢迎的洗浴品牌之一。

3. 引证

引证即直接让真正的宣传者公开出面，有目的、有倾向性地引用一些对自己有利的事实、论点证明自己的观点、方案、产品的方法。我们经常见到，有些广告大量引用权威部门、权威人士的鉴定意见，或者引用那些于己有利的信息数据宣传自己的产品或服务。

微型案例　别出心裁

把洗发水当药来卖的“采乐”以“药”为切入口，在上市之初，成功地在当时以营养、柔顺、去屑为代表的宝洁三剑客潘婷、飘柔、海飞丝几乎垄断的中国洗发水市场中开辟出一片属于自己的蓝海。其独特的产品功能性诉求是：“头屑是由头皮上的真菌过度繁殖引起的，清除头屑应杀灭真菌；普通洗发只能洗掉头发上头屑，我们的方法是杀灭头发上的真菌，使用8次，可针对根本。”别出心裁的营销渠道，即“各大药店有售”有力地抓住了目标消费者的心。

4. 重复与新鲜

要引起公众对信息的注意，需从加强信息的强度、对比度、重复率和新鲜度入手。报纸上粗大的套红标题和高层建筑物上立起的巨幅广告都能增加信息刺激的强度，容易吸引人们的选择性注意。通过反差对比吸引公众注意、强化记忆效果是改善传播效果的常用手段。

重复刺激也是引起注意的重要手段，传播者反复、不厌其烦地向受传者宣传某种事物或观点，能增强受传者对信息的印象。但要注意在一定时间段内，重复的次数不能太多，频率太高反而会招致受传者的反感甚至厌烦。

微型案例　恒源祥恶俗广告重复播放

某年除夕夜开始，一则著名毛纺品牌“恒源祥”的电视广告在全国多家电视台的黄金时段播出：恒源祥，北京奥运会赞助商，鼠鼠鼠。恒源祥，北京奥运会赞助商，牛牛牛。恒源祥，北京奥运会赞助商，虎虎虎。恒源祥，北京奥运会赞助商，兔兔兔。恒源祥，北京奥运会赞助商，龙龙龙。恒源祥，北京奥运会赞助商，蛇蛇蛇。恒源祥，北京奥运会赞助商，马马马。恒源祥，北京奥运会赞助商，羊羊羊。恒源祥，北京奥运会赞助商，猴猴猴。恒源祥，北京奥运会赞助商，鸡鸡鸡。恒源祥，北京奥运会赞助商，狗狗狗。恒源祥，北京奥运会赞助商，猪猪猪。

根据 MSN 在当年进行的 1 117 名网友参与的网上调查，其中只有占 4.92%的网友认为恒源祥“贺岁广告”“挺有意思”，几乎一半人表示“非常不舒服，赶快换台”，近三成网友断定“恒源祥的形象就这么毁了。”与此同时，上海新民网部分网友甚至发出“抵制购买恒源祥商品”的帖子。

这一年的恒源祥惹来一片非议，结果第二年恒源祥同样如此：

“我属牛，牛牛牛。我属虎，虎虎虎。我属兔，兔兔兔。我属龙，龙龙龙。我属蛇，蛇蛇蛇。我属马，马马马。我属羊，羊羊羊。我属猴，猴猴猴。我属鸡，鸡鸡鸡。我属狗，狗狗狗。我属猪，猪猪猪。我属鼠，鼠鼠鼠。”

资料来源：张云：《公共关系概论——理论、实践和案例》，华东师范大学出版社 2016 年版，第 205 页，略有改动。

5. 角色扮演

角色扮演是指传播者为了使特定的受传者相信并接受自己的观点，而以与受传者相同或相近的身份、地位出现。这种方法往往可以使受传者对传播者产生“自己人”的感觉，缩小双方的心理距离和社会距离，从而接受传播者的观点。

微型案例　温暖的广告词

2019 年，以广告文案闻名的江小白推出一个很江小白的新年广告，以“你我不是过客，谢谢你一直都在”为主题，用一群普通人当主角，讲述了生活在都市里打工人的故事。

没有遥不可及的豪华场景，没有光鲜靓丽的明星，日常的生活场景让我们很自然地代入其中，随着剧中人一起由“丧”变“喜”。

6. 号召随从

号召随从要求传播者了解团体背景对个人的影响。具体来说，即让某一团体提出或支持某种观点，并说明它已广为接受，唤起诸多受传者的从众心理，从而达到传播的目的。

从众心理，简单来说就是随大流，是一种常见的心理现象。学者所罗门·阿希曾进行过从众心理实验，测试结果显示 2/3 以上的人都发现过从众行为。从某种程度上讲，从众心理也是群体对个人影响力的一种体现，是个人对群体认同感的一种体现。

微型案例　即溶咖啡等于懒惰、邋遢

某即溶咖啡曾经做过一个即溶包咖啡测试。这是一种采取定性访谈进行的方式。访问者邀请多名妇女，请她们针对即溶咖啡讲出内心想法。出乎访查小组的意料，这些妇女之所以对这款即溶咖啡不青睐，原因与口味、包装、品牌甚至便利性等产品本身的因素无关。访查小组发现，不少妇女认为，即溶咖啡对她们而言，似乎是一种“懒惰、邋遢”的象征。她们认为，只有不爱做家务的妇女才会冲泡这种即溶咖啡。而这样出乎意料的结论，影响了日后这款即溶咖啡的广告策划。

资料来源：龙志鹤：《公关案例选粹与评析》，经济管理出版社 2011 年版，第 152 页。

7. 唤起情感

社会心理学实验证明，情感具有推动和促成人行为的力量。在公共关系传播中，情感的煽动往往能产生其他手段无法企及的效果。一般来说，采用情感渲染的方法可以更有效地打动女性、生性羞怯自卑的人或文化程度较低的人。

微型案例　守护

2016 年，舒肤佳品牌在进入中国 25 周年之际，以“不变的守护”为主题拍摄了一部广告片。片中用以“洗手”为主线，讲述了舒肤佳陪伴之下的两代人的成长故事，即当你还是孩子，舒肤佳为妈妈守护你，当孩子成为妈妈，舒肤佳继续为你守护孩子。其用母亲对孩子的爱与守护，用母爱跨越时间的传承，唤起观众在情感上的共鸣。

8. 正面分析

正面分析是指传播者只对受传者介绍那些有利于自身发展的论据和事实的方法。为了突出产品的某种特性、疗效，很多公司在宣传时往往采取这一种方式，以正强化的方式向受众传递有针对性的信息。

微型案例　10万美元寻找主人

某公司宣传其新型保险柜的卓越功能，登出一则这样的广告："10万美元寻找主人！本公司展厅保险柜里存放有10万美元，在不弄响警报器的前提下，各路豪杰可用任何手段拿出享用！"广告一出，轰动全城。前往一试身手的人形形色色：有工人、学生、工程师、警察和侦探，甚至还有不露声色的小偷，但都没有人能够得手。各大报纸连续几天都为此事做免费报道，影响极大。这家公司的保险柜的声誉随之大增。

资料来源：龙志鹤：《公关案例选粹与评析》，经济管理出版社2011年版，第144页。

9. 正反分析

正反分析是为了引导公众的态度，实现公众由抵触向接受的态度转变。正反分析是传播者同时向受传者展示有利和不利于自己观点的论据和事实，从而证明自己观点正确性的一种方法。

微型案例　"请留心你家的后窗"

20世纪50年代，好莱坞影片《后窗》曾风靡中国香港，该片描写了一名脑部受伤的新闻记者在家养伤时闲极无聊，便买来一架望远镜，每日坐在屋子里从对面楼层的后窗窥视住户的家庭隐私，从而卷入了一场谋杀案。影片上映后，香港人竞相观看，形成了"后窗热"。这时，香港地区的一家生产百叶窗的企业成功地抓住了这一事件。他们在报上连续刊登题目为"请留心你家的后窗"的销售广告，其生意一下子兴隆起来。

在这次公关活动中，企业通过大众传播媒介在社会上形成一个热门话题，让这个话题直接或间接地与组织及其产品挂钩，从而达到良好的传播效果。他们借助"后窗热"这个与自己产品关联度极高的"议题"，通过报纸宣传，轻而易举地掀起了一个"百叶窗热"，从中获得了良好的市场效益。

资料来源：《番禺日报》，2008年7月3日，A6版。

总之，恰当地运用一定的传播方法，能帮助我们克服各种传播障碍，准确顺利地完成信息传递，获得理想的传播效果，实现公共关系计划，达到组织的目标。

小　结

关键术语

传播　媒介　人际传播　群体传播　大众传播　网络传播　公共关系传播

本章小结

1. 传播是促进传者与受者之间信息的双向交流与共享的过程，具有共享性、社会性、互动性和符号性等特征。

2. 信源、信息、编码、媒介、受众、译码、噪声、共同经验范围、反馈和环境是构成传播的基本要素。

3. 公共关系传播的内容大体包括传播本组织解决问题和困难的情况、传播本组织取得的新成果、传播本组织的独特风格和特有形象，以及传播本组织形象受到损害的真相及所采取的措施。

4. 公共关系是一种传播行为，为有效达成组织与公众的沟通，必须运用各种不同的传播方式。公共关系传播的主要形式有个体自身传播、人际传播、公众传播、组织传播和大众传播等。

5. 公共关系的传播媒体主要有人际传播媒介、群体传播媒介、大众传播媒介等。

6. 选择传播媒介应考虑的因素主要包括：传播对象的特点，如公众受教育程度、公众年龄结构、公众生活和工作习惯与公众经济状况；传播信息的内容，如传播信息内容的复杂程度、传播信息内容的保存价值的大小、传播信息内容的详细程度和趣味性与传播信息内容的性质；经济合理的原则。

7. 取得最佳的传播效果要创造最好的条件，从传播者角度要考虑传播者的知名度、信誉度、权威性，传播者掌握的语言艺术水平以及传播者与传播对象的一致性等；从传播信息角度要做到真实可靠性、显著性、新鲜性、相关性、明确性、重复性与连贯性；从传播对象角度要考虑传播对象的团体背景、传播对象所需的信息内容、传播对象如何取得信息、传播对象接受能力、传播对象的结构与数量等。

知识结构图

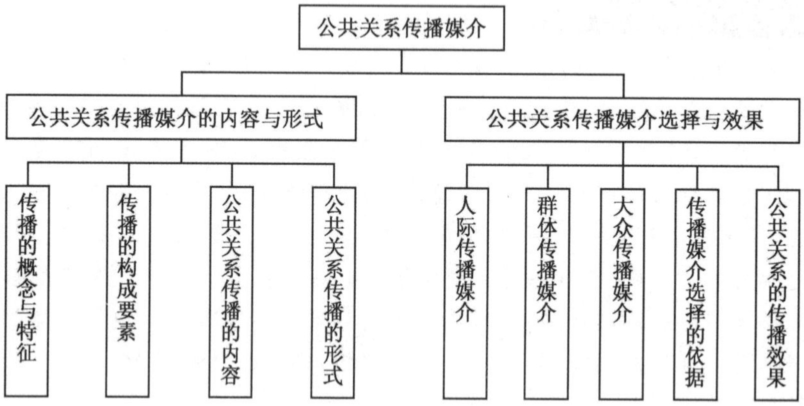

应　用

案例研究

案例一

某集团公司公关部部门职责

1. 负责公司企业品牌、项目子品牌发展战略的策划、推广等工作。

2. 负责公司企业文化建设和CIS体系建设。

3. 开展公共关系调研，关注和收集行业动态及信息。

4. 做好公共关系协调，拓展和维护公司媒体资源，协助公司各部门加强外联。

5. 有计划地开展各项公关活动，参与政府及有关部门组织的活动，与社会各界建立长效、可行的公共关系。

6. 加强与新闻媒体的联系与沟通，与新闻媒体建立良好的关系。

7. 完善公关传播计划，监督并评估媒体传播效果。

8. 负责项目推广效果监测与反馈，协助优化项目推广方案。

9. 负责突发性事件的应急处理和危机公关相关事宜。

问题：

1. 结合上述部门职责，分析公共关系传播媒介对公关工作的影响与作用。
2. 选择其中一到两项职责，分析其在工作开展过程中选择公共关系媒体需要考虑哪些因素。

案例二

宜家进入中国

1997 年，宜家在上海开设第一家店，当时新店很成功。但令管理层惊讶的是，中国媒体并不是很感兴趣。宜家当时聘请的公关公司邀请许多记者参加开业的新闻发布会，但是关于该品牌的报道却很少。与在中国不同的是，在其他国家，关于宜家，记者总会写很多东西。1998 年，宜家想在北京开一家更大的商店，为此寻求良好的宣传策略。

首先，宜家从北京邀请十多名记者在上海的宜家店内开展为期一天的家具研讨会。不仅包括传统的幻灯片介绍，而且以有创意的方式展示宜家的风格和感觉。研讨会结束后，宜家的中国经理老龙邀请记者们共进晚餐。晚餐结束后，老龙说："我听说中国跟瑞典一样有打包的习惯，是这样吗？"记者们纷纷点头。"很好，但是我们瑞典与你们有所不同，我们带走所有的东西，不仅是食物，还有盘子、筷子等。"客人都笑了，他们以为老龙是在开玩笑。他们不知道，所有的餐具都选择了宜家的产品。老龙拿起一个很大的宜家购物袋，把用过的东西都放进去。他笑着说："如果你们想要，塑料袋就在你们的椅子下。"于是，大家都找到了乐趣，他们把盘子、筷子、桌垫等，一切在视线内的物品都打包了。

其次，确定媒体传播方向，包括公关与广告的积极配合；制作电视节目在北京和上海播出，让消费者很方便地了解到宜家的产品和创意；深度报道，《瑞丽家居》每月的刊物中都会推出几个版面的家具解决方案就是一例。

最后，进行持续有创意的活动，例如，宜家发布"完美卧室"的解决方案时，记者招待会的形式就是让记者躺在床上看介绍，产品介绍被投影在天花板上。

资料来源：根据新浪博客的相关资料整理。

问题：

1. 宜家选择的是哪种形式的公共关系传播媒介？
2. 如果在 2022 年宜家再次有分店开业，你觉得宜家会选择哪种形式的公共关系传播媒介？为什么？

实验实训

1. 结合所在学校的办学历史、办学特色，依据不同的受众，选择最佳的切入口和传播渠道进行公共关系宣传，完成不少于两套的公共关系传播方案。
2. 搜集知名公司的公共关系传播案例，分析其中的长处，提出改进建议。

复习思考题

1. 什么是传播？其基本特征和构成要素分别是什么？
2. 谈谈你对公共关系传播的理解。
3. 举例分析公共关系有哪些传播形式，各自的优势是什么。
4. 常见的公共关系传播媒介有哪些？如何才能选出最合适的媒介？
5. 结合实例分析，影响公共关系的传播效果的因素有哪些？
6. 新形势下，公共关系传播的发展出现了哪些新趋势？

第五章　公共关系的操作流程

学习目标

通过本章学习，你应能够：
了解公共关系调查的步骤、内容与方法；
掌握公共关系策划的作用、原则、内容及策划书的写作；
掌握公共关系实施的原则；
掌握公共关系评估的内容、程序、方法。

引入案例

世界互联网大会·乌镇峰会成功举办

世界互联网大会(World Internet Conference)由中国国家互联网信息办公室和浙江省人民政府联合主办，乌镇被确定为永久会址，每年举办一次。会议主要邀请国家和地区政要、国际组织的负责人、互联网企业领军人物、互联网名人、专家学者，涉及网络空间各个领域，体现多方参与。

第二届世界互联网大会于2015年12月16日至18日在乌镇举办，以"互联互通、共享共治，共建网络空间命运共同体"作为大会主题，在全球范围内邀请2 000位来自政府、国际组织、企业、科技社群和民间团体的互联网领军人物，围绕全球互联网治理、网络安全、互联网与可持续发展、互联网知识产权保护、技术创新等诸多议题进行探讨交流，展示了中国积极走向全球、参与世界互联网治理架构的姿态。

项目调研

世界互联网大会旨在搭建中国与世界互联互通的国际平台和国际互联网共享共治的中国平台，让各国在争议中求共识、在共识中谋合作、在合作中创共赢。

中青旅联科成功服务过2014年首届世界互联网大会·乌镇峰会，与之相较，第二届互联网大会规格更高、内容更多、形式更新、规模更广、难度更大。

项目策划

1. 精准的方案策划

互联网大会的方案包括会议议程、领导人动线、现场流程、AV技术、场地划分、人员分工等。筹备期间，参会人员不断变化，需求不断改变，策划人员需要逐个统计并调整，改写了100多版方案，确保项目团队根据最终的方案操作执行，保证现场所有人员的安排平稳有序。

2. 创新的大会形象设计

良好的形象设计是一个活动给人印象深刻的标志之一。此次会议中整体形象包装、会场环境设计、舞台设计、延展物料等，都将乌镇的江南元素与国际化元素相结合，尤其是会场入口处的大会主形象标识背板更成了乌镇的地标性建筑，吸引了数以千计的游客纷至沓来。

与首届世界互联网大会相比，第二届会议主形象有了更多的创新，也更具内涵——以相互交织的"C"为元素，表达大会着力打造的"3C 模式"（用户 Consumer、中国 China、共识 Consensus）。"C"形交织主形象是一个由点、线、面构成的立体球，三种元素的过渡最终形成互联网发展探寻之路。点，代表广大用户；线，体现连接的过程；面，表达共同体。通过点线面的变化形成的立体球，则代表着命运共同体以及地球的概念，从而进一步印证了世界"互联互通、共享共治，构建网络空间命运共同体"的大会主题。

3. 国际标准化的运营保障

基于互联网大会国家级、国际性、综合型的规格定位，在确保会议运营安全无误的基础上，执行团队更注重会议流程的顺利流畅、设备系统的安全稳定、参会嘉宾的与会体验。通过图纸模拟和预搭建演练等管理运营上的创新和突破，实现更加高效、务实、稳健的会议管理。

规范的图纸设计是施工、工程竣工验收、日常检查维护的依据。针对不同的会议场地，通过大量考察，在逐杆丈量、逐线核对、逐个统计、逐项备案的基础上，逐一绘制了包括平面图、3D 图、CAD 图的近百张图纸，将各种设备材质和系统连接方式如实记载并准确反映在图纸上。

项目组前期制定了严密的工作计划，包括前期筹备、进场卸车规划、搭建施工进度、搭建人员分工与排班、会议期间人员分工排班、保障方案等，同时还着力进行了各项重点设备的实战演习。预搭建演练最大限度地还原了现场，测试了各系统功能的联通性和兼容性，预测了整体搭建时间，有力地规避了风险，排除了理论演练的盲点。

……

项目评估

第二届世界互联网大会举办了包括开幕式、闭幕式、分论坛、晚宴及新闻发布会等近 30 场活动，探讨包括网络文化传播、互联网创新发展、数字经济合作、互联网技术标准、互联网治理等 22 个议题，展示中外互联网发展前沿技术和最新成果，是互联网治理中国主张和中国态度的大阐释，是一次国际交往、全球合作的大盛会，是世界互联网互联互通、共享共治的大平台，也是一次浙江形象、中国魅力的大展示。

本届互联网大会知名度高、热点丰富、传播范围广，得到境内外媒体的高度关注与多角度主题报道，14 个国家和地区的百余家媒体的 700 多名记者报名参加，包括美联社、法新社、俄罗斯塔斯社、日本读卖新闻、日本 NHK 电视台等 20 多家境外媒体记者，人民日报、新华社等中央和部分省市媒体记者。

资料来源：中国公关网，http://www.chinapr.com.cn/p/404.html，2016 年 8 月 18 日，有删改。

公共关系操作程序由公共关系调查、公共关系策划、公共关系实施和公共关系评估四个工作步骤组成。公共关系调查是组织成功开展公共关系的前提和基础；公共关系策划是关键，是公共关系实施和效果评估的标准；公共关系实施是执行公共关系策划、取得公共关系成功的具体程序，是公共关系的核心；效果评估是整个公共关系操作流程的最后反馈评价阶段，也是下一轮公共关系活动的起点。

第一节 公共关系调查

公共关系调查就是社会组织运用科学合理的方法，为准确收集有关公众和社会环境等方面的资料，通过定量分析和定性分析相结合的方法，概括各类信息渠道反映的公众的意见和态度，综合分析相关的因素及相互关系，以考察组织的公共关系状态，了解组织面临的公共关系方面的实际问题的方法。公共关系调查的目的是考察公共关系状况，预测民意和社会环境的发展趋势，从而为组织的形象设计和公关策划提供依据。

公共关系调查是公共关系工作的基础，它在整个公共关系活动中起到了举足轻重的作用。公共关系调查可以帮助组织了解其在公众心目中的形象和地位，开展公共关系工作的条件、问题及竞争对手的情况，帮助组织实现目标，为组织决策提供科学依据，从而提高公关活动的成效。

微型案例　全球同此疫情，各国消费者心态调研

2020 年 4 月 13 日，福莱国际传播咨询公司下属的 TRUE 全球智慧中心于近日发布了一份题为《新冠疫情思维：疫情流行期是如何影响全球消费者》的全新报告。该报告的主要调查结论包括：

(1)消费者对于政府普遍表现出较强的信心。

①相较其他类型的组织，各国中央政府的表现都受到了本国消费者的好评。其中，高达 79%的中国消费者认为中国政府的表现是“极好的”或“可圈可点的”，而在其他国家消费者中的比例则是美国(34%)、英国(50%)、韩国(43%)、意大利(39%)和德国(37%)。

②大型企业的表现同样受到了高达 66%中国消费者的好评，而这个比例在美国和韩国消费者中只占 28%，在德国消费者中则低至 17%。

(2)受访者在为更长远的未来做规划，并不期望能迅速回归“正常”生活。

①对于需要通过等待多长时间才能回归“正常”生活的回答因国家而异：中国消费者的平均期望最短，为 9 周。而值得一提的是，仍有 33%的中国消费者认为还需等待 9 周至两年的时间才能恢复正常的生活秩序；其他国家消费者的平均期望则更长——美国为 15 周，韩国和德国为 17 周，而英国和意大利则长达 22 周。

②依然有超过五分之一的受访者认为生活正常化还需等待长达五个月至两年的时间。

(3)尽管大部分受访者能够理解企业在疫情期间裁员和强制安排休假，仍有高达 89%的受访者希望企业能够以更加慷慨和更具创造力的方式减轻疫情对于员工的负面影响。

①91%的受访者希望公司能够采取行动保障员工的健康，其中包括了提供保护性的设备和洗手液、设置更多的休息时间，以及通过在办公空间和公司运营中调整以保障足够的健康距离。

②78%的中国受访者表示能够理解企业在疫情期间裁员和休假的安排。该比例在美国最高，达到 86%；而在韩国，只有 59%的受访者表示理解。

③52%的受访者认为当前各个公司对于员工的关怀是“非常重要的”。

(4)消费者愿意通过帮助各类企业来支持其员工。

①71%的受访者依然会通过各种方式支持各类企业的运营，比如主动选择快递自提(50%)，又如通过电话或线上完成各类服务(44%)。

②34%的受访者表示依然会购买当下不能使用的产品或服务，例如礼品卡(19%)，或继续为各种会员资格和服务付费(17%)。

(5)即便在疫情传播逐渐得到控制，经济和社会逐步复苏的背景下，消费者仍然保持谨慎。

①95%的消费者希望企业能够通过采取卫生保障和扩大社交距离的方式保证他们的健康。

②65%的消费者正在计划推迟购物和出行，还有52%的受访者表示他们仍将继续保持疫情期间改变了的购买行为。

③34%的消费者计划延后与人生有关的重大决定，26%的受访者还表示他们将在疫情结束之后更加严肃认真地对待重要的人生决定。

④27%的消费者正在比平时更积极地参与储蓄，同时有26%的受访者计划在未来加大储蓄的力度。

(6)在新冠疫情改变了人们价值观的同时，人们还希望疫情期间的相关福利政策能够在疫情之后得到延续。

①经过长达数月的抗疫生活以及认识到疫情对于经济社会的影响之后，大部分中国消费者表示疫情改变了他们对于世界(87%)和对于作为雇主的企业(83%)的看法。

②68%的受访者表示疫情改变了他们对于过往重视的商品和服务的看法。这种现象在中国(86%)和意大利(73%)的消费者中更加显著。

③63%的员工希望企业在疫情期间设立的相关福利能够持续。该比例在中国受访者中达84%。

④71%的受访者希望政府在疫情期间设立的积极政策能够持续，该比例的分布为：中国(89%)、美国(69%)、疫情期间公认的一线工作者(76%)以及健康卫生从业人员(77%)。

⑤21%的通常需要在固定办公地点工作的受访者(该比例在美国为26%)表示希望能够拥有在家办公的选择权。

⑥26%的员工表示他们将会在下一份工作的求职过程中更加看重企业对员工的关怀支持。他们还表示将不会对疫情期间对员工有不当行为的企业保持好感和忠诚。该比例在中国受访者中达到32%。

(7)几乎所有人都感受到了疫情的影响。

①98%的受访者表示已经在未来规划和购物方面产生了新的变化，或已经推迟、取消了原本的相关安排。此外，有90%的消费者表示将在疫情结束之后继续保持这样的改变。

②78%的消费者表示疫情促使他们更加关注个人健康，同时还有74%的受访者表示更加关心自身的财务状况。

③18%的受访者表示身边有家庭成员或朋友的健康状况受到了新冠疫情的影响，其中还有5%的受访者表示身边的亲友中出现了受新冠疫情影响的致死案例。在中国和意大利，有大约三分之一的受访者表示身边有亲友的健康状况受到了疫情的影响。

资料来源：中国公关网，http://www.chinapr.com.cn/p/2603.html，2020年4月13日，有删改。

一、公共关系调查的步骤

公共关系调查的步骤包括制订方案、搜集调查资料、整理分析资料、撰写调查报告四个步骤。

(一)制订方案

公共关系工作人员要根据公共关系活动的目的确定调查的对象,然后再确定调查项目和调查表、确定调查方式和方法,最后制订调查的计划及调查所需的经费方案。

1. 确定调查的目的

在调查之前,要先明确调查的目的,只有这样才能做到有的放矢,避免工作出错。确定调查的目的要依据问题的所在,明确目标,给调查一个具体的方向。

2. 确定调查对象

在开展公共关系调查时,没必要全方位地对公众进行全面的调查,要依据调查的目的,有针对性地组织调查,这样既可节省时间又可提高效率。

3. 确定调查项目和调查表

调查项目是调查的具体内容,确定调查项目就是要明确向调查者主要了解什么内容、什么样的调查内容对企业是有意义的。然后再根据调查的项目列出详细而有效的调查表。

4. 确定调查类型和方法

在调查中,采用什么样的调查方式和方法至关重要。调查的类型主要有普查、重点调查、典型调查、抽样调查等多种类型。具体的调查方法有访谈法、观察法、问卷法和实验法等。调查所采取的类型、方法的结合取决于调查对象和调查的内容。

5. 制订调查计划

调查计划是指具体的调查过程中的工作计划安排,可以包括所调查的机构设置、人员选拔和培训等内容。

6. 制定调查预算

调查经费主要包括调查方案设计及实施费用、调查资料整理分析费用、调查报告的撰写费用以及相关办公费用等。

(二)搜集调查资料

搜集的调查资料主要分为内部资料和外部资料。

1. 内部资料

内部资料是企业内部的市场销售信息系统经常收集的资料,是企业在正常运转过程中收集、整理并使用的。它通常包括企业以前的相关调查资料和企业档案,即企业内部的各种有关的记录、报表、账册、订货单、合同等。

内部资料既包括生产经营活动方面的资料,如营销、生产、财务、设计、设备等资料;也包括顾客、市场容量、竞争等方面的资料。

2. 外部资料

外部资料是指来自企业外部的各种相关信息资料,通常包括政府相关政策资料、公共机构资料、新闻媒体资料、行业组织资料、数据供应者资料、金融机构资料等。

(三)整理分析资料

整理分析资料是指运用一定的方法,对调查所得的各种零散资料进行审查、检验和综合加工,使之系统化和条理化,从而能集中、简明地反映调查对象总体情况的工作过程。

资料整理的方法主要有：

(1)归纳法。先详细列出调查目的及需要，然后以所搜集的资料与目的相验证，逐一筛选修正可用的资料。

(2)演绎法。即彻底审查所有搜集整理的资料，再配合调查目的及需要，寻找出共同现象、法则及说法。必要时应用统计学中的长期趋势方法，求得需要的资料。

小技巧

> 整理资料的方法：
>
> (1)整理后的资料不可孤立地考虑，必须结合其他资料，才能显示资料间的比较作用或互补作用。
>
> (2)以理论观点或相同特性资料，对资料做必要的调整及补充，将不同计算单位转换为标准单位。
>
> (3)以理论观点对调查资料做逻辑性探讨，将调查资料做有机的重新编排及结合，成为崭新报告。
>
> (4)将整理后的数字做成统计图或统计表，做必要而深入的分析与解释，使内容更容易被接受。

(四)撰写调查报告

撰写调查报告是公共关系调查的最后程序。撰写调查报告的目的是对调查活动过程以及调查数据分析整理的过程及其工作成果进行总结汇报，为制订科学的公共关系计划方案提供依据，为领导决策提供参考，寻求领导的支持和帮助。

小技巧

> 撰写调查报告时要做到以下几点：
>
> (1)将整理后的资料按显示的脉络及重要性，做成调查结论、经验和建议。
>
> (2)报告内容应力求简明且与题目有关，避免套话及不必要的修饰词汇。
>
> (3)仔细核对全部有关数字及统计资料，务必准确。
>
> (4)结论明确，如果没有明确的结论和建议事项，该调查报告就失效。

微型案例　洁丽雅公关调查活动

1. 访问洁丽雅时尚生活中心。

洁丽雅集团组建于2003年，其前身是成立于1986年的“诸暨县毛巾厂”。集团总部位于浙江省诸暨市。这里距杭州萧山国际机场仅30分钟的车程，杭金衢高速、杭永高速、浙赣铁路穿城而过，区位优势及交通优势非常优越。

历经20多年的建设和发展，集团现已成为中国毛巾行业的龙头企业及中国家用纺织品行业协会副会长企业。集团总资产逾20亿元，总占地面积80多万平方米，拥有浙江、湖北两大生产研发基地，是一家集纺纱、织造、染整、营销、物流及其他产业于一体的大型综合性集团公司。现已形成以毛巾等家纺产品为核心产业，以针织品、房地产为两翼的多元化发展格局，并跻身中国民营企业500强。

2. 查阅书籍、报刊、互联网。

3. 在宁波天一广场进行问卷调查。

附：问卷调查

1. 您是否听说过洁丽雅毛巾：

A. 是　　B. 否

2. 您是否用过洁丽雅毛巾：

A. 是　　B. 否

3. 您买毛巾时是否会选择洁丽雅毛巾：

A. 是　　B. 否

4. 您认为洁丽雅毛巾品质如何：

A. 好　　B. 不好

5. 您认为洁丽雅毛巾的市场价格如何：

A. 贵　　B. 不贵

6. 您是否有推荐您的朋友购买洁丽雅毛巾：

A. 是　　B. 否

7. 您是否知道洁丽雅毛巾的生产地：

A. 是　　B. 否

8. 您认为洁丽雅公司的广告是不是很多：

A. 是　　B. 否

9. 您的建议：

资料来源：吴建勋、丁华：《公共关系案例与分析教程》，清华大学出版社2013年版，第187—188页。

二、公共关系调查的内容

微型案例　先搞清这个问题

某宾馆新设了公共关系部。开业伊始，该部就配备了豪华的办公室、漂亮迷人的公关小姐、现代化的通信设备……但该部部长却发现无事可做。后来，这个部长请来了一名公共关系顾问，向他请教“怎么办”。于是这名顾问一连问了以下几个问题：

“本地共有多少家宾馆？总床位有多少？”

“旅游旺季时，本地的外地游客每月有多少？港澳游客有多少？国内的外地游客有多少？”

“贵宾馆的‘知名度’如何？在过去3年中，花在宣传上的经费共多少？”

“贵宾馆最大的竞争对手是谁？宾馆潜在的竞争对手将是谁？”

“去年一年中因服务不周引起房客不满的事件有多少起？服务不周的症结何在？”

对这样一些极其普通而又重要的问题，这名公共关系部部长竟张口结舌，无言以答。

于是，那位被请来的公共关系顾问这样说道："先搞清这些问题，然后再开始你们的公共关系工作。"

资料来源：李健荣、邱伟光：《高校公共关系教程》，上海中医药大学出版社 2007 年版，第 83 页。

由上述案例可知，公共关系调查的内容包含的层面很广泛。公共关系调查主要包括以下几个方面的内容：

（一）组织情况调查

1. 组织经营状况

组织经营状况的调查包括对组织成立的时间、组织历史上的重大事件、组织的经营目标及宗旨、组织对社会的贡献等方面的情况。

2. 组织成员状况

组织成员主要是指内部公众（包括领导者和员工）。对领导者的调查即了解领导层在组织中认可的程度及其管理能力等方面的情况。对员工的调查就是要掌握员工的基本情况，包括员工年龄结构、文化程度、专业技能、管理才能等。

3. 员工关系情况

员工关系调查的目的是营造一个和谐的工作氛围，主要是分析影响组织人际关系的主要因素，包括员工的年龄结构、知识结构、心理结构、员工的群体心理气氛和工作态度、员工的情绪和意见、组织各级人员之间的沟通、组织成员的团队合作精神等。

（二）公众状况调查

公众是公共关系工作的客体，是公共关系工作所面对的对象。因此，公共关系调查必须将相关的公众状况调查作为其工作的重点。具体的调查内容包括：

1. 公众构成

公众的构成情况调查的主要内容包括：(1)内部公众构成情况，如组织成员的数量、专业、年龄、性别、角色、能力、文化程度、职务职称、需求层次、劳动态度、思想素质等方面；(2)外部公众构成情况，如外部公众的数量、特征、空间、需求、观念、与组织的联系状态及对组织的重要性等方面。

2. 公众需求

社会组织要有效地开展公共关系工作，必须做好对公众需求情况的调查工作，以掌握公众需求信息，设法满足公众的合理需要。公众需求情况调查的内容包括：(1)公众的物质需求情况，如公众对产品质量的需求、对各种服务形式的需求等；(2)公众的精神需求情况，如公众对合法权益的需求、对获得重要信息的需求等。

3. 公众评价

公众对组织的评价主要包括：(1)对组织服务质量的评价，如公众对组织服务项目、服务方式、服务措施、服务水平的评价等；(2)对组织产品的评价，如对产品内在质量的评价、对产品外形的评价、对产品价值的评价等；(3)对组织人员素质的评价，如公众对组织领导人、中层管理人员、专业技术人员、一般员工、公共关系人员及特殊任务的评价等；(4)对组织管理水平的评价，如公众对组织管理机构及其办事效率的评价、对组织经营创新和管理革新的评价、对组织管理效益的评价；(5)对组织外向活动的评价，如公众对组织对外宣传和社会公益活动的评价等。

(三)传播媒介状况调查

组织公共关系活动主要依靠传播媒介展开。传播媒介状况调查的主要范围包括：

1. 大众传播媒介状况调查

调查大众传播媒介状况的基本内容包括：(1)大众传播媒介的功能，如涉及大众传播媒介功能的传播范围、传播内容、传播特色、传播效果、传播威信等方面；(2)大众传播媒介所需信息的情况，如一定时期内大众传播媒介的报道中心、编辑和记者需要的内容等方面。

2. 专题活动媒介状况调查

组织掌握相关的专题活动媒介的状况可以决定组织是否参加某种专题活动，或借某种专题活动宣传组织形象。专题活动媒介情况调查的内容有：(1)专题活动筹办情况，如某次专题活动是由何种组织机构主办的，将在何时何地举办，拟办活动的主题、内容、规格、规模、参加活动的人数、估计影响等；(2)专题活动效果评价情况，如某次专题活动的经验教训与利弊得失、经济效益与社会效益、权威人士的看法、局外人士的见解、新闻媒介的报道情况等。

(四)社会组织与公众关系调查

1. 认知度调查

认知度是衡量社会组织与公众关系现状的一个重要指标，表明一个社会组织在社会公众中的影响大小，说明一个社会组织为社会公众关注的程度。认知度的调查包括两个层面：一是知晓度，即社会组织为社会公众知晓的广度；二是熟悉度，即一个社会组织为社会公众知晓的深度。

2. 美誉度调查

美誉度是衡量社会组织与公众关系的一个具有决定性意义的关键指标。美誉度调查具体可分为以下几方面内容：(1)公众对组织理念的赞誉程度；(2)公众对组织行为的赞誉程度；(3)公众对组织视听标识的赞誉程度；(4)公众对组织产品的赞誉程度；(5)公众对组织服务的赞誉程度。

3. 和谐度调查

和谐度也称协调度，是衡量社会组织与目标公众关系现状的一个重要指标。和谐度调查的具体内容有：(1)公众对社会组织态度赞同的情况，如对社会组织经营观念、经营政策、经营措施、经营发展目标分别持支持、中立、反对态度的公众的比率等；(2)公众与组织情感亲和的情况，如公众对社会组织的好感程度，公众中对社会组织存在的冷漠、敌视、怨恨等情感障碍的情况等；(3)公众为社会组织进行言语宣传的情况，包括宣传的次数、宣传的性质、宣传的力度等；(4)公众与社会组织行为合作的情况。

三、公共关系调查的方法

(一)访谈调查法

访谈调查法又称访谈法，是调查人员通过与调查对象交谈，收集口头资料的一种调查方法。访谈法具有以下几个特点：

(1)访谈法通过访谈人员与被访谈人员之间面对面的交谈方式收集信息，因此，它具有直接性的特点。

(2)访谈法具有较好的灵活性和适应性，访谈的对象可以不受文化程度、价值观念、个人性格及年龄的影响，为访谈人员提供所需的口头资料。

(3)访谈法回答率高、效率高，但标准化程度低，而且访谈法的费用较大。

一般来说，访谈法调查的规模不能太大，一般根据调查的目的和内容的要求确定规模的大小。

（二）问卷调查法

问卷调查法就是指未统计和调查所用的、以设问的方式表述问题。问卷法就是研究者用这种控制式的测量度量所研究的问题，从而搜集到可靠资料的一种方法。

问卷调查法的使用条件如下：调查的范围较广，不宜当面访谈；如果调查对象的文化水平不高，对问卷看不懂，则不适合用问卷法；如果所要的材料是常识性的事实、行为或态度，就可以采用问卷调查法。

1. 问卷的类型

问卷的类型主要有两种，即开放型问卷和封闭型问卷。

所谓开放型问卷，是指提出问题，但事先不给出任何选择的答案，被访者可根据自己的情况自由作答。开放型问卷多用于探索性研究，它给回答者以较多创造性或自我表达的机会，但因为回答不标准，难以进行统计分析。

所谓封闭型问卷，是指提出问题，并给每个问题以若干个备选答案，被调查者根据自己的情况选择答案。

封闭型问卷回答标准，材料利于统计分析，对不同的公众可做对比。但由于它限定了答案，没给回答者留下发挥其创造性或自我表达的机会，故不利于研究者发现新的问题。

2. 问卷调查的步骤

第一，问卷发放。问卷的发放采用两种形式，较远者可寄发，较近又集中者可当面分发。

第二，问卷的回收。相较于访谈法而言，问卷的回收率要受到限制，因此，在发放问卷，甚至设计问卷时，要考虑到问卷的回收率。

第三，问卷的整理和分析。问卷的整理包括对不合标准问卷的处理和对调查所得数字的整理。通过对问卷的整理与分析，可以看出被调查的公众态度之间的内在联系，即规律性的东西。

（三）抽样法

抽样法是从调查总体中选取调查样本的方法。总体是指所要调查对象的全部，样本是指从总体中抽取出来调查的那一部分。抽样必须遵守随机性原则，也就是在抽选调查对象时，必须保证总体中的每一个都有被抽中的机会。

抽样的方法有很多种，在这里介绍几种公共关系调查中常用的方法：

（1）简单随机抽样，即从总体单位中不加任何分组、排队，完全随机地抽取调查单位。在这种抽样调查的组织形式中，总体的每一单位被抽中的机会是均等的。

（2）等距抽样，即把总体的所有单位按照一定的顺序排列起来，然后按相等间隔或距离抽取必要的单位数目的抽样方式。抽样距离 K 是用总体 N 除以样本单位数 n。

（3）分层抽样，就是将总体单位按其属性特征分为若干层，然后在各层中随机抽取样本单位，而不是从总体中直接抽取样本单位。

层次的划分需注意：一是必须有清楚的划分界限，在划分时不发生混淆；二是必须知道各层中的单位数目和比例；三是分层的数目不宜太多，否则将失去层的特征，不便于在每层中抽样。

（4）整群抽样，整群抽样也称成组抽样。其做法是在总体中抽取调查单位时，不是一个一个地抽选，而是成群成组地抽选，然后调查被抽选的各群或组中的全部单位。

小资料

桂格公司的调查问卷

问卷编号：________________

咔嚓粒粒脆

姓名：________________

地址：________________

为了帮助我们进一步改良产品，以配合您的口味，敬请阁下在品尝之后，回答这份问卷，并将填好的问卷及早投入指定商店的桂格问卷收集箱内，或将问卷邮寄到桂格食品公司驻×××办事处。前1 000名将得到桂格公司赠送的精致桂格休闲帽。您可凭桂格公司寄出的领奖通知单前去领取奖品。

办事处地址：××××××

邮政编码：××××××

请在适当的空格内打“√”

1. 请问除了您以外，家中还有哪些人尝过我们送的这个产品？

□①孩子 □②少年 □③青年人 □④中年人 □⑤老年人

2. 您喜不喜欢这个产品？

□①非常喜欢 □②比较喜欢 □③不是喜欢也不是不喜欢 □④不太喜欢 □⑤非常不喜欢

3. 您对以下句子同意或不同意(每个句子请选一个答案)

这个产品 1. 非常同意 2. 同意 3. 中 4. 不同意 5. 非常不同意

总体味道好 □1 □2 □3 □4 □5 甜味适中 □1 □2 □3 □4 □5

巧克力味 □1 □2 □3 □4 □5 浓度适中 □1 □2 □3 □4 □5

香味好 □1 □2 □3 □4 □5 口感好 □1 □2 □3 □4 □5

4. 您觉得这个产品最好是在什么时候吃？

□①当我感到肚子饿时，作为小吃 □②当我看电视/娱乐/聚会/休闲时，作为零嘴

□③当我感到嘴馋想吃东西时吃 □④其他(请注明________)

5. 现在您尝过了这个产品，如果您在商店看到这个产品，您有多大可能会买它？

□①我一定会买 □②我可能会买 □③我不知道会不会买

□④我可能不会买 □⑤我一定不会买

6. 如果您或您的家人买了这个产品，您认为您会多久吃一次？

□①每天都吃 □②2～3天吃一次 □③每星期吃一次 □④每两星期吃一次

□⑤每个月吃一次 □⑥每个月少于一次 □⑦不会吃

7. 您认为您家中谁会吃这个产品？

□①孩子 □②少年 □③青年人 □④中年人

□⑤老年人 □⑥全家人 □⑦没有人会吃

8. 您在收到这个产品前有没有见过这种产品或其他“桂格”品牌的食品？

有□(请在您见过的“桂格”食品旁边打“√”)

□①桂格营养燕麦粥　　□②桂格丰谷营养粥
□③桂格趣米乐　　□④桂格奇香米脆
□⑤桂格咔嚓粒粒脆　　□⑥桂格燕麦片
□⑦完全记不起/不清楚名称　□⑧没有

9. 您知道现在有些指定商店设有免费品尝"桂格"食品的柜台吗?
□①知道　　□②不知道

10. 您有没有在这些柜台尝过"桂格"的食品?
□①有　　□②没有

11. 您有没有买过任何"桂格"的食品?
□有(请在您买过的"桂格"食品旁打"√")
□①桂格营养燕麦粥　□②桂格丰谷营养粥　□③桂格趣米乐
□④桂格奇香米脆　□⑤桂格咔嚓粒粒脆　□⑥桂格燕麦片
□⑦记不起/不清楚产品名称　　□⑧没有

12. 下面我们将使用一个 1～10 分的评分尺度。1 分表示"非常差",10 分表示"非常好"。用这个评分标准,总的来看,您怎样评价所买的每一种桂格产品?
①桂格营养燕麦粥________分。
②桂格丰谷营养粥________分。
③桂格趣米乐________分。
④桂格奇香米脆________分。
⑤桂格咔嚓粒粒脆________分。
⑥桂格燕麦片________分。

为了了解答问卷者的个人资料,请您回答以下问题:

13. 年龄
□①10 岁以下　□②10～14 岁　□③15～19 岁　□④20～24 岁
□⑤25～29 岁　□⑥30～34 岁　□⑦35～39 岁　□⑧40～44 岁
□⑨45～49 岁　□⑩50 岁以上

14. 性别
□①男　　□②女

15. 婚姻状况
□①未婚　　□②已婚

16. 家里的月平均总收入(请包括所有收入,如奖金、第二职业收入和亲友资助等)
□①少于 600 元　　□②600～799 元　　□③800～999 元
□④1 000～1 199 元　　□⑤1 200～1 499 元　　□⑥1 500 元或以上

17. 连同您在内,家里一共有________人。

18. 家里有 3～9 岁的小孩________人。

19. 您住在哪个区?

□①××× □②×××
□③××× □④×××
资料来源：边一民：《公共关系案例评析》，浙江大学出版社 2004 年版，第 129—132 页，有删改。

第二节 公共关系策划

公共关系策划就是指公共关系人员根据组织形象的现状和目标要求，分析现有条件，设计最佳活动方案的过程。公共关系策划的目的是通过科学的策划思想和方法，设计和选择出有效的公共关系活动方案，从而增强组织公共关系的目的性、计划性、有效性，提高组织开展公共关系活动的成功率，最终在社会公众中不断提高和完善组织的形象地位。

一、公共关系策划的作用

公共关系策划在公共关系程序中处于核心的地位，起着承上启下的作用，它的作用主要有以下几点：

（一）整理思路

策划本身就是为了避免未来行为的盲目、随意、无序混乱，公共关系存在的首要作用就在于从纷繁的信息中整理思路、找出头绪、明辨方向、把握节奏，使未来的公共关系行为能主次有序、轻重有别、环环相扣。

（二）指导行为活动

公共关系策划是对未来公共关系行为的事前设计和规定。为了达到预定的目标，策划必须事先安排未来公共关系行为的每个步骤，对公共关系行为的方向、方法、度和量做出统一的规定和要求。

（三）咨询决策

公共关系策划是整个决策过程中决策者方案选择的依据，是策划者最后决断的前提，它也为下一步的公共关系实施提供依据和保障。

（四）促进公共关系活动的顺利进行

一个社会组织要在激烈的社会竞争中使自身的形象脱颖而出，获得公众的认可，关键在于组织的认知度、美誉度和和谐度，也取决于公共关系策划水平的高低。

微型案例 东风雪铁龙品牌嘉年华暨 C4 世嘉上市发布会

项目背景

2015 年是东风雪铁龙中期规划的龙腾 C 计划的收官年，在总结与回顾龙腾 C 计划所取得成绩的同时，并通过品牌嘉年华活动将舒适、时尚、科技的品牌优势作为重点传播，加强消费者对品牌优势的感知。基于龙腾 C 计划的成功，新的中期规划也将在此次活动中推出，继而通过品牌嘉年华推动新规划的顺利起步。C4 世嘉是东风雪铁龙旗下的一款全新中级家用轿车，在广州车展期间正式上市销售，发布会公布新车的目标人群、卖点及其价格。同时通过品牌嘉年华与上市发布会的联合，有力地扩大了品牌知名度和喜好度，推动新款车型的顺利销售。

项目简述

东风雪铁龙品牌嘉年华暨C4世嘉上市发布会是国内汽车品牌首次在专属航站楼举行发布会，创造性地将“非同凡享”的活动理念贯穿于整场活动。这场人文、视听盛宴不仅展现了雪铁龙百年的历史以及对汽车工业的贡献及推动，也展露出锐意进取、勇于突破的创新精神和新一轮腾飞的雄心。

在东风雪铁龙耕耘23年的历程中，已经有过三次腾飞，助推三次汽车启蒙运动。活动通过三幕精彩的舞台剧，再现了百年来雪铁龙在汽车工业三次重要时期的推动及引领。“三次腾飞”的回顾，进一步加强了消费者对舒适、时尚、科技品牌优势的感知。借龙腾C计划的成功之势，也将推动新的中期规划顺利起步。无疑，品牌的又一次腾飞指日可待。

与此同时，东风雪铁龙旗下的一款全新中级家用轿车C4世嘉也借此正式上市，发布会上公布新车的目标人群、卖点及其价格。东风雪铁龙也加速了产品及新技术的投放及应用。品牌嘉年华与上市发布会的联合，助推新款车型的顺利销售。航站楼这样的场地也很好地契合了“启程飞越”这一核心信息。

作为新一代拥有“有派、有劲、有料、有底”这样鲜明丰富个性的产品，极为符合作为中产阶级的人群追求浪漫的法式生活方式的定位，也是东风雪铁龙一直推崇的“与众不同，愉悦感受”的品牌理念。

项目策划

活动设置了四大亮点：东风雪铁龙专属航站楼、情景剧式的演绎品牌三次启蒙、近40米长的飞机造型道具寓意腾飞以及舞台特效和水幕的运用。这些亮点在重要的三大章节(即品牌篇、企业篇和产品篇)演绎，使东风雪铁龙品牌的历史和文化，品牌的优势(舒适、时尚、科技)，C4世嘉新车型的发布，都通过声光电水等效果的配合诠释与展现。

其中，三台风格迥异的舞台剧被赋予了各自的使命：一个关于“与众不同，愉悦感受”的品牌故事；一个汽车品牌在中国；C4世嘉的上市信息发布。舞台剧的诞生重点从品牌、目标受众等方面分析策划。

品牌故事本身是要把品牌金字塔逻辑讲清楚，是整场舞台剧和视频等演绎的重点。但并不是要发布品牌金字塔，这没有意义，它必须是把雪铁龙的品牌哲学披露给大家。

1. 传播基础：百年历史，法系基因，持续创新

第五层传播基础回答的是雪铁龙具有哪些硬件特质的品牌，硬件特质是指它已经发生的东西、已经被确认的东西和有大量历史事实支撑的东西。体现这些历史支撑的分别是：百年历史、法系基因和持续创新。

2. 独特卖点：与众不同，愉悦感受

具有这样一些根系和土壤的品牌，其创立的原则和特质就是它始终追求与众不同，且指向的是愉悦感受。也就是说，品牌给予消费者的感受是与众不同的。不同之处在于愉悦，东风雪铁龙是一个能够为别人创造愉悦的品牌。而做到愉悦是因为它百年以来的努力都以此为方向，这也展现了品牌特立独行和与众不同。但是，所谓特立独行和与众不同，并不是它的古怪和怪异，而是以让消费者感受愉悦作为始终的宗旨。

3. 品牌优势：舒适、时尚、科技

舒适、时尚、科技是用来支撑愉悦感受的，为消费者提供汽车解决方案的三个重要落

脚点。舒适是内心的和体感的，通过最新的科技得到印证；时尚是作为法国文化和品牌的基因带来的；科技则是实用的科技、生活的科技，让生活变得更便捷。这就是与众不同、愉悦感受的三个重要步骤，在产品层面也逐步得以显现。

4. 消费者愿景：追求现代、便捷、设计感的消费者

东风雪铁龙是一个大众品牌，大部分目标消费者对当前社会生活的理解是较大的生活压力和精神压力，这类人群具有非常强烈的中产阶层特征，会追求所谓的现代便捷设计。东风雪铁龙正是为中产阶层提供服务的。

5. 品牌主张：人性科技创想生活

品牌就是创想生活，而人性科技只是手段，东风雪铁龙从未把科技当作最终追求的目的，而是把服务于人的生活当作最核心的本质。

通过梳理品牌金字塔，以上提到的逻辑将通过舞台剧的表演展现给大家。在公关宣传方面，这些分析与思考也被利用，将东风雪铁龙的品牌哲学、体系和提供品牌语境通过媒体、现场人群传播，让大众信服和认可东风雪铁龙品牌。

项目执行

此次活动场地(即深圳宝安机场航站楼)是一大突出亮点。项目前期投入大量人力、物力甄选场地，最后提出了大胆创新的场地建议，并得到客户的肯定，设计团队也充分开发创新力，将航站楼的大空间优势利用到极致。面对7万平方米建筑面积的场地，如何做到合理分配和严格规划，又要根据场地特点别出心裁地设计出优秀作品，项目开始阶段这项任务之重可见一斑。在空间利用上，团队设计了一架寓意腾飞的“纸飞机”，长约40米，翼展15米，单体重量达到惊人的20余吨，通过与巨型LED大屏和舞台科技的配合，时而上升，时而下降，还兼具改变方向做出翱翔的动作。这样的创意对制作单位的要求相当高，对场地方提供的各项数据的精确性也提出了很高要求，一方出了一点纰漏就会是灾难性的事故。场地责任单位在得知设计方案后，出于安全原因极力反对，但通过信诺传播前后10余次的场地考察，上百次的大小会议，针对各项数据经过认真科学的电脑工程测试，预搭预演，并从未中断与场地方沟通各项工程问题，最终在多次悉心沟通和往返拉锯中，得到了各方认可。

信诺传播一方面将场地划分为舞台区、看台区、展示区等观众能直观感受的区域，在尽可能保留整体设计风格和最终效果呈现的同时，将各类潜在的安全隐患做了预判，在与客户的沟通中，指明实施的风险和应急计划。另一方面，对于车辆候场区、各类休息室、化妆间等做了细致规划，以求达到为嘉宾和演艺人员规划最佳路径，避免因规划不当造成现场混乱。最终方案确定后，为节约时间与制作成本，与工厂沟通协调，大量设备及搭建物在工厂1∶1预搭完成后，再解体送到现场组装。通过这种方式，现场搭建速度和效率明显提高，而在对抗恶劣天气等不利因素时，也进行了结构更加复杂但更安全的设计，避免各种安全隐患发生。

项目评估

经过2个多月的奋战，东风雪铁龙品牌嘉年华暨C4世嘉上市发布会活动在深圳盛大开启。这是国内汽车品牌首次在专属航站楼举行上市发布会，展示出东风雪铁龙腾飞的决心。活动再现了雪铁龙的创新精神及百年来对汽车工业的贡献和推动，有力地传递了东风雪铁龙对未来的构想。这样一场非同凡响的人文、视听盛宴，已然成为广州车展前一大车市热点话题，引得各路媒体争相报道。

通过信诺传播的策划与现场实施，各路媒体及嘉宾感受到一次法式生活的影响。在关键的新车亮相及价格公布环节，各式表演和视频也重复提醒着来宾，这款车属于“智活族”，它能在生活中使消费者体验“与众不同，愉悦感受”的品牌特质。

对于东风雪铁龙来说，这场活动的意义非凡，借用东风雪铁龙总经理陈曦先生的话最能说明客户对于信诺传播的满意度——“深圳是中国改革开放的窗口，曾经创造了‘三天一层楼’这样的惊人发展速度。这个城市已经从一个小渔村发展成一个现代化的国际大都市，体现出了‘效益深圳’，无论在速度上还是效益上都得到了提升，这与东风雪铁龙，包括雪铁龙的品牌精神都是十分契合的。”

资料来源：中国公关网，http://www.chinapr.com.cn/p/401.html，2016年12月15日，有删改。

二、公共关系策划的原则

公共关系人员在进行公共关系策划时不能太主观臆断，应遵守以下原则：

（一）尊重客观事实的原则

公共关系人员在策划过程中，要始终坚持以客观事实为依据，尊重客观事实，应根据调查的实际情况进行分析，还要考虑到市场的大环境。另外，公共关系策划的方案设计要据实公开，塑造形象必须做到客观、真实。

（二）公众利益优先的原则

公众利益优先不仅是公共关系工作的指导思想，同时也是公共关系人员所应遵守的职业道德标准。公众利益优先，并不是要组织完全牺牲自身的利益，而是要求组织在考虑自身利益与公众利益的关系时，始终坚持把公众利益放在首位。组织只有时时、处处为公众利益着想，坚持公众利益至上，才能赢得公众的好评与社会的支持，保持更长远的发展后劲。

（三）计划性与灵活性相统一的原则

公共关系策划所形成的方案将列入组织的整体计划，构成整体运行的一部分，因而必然涉及组织各方面工作的协调与人、财、物的配备，所以必须有较强的计划性。但由于组织的主观条件与外部环境随时都在发生变化，也会制约方案的运行。所以，在做公共关系策划方案时既要考虑到方案的计划性，又要留有余地，使方案能针对突发事件有调整的空间。

（四）与组织整体计划和社会发展相一致的原则

公共关系策划是为了组织的长远发展而设计的，是在组织整体计划与社会发展的大背景的制约下进行的，所以公共关系策划方案应与组织整体计划和社会发展规划相一致。公共关系人员在策划时，也应遵循行动方案与组织整体计划和社会发展相一致的原则。

（五）独创性与连续性相统一的原则

组织的公共关系策划如果不能随着形势发展不断创新，就会丧失生命力，要创新就要有独创性。另外，组织形象的塑造不能一蹴而就，要有长期积累。因此，一次公共关系策划的成功既要考虑到独创性又要考虑到连续性，这样组织才能持续发展。

微型案例　直升机上扔表

某品牌手表在市场推广时，对媒体放风，要于×月×日在澳大利亚××区域上空利用一架直升机，请公关小姐在离地面几十英尺的飞机上往下扔表。并且扬言，谁要捡到手表就归谁；如果捡到的手表有走时不准的现象，公司在包换的同时，还奖励捡表人1万美元。

得知这个消息的澳大利亚当地人和一些外国游客在活动当天纷纷来到现场要一睹为快，并希望捡到一块最好是摔坏的手表。只见活动一开始，手表陆陆续续从天而降，在阳光的照射下闪闪发光。人群中不时发出尖叫和欢呼声。活动中，不少人在茂密的草地上捡到了手表，除了外表有些脏，没有一块摔坏了的或走时不准的。大家都为该品牌手表的质量啧啧称奇。活动结束后，该品牌手表的市场占有率迅速上升。

资料来源：龙志鹤：《公关案例选粹与评析》，经济管理出版社2011年版，第140页。

三、公共关系策划的内容

（一）确定公共关系活动主题

根据具体公共关系目标，设计鲜明、简洁、亲切的主题，有利于逐渐推进每一项公共关系活动目标的完成和总目标的实现。主题的表达可以是一句简洁的陈述，也可以是一句寓意深刻的警语，还可以是一句口号。无论采用何种形式，主题的设计应突出组织的自身特色，这样便于通过围绕主题开展活动，树立起独特的组织形象。同时，主题的设计要考虑到不同阶段公共关系目标的特点。

（二）确定活动项目

1. 利用组织已有设施建立社会关系网络的交际型活动项目

这类项目包括举办各种招待会、座谈会、知名人士茶话会、工作晚餐会以及记者招待会、经理厂长联谊会，以及参观内部设施与管理等。

2. 以信息传播为中心内容的宣传型活动项目

这类项目包括新闻发布会、记者招待会、演讲会、各种竞赛活动、庆祝活动、颁奖仪式、新产品与新技术展览会、信息发布会、印发公共关系刊物、制作视听资料等。

3. 以社会性、公益性、赞助性活动为主的社会型项目

这类项目包括当地传统的节庆活动、公益赞助活动、慈善事业等，还包括全国性的重大节日、纪念日举办的庆祝会，同时还有组织本身的重要活动，如开业庆典、剪彩仪式、周年纪念等。

4. 以提供各种优惠服务为主的服务型活动项目

这类项目包括工业企业的售后服务、消费服务、消费指导，商业、服务性行业的优质服务，公共事业的完善服务，政府机构和党派组织的服务等。

（三）确定活动时机

成功的公共关系方案如果错过良机，就不能有效地进行下去，所以对于一个组织来说，确定活动时机尤为关键。

小技巧

一般来说，根据组织不同发展时期的具体情况和需要，可以选择以下时机：

1. 组织开业或新产品、新项目、新服务、新技术推出之时；
2. 组织更名、转产或与其他组织合并时；
3. 组织获得荣誉、引起关注时；
4. 组织遇到某种偶发事件、发生某种失误或被公众误解时；
5. 重要的节日、社会上发生重要的事件时。

（四）确定传播的方式

1. 谋划新闻事件

谋划新闻事件具有较强的创造性和机遇性，要求公共关系人员必须有较宽厚的知识积累和广泛的兴趣，对外界变化有相当灵敏的反应，抓住有利时机，创造新的价值，为组织或企业提高知名度和美誉度。

2. 准备传播材料

准备的传播材料要具有显著性，能突出某些事实，便于公众从中获得相关的信息，加深对企业或组织的认识。另外，准备的材料还要与主题相关，有利于实现某一具体的公共关系目标。

3. 选择传播媒介

选择传播媒介要注意的原则是：(1)与公共关系活动的目标相联系；(2)与所面对的目标公众相联系；(3)与组织的经济条件相联系；(4)与传播信息的内容相联系。

（五）确定财务预算的内容

公共关系的财务预算主要包括以下几个部分：

(1)劳动报酬，包括公共关系部门的负责人及其他人员的劳动报酬。

(2)行政管理费，包括房租、水电费、电话费、办公费、家具折旧费等。

(3)传播媒介费，包括在报纸、杂志、传播、电视上做广告等宣传费用。

(4)设备费，包括开展公共关系活动的必要器材，如摄影设备、广播器材、电视录像设备、展览装置等。

(5)交往活动费，包括召开各种座谈会、记者招待会、组织参观、展览会的费用以及招待费、公共关系人员的差旅费等。

(6)其他应急或机动费用，包括赞助社会文化、教育、体育和社会福利事业等费用。

微型案例 苹果的公关手法别人学不来

外界对苹果的公关策略吐槽一箩筐，网络一搜可以找到很多炮轰苹果公关的文章，但是苹果至今一如既往，从不改变。

哪怕日前被曝所谓踢出中央政府采购名单以及“后门事件”，苹果的做派还是一如既往、慢条斯理，一切按照自己的节奏来。

苹果的公关是全球一盘棋，全球各区域市场都是照搬美国的模式宣传产品，可谓一点不走样。这应该是苹果全球的“铁制度”，各区域市场无权随意改变。

苹果的公关主要围绕产品，不谈策略，不谈市场，仅仅谈产品、谈体验。除了全球性的每年一度的几次重大发布会，苹果在区域市场从不召开发布会。

苹果在各区域市场举办的都是苹果技术人员对产品的介绍和说明会。这些产品介绍不会选择规模宏大的场地，只会选择某一家酒店的一个套房，苹果挑选最多十几家媒体，排好时间段，一家媒体或两家媒体一起与苹果的技术人员围绕苹果的产品进行沟通和体验。

由于苹果技术人员对着一家媒体或者是最多对着两家媒体，在产品演示时，记者也很难开小差，一场介绍说明会下来，记者都会对苹果的产品新功能有了解。一次说明会时间一般是40分钟左右。

苹果的产品说明会可以看成对媒体记者洗脑，通过不断的产品讲解，试图让记者后期的报道更准确。

外界一直称苹果对果粉洗脑，但是从笔者的经验看，苹果不同于中国很多学苹果的厂商动辄大谈情怀和理想的做法，全靠产品细节。尽管苹果前任CEO乔布斯以语言尖酸刻薄著称，喜欢“调戏”竞争对手，但是苹果在实际与媒体打交道的过程中从不说竞争对手的坏话，也不评论竞争对手的产品。

在说明会上有关产品细节以外的信息，苹果人员都拒绝回答。苹果公关人员也会坐在旁边，防止苹果的职工传递与产品无关的信息。

在苹果的几次全球大型发布会上，其对除产品之外的信息也很少进行说明。尽管在财务报表公布后的分析师会议上，苹果高管会进行一些作答，但是信息量也很有限。

苹果对媒体很挑剔，入其眼的媒体数量很有限，很多媒体人无法直接采访苹果公司。有很多媒体记者跟笔者交流，苹果不在乎负面报道，写了那么多负面报道也未见苹果主动联系他们。

确实，苹果这一点很与众不同，很多企业看到负面报道会跟记者主动沟通建立联系，也方便以后公司官方信息的传递，对记者的报道施加一些影响。

但苹果不这样做，你写它的负面报道，它基本上视而不见。他们认为懂他们产品的人更多，不会被负面报道所影响。另外对苹果来说，媒体有发表自己意见的权利，故很少澄清负面报道。当然，央视的报道除外。

对苹果来说，选择媒体一看平台，平台与苹果的产品定位要有不错的匹配度，简单地说，你的读者大部分可能会是苹果产品用户；另外，苹果喜欢跟懂行的记者打交道，很多记者换了平台后，苹果依然乐意与新平台打交道，就是看中记者对苹果的了解。

来说说近年苹果在中国市场遭遇的多起危机公关。先是央视3·15晚会对苹果的售后服务提出批评，现在又是苹果的“后门事件”，紧接着又传出中央政府采购名单中剔除苹果。

一系列棘手的负面新闻！我们来看看苹果是如何处理的。

当年央视3·15晚会播出后，苹果出了几篇声明，苹果CEO蒂姆·库克发表了公开信，随后调整了中国区的售后服务政策，与全球保持一致。这一事件算平息了。

但这件事情后，苹果中国区的公关策略并没有发生调整，依然与过去一样。而对其他公司来说，如此大的事件发生后，可能会导致以后策略的转变。

资料来源：品牌中国网，http://pr.brandcn.com/gongguananli/140819_377775.html，澎湃新闻，2014年8月19日。

四、学写公共关系策划书

公共关系策划书是公共关系策划工作的总结，又是公共关系活动实施的指导方案，是公共关系活动方案形成的书面报告。制定公共关系策划书的目的是，方便计划制订者随时查看项目进展，能有效地评估公共关系结果，以便获得更好的公共关系传播效果。一份标准的公共关系策划书通常包括以下五个部分：

1. 封面。封面要求格式要规范，设计要新颖、别致，可以图文并茂。封面要注明文件编号；密级；策划书的标题，包括制定策划书的组织名称、活动名称、活动方式及文种等；落款，其中应注明制作策划书的单位名称及日期，并加盖公章。

2. 序文。序文是指把策划书的内容简明扼要地概括出来，也可以适当地加些说明性文字。

3. 目录。

4. 正文。正文是策划书中最重要的部分。正文的写法以文字为主，也可以用表格或图示，但内容的层次一定要清楚、明了。

（1）背景分析。这部分主要是分析组织内部环境及社会环境对组织策划书的策划起到怎样的作用。

（2）目标。目标是指项目策划所要达到什么目标。

（3）主题词。用一句简练新颖、独特、有感染力的语言概括本次活动的宗旨、目的、意义，使活动主题更加突出。

（4）本次活动的主办单位、协办单位、赞助单位及承办单位。

（5）本次活动的时间、地点、参加者及邀请者。应写明活动的时间、地点和参加者的人数、具体落实的情况。

（6）本次活动的实施方案。这是策划书的核心，也是本次公共关系专题活动的创意体现。每项具体活动项目应包括：活动名称；活动目的及在整个活动中的地位、作用；活动主要内容、方式和基本要求；项目的负责人、参与者及分工、项目完成时间及进度表；经费、设备总量；所需的传播媒介及场地等。

（7）本次活动的成效检测及效果展望。

微型案例　“雕牌”母亲节系列公关活动策划书

一、背景分析

敬重母亲、弘扬母爱的母亲节，在中国已成为一个约定俗成的节日，到了现在，每年5月的第二个星期日的母亲节已经成为一个公众必过的节日。随着母亲节成为公众的节日，人们也终于可以在这一天大大方方地表达对母亲的深厚感情。

2011年的母亲节是5月8日（星期天），为了回馈社会、家庭对本公司长期的支持和信任，在母亲节来临之际，我公司本着“只为提升您的生活品质”的企业宗旨和“纳爱于斯善利万众”的企业固有理念，准备于2011年母亲节当天在北京、上海、广州、香港、武汉五个城市的广场分别同步举行“感恩母亲节，快乐母亲节”大型母亲节现场活动。

二、公共关系活动策划与实施

（一）活动主题

雕牌感恩母亲节，快乐母亲节大型现场活动。

（二）活动目标

1. 通过孩子与母亲间的关联活动触动消费者心弦，引起社会公众对母亲的更广泛的关注。

2. 利用“母亲节”假日进行品牌宣传和推广，提升品牌知名度和美誉度，提高已有顾客的忠诚度。

（三）目标公众分析

目标对象：孩子与母亲。锁定社会的最基本单元——家庭，他们是公司的目标市场，而其中很大的比例是妈妈消费群体，所以此次公关活动以孩子与母亲为目标对象，通过感恩的主题达到活动目标。

(四)具体活动步骤

1. 活动主题:"寻找生日"大酬宾

活动目的:号召更多的社会公众关注自己的母亲。天底下每一个母亲都记得孩子的生日、爱好,而又有多少孩子了解妈妈的生日呢!通过活动让身为人子也记住母亲的生日和其他每一个重要的日子。

活动时间:5月第二个星期的双休日(5月7、8日)。

活动地点:鲁广超市。

活动内容:打出"满足以下条件之一的家庭即可获得雕牌公司与鲁广超市联合送出的一整套家庭装雕牌产品"(包括雕牌天然皂粉家庭装、雕牌超能皂、雕牌全效洗洁精、雕牌家庭装牙膏)。条件一:孩子或母亲生日是5月8日的;条件二:孩子和母亲生日为同一天的。

活动要求:消费者带上自己的身份证,到超市的总服务台即可领取。

2. 活动主题:"体验生活"比赛

活动目的:体会母亲的辛苦,让参赛选手用自己的努力换得鲜花赠予母亲。

活动时间:5月8日。

活动地点:关谷广场。

活动内容:在广场现场举办大赛,五个选手分一个组次,每个组次依次比拼,让参赛者(孩子)现场洗已准备好的脏衣服,以谁洗得最干净、用时最短为标准评出一、二、三等奖,分别获得相应奖品(鲜花和精美节日卡),而参赛者家庭均可获得全家福照片(颁奖结束后当场拍照,照片马上送出)。

活动要求:参赛者需要提前报名,且比赛过程要独立完成任务;现场比赛用的道具(脏衣服、塑料盆、洗衣粉)提前准备充足,保证比赛的正常举行,比赛中播放《烛光里的妈妈》《鲁冰花》《听妈妈讲那过去的事情》等背景音乐。

3. 活动主题:"感恩母亲"回报大比拼。

活动目的:给一个平台,表达子女们对母亲的一片浓浓深情、反哺之恩的体现,是献给母亲的一份值得永久珍藏回味的礼物。

活动时间:5月8日。

活动地点:光谷广场。

活动内容:在已搭建好的舞台上,由主持人进行"现场回答问题,赢奖品送母亲"宣传,吸引周围的公众参加。事先准备好写有不同有关母亲的问题的卡片(包括背出有关母亲、母爱的诗词,说出自己母亲的生日和爱好,现场演唱一首母亲题材的歌曲,讲述历史中与母亲有关的故事等)和盛装卡片的纸盒,在活动当天让参加者随机抽出一张卡片并按要求完成,能圆满完成的参加者由主持人当场送出礼品(家庭用洗衣手套、便携拖把、迷你电动按摩器等任选其一)。

活动要求:活动过程中不间断轮流播放《烛光里的妈妈》《鲁冰花》《听妈妈讲那过去的事情》《妈妈的吻》《听妈妈的话》等歌曲。

各场活动之间要有紧密的联合点,如现场布置的设计、统一的风格形式、标语的出现等,背景均要凸显"雕牌感恩母亲节,快乐母亲节大型现场活动"的主题。加强活动之间的配合,做到整合传播。

(五)传播渠道

1. 报纸媒体

约提前一周(从 5 月 3 日开始,避开“五一”假期的宣传期高峰),提醒广大市民母亲节到了。分别在《武汉晚报》《楚天金报》《楚天都市报》营造活动氛围,并在 5 月 6、7 日配合发两期“感恩母亲节,快乐母亲节”公益广告。

活动结束后的第二天,也就是 5 月 9 日,再在上述三个报刊上大篇幅刊登报道活动规模和影响的文章,与前期的宣传前后呼应,强调整体活动社会公益性。

2. 网络媒体

与腾讯公司合作,利用其产品 QQ 的广大人脉联系网络,提前三天在腾讯网站、用户 QQ 控件和用户 QQ 邮箱三个方面开始安排“感恩母亲节,快乐母亲节”公益广告和公司主题活动的宣传。

3. 社会媒体

(1)公交。利用武汉城市公交车上广告牌、电视广告,提早一周开始投放“感恩母亲节,快乐母亲节”公益广告和公司主题活动的宣传。

(2)中国移动。提早一周分批次给武汉各大高校的学生用户群发关于“感恩母亲节,快乐母亲节”主题活动的简介,并在该周周五再次群发。

(3)超市海报。提早一周在鲁广超市开展海报宣传的攻势。

(六)经费预算

媒体宣传费用:10 000 元(报纸)+15 000 元(网络)+30 000 元(社交媒体)。

场地租用费用:18 000 元(光谷广场)。

舞台搭建费用:5 000 元。

人员费用:20 000 元(现场)。

招待费用:10 000 元(艺术团)+7 000 元(现场人员)。

奖品费用:8 000 元(鲜花、节日卡等、品牌系列产品)。

合计 158 000 元。

三、活动效果预测

在母亲节这个特殊的日子,公司通过系列公益、公众、新闻性活动号召做儿女的向母亲表达关爱和祝福,吸引住众多的“眼球”,引起媒体和消费者的关注,也引起了做儿女的心声共鸣! 谁不爱自己的母亲呢? 亲情恰恰是最能打动人心的利器!

此次公关活动将多渠道公关营销与多角度、多空间宣传结合起来;分部、分头有机融合,互相协调、支持,这样将赢得更多顾客满意度和忠诚度。其运作成本极低,完全是一对一真情沟通,且达标率高达 200%。通过整合互补、双赢互利,品牌的知名度、美誉度得以迅猛提升。

资料来源:于燕:《公共关系理论与实务》,北京师范大学出版社 2018 年版,第 129—132 页。

第三节　公共关系实施

公共关系实施是在公共关系计划被采纳以后,将计划所确定的内容变为公共关系实践的过程。公共关系工作能否取得预期的效果,不仅要看公共关系工作方案是否富有创意、是否切实可行，还要看方案的实施是否严谨、规范。明确公共关系实施的具体内容构成，有利于公共关系有的放矢地实施。

微型案例　"北疆天路——消失72小时"旅游公关实施案例

项目实施

1. 打造公关营销事件——全民寻找消失通道

对于在大城市打拼的人来说，房价居高不下，生活压力日益增加，结合这一焦虑，中青旅联科（北京）公关顾问有限公司（以下简称中青旅联科）以"摆脱城市束缚"为创意点，自编自导自演了"消失72小时"活动预热短片。其通过内蒙古原生态环境与城市雾霾下沉重的生活压力之间的落差，引发目标客群的共鸣。

2. 精准人群招募——寻找你身边的达人

有别于传统自驾游，"北疆天路"所倡导的是一种"多景观＋人文"的双重组合体验。本次活动结合目标客群的心理需求，通过大数据分析，推出了四条主题推介自驾线路，以满足多样化和多层次的旅游消费需求。活动前期通过公开招募，筛选出单身组、情侣组、家庭组、朋友组共四组具有代表性的达人参与活动。在参与门槛降低的同时，也有了来自身边的达人背书，提高了目标客群的感知度。

3. 持续引发热点——多平台全方位覆盖

体验成果展示：活动结束后，收集、整理、发布北疆天路体验官百篇游记，席卷各大平台，通过双微平台、门户网站、美图网站持续发声，吸引近百家媒体跟进宣传报道，项目热度持续发酵。其中多篇被搜狐旅游、马蜂窝、网易新闻、UC头条首页推荐。

总结性H5刷爆朋友圈：由中青旅联科设计创意的活动总结H5《老板，我很久没有请假了，我能不能……》，引导网友们从现在压抑的生活状态中走出来，去内蒙古寻找迷失的自己。有策略、有节奏地引导，在激发用户好奇心的同时，再次传播了"北疆天路"的品牌形象。

收官视频推广：针对孩子、白领、歌手三类不同人群上线多个"消失72小时"主题短片，并在秒拍、乐视、爱奇艺、优酷等短视频&视频平台同步宣传推广。极具感染力的旁白及画面，进一步激发了目标客群对内蒙古旅游的向往。

媒体线下主题分享会：联合搜狐旅游举行"天凉好个秋，自驾正当时"线下主题分享会，邀请到"北疆天路消失72小时"活动的体验官们，分享此次自驾途中的有趣故事，再次增加"北疆天路"的品牌曝光量。

资料来源：中国公关网，http://www.chinapr.com.cn/p/1076.html，2018年2月8日，略有改动。

由此可见，成功的公共关系实施可以使所订的计划目标顺利实现；而失败的公共关系实施不仅使计划难以完成，甚至会产生负面效应。

一、公共关系实施的意义

1. 公共关系计划的实施是实现公共关系目标的保障

公共关系存在的目的不是为了研究问题，而是为了解决问题。公共关系调查研究、制订计划是发现问题、研究问题的过程，而计划的实施才是具体地解决问题、达到目标的过程。

2. 公共关系计划的实施决定了计划能否实现

一次成功的公共关系实施活动主要在于实施人员能够选择最有效的途径和手段，采用多种方法和技巧，在公众中树立起本组织的良好形象。公共关系实施的失败不仅不能实现计划目标，还可能使计划中想要解决的问题更加复杂化。

3. 公共关系计划实施的结果是制订后续方案的重要依据

制订公共关系计划必须要以社会组织所面临的现状为依据，特别注意需将以前的公共关系策划实施的结果通过各种渠道反馈回来的信息作为依据，并针对新出现的问题制订新的计划。

二、公共关系实施的原则

实施公共关系包括以下四大原则：

一是整体协调的原则。就是在计划实施的过程中使所涉及的各个方面达到和谐、合理、互补的状态，强调在各个实施过程中的环节之间、部门之间及实施主体和公众之间和谐化、合理化。整体协调包括纵向协调与横向协调。纵向协调是指上下级部门之间的协调；横向协调是指部门与部门之间或平级之间通过当面协调、文件往来等形式协调。

二是控制进度的原则。即根据整个公共关系计划的目标和需要，按照一定的程序，掌握工作的进展程度。控制进度需要明确控制目的，重视反馈信息。

三是目标导向的原则。即在公关实施过程中，保证公关实施活动不偏离目标，不断利用目标对整个实施活动进行引导、制约和促进。

四是反馈调整的原则。即通过监督控制及时发现公共关系实施中的偏差，并及时调整，保证公关实施的顺利完成。

三、影响公共关系实施的因素

一般来说，影响公共关系实施的因素有很多，但归纳起来，无非就是这样三个方面：一是沟通障碍，二是策划的目标不切合实际，三是突发事件的影响。

（一）沟通障碍

（1）地域差别。不同的地域有不同的文化习俗，如果组织在实施公共关系计划时没有考虑到地域的特点，一意孤行，则必然失败。所以实施中要注意地域的差别，有针对性地调查，然后再实施。

（2）组织自身问题严重。组织的机构庞大且臃肿就会造成信息在传递与沟通中出现误差，引起外界公众的误会。为了加强沟通、排除障碍，组织应该通过多种渠道反映信息情况，如举行民意测验、召开各种类型的座谈会、进行专家访谈、定期就某些重大问题交换意见等。

（3）观念与意识的差别。组织在面对公众时，应考虑不同公众之间的观念与意识的差别，不同的公众对组织的公共关系活动看法不一。组织应按照预期的目标实施计划，对持不同观念者加大宣传力度。

（二）策划的目标不切合实际

公共关系计划中所拟定的目标不切合实际或不具体，都会给组织的实施工作造成一定困难。在公共关系计划实施的过程中，无论实施目标的动态性多强，实施的过程也不可能按部就班地完成预定的目标。实施人员在实施前应检查以下几个方面：（1）计划目标是否指出了组织所期望的目标；（2）计划目标是否切合实际；（3）计划目标是否是执行者职权范围内能够完成的;(4)目标中是否有关于目标细节方面的详尽且具体的表述。

(三)突发事件的影响

突发事件包括不可抗力的自然灾害和人为的纠纷事件。这些突发事件的发生没有预兆,会影响方案的实施进度及实施的过程。组织在实施过程中突遇这些意外事件时,要冷静地及时处理,不能因为这一突发事件而持续影响公共关系的实施。

第四节 公共关系评估

公共关系评估即依据特定的标准,对公共关系计划、实施及效果进行检验、评价和估计。通过对公共关系效果的分析评估,肯定工作成绩,找出实施效果与目标之间的差距,适时地调整公共关系调查、公共关系策划和公共关系实施方案,保证公共关系活动的持续有效开展。

一、公共关系评估的内容

公共关系评估包括以下四个方面:

(1)分析评估公共关系活动原定目标是否实现。公共关系活动的原定目标是活动效果评估的标准,比较公共关系活动方案中所设计的主要目标与通过公共关系活动所达到的实现目标,分析目标的实现程度。

(2)分析评价公共关系活动所选择的模式、传播媒介是否符合公众的需求。通过公共关系调查,分析评估掌握的资料,分析其相符程度和对实现目标的作用,为制订新的公共关系计划和活动提供依据。

(3)分析评估公众的态度。应比较分析开展公共关系活动前后公众对组织的认识、了解和理解程度,还应分析评估公共关系对组织观点、态度的改变程度。

(4)评估原计划预算控制。需对资源投入与目标实现的价值比和效益比进行分析,使组织的人力、财力、物力和时间的投入得以充分利用,获得较多的利益。

微型案例 给肠道做 SPA——蒙牛“冠益乳肠道关爱行动”公共关系项目的效果评估

“冠益乳肠道关爱行动”作为冠益乳品牌贯穿 2009 年的唯一主题活动得到了来自市场目标消费群体的高度认同,为冠益乳品牌带来了积极的影响。

1. 有效提升销售

冠益乳 2009 年销量较去年增长 20%。从第三方调研公司就《冠益乳 2009 年大型活动效果追踪报告》的数据显示,55.5%的消费者认为通过“冠益乳肠道关爱行动”让他们对冠益乳品牌的印象更好了,46.8%的消费者表示受该活动影响会增加购买冠益乳产品,30%以上的消费者对其健康层面的印象得到了加深。20%左右的消费者巩固了对冠益乳营养的、值得信赖的、高品质的、美味的、专业的酸奶专家等方面的品牌印象。

2. 品牌关注度升级

从 4 月活动初期宣传开始,截止到 9 月 30 日,百度“冠益乳”新闻数和网页数都有显著增长。其中,新闻数增长率达 25%;网页数增长率达 269%。由此可见,2009 年度大活动的推广显著提升了冠益乳在目标用户群中的知名度,其中百度指数对“冠益乳”的半年检测显示,无论是用户关注度还是媒体关注度,在 1 个月和 1 个季度的周期内增长率均超过 100%。更值得关注的是,随着《心情 SPA》剧情在公交移动电视等新媒体的播出,冠益乳百度关注指数迎来又一上扬新高，而“蒙牛冠益乳广告”的检索频次在2009年12月当月涨幅就大于600%，年度活动的影响效应在持续蔓延。

3. 传播量化考评

4—7月间，平面媒体总计发布报道409篇，达696 748字。其中，千字以上的报道366篇，占发稿总量的89%(按篇数计)。此外，中央电视台及北京电视台进行了3档栏目的专题报道，时长跨度均为20～30分钟。新媒体剧《心情SPA》(10集)在网上的点击量达28 687 001次，并赢得目标消费群体的高度认同。平面媒体报道中，1 000字以上的报道达366篇之多，占发稿总量的89%；配图报道篇幅达246篇，占发稿总量的58%。电视媒体报道截止到9月底共完成电视新闻、栏目专题6次播出，其中有2个专题栏目时长达30分钟。

资料来源：中国国际公共关系协会：《最佳公共关系案例》，企业管理出版社2010年版，第94－95页，有删改。

二、公共关系评估的程序

公共关系评估包括以下几个程序：

(1)设立统一的评估目标。

评估目标用来检验公共关系计划与实施结果。统一的评估目标可以减少在评估研究中出现的不必要的劳动。评估目标需要人员对有关问题形成书面材料，以保证评估工作顺利进行。

(2)将评估过程纳入公共关系计划。

评估是整个公共关系计划的重要组成部分。对评估应该给予足够的重视，对评估的方法、程序等方面要充分考虑。

(3)在一定范围内取得对评估的一致意见。

(4)将目标具体化。

在项目评估过程中，应该分解目标。分解目标可以使公共关系计划的实施过程更加明确化与准确化。

(5)选择适当的评价标准。

应针对不同的活动形式和目标确立评估标准，如果开展的是以改善自己的形象、提高美誉度为目标的公共关系活动，就应该将公众对组织的认识、态度的变化作为评估标准。

(6)确定搜集证据的最佳途径。

获取评估数据的途径和方法取决于评估的目的、标准。抽样调查、实地试验或活动记录都可能成为获取数据的好方法。

(7)保持完整的实施记录。

这些实施记录能反映出公共关系人员的工作方式和工作效果，更重要的是能够反映计划的可行程度。

(8)使用评估结果。

把评估结果及时有效地运用到公共关系工作上，会使问题的确定和分析更加详细、精确，确保下一个公共关系活动顺利进行。

(9)将评估结果向组织管理者报告。

及时上报评估结果可以保证组织管理者及时掌握情况，有利于组织全面协调决策，也有利于说明公共关系活动在组织实现目标的过程中所起到的作用。

(10)提高对公共关系的理论认识。

公共关系活动能提高人们对公共关系理论的认识，同时效果评估的成果又进一步丰富了公共关系的专业知识。

三、公共关系评估的方法

公共关系评估包括以下四种方法：

(1)专家评价法。即由公共关系方面的专家来审定公共关系计划、观察活动的实施、调查计划的实施对象，综合各方面的意见评估公共关系活动，鉴定公共关系活动的成就。

(2)公众意见征询法。即通过与公众代表的对话，征询广大公众对公共关系项目的意见与评价。可以采用问卷或提问的方法征求公众的意见，征求他们对指定问题的意见、态度、倾向，以分析评价公共关系活动的效果。

(3)组织活动记录法。全面、准确的活动记录是重要的效果评估资料。可依据记录的资料评估，选择一定的标准比较，然后得出评判结论。

(4)实施人员的评估。这是由实施人员评估计划和实施进展情况，这种评估能及时、充分地利用实施过程中的实际情况，判断该项活动的影响效果，但由于实施人员会有个人主观看法，因此有时可能会失真。

微型案例　美丽穿行　感动世界——2008年雅秀市场奥运营销案例

2008年8月8日，第29届奥林匹克运动会在中国北京开幕。作为奥运期间京城重要的形象窗口市场，三里屯雅秀服装市场成为本次奥运的重点接待单位。如何吸引更多的目标群体，让更多的奥运贵宾了解雅秀，就成了雅秀服装市场的经营者每天在思考的问题。

项目评估

1. 效果综述：据统计，近百家平面媒体、网络媒体以及电视台进行了约25万字的文字报道，38%的媒体以大版面、大篇幅的深度报道形式出现，达到了非常轰动的传播效果；电视媒体以超过60%大新闻形式及时报道，现场花絮鲜活有趣，视觉效果非常丰富，同时进行多波次重播，达到了很好的观众收视效果；国内外主流电视台如中央电视台、北京电视台、加拿大电视台、荷兰电视台、法国电视台等也进入市场进行报道。大篇幅的跨页彩图报道，包括中央电视台在内的多家电视、电台媒体报道成为品牌传播中的亮点。奥运会和残奥会期间雅秀市场的媒体曝光率(包括电视媒体、平面媒体、网络媒体等)、媒体发布版面和发布篇幅首次超过了竞争对手。

2. 客户反应：本次活动推广的成效得到了三里屯雅秀服装市场的充分肯定，此次奥运营销项目结束后，雅秀服装市场继续邀请巅峰旗帜国际广告有限公司团队作为其公关合作伙伴，帮助策划其在残奥会期间的品牌推广活动。

3. 市场反应：此次活动期间，在媒体传播与终端促销整合资源、优势互补的强力推广作用下，三里屯雅秀服装市场的品牌关注度迅速提高，品牌形象也得到很大的提升，由此带来的结果是产品销售全线告捷。近2个月的公关传播和推广活动为雅秀创造了1个月1.5亿元的销售额，是以往全年销售额7 000万元的2倍多，缔造了中国商场销售的神话；

同时,同类竞争单位也开始跟进,其中不少以雅秀服装市场推广模式为范本,效仿其传播内容。

4. 受众反应:此次活动在目标受众中反响巨大,使得中国传统服饰以及中国文化再次受到了国内外高度关注,在北京掀起了一股时尚旗袍与中国传统文化的风潮;同时在奥运这个特殊的时刻大大增强了中国人的民族荣誉感及自豪感,也坚定了大家为奥运争光的决心。

资料来源:中国国际公共关系协会:《最佳公共关系案例》,企业管理出版社 2010 年版,第 40—41 页,有删改。

小　结

关键术语

公共关系调查　公共关系策划　公共关系实施　公共关系评估

本章小结

1. 公共关系调查,就是社会组织运用科学合理的方法,为准确地收集有关公众和社会环境等方面的资料,通过定量分析和定性分析相结合的方法,概括各类信息渠道反映的公众的意见和态度,综合分析相关的因素及相互关系,以考察组织的公共关系状态,了解组织面临的公共关系方面的实际问题的方法。公共关系调查的目的是考察公共关系状况,预测民意和社会环境的发展趋势,从而为组织的形象设计、公共关系策划提供依据。

2. 公共关系调查包括制订方案、搜集资料、整理分析资料、撰写调查报告四个步骤。

3. 公共关系调查的内容包括组织情况调查、公众状况调查、传播媒介状况调查、社会组织形象调查。

4. 公共关系调查的方法包括访谈调查法、问卷调查法、抽样法。

5. 公共关系策划就是指公共关系人员根据组织形象的现状和目标要求,分析现有条件,设计最佳活动方案的过程。

6. 公共关系策划的作用包括整理思路、指导行为活动、咨询决策、促进公共关系活动的顺利进行。

7. 公共关系策划的原则包括:尊重客观事实的原则;公众利益优先的原则;计划性与灵活性相统一的原则;与组织整体计划和社会发展相一致的原则;独创性与连续性相统一的原则。

8. 公共关系策划的内容包括确定公共关系活动主题、确定活动项目、确定活动时机、确定传播的方式、确定财务预算的内容。

9. 公共关系实施是在公共关系计划被采纳以后,将计划所确定的内容变为公共关系实践的过程。公共关系工作能否取得预期的效果,不仅要看公共关系工作方案是否富有创意、是否切实可行,还要看方案的实施是否严谨、规范。明确公共关系实施的具体内容构成,有利于公共关系实施有的放矢地进行。

10. 公共关系实施的原则包括整体协调的原则、控制进度的原则、目标导向的原则、反馈调整的原则。

11. 公共关系评估就是依据特定的标准,对公共关系计划、实施及效果进行检验、评价和估计。通过对公共关系效果的分析评估,肯定工作成绩,找出实施效果与目标之间的差距,适时地调整公共关系调查、公共关系策划和实施方案,保证公共关系活动的持续有效开展。

12. 公共关系评估的程序包括设立统一的评估目标、将评估过程纳入公共关系计划、在一定范围内取得对评估的一致意见、将目标具体化、选择适当的评价标准、确定搜集证据的最佳途径、保持完整的实施记录、使用评估结果、将评估结果向组织管理者报告、提高对公共关系的理论认识。

知识结构图

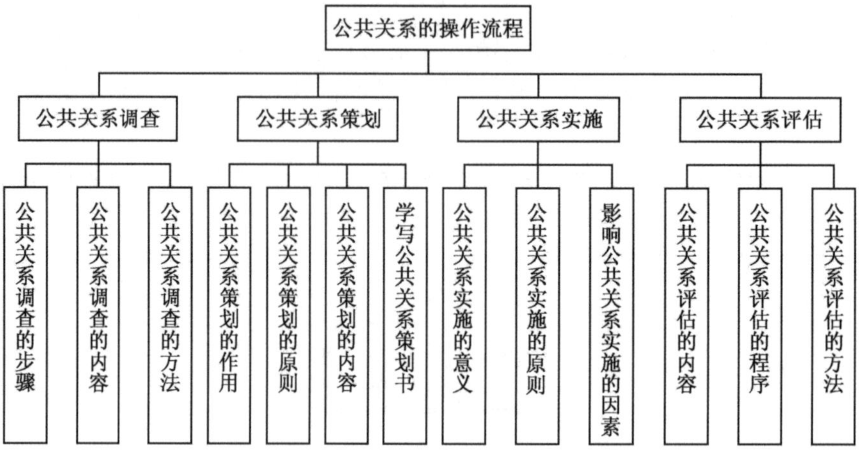

应 用

案例研究

案例一

腾讯与人民网国庆H5“我的年代照”传播

在新中国成立70周年的重大庆典之际，腾讯联合官方媒体通过H5的创意形式展现70年生活变迁，为全年龄段用户合成极具代入感的年代照，用心还原“亲历者”时代记忆，打造一场跨越代际的全民回忆盛宴。

项目调研

在新中国成立70周年之际，人民群众爱国热情和民族自豪感空前高涨，借此舆论氛围，引发全民参与，是传播品牌正能量的绝佳契机。一个独特的切入点是打破圈层、调动全民参与的关键。在洞察到“每个人都是祖国发展的亲历者”这个个体与国家之间最紧密的联系之后，项目便以此为核心构思创意，数名叫“建国”的人依次发声，以普通人的故事为切入点，通过不同年代场景和衣着生成专属年代照片，触动不同圈层不同年代的用户。

项目策划

1. 目标

借助极具代入感的H5，令7代人产生情感共鸣，引发全民参与，强化品牌正能量形象。

2. 整体策略

(1)高度：联合人民网传播品牌正能量。

(2)情绪：以“每个人都是中国伟大复兴的时代亲历者与见证者”为核心主题，引发一场从怀旧到自豪的集体情绪共鸣。

(3)技术：以腾讯云的AI(人工智能)技术为内核，通过“怀旧视觉＋人脸识别”的创意展现，增强代入感。

3. 受众

从1949年新中国成立到2019年70周年大庆的7代中国人。

4. 内容创意

(1)宏大命题和真实生活的浪漫重合。将普通人所经历的年代记忆与新中国成立70周年的时代变迁相结合，让用户以个人的回忆为切入点，进入全民共同的记忆盛宴。

(2)追求可执行和还原度的完美统一。创意核心是历史巨变在每代人普通生活中的日常表达，既要符合史实，更要还原生活，细节的打磨成为重中之重。

(3)大众的故事永远是最好的材料。与微博 KOL 合作征集情感故事，充分利用好 UGC(用户生成内容)资源，再度发酵。

5. 媒介策略

(1)人民网权威背书：利用人民网新媒体影响力，进行微博层面的话题扩散，促进引流。

(2)下沉渠道精准推广：在大众社群投放 H5，引发家庭内部几代人的讨论和参与。

(3)网络媒体全网扩散：基于 H5 热度，从科技、国家情怀、营销等角度复盘，持续扩大 H5 曝光和品牌影响力。

项目执行

1. H5 上线：人民网首发，朋友圈广告和闪屏同步投放

人民网微博和微信首发，朋友圈以及闪屏同步投放，涵盖北京、上海、重庆、天津等 10 个重点城市。

2. 知名微博 KOL 实力推荐

(1)微博端 KOL 发布内容针对 H5 进行扩散传播。

(2)与微博知名博主妥拉合作，进行 7 天情感故事征集有奖活动，将大国与小家相联系，让每个人都有故事可说，引发了网友的热情互动，在评论转发中收集到了大量优质 UGC。

3. 营销网站案例包装

输出优质营销稿件被广告门以及 SocialBeta 收录到案例库，并获得“案例”页面的推荐位置。

4. 微信自媒体扩散

(1)与微信自媒体账号“病毒先生”合作，针对国庆 H5 进行盘点总结。

(2)与科技唆麻合作，借助内部微视资源，进行二次扩散和发酵。

(3)与阑夕合作，针对情感故事征集输出优质案例稿件。

5. 活动及复盘 PR(公共关系)稿件传播

针对 H5 上线和下线进行稿件输出，全网发布相关信息。

项目评估

(1)H5 总数据：至 10 月 8 日，PV(页面访问量)达 40 384 157 次，UV(独立访客)为 26 006 047 人次，接口调用超 1 亿。

(2)微博平台：#我是亲历者#阅读量 1.6 亿次，讨论 2.4 万次，荣登话题总榜第一名；借助头部 KOL 影响力，覆盖粉丝 1.3 亿、阅读量超 1 745 万次。

(3)微信+营销网站+其他全平台：科技角度稿件 1 篇，与科技唆麻合作，共计发布 18 个平台，阅读量超 9.7 万次；营销角度稿件 2 篇，在广告门等营销网站获位置推荐，微信头部自媒体文章扩散至今日头条等 28 个平台。

(4)情感向稿件：与微博 KOL 妥拉合作，征集情感故事集结成文，阅读量超 2 万次。

(5)网络媒体+新闻客户端：新闻报道共计 45 篇，含自主投放 20 篇，转载 25 篇，总曝光量预计超 100 万次。

(6)数据盘点稿件：获得人民网等 8 家网络媒体推荐，4 家客户端推荐，阅读量 63.8 万次，推荐量 463.5 万次。

资料来源：金旗奖编委会：《2020 最具公众影响力公共关系案例集》，中国财富出版社有限公司 2021 年版，第 57—60 页，有删改。

问题：

1. 请结合这个案例谈一下公共关系的操作流程。

2. 这个案例的项目策划有何特色？

案例二

2019 年海南黎族、苗族传统节日“三月三”陵水主会场开、闭幕式

2019 年 4 月，海南黎族、苗族传统节日“三月三”陵水主会场开、闭幕式暨主题文艺晚会举办，带着各族人

民的美好祝福，怀着“爱与感恩”之情，演员们共同赞美幸福的生活及美好的未来，近万名市民及游客到场观看晚会。

项目调研

“三月三”是海南黎族、苗族同胞祭祀祖先、庆贺新生、赞美生活、歌颂爱情的传统佳节。1984 年，根据人民的意愿和要求，广东省人大和广东省人民政府决定将“三月三”确定为节庆日。每年“三月三”，海南会举行规模盛大、内容丰富的庆祝活动。如今“三月三”成了丰富旅游产品、传播民族文化、促进民族经济发展的盛会，每年都吸引数万名国内外游客。国家非常重视非物质文化遗产的保护，2006 年，黎族三月三节经国务院批准列入第一批国家级非物质文化遗产名录。

项目策划

本次活动以“爱与感恩”为主题，表达爱的含义，对“爱”的主题进行了升华，从青年男女间的“小爱”上升到人间“大爱”。通过不同的节目形式展现出黎族、苗族群众对家乡的热爱、对生活的热爱，并用“爱”来感恩我们当下的幸福生活，表达对新时代的美好憧憬。展示黎族、苗族优秀传统文化风情风貌，宣传优秀传统文化魅力，传承优秀传统文化精髓，弘扬民族和谐、团结、进步。

本次主会场舞台的呈现突破了传统舞台的单一表现形式，采用实景与多媒体结合的艺术效果，既有传统山水实景风光，也兼顾了现代多媒体元素。其灵感来源于海南独有的山水风光。山养育着勤劳智慧的黎族、苗族儿女，水孕育出多姿多彩的黎族、苗族文化，黎族、苗族世代生活在这片滋养、哺育了他们的山水之间，对这片山水十分热爱。

项目执行

现场根据不同的节目背景精心搭建了舞美装置，用光影和屏幕将海南的美做出了最好的呈现。大片的光影点亮了陵水的夜空，动人的歌声澎湃了游人的心绪，热情的舞步踩着鼓点，走进了每个人的心。

最终经过各方共同努力，2019 年海南黎族、苗族传统节日“三月三”陵水主会场开、闭幕式得以顺利举行。本次活动充分展示了陵水的人情风貌，也将黎族、苗族的传统特色展现给了更多的人。

项目评估

活动从 4 月 6 日开始，直至 9 日结束，历时 4 天。活动内容丰富，形式新颖，通过增加爱情主题活动，营造浪漫氛围，突出“三月三”作为黎族、苗族青年男女相知、相会、相爱的传统节日的重要意义。除了让参与者感受和体验到海南黎族、苗族传统文化以外，陵水还将爱国爱故乡、爱家爱亲人的新时代“三月三”精神贯穿其中，唱响中华民族和谐发展的时代主旋律。

资料来源：金旗奖编委会：《2020 最具公众影响力公共关系案例集》，中国财富出版社有限公司 2021 年版，第 260—262 页。

问题：

1. 请点评一下上述案例。
2. 请结合这个案例，分析这个案例策划与实施的特点。

实验实训

1. 围绕调查的主题，自己设计公共关系调查问卷。
2. 一家生产洗发水的公司欲使其新产品“柔柔”洗发水打开农村市场，请按照策划书的内容要求，设计一份公共关系策划书。

复习思考题

1. 公共关系调查的内容包括哪几个方面？
2. 公共关系策划的作用及原则是什么？
3. 公共关系实施的原则是什么？
4. 公共关系评估需按照哪些程序进行？

第六章　公共关系的专题活动

学习目标

通过本章学习，你应能够：

掌握专题活动的含义、作用与原则；

能够策划新闻传播型专题活动；

能够策划展示公共关系型专题活动；

能够策划赞助公共关系型专题活动；

能够策划庆典联谊型专题活动。

引入案例

世博最牛赞助商排行榜

在2010年上海世博会开幕前夕，《每日经济新闻》出炉了一份"世界最牛赞助商排行榜"（见表6—1）。

表6—1　　世博最牛赞助商

所在地区	数目	占比	企业名称
上海	25	44.6%	交通银行、绿地集团、宝钢、中国东方航空、上海城投、上汽集团、上海实业、均瑶、金枫酒业、克里丝汀、元祖、冠生园、上海中旅集团、新世傲股份、中能集团、华虹集团、齐乐收集、HUBSI汇通天下、商投集团、月星集团、久事赛事、东冠华洁纸业、海程邦达、和黄白猫、东沃文化传媒
北京	13	26.8%	联想、中国移动、中国电信、国家电网、中国人保、中国印钞造币、水晶石数字科技、元培翻译、中国对外翻译出版公司、中国外运集团、兆峰陶瓷、新奥特、高德软件
其他地区	7	12.5%	远大空调（湖南）、腾讯（广东）、茅台（贵州）、伊利（内蒙古）、欧琳厨具（浙江）、新日电动车（江苏）、宇达电通（中国台湾）
美国	4	7.1%	IBM、可口可乐、思科、百威啤酒
其他国家和地区	5	8.9%	西门子（德国）、欧莱雅（法国）、资生堂（日本）、Agility/泛联国际货运（科威特）、RIM（加拿大）

资料来源：张云：《公共关系概论——理论、实践和案例》，华东师范大学出版社2016年版，第246—247页，略有改动。

第一节　专题活动概述

一、专题活动的含义与作用

（一）专题活动的含义

所谓公共关系专题活动，是指社会组织为了某一明确目的，围绕某一特定主题而精心策划的公共关系活动。它是企业或组织就某一方面的问题与公众重点沟通。公共关系的目标正是通过一系列专题活动而实现的。公共关系专题活动对于改善组织的公共关系状态有着极为重要的意义。它往往能够使组织集中地、有重点地树立和完善自身的形象，扩大自己的社会影响。成功的公共关系专题活动往往使组织形象出现意想不到的飞跃，是塑造组织形象的有力驱动器。

（二）专题活动的作用

（1）提高企业的知名度。企业通过举办具有新闻价值的活动，吸引新闻界和社会公众的注意，争取被报道的机会，从而吸引新闻媒体和社会公众的注意，以扩大企业的社会影响，提高企业的知名度。公共关系专题活动一般都有明确的主题、独特设计的活动内容，因而会成为新闻媒体和社会公众关注的"热点"。当然也可以主动与新闻媒体联系，使新闻媒体的参与成为整个活动的组成内容之一。

（2）为促进产品的销售服务。通过公共关系专题活动，可淡化推销的色彩，使社会公众从感情上接受一种新产品、新服务，制造有利的营销气氛，从而为进一步的销售活动开拓道路。

（3）提高组织的美誉度。利用社会传统的重大节日或对企业而言富有意义的纪念日举办公共关系专题活动，可以表达企业对社会公众的善意，改变企业的社会舆论和关系环境，改善企业内部的人际关系。

（4）联络与公众的感情。通过策划和举办公共关系专题活动，可与社会各界广泛联络交往，为企业广结善缘。

（5）挽回不良影响。当企业形象受到损害时，需要运用多种手段加以纠正。巧妙的设计和有效的工作，可改善公众原有的印象，使受到损害的企业形象得以恢复。

二、专题活动的种类

在实际公共关系工作中，公共关系专题活动有许多不同的类型。准确地区分不同类型的公共关系专题活动，有助于我们更好地掌握公共关系专题活动的策划和实施管理。根据不同的划分角度，公共关系专题活动大致有以下几种。

（一）按专题活动的规模划分

以公共关系专题活动的规模为依据，专题活动可分为小型公共关系专题活动、大型公共关系专题活动和系列公共关系专题活动。小型公共关系专题活动是在某个机构场所和人员范围内举行的或人数在百人以下的活动。大型公共关系专题活动是有目的、有组织、有计划地吸引众多人参与的协调行动。系列公共关系专题活动即以同一目标为出发点，形成不同内容、不同形式、不同场所的多项活动，或者由不同机构组织众多人参加多项活动，如大连服装节、北京申办奥运系列活动等。

（二）按专题活动的性质划分

以公共关系专题活动的性质为依据，专题活动可分为公益性活动、社会工作活动、专业性活动、商业性活动和综合性活动。公益性活动主要有环保活动、慈善活动、敬老活动、救灾活动等。社会工作活动主要有文明礼貌、道德教育、公民教育等属于社会工作范畴类的活动。专业性活动主要有科技、文学、艺术、体育等专业内容十分突出的活动。商业性活动主要有与消费者沟通的活动、商业促销活动、商业推广宣传活动。综合性活动集各种性质的活动为一体，如旅游节、服装节、文化节、美食周等。在这些活动中，既有商业活动，又有公益活动，既有社会工作活动，又有娱乐活动，其特点是融多种活动为一体。

（三）按专题活动的内容划分

以公共关系专题活动的内容为依据，专题活动可分为典礼型、喜庆型、会议型、展示型、新闻传播型、竞赛型等。典礼型活动包括奠基典礼、落成典礼、开业典礼、签字仪式、剪彩仪式、就职仪式等。喜庆型活动包括周年庆、庆功会、颁奖会、节日联欢会、庆祝宴会、节日舞会、大型文艺演出等。会议型活动包括研讨会、洽谈会、鉴定会、交流会、座谈会、演讲会等。展示型活动包括展览、展销、促销、开放参观等。新闻传播型活动包括公共关系新闻传播、谋划新闻事件、新闻采访接待、记者招待会等。竞赛型活动包括以企业名称命名的体育比赛、歌咏比赛、摄影比赛、征文比赛、演讲比赛、绘画比赛、智力竞赛等。

公共关系专题活动的分类方法没有固定模式，也不仅限于以上几种。但公共关系人员参考上述分类方法，可以掌握不同类型公共关系专题活动的策划侧重点，如庆典活动侧重喜庆的构思，会议型活动侧重会议环境和会议内容，展示型活动侧重视觉传播效果，新闻传播型活动侧重新闻的新、奇、特、真。

三、专题活动的策划原则

专题活动的策划原则就是策划人员在策划过程中用于观察问题、分析问题和解决问题的准则，也可以说是策划的价值观念。一般而言，成功专题活动的策划应遵循社会性、科学性、实效性、创新性与可操作性的原则。

（一）社会性原则

组织筹划的各种专题活动无一不受到社会环境的制约。因此，专题活动的策划首先应遵循社会性原则。社会性原则，即大型活动要符合社会综合因素的要求。

(1)政策的要求。组织所举办的各种专题活动应该符合国家和地方各项政策的要求。例如，城市规定企业庆典活动中不准燃放烟火。因此，在策划企业的专题活动时，就不能使用放鞭炮的形式。

(2)社会热点要求。企业在策划专题活动时，要与社会的热点问题相结合。例如，在 2008 年北京奥运会期间的专题活动中融入奥运精神；在 2010 年上海世博会期间融入世博的元素与精神。这种依势造势、顺应潮流的方式，光是策划的起点就成功了一半。

(3)传统习惯的要求。在策划大型活动时，适应传统习惯的要求也是不容忽视的。例如，专题活动不要放在中国祭奠逝去亲人的清明节进行。

(4)伦理道德的要求。假如大型活动与社会公共伦理道德标准大相径庭，则很难取得成功。例如，专题活动的理念如与现代环保节能的理念或社会和谐的主题相背离，则很难得到大众的认可。

总之，社会性要求是很广泛的，包括社会制度、社会文化、人文关系等，适者生存也就是这一原则最好的注脚。

(二)科学性原则

专题活动的科学性原则包含两层含义:一是策划要符合科学的原则;二是策划时要充分应用现代科学技术的原则。

科学性原则要求策划者充分运用现代科学技术成就,包括自然科学和社会科学的研究成果,运用现代科学思维方法、技术、设备,策划和实施社会大型活动。现在很多自然科学的成果已被迅速应用到社会科学领域。现代科技产品如大屏幕电视广告、投影机、幻灯机,先进的摄录器材、印刷技术等,被大量应用于社会科学领域。例如,电脑在公共关系调查的应用已相当普遍;三维电脑的诞生,给公关业、广告业带来了极大的进步。许多科研新产品更是现代策划和大型公众活动必不可少的道具,如现代通信工具和通信设备等。现代策划想要反映出时代气息,要展现高格调,就离不开自然科学成果的应用。

微型案例 失败的美国总统大选预测活动

1936 年美国总统大选前,《文摘》杂志依据当时订阅《文摘》杂志的客户名单,寄出 1 000 万张询问投票倾向的明信片,然后依据收回的 237.6 万份调查结果,极其自信地预测共和党候选人兰登将以领先 14%的得票率战胜民主党候选人罗斯福而当选总统。然而,选举结果使预测者们大失所望:获胜者不是兰登,而是罗斯福,并且其得票率反超兰登 24%。

资料来源:https://www.sohu.com/a/517202418_121280338,2022 年 1 月 17 日,有删改。

(三)实效性原则

随着社会的发展与企业竞争的加剧,注重实效成为组织举办专题活动的基本观念。对于大型专题活动而言,讲求实效具有更重要的意义。企业投入的前提是希望能达到预期的产出,这是所有大型活动决策者都必然关注的问题。即使是社会性活动,也讲求其投入的实效,即使是从事社会工作的宣传部门,宣传文明礼貌的活动同样需要讲求传播效果,争取取得更大的传播力,这也是一种产出。因此,在做专项活动的策划时,不能一味追求形式美和创新性,忽略实效性。

(四)创新性与可操作性相结合原则

创新性就是提出创造性的主意,使组织主办的专题活动具有与众不同的特色。有新意的策划方案可能会受到诸多因素的制约而难以实施,所以策划必须既要有创新性,又要有可操作性,这样才能令专题活动落到实处。在许多场合中,原则性与灵活性互相交融,如果能在原则性和灵活性之间寻找到一个平衡点,则一定会有出色的成绩。

微型案例 香格里拉:让消失的地平线浮出水面

"香格里拉"是 1933 年英国著名作家詹姆斯·希尔顿在小说《失去的地平线》中所描绘的中国西南部藏区的一个永恒、和平、宁静之地。它寄托了人们对美好生活的憧憬,表达了人类寻求和平、文明与幸福的理想社会的热切愿望。半个多世纪以来,香格里拉始终是令许多人神往的地方,吸引了世人在西藏、印度、尼泊尔以及咔嚓昆仑山等地苦苦寻找,但香格里拉究竟在哪里,人们一直众说纷纭。

而云南省从这一现象中注意到了品牌的商机。经过科学严谨的调研和论证,云南省向外界高调宣布:“香格里拉就在迪庆!”

为了将香格里拉的品牌成功地传播开去,迪庆州开展了一系列营销公关活动。主要作为就是将小说中虚拟的香格里拉在迪庆藏区“域化”,这需要对香格里拉文化精髓的探究,需要对现存有关资料的详细收集与整理,更需要广泛的传播和促销以提升知名度。由此,他们采取了一系列的行动。

(1)由政府牵头,开始了规模浩大的“香格里拉”问题的学术研究论证。数十名专家查阅了大量藏、汉文献档案资料,从民族学、文学、宗教学、语言学、历史学、地理学等方面充分论证,得出“香格里拉就在迪庆”的充分结论。

(2)政府召开新闻发布会,由省政府领导向外界宣布:香格里拉就在迪庆!并通过国务院批准,设立香格里拉县。这一新闻轰动了世界,引起了外国媒体的广泛关注,成功地塑造了香格里拉的形象。

(3)对外界采取开放态度,热情接待国外来访者,并组织新闻媒体开展采风活动,掀起所谓“香格里拉旋风”,形成了“墙外开花墙内香”的有效传播途径。

事实证明,香格里拉旅游品牌产生了重大的社会影响,对迪庆州经济社会尤其是旅游业的发展起到了巨大的推动作用,如今,香格里拉已成为中国最热的旅游线路之一。

资料来源:张云:《公共关系概论——理论、实践和案例》,华东师范大学出版社2016年版,第237页。

第二节 新闻传播型专题活动

新闻传播型公共关系专题活动是以传播新闻信息为目的的公共关系活动。这种类型的公共关系专题活动包括以下基本内容:一是主动向新闻媒介提供本组织的信息,如企业文化建设信息、体制改革信息、产品与服务信息等,以便新闻媒介对组织产生良好而深刻的印象,并帮助组织宣传;二是通过各种媒介(如报纸、杂志、广播、电视)为本组织发布广告、介绍新产品、传播新技术,以便通过媒介架起与消费者沟通的桥梁;三是举办记者招待会,以便及时而广泛地发布重大新闻,扩大社会影响,提高本组织的知名度;四是巧妙地制造新闻事件,吸引新闻媒介及时报道,以便引起社会公众的普遍关注;五是与新闻媒介的人士建立联系并经常沟通,以便通过他们了解社会动态和经营环境,掌握消费者需求的变化,预测市场的发展趋势。

一、新闻传播型活动的谋划

谋划新闻事件也称制造新闻,是指专门为了新闻媒介报道而策划的有意义的事件。这里应注意的是:制造新闻并非弄虚作假,而是以组织发生的真实事件为基础,经过公共关系人员的精心谋划,使其具有新闻价值。

与其他的公共关系专题活动相比,谋划新闻的策划和操作都比较难,没有固定的模式可以套用,这就需要公共关系人员开动脑筋,寻找时机,大胆创新。如果说有什么经验可寻,那么一是要以组织发生的真实事件为基础,二是要使其具有新闻价值。具体说来,可参考以下几点做法。

（一）根据热门话题谋划新闻事件

不同的公众群体关注的话题不同；不同的时期，同样的公众群体所关注的话题也有所不同。公共关系人员为了提升企业形象谋划的新闻事件不是无源之水，无本之木，而是巧妙地利用外界信息，再结合本社会组织的实际情况创造的产物。因此，公共关系人员应深入了解公众心理，了解传播对象在当时最关注的话题。

微型案例　蹭热点，也不能违规操作

2021年6月15日起，中央网信办在全国范围内开展“清朗·‘饭圈’乱象整治”专项行动。此次专项行动将针对网上“饭圈”突出问题，重点围绕明星榜单、热门话题、粉丝社群、互动评论等重点环节，全面清理“饭圈”粉丝互撕谩骂、拉踩引战、挑动对立、侮辱诽谤、造谣攻击、恶意营销等各类有害信息，重点打击以下5类“饭圈”乱象行为：一是诱导未成年人应援集资、高额消费、投票打榜等行为；二是“饭圈”粉丝互撕谩骂、拉踩引战、造谣攻击、人肉搜索、侵犯隐私等行为；三是鼓动“饭圈”粉丝攀比炫富、奢靡享乐等行为；四是以号召粉丝、雇用网络水军、“养号”形式刷量控评等行为；五是通过“蹭热点”、制造话题等形式干扰舆论，影响传播秩序行为。

资料来源：https://baijiahao.baidu.com/s?id=1721032055143023343&wfr=spider&for=pc，2022年1月4日，有删改。

（二）抓住“新、奇、特”谋划新闻事件

在激烈的企业形象竞争中，要想成功地为企业谋划新闻事件，引起大众传播媒介的关注和报道，公共关系人员必须别出心裁，使公共关系活动具备“新、奇、特”的条件，成为社会公众所关注的热门新闻事件。

微型案例　世界博览会上的“铜牌”

有一年，规模宏大的世界博览会在美国芝加哥举行，会上陈列着世界各大厂家的产品。美国赫赫有名的57罐头食品公司汉斯先生将自己公司的罐头食品也送去参加展览。但是他万万没有想到，博览会的会务人员派给他一个会场中最偏僻的阁楼。尽管前来博览会参观的人摩肩接踵，却没有人光顾汉斯先生的阁楼。整整一个星期过去了，汉斯终于想出了一个绝妙的计策。

在博览会开幕的第二个星期，会场中参观的人常常从地上拾到一些小小的铜牌，铜牌上刻着一行字：“拾得这块铜牌，就可以拿它到阁楼上的汉斯食品公司换取纪念品。”数千块铜牌陆续在会场上发现。不久，汉斯先生那座无人问津的小阁楼便被挤得水泄不通。这下，会场主持人怕阁楼会倒塌，不得不请木匠设计加固。从那天起，汉斯公司的阁楼成了博览会的“名声”，参观者络绎不绝。直到地上的铜牌绝迹，亦盛况依然。

众所周知，谁都想借助博览会展示自己企业的产品和形象，达到促销盈利的目的。而汉斯先生恰恰在这样的大好时机，得到“一个会场中最偏僻的阁楼”，导致公共关系学中所讲的“传播障碍”，阻碍了汉斯公司及产品与公众的交流。当然，如果这种“地利”上的被动继续下去，汉斯公司就失去了参加这次博览会的意义。为此，汉斯运用谋略技巧，巧妙使用“铜牌”这一传播媒介诱导公众注意力，变被动为主动，最后达到“汉斯公司的阁楼，成了博览会‘名声’，参观者络绎不绝”的特殊效果。

资料来源：于燕：《公共关系理论与实务》，北京师范大学出版社 2018 年版，第 270 页。

（三）巧妙地利用各种信息和时机谋划新闻事件

精明的公共关系人员应该善于搜集信息、使用信息，把信息转变成价值。此外，还要善于寻找有利时机，利用“天时”开展公共关系活动。

微型案例　优衣库×KAWS 联名限量款“爆火”事件始末

KAWS 是谁？为何突然爆火？

KAWS 其实是一名美国的街头艺术家，是街头涂鸦艺术的代表。他的作品凭借现代的艺术风格打动了年轻人，而且横跨艺术与设计领域，包括当代艺术、图形、产品设计、油画、壁画和大型雕塑等。他是一名艺术圈的超级大网红，于 2006 年创办了街头潮流品牌 Original Fake，利用各种独有的 KAWS 式代表元素进军潮流服饰市场。此番联名的主角之一——辨识度极高的 XX 眼形象，正是 KAWS 的代表作品。KAWS 的爆火不是没有根据的，这个极富个性的 IP 形象先是在美国和日本流行，一直受潮人们的喜爱和追捧。直到 2016 年与大众品牌优衣库的首次联名，这个小众品牌才逐渐被国人所熟知。即使不太关注潮流的人也可能在上海、长沙、中国香港等地，甚至是朋友圈里看到过这个形象。展览以及街头艺术的巨型 KAWS 不论到了哪里都会自动吸睛，成为热门的打卡地。众多潮流 KOL 上身印有“KAWS”IP 的服装，更是实力为 KAWS 带货。

优衣库有很多联名，KAWS 与优衣库的联名也并非第一次，为何这次被疯抢？

事实上，优衣库的 UT 系列与迪士尼、不二家、周刊少年 Jump 等众多品牌都曾有过联名合作；与 KAWS 也并非首次联名，但这一次可谓是搞得轰轰烈烈。有人说这次联名的设计还不如以往的走心，实则不是，此次联名 KAWS 拿出了诚意：粉色 BFF 是在 2016 年曼谷进行的个人展览时首次公开的公仔形象，它除了出现在 KAWS 个人展览中，还被 Dior 男装设计师 Kim Jones 加入 Dior 2018 年秋冬系列。在国外二手商品交易网站上，粉色 BFF 公仔更是以 400 万美元被收购（无法证实是否为炒作），而这次则被印在了 99 元的 TEE 上，本次合作 TEE 的其他元素也都是 KAWS 个人展览中的经典作品。为什么这一次联名的 T 恤遭到了哄抢，甚至有人不惜为了它大打出手呢？不仅仅是因为这是 KAWS 与优衣库的最后一次联名，同时也因为 KAWS 在内地（大陆）名声提升，以及优衣库选择了正确的销售方式。

优衣库发售前期铺垫

其实早在发售之前，潮流 KOL 们就已经纷纷上身做足吸睛攻势，对于发售后一抢而空的状况，也是情理之中、意料之外。这很大程度上要归功于 KAWS 在自己的社交网络账号上透露，这一季完成之后就不会再发行合作款 UT 了。他还在社交账号上曝光了 KAWS×UT 2019 春夏联名系列，用一系列视频确定了今年发售的单品款式。对于“与 KAWS 的最后一次联名”，优衣库抓住这一噱头大力宣传，给消费者营造了这次不买就再也买不到的强烈饥饿感。同时，其通过网络发酵，利用主流媒体上潮流 KOL 的软文使潮人们亢奋、心痒难耐，早早加入购物车。消费者的这种紧张感和忠实度也从侧面体现了

KAWS自身的号召力，同时也是优衣库自导自演的营销手法。

资料来源：高璐、杨嘉炜：《优衣库×KAWS联名限量款"爆火"的机理与建议》，中国公关网，http://www.chinapr.com.cn/p/2412.html，2019年10月21日，有删改。

（四）利用名人效应谋划新闻事件

社会组织有意识地把新闻事件与某些权威人士、社会名流联系起来，或者在新闻事件中请名人唱主角。例如，在美国总统艾森豪威尔67岁生日时，法国人民向美国总统赠送了两桶陈酿了67年的白兰地。由于赠送礼品与名人联系在了一起，这次赠送被世界各地记者写成各种形式的文章广泛传播。

小资料

从柯震东说起：品牌该不该找代言

犹记得《来自星星的你》中有这样一段剧情，艺人千颂伊因"丑闻"而被媒体"围追堵截"，参演的电视剧被换了女主角，代言的广告也被要求赔偿，经纪公司要求与她解约。

如今，现实版的剧情由柯震东上演。上个月因为吸毒而在公众间掀起巨大舆论风波的他，如今或遭受多个品牌的"追讨"，而他的广告也有可能易主给千颂伊的扮演者全智贤。

《男人装》杂志中，整版的柯震东形象照旁边就是雪佛兰创酷汽车，隔几页也是他为妮维雅男士洁面产品的代言广告。这些已经投放了广告的广告商估计都已经按捺不住，呼天抢地喊"冤"，就如何向这个美男子"追讨"经济损失尚未有明确的方案。

品牌该不该找代言，其实是个不容置疑的命题：必须找！虽然消费者逐渐趋于理性，但是对于年轻品牌的消费者来说，代言的影响力非常大。特别是微营销时代，视觉化传播越来越重要。而且找明星代言，从其推广效果来看，更是长期的。一旦明星出了新闻，品牌被提及和被关注的可能性就是无限的。

特别是在这个传播过度的社会，消费者吞吐信息的能力已经饱和，就像一块被放置在水龙头下的海绵，让它再多吸收一滴"信息"，其难度等同于排挤掉"一滴"其他信息的同时保证自身不被排挤，因此，没有冲击力的营销信息流会被暴力地筛选、冲刷出去。只有让消费者看到他们想看到的，才能提升产品在消费者心目中的期望值。

使用怎样的代言人只与品牌定位有关，与企业管理者的个人喜好几乎没有什么关系。企业经营者必须牢记，每一则广告都是对品牌形象的长期投资，挖掘一个"有潜质"的代言人是品牌走进目标消费者内心的捷径。在服装行业，因为用对了代言人使得品牌从小众逐渐变得深入人心的案例不胜枚举。

但是，找公众人物作为代言人存在风险。那么，如何做到万全呢？记者总结了一下经历过的广告案例，大致有以下几种方案：切忌"押宝"一人，比如以纯品牌Y：2因为有韩庚、蔡依林和邓紫棋等人；学习聚美优品，品牌创业者"为自己代言"，省钱又保险；学习奢侈品品牌，请明星做品牌挚友，一旦交了"损友"，可以以朋友的角度或者公正的旁观者的态度，撇清关系；请卡通形象代言，这样的形象因为具有人性而又不至于犯错误，是一种稳妥的方法。

资料来源：李晓丹：《从柯震东说起，品牌该不该找代言》，中国公关网，http://www.chinapr.com.cn/templates/T_Second/index.aspx?nodeid=42&page=ContentPage&contentid=8543，2014年9月15日，有删改。

（五）与传播媒介联袂谋划新闻事件

公共关系人员在谋划新闻事件时，应努力与报社、电台、电视台、网络媒体、手机媒体等联合行动。由于有传播媒介的参与和支持，一方面能使活动进展顺利，达到事半功倍的效果；另一方面能结交新闻媒介的朋友，加深新闻媒介对本企业的深刻印象。

微型案例　泸州老窖：白酒品牌的新跨越

数字化浪潮下，白酒行业正在加速布局数字化营销转型，探索与创新用户沟通模式，泸州老窖更是其中的先行者。

在泸州老窖电商公司董事长易彬看来，抖音蕴含巨大的内容营销商机，而泸州老窖之所以能够成为最早一批发现并收获抖音电商直播热度的白酒品牌，源于其专业机制与团队储备。在电商营销布局上，泸州老窖2014年就成立了专门的电商公司，也在短视频内容时代就开始布局抖音。专业的团队配合平台的沉淀，使泸州老窖能够更加敏锐地洞察到抖音电商直播的机会，并快速做出决策，全力投入，高效落地。

关于品牌直播的价值定位，易彬表示："对于泸州老窖而言，抖音不只是一个内容平台，更是通过优质的内容输出，与用户建立更为直接、灵活、长效连接的互动沟通平台。做直播时，真诚的内容是品牌与用户沟通的最佳载体，让品牌真正触及人心。"

在运营策略上，泸州老窖把直播当成一个"虚拟电视台"在运作，内部设有包括制片人、导演、主播等角色在内的专业内容团队，擅于用人性化、有温度、充满巧思的内容，去打动消费者。主播在与用户互动时，不仅能对产品问题对答如流，还能用方言与粉丝交流，突显产品地域特色，让粉丝倍感亲切。即便产品售卖过程本身，主播也会通过亲身经历，解读产品价值与使用场景。

通过真诚、持续的内容交互，泸州老窖不仅与直播用户建立了更为深层的情感连接，还达成了营销的品效合一。除了亮眼的GMV数据，目前泸州老窖粉丝群复购率在60%以上，沉淀了巨大的粉丝价值。

易彬指出："直播也对品牌的内容营销提出了新的诉求。过去，品牌往往站在自身的视角输出内容大片，但这些内容并不一定是用户想要的内容。现在，通过直播的方式，品牌在内容输出时，能够实时看到用户的意见与需求，根据用户反馈动态调整策略，这也推动品牌真正站在用户视角，产出用户喜闻乐见的内容。"

前瞻白酒行业的营销趋势，易彬认为，内容营销会变得越来越重要，通过多元的内容更好地诠释品牌文化，让品牌形象更丰满。2021年，泸州老窖加大在抖音平台的投入，深耕内容营销，在直播中与用户长效沟通，并搭建更丰富的矩阵号，通过直播与短视频联动，更充分地挖掘内容的能量。

资料来源：https://zhuanlan.zhihu.com/p/350506865，2021年9月15日，有删改。

二、新闻发布会

新闻发布会是对某起已经发生的重要事件，或者对某起正在进行中的事件及其发展态势的对外公布和告知。

微型案例　海南省 209 位新闻发言人、177 家新闻发布机构“集中亮相”

1 月 10 日，省新闻办公室公布全省 2021 年新闻发言人名录和新闻发布机构电话。209 位新闻发言人、177 家新闻发布机构“集中亮相”。

此次公布的新闻发布机构包括省委、省人大、省政府、省政协、省“两院”，省直部门、省有关人民团体，市县党委、政府，院校科研单位，以及自贸港重点园区和重点企业等。在名录中，新闻发言人姓名、职务及联系方式等信息均一目了然。

在加快推进海南自贸港建设的新形势下，新闻发布工作越来越重要。省委、省政府高度重视新闻发布工作，专门成立新闻发布工作机构，建立健全权威、规范的新闻发布制度，营造公开透明的舆论环境，实现广大人民群众的知情权。

2020 年以来，我省稳妥有序组织开展新闻发布工作，省级层面组织了 132 场新闻发布会，全省组织发布会 320 多场。抗击新冠疫情方面，从 1 月底海南进入省突发公共卫生事件一级响应到 2 月底降为三级响应仅仅一个月的时间，先后组织召开新闻发布会 25 场次，新闻专访 30 余次。2020 年 6 月 8 日，在北京配合国新办组织《海南自由贸易港建设总体方案》新闻发布会，省委省政府主要领导以及国家 5 部委领导出席。《海南自由贸易港建设总体方案》公开后，我省举办自贸港建设相关新闻发布会 44 场。新闻发布会的数量和质量均有了明显提升，创造了历史最好成绩。

同时，去年我省还通过强化新闻发言人队伍建设，加强新闻发布工作培训；稳步推进制度建设，新闻发布工作日趋规范；进一步完善“海南发布”新媒体矩阵，加强海南新闻发布工作的网络传播能力，深化新闻发布工作新媒体化方向等举措，持续加强新闻发布工作的制度化、规范化、常态化、专业化建设。

据省新闻办相关负责人介绍，下一步省新闻办将以相关发布机制为抓手，扎实做好新闻发布工作，确保发布会前积极主动备料，会中有重点解答、有自由提问、有同步直播，会后主动利用新媒体短新闻、短视频和实录提升质量和宣传效果。此外，还将抓好省委重大活动、重要政策、重要决定及党的建设等方面的新闻发布工作；进一步调整充实全省新闻发言人队伍，组织新闻发言人培训，把新闻发布工作培训纳入领导干部培训计划，提高各级党政领导干部开展新闻发布工作的意识和能力；建设好“海南发布”微信公众号等平台，充实平台内容，扩大影响力。

资料来源：中华人民共和国国务院新闻办公室，http://www.scio.gov.cn/xwfbh/jjxwfyr/wz/Document/1696828/1696828.htm，2021 年 1 月 11 日，有删改。

（一）新闻发布会前的准备工作

（1）首先要确定它的必要性和主题。研究和分析是否有值得广泛传播的信息、传播的信息是否有新闻价值、是否有新闻传播紧迫性、是否是新闻传播的最佳时机等。一般来说，有新产品问世、有新技术开发、有新项目合作、开业或倒闭、合并或转产、重大纪念活动、重大危机事故等，都具有一定的发布价值。

(2)要确定新闻发布会举行的时间和地点。举行新闻发布会在时间上应该尽量避开节假日和有重大社会活动的日子,以免记者不能来参加。在地点选择上主要是考虑给记者创造各种方便采访的条件,如录像、拍摄的辅助灯光、视听辅助工具、幻灯或电影的播放设备,适合记者使用的桌椅、电话机、传真机等,以及交通是否方便、地点是否安静等。

(3)要确定邀请的对象。应根据新闻发布会的主题,有选择地邀请有关的新闻记者参加,如经济类、文化教育类、体育类、社会生活类、法制类等,都有不同的媒介工具或不同的媒介记者。还要根据消息发布的范围确定记者的覆盖面和级别,考虑如何选择报纸、杂志、广播、电视等媒介记者,以及考虑媒介是地方性、区域性还是全国性的。邀请对象一经确定,应提前7～10天发出邀请,临近开会时还应打电话联系落实。

(4)选定主持人和发言人。由于记者的职业要求和习惯,他们大多会提出一些尖锐深刻甚至很棘手的问题。这对主持人和发言人提出了很高的要求。主持人和发言人除具有较高的文化修养和专业水平外,还要思维敏捷、口齿伶俐。主持人一般由组织公共关系机构的负责人担任,首先介绍会议基本情况和议程,再由发言人做详细发言。发言人应由组织的高级领导担任,因为他们熟悉组织的整体情况和方针、政策,发布消息和回答问题具有权威性。不论是主持人还是发言人,都是组织形象的化身,其在外表形象的设计上也应下一番功夫,服饰仪表、言谈举止都应该给人以礼貌真诚的感受。

(5)要准备好发言和报道提纲,以及宣传辅助材料。根据会议的主题收集有关信息,写出准确生动的有关资料,如主持人的讲话提纲、发言人的发言稿、答记者问的备忘提纲、新闻统发稿、会议报道提纲、所发新闻的有关背景材料和论据材料,以及有关的图片、实物、影像等辅助材料。这样,既为会议的主持人和发言人提供有益的参考提示,也为记者们充分理解所发新闻信息及有关问题提供帮助,并为记者的采访报道提供方便和参考。需要特别注重的是,会前应将会议主题、发言稿和报道提纲在组织内部通报一下,以防会上口径不一而引起记者猜疑和混乱。

(6)要预算会议所需费用。根据新闻发布会的规格和规模做出可行的经费预算。费用项目一般包括场租、会场布置费、印刷品费、茶点费、礼品费、文书用品费、音响器材费、邮费、电话费、交通费等。需要用餐时还应加上餐费。

除以上几点会前准备工作,有时会后还需要组织记者实地参观采访,这项工作需要有专人接待,安排好参观路线和范围。

微型案例　某公司新闻发布会策划方案

一、会议目的

以某公司在业内首家通过 HACCP 质量认证为新闻由头,塑造、宣传企业形象,树立企业品牌,扩大企业影响,加强 HACCP 体系认证的公众受知度,沟通传媒与公众。

二、会议时间

预计9月20日9:30(以取得 HACCP 证书为准)

三、会议地点

新闻大酒店5楼会议厅

四、主办与协办单位

主办单位:某实业有限公司

协办单位:中国某认证中心某评审中心

五、拟请参会领导

中国某认证中心领导
某公司领导
某省出入境某局局长
某省某协会会长
中国某认证中心某评审中心主任
某市质量技术监督局某中心主任
六、拟邀请媒体及记者
各大新闻媒体及网红各一人，共计约 33 人
七、会议流程
1. 9:00 前会场布置完成(综合部、食品部综合室)
2. 9:30 所有与会人员准点入场
3. 主持人致欢迎辞及开场白(介绍参会的领导及媒体)3 分钟(×××)
4. HACCP 体系原理及某公司建立和实施 HACCP 情况介绍 10 分钟(×××)
5. 中国某认证中心××主任为公司颁发 HACCP 证书
6. 某领导发言
7. 某省出入境某局××局长发言
8. 某省某协会××会长发言
9. 与会记者提问
10. 主持人致结束语，记者与与会嘉宾自由交流
八、经费预算
1. 场地租用费：500 元
2. 邀请函及资料制作费：5×40＝200(元)
3. 会场布置：200 元
4. 与会记者及嘉宾劳务费：约 40×200＝8 000(元)
合计：9 000 元左右

（二）新闻发布会中的注意事项

新闻发布会中的注意事项包括以下三个方面：

（1）主持人要充分发挥主持和组织作用，以庄重的言谈和感染力活跃会议气氛，引导记者踊跃提问。当记者的提问离会议主题太远时，要善于巧妙地将话题引向主题。应及时调节缓和会议出现的紧张气氛，掌握好预定的会议时间而不要随意延长。对各个媒体的记者都一视同仁，不能厚此薄彼。

（2）对所发布的信息必须做到准确无误，若发现错误应及时予以纠正。对于不愿发表或透露的信息，应委婉地向记者做出解释，一般情况下记者会尊重组织者意见的。如果吞吞吐吐、闪烁其词，反而会使记者追根问底而造成尴尬局面，甚至记者会因此发表对组织不利的报道。

（3）不能随便打断记者的提问，或用各种语言、表情、动作表示对记者的不满。即使记者的提问带有很强的偏见或带有挑衅性，也不能激动发怒，要用冷静的态度和缓和的话陈述事实，予以纠正和反驳。遇到回答不了的问题，不能简单说“不知道”“不清楚”“我不能告诉你”等，应采取灵活而通情的办法给予回答，以免引起记者的反感。

（三）新闻发布会后的工作

会后应尽快整理出新闻发布会上的记录材料，对会议的组织、布置、主持和回答问题等方

面工作的经验和不足做出评价和总结，归档备查。同时，应收集到会记者在报刊、电台、电视台上发表的新闻报道，对这些报道的内容及倾向做定性定量的分析，检查是否达到了新闻发布会的预定目标、是否有由于失误而造成的谬误。如果出现不利于组织的报道，是组织自身行为引起的，应虚心接受并致歉意；如是记者方面的问题，则应采取行动说明真相，要求媒介更正。对于检查出的问题，要分析原因并设法弥补。还要收集记者及其他与会代表对新闻发布会的反应，了解接待、安排、提供方便等方面的工作是否欠妥，并对照签到簿看哪些记者做了报道，以此作为以后举行新闻发布会时邀请记者范围的参考依据。

微型案例　苹果发布会进入全新时代　解密苹果的公关策略

过去十年里，具有颠覆性意义的苹果发布会用一只手就能数得过来：2005 年的 iPod nano 发布、2007 年的 Macworld 推出 iPhone、2008 年介绍 App Store、2010 年推出 iPad。当然，这段时间里还有其他一些值得关注的时刻，但是这几次大会真正让人们意识到，苹果正在为这一代个人计算领域下定义。

本周二的发布会也会是这样一个有意义的时刻：我们将会记住这一天，要么是苹果掀开了计算设备的新一页——我们等待有人踏出这一步已经很久了，要么是苹果的步子迈过头了。

这次苹果的公关策略不同

苹果手表这种新产品自从蒂姆·库克于 2011 年接任 CEO 以来就一直消息不断，基本上都是以 iWatch 相称。我们还不知道它长什么样子，或者工作起来效果如何，但是我们知道它会与 iPhone 搭档，并且会成为一款有里程碑意义的产品，尤其是对于那些想知道苹果是否能够保持其惊人创新力的人来说，在乔布斯去世三周年即将到来的时刻，更是如此。

为何能如此肯定呢？从 9to5Mac 网站最近的报道来看，苹果公司在之前发布会开始前几周会开始控制人们的预期，通常对于苹果会让所有人大吃一惊这种说法做降温处理，就像 2007 年 1 月那次一样。在过去几周里，苹果针对本周二的动作截然相反。

向媒体和嘉宾发送邀请的时间要比平常早一个星期。

这次的场地曾经也发布过另外两款具有历史意义的计算设备：1984 年推出了第一代 Macintosh，1998 年伴随乔布斯的回归推出了 iMac。

苹果这一次在会址搭建了巨大的建筑工程。

苹果在首页设置了倒计时钟，宣布实况直播的时间也比平常要更早。

"熟悉内情的消息源"们这个星期发出很多声音，透露了有关 iWatch、新 iPhone、基于 NFC 的移动支付系统等方面的资料。此外，有苹果设计师 Jony Ive 认为瑞士手表"有麻烦了"。

本周二的发布会第一次给人感觉没有乔布斯的影子，对于苹果来说这是很健康的一件事。显然，回到弗林特中心 (Flint Center)并不会唤起人们关于已故苹果联合创始人的记忆，但是即将发布的产品在乔布斯眼中将会光彩夺目。围绕产品组件、功能、价格等的关键决定完全是蒂姆·库克打造的新管理团队的成果。

在苹果公司的历史上，这可能是第一次该公司不需要再担心挑战 IT 和消费电子巨头的事情。如果可穿戴设备真的会成为下一个大趋势，苹果正在将其视野放在与时尚设计界的竞争中，并没有将科技行业放在内。

不过我们还是认清现实吧：最近一段时间所有在时尚领域发力的科技公司中，几乎很少看到生产出的时尚产品能够像路易威登打造手包或是意大利鞋匠们生产皮鞋那样。只要看看截至目前所生产出来的安卓智能手表就清楚了:那些佩戴这种设备的人会关心他/她的外表吗?

苹果第一代iPhone的确是时尚领域的先锋,但是设计突破更多的是用户体验上的,而不是真正的时尚意义上的。iWatch想要与众不同,显然不会忽略用户体验,因为你佩戴的物品很大程度上是你自己的表达,和你放在背包或手包里的东西不一样。

如果我们真的要把时尚配饰和迷你计算机结合起来,你会选谁:是史上最具有标志性的电脑计算机公司,还是从来不会外包微存储器的骄傲的时尚品牌?

2007年1月之前,智能手机在科技界已经很常见了,但那个时候产品臃肿、缓慢。但是iPhone真正的价值在于让日常的消费者能够把整个互联网装在口袋里。如果iWatch能够带来某种可能性,围绕健康监测传感器、有帮助的提示信息或是我们还没有意识到的什么,苹果就将会带来另一个突破。

资料来源:中国公关网,http://www.chinapr.com.cn/templates/T_Second/index.aspx?nodeid=49&page=ContentPage&categoryid=0&contentid=8507,2014年9月11日,有删改。

三、记者招待会

记者招待会是为了集中发布信息而举行的以记者为主要参加者的传播活动。对于一个社会组织而言,利用记者招待会向广大公众传播信息具有传播面广、传播速度快、传播效果好等特点。例如,在北京申办2008年奥运会的过程中,我国政府以及北京奥申委曾多次举办各种规模的记者招待会,从各方面回答了世界各地记者们提出的有关问题,随着电视台对记者招待会的现场直播,以及记者们在会后发表的各种有关北京奥运会准备工作的报道,国内外各界人士都对北京成功举办2008年奥运会充满了信心,并且用实际行动给予关注和支持,其宣传效果甚佳。

组织召开记者招待会需要做的准备工作有:

(一)确定举行记者招待会的必要性

在招待会举行之前必须分析和研究所要发布的信息是否重要、是否具有广泛传播的新闻价值及新闻发布的紧迫性与最佳时机。只有在确认召开的必要性和可能性后,才可决定召开记者招待会。一般来说,组织举行记者招待会的原因大多是出现紧急状况,对社会产生重大影响的新政策的提出,企业的新技术、新产品的开发,组织对社会在某方面做出重大贡献,或企业的开张、合并或转产等。

(二)确定应邀者的范围

应邀者的范围应根据所要发布的问题所涉及的范围或事件发生的地点而定。一般着重邀请当地的新闻记者到会,同时邀请其他地域的记者到会。邀请的记者应该有较大的覆盖面,既要有报纸、杂志方面的记者,也要有广播、电视方面的记者;既要有文字方面的记者,也要有摄影方面的记者。

(三)准备资料

记者招待会需要准备的资料包括主要发言和报道提纲。在记者招待会之前,要充分准备好宣传资料。

主要发言是记者招待会的中心内容,应具备实事求是、资料全面、严谨深刻、生动具体等特点。主要发言不仅要由专人负责起草，而且要通过本组织有关领导人审阅，最后交给主要发言人熟悉。

报道提纲指的是记者招待会宣传内容的要点和背景，有条件的话可以附加照片。要有专人事先把这些资料理顺并打印若干份，并且在记者入场时分发，以便记者在会上提问或会下写报道时参考。报道提纲要简洁、系统，要用事实说话。注意，千万不要出现自相矛盾、漏洞或错别字，否则会引起记者反感。

除了准备好主要发言和报道提纲外，还要准备好回答记者提问的策略，以供主要发言人参考。

如果上述资料涉及国防工业、军事机构的秘密或重要经济情报，要注意内外有别、分寸适当。另外，某一消息发表到何种程度，应首先在本组织内部统一认识、统一口径，否则会引起记者怀疑，甚至导致报道混乱或失真。

（四）选择记者招待会的地点和时间

地点选择主要应考虑给与会记者创造各种方便采访的条件，提供录像、拍摄的辅助灯光，视听辅助工具，幻灯、电影的播放设备等；会场的对外通信、交通便利；会场安静舒适，不受干扰；会场内的桌椅设备方便记者们提问和记录。记者招待会的日期应尽量避开节假日和有重大社会活动的日子，以免记者不能参加会议，影响招待会的效果。通常记者招待会的时间一般选在上午 10:00 或下午 3:00。

（五）布置会场，准备视听辅助工具

记者招待会的会场应突出招待会的主题和对新闻媒介朋友的欢迎。可以用悬挂条幅、张贴标语、摆放鲜花、开放音响等方法烘托会场气氛。另外，还要预先准备好与招待会有关的图表、画片、地图、放大的照片、实物、产品、模型、录音带、录像带等视听辅助工具。

记者招待会的会场内要准备一些纸张和笔，以方便记者。另外，还要准备好签名簿、留言簿，会前请记者签名，会后请记者挥毫题字或书写留言。

记者招待会的会场内应保持灯光柔和、空气新鲜、温度适中。会场内应摆放舒适的座椅，要安静而无噪音。为了避免干扰，会场内不要放电话。大型记者招待会应选用长方形桌子，主要发言人与记者应面对面而坐，就像教学课堂一样突出庄重、严肃的特点。小型记者招待会最好选用圆形桌子，大家围圈而坐，显得气氛和谐、主宾平等。

（六）确定主持人和发言人

由于记者的职业要求，通常会在现场提出一些尖锐深刻甚至很棘手的问题，这就对主持人和发言人提出很高的要求。要求主持人思维敏捷、反映机敏、口齿伶俐，有较高的文化修养和专业水平。会议的发言人应由组织的高级领导担任，要清楚组织的整体情况，掌握组织的方针、政策和计划，回答问题应具有权威性。

（七）准备记者参观

在记者招待会前后，可以配合招待会主题组织记者进行参观活动，给记者创造实地采访、拍摄、录像等机会，增加记者对组织及本次招待会主题的感性认识。应安排专人在将要参观的地方负责接待和介绍情况。

（八）安排小型宴请

为了使记者招待会收到最大的实效，在本组织财力允许的情况下，可以安排小型宴会或工作餐。这可为组织与记者之间提供相互沟通的机会，彼此可以利用这种场合及时收集反馈信息，进一步联络与新闻界的感情。

（九）策划纪念品

为了感谢记者光临，以便更好地与记者交朋友，可以向记者赠送纪念品。在策划纪念品时应考虑以下因素：第一，突出本组织特色，例如，在纪念品上印上本组织的标志、经营宗旨、典型的广告词等；第二，为本组织做宣传，例如，某煤矿向记者赠送乌黑发亮、光洁美观的煤雕，记者一看见这特殊的艺术品，就会想起煤矿；第三，纪念品应新颖、小巧，具有艺术观赏价值、保存价值或具有实用价值；第四，纪念品不同于奖品，其造价应便宜，不应太昂贵，在策划纪念品时应考虑少花钱、多办事，尽量为本组织节约钱财；第五，纪念品最好是特制的，其做工应精益求精，千万不能把残品、次品、假冒产品赠送给记者，否则会起到反面作用。

微型案例

某工厂曾经把本厂生产的手提包赠送给记者，结果，由于产品质量差，记者们在返回报社的路上，就惊奇地发现手提包的拉锁坏了，随后就打电话批评该工厂，于是该工厂在记者的脑海中留下了不良印象。即使是购买其他厂家的产品赠送给记者，也应注意产品质量，千万不要买处理品。

（十）其他事项

应根据会议的规模和规格做出费用预算。费用项目一般包括场地租金、会场布置费、印刷品费、茶点费、礼品费、文书用具费、音响器材费、邮费、电话费、交通费等。除此之外，还应落实被邀请人员，一般在发出邀请信后、开会前两三天通过电话确定到访人数，在记者招待会入口处安排接待人员，准备签到名册等。

提醒您

为了使记者招待会达到最佳效果，应注意下述几个方面：

第一，会议发言人和主持人应相互配合。记者招待会应该始终围绕会议主题。如当记者的提问离开主题太远时，主持人要能巧妙地将话题引向主题，发言人也可通过回答问题来将话题引到会议的主题上。

第二，对于不愿发表和透露的内容，应委婉地向记者做出解释，不能以“我不清楚”或“这是保密的问题”简单处理。

第三，遇到回答不了的问题时，应告诉记者如何获得圆满答案的途径，不能不计后果随意说“无可奉告”或“没什么好解释的”。

第四，不要随便打断或阻止记者的发言和提问。即使记者带有很强的偏见或进行挑衅性发言，会议主持人和发言人也不要激动和失态，说话应有涵养。

总而言之，新闻传播型公共关系专题活动除了上述的新闻发布会和举办记者招待会之外，组织最好还要与新闻媒介联合举办一些活动，如联合举办文艺演出、各种竞赛等。组织与新闻媒介联合举办活动可起到“一石三鸟”的作用：首先，可在公众中树立关心社会文化、体育事业的良好形象；其次，可给媒介留下良好印象；再次，新闻媒介在向社会宣传这项活动时，必然提到协办者的名字，这等于给组织做了广告宣传工作。组织对社会献出了爱心，新闻媒介也会对组织给予支持。因此，只要组织经济条件许可，公共关系人员就应当谋划一些与新闻媒介联合举办的公共关系专题活动，这对于组织扩大影响、提高知名度和美誉度有百利而无一害。

第三节　展示型专题活动

展示型公共关系专题活动即通过实物展示、环境展示、图片与模型展示，广泛吸引公众的注意和参观，并吸引新闻媒介的关注和报道，以提升组织的整体形象或产品的知名度、美誉度。展示型公共关系专题活动主要包括各种类型的展览会、展销会和开放参观。

一、参展活动

参展活动就是企业参加展览会或展销会的活动。展览会与展销会是指组织通过集中的实物展示和示范表演，配之以多种传播媒介的复合传播形式，来树立组织形象、宣传或销售产品的专门性公共关系活动。展会是较为重要的公共关系专题活动之一，它以直观性和真实感给观者以极强的心理刺激，不仅会加深参观者的印象，而且会大幅提高组织和产品在参观者心目中的可信度。同时，展会还可以吸引众多新闻媒介的关注，由记者将展会的盛况传向社会，取得更大的宣传效果。所以，展会是一种集多种传播媒介于一体的宣传形式。

展览会有很多，从不同的角度可以划分为不同的类型：(1)从展览会的性质分，有贸易展览会和宣传展览会；(2)从举办的地点分，有室内展览会和露天展览会；(3)从展览的项目分，有综合性展览会和专项展览会；(4)从展览的规模分，有大型展览会和小型展览会。此外，展览会还有国内展览会和国际展览会、固定地点展览会和流动展览会、长期展览会和短期展览会等。组织要根据自己的情况和目标，恰当地选择展览会的类型，以收到更好的效果。

(一)展览会的作用

展览会通过实物、模型和图表宣传，可以起到教育公众、传播信息、扩大影响、提高效益的作用。

1. 宣传

中国有句古话，“酒香不怕巷子深”。的确，高质量的产品会得到社会的认可，广大消费者会对其产生偏好。另外，大凡好东西都会驱使消费者自愿为其宣传，这就必然会出现“有酒不怕巷子深”的现象。再者，在自然经济条件下，独此一家别无分店是客观现实，故“独香不怕巷子深”。但是，随着商品经济和科学技术的高度发展，产品和生产者的独一现象已不复存在。若不借助其他的工具，人际传播已很难使好酒飘香万里，故“酒香也怕巷子深”，要宣传自我。展览会通过实物、文字、图片、图表等客观手段展现成果、风貌和特征。与其他形式的宣传效果相比，其说服力大幅增强，这会使社会公众对组织及其产品的信任度大幅提高。优质的产品、精美的图片、动人的解说、艺术的陈设，加上轻松的音乐，极大地强化了组织宣传自我的感染力。

2. 提高效益

公共关系的基本原则是真诚合作、互利互惠。作为一个组织，找到自我、宣传自我是十分必要的。但是要想最终得利，就必须以真诚的态度，为社会、为公众服务。展览会在宣传自我、告知公众“庭院深处有好酒”的同时，又服务于社会，为消费者提供了购物指导，美化公众的生存环境，从而起到提高组织的经济效益或社会效益的作用。

(二)参加展览会的准备工作

展览会为组织开展公共关系活动提供了一个良好的机会，组织应该充分利用这个机会展示自己的产品，传递必要的信息，加强与社会公众的直接沟通。

1. 分析参展的必要性和可行性

在举办展览会之前，首先要分析其必要性和可行性。展览会需要投入较多的人力、物力和财力，如果不进行科学的分析论证，就有可能造成两个不良后果：一是费用开支过大而得不偿失；二是盲目举办而起不到应有的作用。

2. 明确主题

每次展览会都应有一个明确的主题，并将该主题用各种形式反映出来，如主题性口号、主题歌曲、徽标、纪念品等。必须弄清楚是要宣传产品的质量、品种，还是要宣传组织形象；是要提高组织的知名度，还是要消除公众的误解。

3. 构思参展结构

组织经营生产的产品，其组合的深度、广度、密度各不相同，项目和品牌差别也很大。哪些产品参展，其参展产品的深度、广度、密度如何确定，参展产品项目和品牌怎样搭配，都需要认真构思。

4. 选择地点和时机

地点的选择要考虑三个因素：交通是否便利？周围环境是否有利？辅助系统如灯光系统、音响系统、安全系统、卫生系统等是否健全？如果自己组织展览会，宜选在交通方便、环境适宜、设施齐全的地方。

5. 精心布置展台

参加交易会一般需要搭展台、布置展台。展台必须提前布置好，切忌在临开幕前才草率完工。交易会的规模越大，组织的展台就越要醒目。

如果在外地参展，应认真听取当地人的意见，或是雇用一个当地代理人布置展台，这些都对企业较为有利。不过有一点要注意，组织请本地代理人虽然便宜，但往往只能办简单的事。他们常常把一些关键性的工作转包给别人。要解决这个问题并不难，就是找展销会组织者帮忙。一般大会组织者都会提供一些官方的展台代理人，他们熟悉环境和程序，而且有优先于其他代理人提前进入展厅布置展台的权利，相对比较可靠。

6. 准备资料、制定预算

准备资料是指准备宣传资料，如设计与制作展览会的会徽、会标及纪念品，说明书、宣传小册子、幻灯片、录像带等音像资料，包括展览会的背景资料、前言及结束语、参展品名目录、参展单位目录以及展览会平面图等资料的撰写与制作。举办展览会要花费一定的资金，如场地和设备租金、运输费、设计布置费、材料费、传播媒介费、劳务费、宣传资料制作费、通信费等。在做这些经费预算时，一般应留出5%～10%充当准备金，以作调剂之用。

7. 培训工作人员

展览会工作人员素质的高低、掌握展览的技能是否达到标准，对整个展览效果起着关键作用。因此，必须培训展览会的工作人员，如讲解员、接待员、服务员、业务洽谈人员等，培训内容包括公共关系技能、展览专业知识和专门技能、营销技能、社交礼仪等。

8. 展览会的经费预算和使用

参加展览会的经费预算和使用是不可忽视的，主要包括以下开支：

(1)场地使用费，包括各种设备使用、能源等；

(2)设计建造费，包括材料费等；

(3)工作人员酬金，包括工资、津贴、差旅费等；

(4)传播媒介租用费，包括电视、录像带、电子计算机、幻灯机、幻灯片、新闻广告费用等；

(5)宣传品、纪念品制作费用等；
(6)交际联络费，包括举行招待会、购买茶点、接待宾客及交际应酬的各种费用等；
(7)运输费，即运输展品的费用；
(8)保险费，贵重物品在展览期间要办保险所花的费用；
(9)预备金，作为调剂补充使用的费用。

微型案例　大连国际服装节

大连国际服装节是由大连市人民政府发起并会同中国国际贸易促进委员会、中国人民对外友好协会、国家旅游局、人民日报社、中国香港贸易发展局、中国公共关系协会等多家单位共同举办的集经贸、文化、旅游为一体的颇具规模的盛大城市节目。1988 年举办首届大连服装节，从 1991 年第三届服装节开始冠以“国际”两字，每年一届。每届服装节历时 7 至 10 天，多在 8 月下旬至 9 月中上旬举行，以弘扬服饰文化、丰富人民生活、促进国际交流、推动经济发展为宗旨。她与中国香港时装节结为姊妹节。服装节的主要活动有气势恢宏的开幕式、欢快热烈的巡游表演、精品竞秀的服装博览会、商贾云集的服装出口洽谈会、争奇斗艳的服装设计大赛、光彩照人的世界名师时装展演会、热闹非凡的游园会以及新颖别致的闭幕式晚会等，每届都吸引着五大洲众多国家和地区的客商和海内外政界要人、外交使节、新闻记者、旅游者前来参加。

2015 年大连国际服装节的新亮点如下：

1.“维多利亚的秘密”助力开场演出

本届大连服博会将在过去海外展团的基础上增加“欧洲时尚区”“亚洲潮流区”。邀请法国、意大利、西班牙、德国和美国等 30 多个时尚品牌和商家；邀请韩国、日本等国家的 100 个知名品牌和采购商参展和采购，使展会既有卖家又有买家，促进展会企业间的合作与交流。本届服博会开幕首秀选择了美国著名品牌“维多利亚的秘密”进行开场演出，邀请了国际名模明星和维密中国天使参演，法国、意大利等顶级内衣品牌走秀，加入演唱歌手助阵，提高了服博会对外宣传的影响力。

2. 引入产业集群亮相服博会

本届服博会邀请了中国纺织工业联合会产业集群办公室作为承办单位之一，将汇聚全国高水平服装产业集群亮相服博会，搭建全球服装纺织产业集群的跨区域合作，推进服装纺织产业集群的发展，打造区域品牌的市场竞争力。恒力集团组团从面料、品牌设计到采购商邀请等全方位参加本届服博会。

3. 融入大连时装周突显设计创新

大连时装周将与前来参展的时装秀融合一体，在 Z28 时尚硅谷和展会现场设秀场，使展会既有设计师的静态展，又有动态秀，既丰富时装周又使参展企业有时尚感，将大连推向时尚的前沿，成为国际国内设计师的云集地。在服博会产业基地即大连皮尔蒙特服装文化创意产业园设立面料趋势动态发布及长期展览展示，进而带动制造与营销的创新与发展。

4. 推介中韩自由贸易区等成为展会新亮点

大连中韩自由贸易区的签约、国家级金普新区的成立、跨境电商的试点将成为本届展会互动的热点，提高参展企业的积极性。

5. 实现“永不落幕的服装节”

中国(大连)国际服装纺织品博览会服装文化产业基地(大连皮尔蒙特服装文化创意产业园)占地规模61 766.80平方米,其中设立3 000平方米的常年展区,用于服装面料等展览展示。1 000平方米专用于服装走秀秀场。基地将引进海外品牌及设计师入驻加盟,强力打造集技术交流、面料展示、商务洽谈、服装走秀等功能于一体的服务功能型平台,真正实现"永不落幕的服装节"。

节庆活动即以塑造城市形象,进而提升城市经济文化水准为目标,加深公众对城市的了解,提升城市知名度和美誉度。

节庆活动的关键还在于通过举办具体活动与公众建立良好的关系。节庆活动可以凝聚人心,增强城市居民的主人翁意识和自豪感。

"节庆搭台,经济唱戏"已成为许多城市的座右铭。举办节庆活动,可吸引大批客流,从而带动当地旅游、经贸、投资等相关产业的增长。

资料来源:于燕:《公共关系理论与实务》,北京师范大学出版社2018年版,第261—262页。

二、参观活动

参观活动是社会组织为了让公众更好地了解自己、向公众宣传自己、表明自身的存在,或为了消除某种误解而进行的开放活动。通常由公共关系部门负责组织一些社会公众到内部考察、参观,使公众了解真相,增加兴趣和好感。虽然这项工作很麻烦,但可以较好地提高组织美誉度。组织开展对外开放参观活动时需要做的准备工作包括以下几个方面。

(一)明确目的主题

任何一次对外开放参观活动都应有明确的目的,要明确组织参观活动可以达到怎样的效果、让观众留下怎样的印象、是否有真正值得报道的材料等。有了明确的目的之后,就可以围绕它展开一系列活动了。

对外参观活动的目的一般有几种:提高知名度,展示自己的优良工作环境,让更多的公众了解并宣传自己。如某烤鸭店将自己的生产车间向消费者开放,使消费者可以看到烤鸭制作的全过程,从而对产品质量深信不疑。企业每一次参观活动都应根据目的确定主题,主题的立意可以是多方面的,如组织的存在、组织的贡献、组织的独特成就等,根据主题策划和实施才能给参观者留下深刻的印象。

(二)明确参观规模

参观活动开展之前要确定其规模的大小,从而做出相应的安排。如果只是少数几个人参观,可以安排专人陪同他们参观并介绍情况,赠送资料和纪念品等;如果是较大规模的团体参观,最好事先制定一个计划,安排好接待次数、每次参观人数和开放时间等。安排专人伴随讲解介绍,回答参观者所提出的问题。

(三)安排时间和路线

开放参观不但要考虑开放参观的时间,也要考虑整个参观活动所需要的时间。开放参观的时间最好安排在一些特殊的日子,如周年纪念日、企业开工日等,应尽量避开假期和节日期间,并且要考虑季节和气候因素。要留有足够的时间做准备工作,较大规模的参观开放活动需3～6个月的准备时间,更大规模的或极为特殊的参观活动则需要更长时间。参观路线应提前划分好,防止参观者超越参观范围而出现意外事故或不必要的麻烦,也为了防止组织的秘密泄露和保证工作秩序的正常进行。例如，日本一代表团参观我国浙江某生产花雕酒的工厂，由于保密措施不严格，使日本人学会了生产工艺，从而使日本生产的花雕酒代替我国的花雕酒，占领了中国台湾市场。

（四）安排并培训接待人员

如果要把参观活动办得尽善尽美，最好成立一个由组织领导人、公共关系人员、行政业务和人事部门人员组成的专门机构，明确分工，紧密配合。组织大型参观活动，最好成立专门的参观活动筹备委员会。此外，可以根据开放参观的不同目的，选择不同的人参加筹备委员会。组织应该训练参观接待人员的接待观念与礼仪等，接待者对参观者应热情周到，安排合适的休息场所和备好茶水饮料，还可适当地提供娱乐活动；需要招待用餐的，要事先做好安排。

（五）准备宣传材料

要使开放参观获得成功，最重要的是做好各种宣传工作，如准备组织的说明书或宣传材料。在正式参观前，应放映电影、电视或幻灯介绍，帮助参观者了解组织的主要概况。要使参观活动产生持久效果，可赠送纪念性的关于组织简介的小册子。

微型案例　开放日　放得开(会内会外)

“3月5日下午3:00，江西、辽宁、澳门代表团安排开放。”2016年全国人大会议一开幕，十二届全国人大四次会议新闻中心的这则公告就立即在记者的朋友圈迅速刷屏。

截至3月12日，全国人大会议已经举行了36团次的开放日活动，其中仅澳门代表团就已安排了3次。各代表团的履职场景原汁原味地呈现在世界的聚光灯下。

近几年来，代表团向中外记者开放，受到各方的关注越来越高。在这个履职参政的大平台、共商国是的大舞台上，各代表团与中外记者面对面，回应热点、直面焦点、不避难点，让世界倾听到中国更加开放的脚步，感受到中国更高质量的民主。

形式更多样　信息更丰富

据人大会议新闻中心负责人介绍，在境内记者可以自主采访代表团各种会议的基础上，大会新闻中心2006年提出了“所有代表团至少向境外记者开放一次团组会议”的要求，这使得开放日逐渐成为大会期间代表团的“规定动作”，“最多一年曾经有40多个团次的开放日活动”。

“充分反映审议情况，充分解读重要报告和文件，充分回应社会关切，这是代表团开放日设立的初衷，也是开放日要实现的目标”，这位负责人表示。

3月6日下午2:55，山西代表团开放日会议正式开始，共有两项议程。第一项议程，由省长李小鹏代表主持，代表团审议政府工作报告。一个小时审议，代表们畅所欲言，有质量、有实效、有针对性。第二项议程，记者现场提问。面对《人民日报》记者提出的有关山西治理“塌方式”腐败的问题，省委书记王儒林代表没有避讳：“治理系统性、塌方式腐败问题，是以习近平同志为总书记的党中央交给新的山西省委领导班子的重大政治任务，也是全省人民的期盼。反腐败是一场输不起的斗争，不论有什么风险、有多少挑战，我们都义无反顾、铁腕反腐。”

从一开始的只有审议没有互动，到后来专门增设媒体提问环节，再到后来利用新媒体技术现场直播，开放日的形式越来越多样，信息越来越丰富，效果也越来越好。

直面焦点问题　主动回应表态

“王珉涉嫌严重违纪接受组织调查，发生这么大的问题，我们感受很震惊，也很痛心”，辽宁省省委书记李希代表3月5日在辽宁团开放日上表态。

"'天价鱼'事件不是偶然的,说明一部分基层干部和市场主体,在树立接受监督,特别是社会监督和舆论监督的意识方面还有差距",黑龙江省省长陆昊代表3月6日在黑龙江团开放日上回应。

坦诚、开放、务实正在成为近年来代表团开放日最鲜明的特色。记者们问得尖锐、直接,代表们答得坦率、真诚,在畅通的交流中,态度逐渐清晰,观点逐渐明确,社会公众的知情权得到了更好的满足。

代表们开诚布公、直面问题的态度,激发了记者们的积极性。2016年江西代表团开放日吸引了来自境内外80多家媒体的150多名记者采访,现场椅子不够用,又紧急增加了几排座位,最后还是有记者站着听完了整场会议。辽宁代表团开放日也成为媒体聚焦的热点,多家媒体在网络上现场直播。

不少代表团领导在开放日上,更借着回答记者提问的机会,对反腐、扶贫、规划等方面工作主动表态。2015年3月6日,上海代表团开放日活动上,中共中央政治局委员、上海市市委书记韩正代表表示,即将正式出台实施关于规范官员配偶子女经商的规定。当年5月1日,上海就出台规定,明确要求上海市级领导干部的配偶不得经商办企业,其子女及子女配偶不得在上海经商办企业。随后又对市管干部进行了全面甄别规范,赢得了社会公众一片点赞。

更开放的代表团　更开放的中国

参加了四川代表团开放日,德国《法兰克福汇报》记者科隆克表示,这次开放日活动加深了她对四川的了解,对即将启程的西部采访大有帮助。同她一起来参加开放日的日本广播协会、俄罗斯阿尔法电视台、彭博社、路透社等外国媒体记者也表达了类似感受。

"在复杂的舆论环境中,敢于让外国人发问,就足以体现出一个地方的开放胸襟和发展自信。"新华社记者侯大伟说。

"代表团开放日设立的媒体互动环节,对于每位代表而言,都是无形的督促。因为要随时面对媒体提问,代表们就必须做好更加充分的调研和准备。"宁夏回族自治区发展和改革委员会主任张八五代表说,要看到媒体提问背后的民声民意,不仅要认真回答问题,更要仔细思考其中的百姓关注点。

河北三河汇福粮油集团有限公司董事长石克荣代表表示,越来越多的代表开始适应开放日的节奏,"有些代表还利用开放日这个平台,把自己的议案、建议主动传播出去"。

"记者的问题不少都是交通、住房、环保这样和老百姓息息相关的,我们也挺关心。"天津滨海新区新港市容环境卫生管理中心扫道班班长薛海英代表参加过几次开放日活动,印象都很深刻。

一次好的开放日活动,开放的态度最关键。有专家指出,从代表团的开放日,可以清晰地听到中国民主进步的铿锵足音。

资料来源:彭波、靳博等:《人民日报》,2016年3月13日,第12版,转引自蒋楠:《公关策划学》,科学出版社2017年版,第90—91页。

第四节　赞助型专题活动

赞助活动是社会组织无偿地提供资金或物质支持某一项社会事业或社会活动，以获得一定形象传播效益的公共关系专题活动。它可以使提供赞助的组织与赞助的项目同步成名，是一种信誉投资和感情投资行为，也是一种有效的公共关系手段。社会组织一般是通过对文体、福利事业和市政建设以及一些社会活动进行赞助以扩大组织影响，协调与社会的关系，提高自身美誉度，如今这已经成为十分普遍的现象。特别是一些效益比较好的企业，由于具有经济实力，经常进行赞助活动。对于提供赞助的组织来说，一方面是为了显示爱心，承担社会责任，关心社会公益事业，树立起良好的组织形象；另一方面，提供赞助也是一次十分有效的宣传机会，而且比商业广告更具说服力，是各种广告形式所不可比拟的。因此，组织应该重视赞助活动。

微型案例　361°——多一度的体育赞助之路

说起中国国内的运动品牌，有一个词的知名度不亚于几大龙头品牌，那就是“晋江系”。晋江作为福建泉州下属的一个县级市，却涌现出安踏、特步、361°等让全国人民耳熟能详的体育用品企业。与安踏和特步相比，2003 年才创立的 361°品牌算是晋江系这个大家族中的“小弟”，但是在众多“老大哥”面前，361°敢于在体育营销领域和它们正面抗争，同样在市场中闯出属于自己的一片天地。

361°的前身就是 1994 年诞生的专业制鞋企业别克。进入 21 世纪之后，361°在国内的运动鞋市场占有率就稳居前三。不过，由于和美国的著名汽车企业“别克”品牌撞车，运动鞋别克不得不更换品牌，这才有了如今的 361°。从“别克”到“361°”，这不仅仅是名字的变化，更代表着其从单一品类到覆盖整个体育用品产业链的系统升级，也是 361°走上体育赛事赞助之路的开始。

立足乒羽，奠定根基

1997 年，361°的前身别克就开始了体育营销路线的探索，成为国家羽毛球队赞助商。双方的合作长达八年，借助国羽这支王牌之师，让经历品牌更迭的 361°在短时间内重新树立了品牌影响力。2007 年，361°与国羽再次结缘，成为中国国家羽毛球队顶级合作伙伴，为林丹、张宁等国羽队员提供赛场装备，而且 361°自称要将国羽变成自己的专业运动装备赛场。

在羽毛球之外，361°还将触角伸向了中国的另一项王牌运动——乒乓球。2009 年，361°成为中国乒超联赛的冠名赞助商。除了运用创新技术打造赛事装备外，361°还积极整合全方位资源多途径、立体化地持续推广赛事，借助乒超联赛的平台开展了很多线下活动，包括最受欢迎运动员评选、“兵超掠影”摄影大赛、主持人评选大赛、乒超服装设计大赛等。此外，361°还组织了儿童夏令营、乒乓明星进校园等活动，让青少年近距离接触乒乓运动，了解乒乓球文化，让更多人通过乒超这一平台共同体验乒乓运动带来的快乐，从而对运动、对未来更多一度热爱。

央网联动，发力传播

立足于乒乓球、羽毛球这样的高水平项目，361°稳固了自己在体育用品领域的根基。不过从赛事传播角度来讲，乒羽相对小众。为了创造持久、爆发性更强的品牌曝光度，

361°另辟蹊径,开始探索媒体传播。

CCTV-5是361°的首选。2006年361°在"中央电视台2007—2008体育赛事直播合作伙伴"招标中击败众多国际品牌,打破了国际巨头对顶级体育资源的垄断。而361°也加入当时CCTV-5策划的娱乐篮球大赛阵营,在活动中,中央电视台给予了361°很大的品牌宣传空间,每期节目的各处细节都对361°完全开放,所有参赛选手都使用361°提供的全套篮球装备;整个赛事从路演、初赛到总决赛历时半年,走过全国十多个城市,参与者覆盖全国各地,涉及不同阶层、不同年龄段的人群,除了中央电视台以外的12家电视台也对比赛进行了转播。2008年年底,361°又成为CCTV-5服装指定供应商,该频道所有主持人及出境记者都身着361°品牌的服装。在伦敦奥运会之前,361°融运动、时尚于一体,为奥运报道团打造了高质量、高品位的"时尚魅影"系列专属装备。

除了传统的电视媒体,361°还将视野扩展到新媒体领域。2006年,361°冠名了腾讯网体育频道,双方还达成战略合作伙伴协议,提出了"赛事共建、会员共享"的理念。2008年,借势北京奥运会,腾讯体育也与国家羽毛球队签约,围绕这一黄金资源,腾讯体育推出了"361°——羽毛球队"独家专题,流量超过800万次;林丹、张宁等名将都开通了腾讯博客,吸引了大量粉丝关注,仅林丹的个人博客奥运期间就有接近700人的访问量,而每个人的博客都会有361°的品牌体现。361°借助奥运会的影响力和腾讯的平台优势,品牌总曝光超过220亿次,总点击超过645万人次。2015年361°在体育媒体领域再出手,与乐视体育签订战略合作协议,双方将在智能运动装备的设计研发及生产、App、项目营销等多方面合作,361°开始将注意力转移到科技、营销领域,通过与互联网媒体的结合,提高自己的创新能力。

大型赛事,赞助升级

2010年广州亚运会上,361°投入超过3亿元,成为本次赛事体育服装类唯一的高级合作伙伴以及亚奥理事会全球官方赞助商,开创了中国体育品牌首次赞助亚洲最大型体育赛事的历史。361°不仅提供了全套亚运官方服饰,还为6支中国代表队和9个亚洲国家专门打造了42项专业竞赛装备。为帮助运动员在赛场发挥最佳水平,361°整合运动科技、设计创新等领域的优势资源,并与世界运动服装领域的顶级团队携手,打造了更专业、更具科技感的装备。

2011年深圳大运会。361°为大运会提供火炬手服装、官方比赛服等装备,还将品牌与大运精神深度融合,制定了"多一度热爱,从这里开始"的大运策略,开展了"大运大篷车校园行""361°DAY"等大运支持活动,并在社交媒体上发起了"无处不热爱"的线上活动。

2014年仁川亚运会。361°斥资超过亿元成为唯一的运动品牌赞助商,超过2万人的工作人员和志愿者全部穿着印有361°LOGO的T恤。为此,361°提供了薄荷、深蓝、橘、蓝、白五种颜色,对应代表了东亚、东南亚、西亚、中亚和南亚五个区域,象征亚洲各民族、国家和地区交流合作,包容共进。此外,361°还整合了中国国家游泳队、自行车队比赛服以及中国澳门代表队出场服。

2016年里约奥运会。361°成为里约奥运会和残奥会的官方合作伙伴,这也是国内首家成为奥运会官方合作伙伴的体育用品企业。361°除了为正式比赛和所有测试赛的技术官员、医疗人员、赛会服务人员、火炬传递者及其他工作人员提供整套专业运动装备之外,还提供了庆典礼仪人员服饰、裁判员执裁服、媒体辅助通行服等,在里约修建了361°迷你体育公园。通过此次赞助,361°大大增加了在国际赛场上的曝光度,并且结合各种形式的平面广告广泛宣传了其奥运核心理念“用热爱赞助热爱”。

资料来源：樊帅：《企业公共关系案例解析》，清华大学出版社2017年版，第234—236页，有删改。

一、赞助活动的类型

赞助活动的形式很多，当前流行的主要有以下几种。

（一）赞助体育运动

这是目前组织赞助中最常见的一种形式。随着我国人民生活水平和体育运动水平的提高，人们对体育运动越来越感兴趣。因此，企业通过对体育运动的赞助，往往比较容易增强对公众施加影响的深度和广度。

微型案例　专访玛莎拉蒂高管：运动是我们的基因　赞助名人赛双赢

2018年6月2日，由腾讯体育举办的首届超级企鹅足球名人赛在上海虹口体育场打响。现场，由皮尔洛、吉格斯、巴拉克等十余位国际巨星领衔的超级企鹅国际传奇队，对阵米卢挂帅，范志毅、杨晨领衔，以及艺人鹿晗加盟的超级企鹅中国明星队。

这一体育与娱乐跨界的盛事，吸引了诸多高端品牌的关注。作为有百年底蕴的意大利超豪华汽车品牌，玛莎拉蒂成为超级企鹅足球名人赛的指定用车。所有巨星都乘坐着玛莎拉蒂来往于上海。腾讯体育也获得了宝贵的机会，可以与玛莎拉蒂中国销售总监沈钢先生交流，谈一谈玛莎拉蒂的品牌内涵。

运动是玛莎拉蒂最重要的基因之一

腾讯体育：玛莎拉蒂作为意大利知名的超豪华汽车品牌，为什么会想到赞助本届“超级企鹅足球名人赛”？

沈钢先生（玛莎拉蒂中国销售总监）：玛莎拉蒂是一个拥有超过百年历史的意大利汽车品牌，奢华与运动是玛莎拉蒂的基因。纵观玛莎拉蒂的发展史，其与竞技体育精神异曲同工，始终在竞争中不断超越自我，在历经一个个转折、坚持与突破后，成就如今的自己；而三叉戟标记正是这种挑战与进取精神的完美体现。我们的日常跨界合作很多与体育有关，这次超级企鹅足球名人赛就是很好的合作。

腾讯体育：往日玛莎拉蒂更倾向于赞助什么样的赛事或者活动，有哪些筛选标准？

沈钢：运动是玛莎拉蒂重要的品牌基因之一，除了赞助本次活动，品牌也一直积极参与各项体育活动，例如IRONMAN 70.3铁人三项、马球巡回赛等体育赛事，就在今年由著名的意大利航海家吉奥瓦尼·索迪尼掌舵的“玛莎拉蒂号”Multi70以36天2小时37分12秒的绝对优势成功打破世界纪录。这些体育运动赛事都和玛莎拉蒂一直追求的速度、运动，以及不断超越自我的精神一脉相承。

腾讯体育：本届“超级企鹅足球名人赛”邀请鹿晗倾情带领中国传奇球星队。据了解，玛莎拉蒂不仅是鹿晗的心仪座驾，更受到梅西、C罗、内马尔等足坛巨星的青睐，您觉得玛莎拉蒂的哪些特质吸引了他们？

沈钢：玛莎拉蒂是拥有逾百年历史的超豪华汽车品牌，受到很多运动员、社会名流的青睐。

同时，玛莎拉蒂不甘与“平庸”为伍，追求创造力和突破力，从而实现新的目标，跟绿茵场上不断进取、突破自我的精神非常一致。此外,玛莎拉蒂还始终倡导专属性、个性化定制,满足各类人群的定制化及社交需求。拥有玛莎拉蒂,不仅是拥有一台专属座驾,更是一种身份的象征。

娱乐与体育将在市场上获得共鸣

腾讯体育:目前玛莎拉蒂2018款主力车型的销售客群定位如何?他们是一群怎样的人?是否有一款车型更加偏向运动人士?

沈钢:玛莎拉蒂的每款车型都传承了品牌的运动基因,2016年推出的百年SUV Levante、旗舰车型Quattroporte总裁轿车,还有Ghibli轿车都是如此。

每款车型都有非常好的操控性和运动性能,配合玛莎拉蒂最具代表性的声浪,都成为运动人士青睐玛莎拉蒂的原因。目前,玛莎拉蒂在中国拥有超过46 000名车主,SUV Levante很适合于力求突破的车主;Ghibli的车主更年轻,多数是热爱生活、热爱社交的车主;而Quattroporte总裁轿车则更受商务人士的青睐。如果车主对运动及操控性能有更高的追求,玛莎拉蒂2018款全系车型标配GranSport运动版的风格套件可通过一系列进一步强化运动性能的配置,满足客户极致追求运动表现的需求。

腾讯体育:本次赞助"超级企鹅足球名人赛",并与鹿晗联袂合作,是否代表着品牌今后的定位将更加趋于年轻化?

沈钢:玛莎拉蒂的百年历史中始终不断创新与突破。时至今日,当消费习惯发生改变时,消费群体日益年轻化,我们也愿意尝试不同的营销手段。玛莎拉蒂在中国的客户群是全球最年轻的,我们也通过很多年轻化的手段吸引更多年轻精英的关注,如开设天猫旗舰店、丰富多彩的线下体验活动等。这些都让喜欢我们品牌的年轻朋友有更好的体验。这种体育和娱乐的合作,对我们的营销也是很好的尝试。

腾讯体育:在代言人或者合作伙伴的选择上,玛莎拉蒂有哪些标准?

沈钢:我们跟其他品牌合作,玛莎拉蒂希望对方拥有同样的价值追求。举例而言,玛莎拉蒂与高级定制西装品牌杰尼亚保持着长期合作关系,因为我们共同坚持严苛的品牌工艺,并且对手工制作不懈坚持。我们的各类跨界合作,包括植入热剧,也希望能体现玛莎拉蒂品牌的奢华和运动性能。

腾讯体育:现在体育和娱乐的融合似乎正在成为一种新趋势,您如何看待这种趋势?是否也影响着玛莎拉蒂的品牌策略?

现在的客户群体从"70后"到"80后",现在转向"90后"。体育和娱乐行业在中国发展得越来越好,作为一种潮流,二者的结合更容易在商业环境中达到共鸣。大家的群体是一致的,爱好也是一致的,消费者的期望也是一致的。我们希望多参与这种营销方式。我们在国内也邀请到很多明星,还植入热剧,跨界合作是我们今后的方向。

资料来源:中国公关网,http://www.chinapr.com.cn/p/1410.html,2018年6月4日,有删改。

(二)赞助文化活动

组织进行文化生活方面的赞助,不仅可以培育与公众的良好感情,而且可以大幅提高组织的知名度,创造良好的社会效益。这类赞助有两种形式:一种是对文化活动的赞助,如对大型联欢晚会、文艺演出的赞助;另一种是对文化事业的赞助,即定期或不定期地对某个文化艺术团体提供赞助,通过这个文化艺术团体的活动,扩大组织在社会的影响,提高组织的知名度。

(三)赞助教育事业

组织赞助教育事业,既是一项智力投资,又是一项公关投资,一方面可以为组织与有关院校建立良好关系打下基础,有利于组织的人才招聘与培训;另一方面,可以为组织在公众面前树立可敬形象。赞助方式包括:赞助学校建图书馆、实验楼,设置奖学金、助学金和其他有关教育方面的奖金或奖励等。

微型案例　邵逸夫曾为内地教育捐近50亿港元　项目超6 000个

截至2012年,105岁的香港著名实业家、慈善家邵逸夫25年共捐赠内地教育47.5亿港元,捐建项目总数超6 000个。

这是记者2012年10月19日晚在北京举行的“邵逸夫基金教育赠款项目25年庆祝活动”上获悉的。截至目前,邵逸夫基金共捐建了中国内地大、中、小学和职业技术学校、师范学校、特殊教育学校6 013个项目,包括图书馆、教学楼、科技楼、体育馆、艺术楼、学术交流中心等,遍布全国31个省、自治区、直辖市。

同日,邵逸夫基金第26批赠款仪式举行。年逾百岁的邵逸夫本人未能亲临现场,其夫人、香港邵逸夫基金有限公司主席邵方逸华与第26批接受赠款项目的部分高校代表签署了赠款协议,2亿港元将用于支持内地多所高校开展硬件设施建设。

邵方逸华还接受了教育部官员赠送的《书香逸夫 悦读天下》纪念画册。

教育部副部长郝平表示,邵逸夫基金教育赠款项目是当前海内外爱国人士通过中国教育部实施的持续时间最长、赠款金额最大、建设项目最多的教育赠款项目。项目实施以来,数以千万的大、中、小学生从中受益。近年来,邵逸夫基金重点支持了中国中西部教育设施建设,有效促进了中西部地区教育事业的发展。

资料来源:蒋楠:《公关策划学》,科学出版社2017年版,第184—185页。

(四)赞助社会慈善和福利事业

赞助社会慈善和福利事业是组织扩大社会影响的重要途径,是组织对整个社会承担义务和责任的重要手段,也是组织在社会获得知名度、美誉度的重要措施。如捐赠或资助慈善机构,在一些地区或单位遭受灾难时提供资助等,这些比做广告更有意义和价值,更能赢得民心。

除了上述几种常用的赞助形式以外,公共关系人员应根据组织的需要设计出各种形式新颖的赞助活动,使组织获得最佳的信誉。

二、赞助活动的步骤

(一)明确赞助活动的目的

一般而言,组织赞助活动的目的主要有:(1)追求新闻效应,扩大社会影响;(2)增强广告效果,提高经济效益;(3)联络公众感情,改善社会关系;(4)提高社会效益,树立良好形象。总之,通过赞助活动,组织可以分别或同时获得社会效益或经济效益,提高组织的知名度与美誉度,增进公众对组织的了解。

(二)进行调查研究

组织要获取良好的赞助效果,就必须事前对赞助活动进行调查研究,考察本次的赞助对组织、对公众是否有益,能否起到宣传的作用,并制定可行性报告。

（三）制定赞助活动的计划

组织在赞助前，要根据组织的经济实力、经营目标与策略等情况，制定赞助计划，写明赞助对象的范围、费用预算、赞助形式、组织管理办法等，以做到有计划、有控制地活动。计划制定好之后，要派专门的公共关系人员负责各项赞助方案的具体实施，运用公共关系技巧扩大组织的社会影响。如果遇到不正当赞助要求和摊派，应坚决拒绝，必要时可诉诸社会舆论和法律。赞助计划应该包括赞助的目标、对象、形式，赞助的主题，赞助的传播对象，赞助活动具体实施方案，赞助的财务预算等。

（四）赞助活动的实施

组织应派专人负责赞助方案的落实，同时在赞助活动中要充分运用各种公共关系技巧塑造组织形象，并恰到好处地宣传组织。

（五）赞助效果的评定

赞助是一项重大的专题活动，每次赞助活动结束后，都应调查评定其效果，从而检验赞助是否达到了预期的效果、实现了哪些预定的目标等，为以后的赞助决策提供参考。组织可以通过对照计划检测指标完成情况，收集社会公众、新闻媒体和赞助者的看法，找出差距，评定效果，写出报告，存档备查。

三、提供赞助的决策依据

组织提供赞助时，或者由组织主动选择赞助对象，或者在接到请求时再做出反应。组织为提供某项赞助而决策时，主要应考虑以下几点：

(1)赞助的社会效益。提供赞助时，应优先考虑社会效益，如救灾活动、对残疾人的福利赞助、希望工程的赞助等。

(2)在考虑社会效益的前提下，考虑组织的经济效益，并使二者有机结合在一起。

(3)优先考虑赞助与本组织有联系或有关系的项目。如经营体育用品的企业可以优先考虑赞助体育活动或体育竞赛，汽车公司可以优先考虑赞助赛车等项目。

(4)本组织的财务状况。在选择赞助时，社会组织应考虑目前的财务状况能否负担起赞助的款项等。

(5)对于既无社会效益，又与本组织经济效益毫无关系的赞助请求，要敢于回绝。

总之，组织在赞助活动之前，应认真研究和分析，明确基本的赞助方向和重点，使组织和社会同时受益，防止发生与组织赞助方向相差太远的现象。

另外，企业的赞助活动还应该注意以下事项：

(1)以企业和企业所面对的社会环境为出发点，制定出切实可行的公共关系政策、方针和策略，切忌盲目。

(2)企业应将公共关系政策公之于众，应保持与被赞助者和需要赞助的活动组织者之间的联系，用财务预算的应捐款项及时帮助求助者。另外，企业应将赞助计划列入企业为其生存和发展创造环境的长期计划，分清所需赞助事业的轻重缓急，逐步实施。

(3)企业的公共关系部应随时把握社会赞助的供求状况，灵活掌握赞助款项。

(4)企业对赞助活动的科学管理，必使其善举“广”行，由此创造出的良好的社会效益，必然会得到社会的广泛支持。

微型案例　四年恋情落幕　加多宝停唱“中国好声音”

《第一财经日报》从权威渠道独家获悉，连续四年冠名《中国好声音》的加多宝告别《中国好声音》舞台。

从四大卫视（湖南卫视、东方卫视、江苏卫视、浙江卫视）公布的综艺节目招标费用来看，目前《快乐大本营》的冠名费高达 7 亿元，《奔跑吧，兄弟》的冠名费也涨到 5 亿元，《中国好声音》凭借 2015 年周杰伦的加盟收视再创新高，冠名费用在 2015 年 3 亿元的基础上，往上调也是大概率事件。

2012 年，加多宝 6 000 万元冠名浙江卫视《中国好声音》；2013 年，加多宝以 2 亿元再次冠名《中国好声音》；2014 年，冠名费用提至 2.5 亿元，2015 年，这一费用进一步飙升至 3.0 亿元。

市场人士认为，加多宝与《中国好声音》合作的四年内，彼此互相成就，但随着节目新颖性下降，以及明星真人秀节目加入，收视率开始下滑。另外，加多宝在推出金罐后，新的品牌形象需要新的营销知识产权支撑，寻找到新的战略营销平台也成为必需。

从第一季到第四季，加多宝和《中国好声音》从试水到深层次合作，创造了冠名时长的最高纪录，占领了娱乐冠名的过半市场份额——从最开始单纯的微信“摇一摇”到第四季的淘金行动，打造了一个又一个现象级营销案例。

中国食品工业协会发布的 2015 年饮料行业整体运行报告显示，在中国饮料行业整体进入增长放缓的背景下，2015 年凉茶市场销售收入突破 500 亿元，同比增长 10.6%，继续保持较好的增长趋势，位居饮料行业第四大品类。该报告称，加多宝品牌凉茶以 52.1% 的销售市场份额位居中国凉茶行业市场首位。“加多宝和《中国好声音》四年的合作在市场上为自己贴了一个明确的标签，就是加多宝愿意为好的创意和节目埋单，”郑学勤（营销专家）向《第一财经日报》透露，“也因为敢于对好声音开价，从 2015 年下半年开始，好多新创的节目都在和加多宝对接，它也在筛选。”除了平台匹配和冠名费考虑之外，《中国好声音》的版权问题也在某种程度上影响了加多宝最终的冠名决定。

资料来源：蒋楠：《公关策划学》，科学出版社 2017 年版，第 186—187 页。

第五节　庆典联谊型专题活动

在公共关系专题活动中，除了前面所讲的新闻发布会、展览会之外，还有庆典、参观、联谊等多种常见的活动。

一、庆典活动

庆典活动是社会组织为庆祝某一重大事件而举行的一种公共关系专题活动，它表现为组织在其内部发生值得庆祝的重要事件时，或围绕重要节日而举行的庆祝活动，组织一般将其视为一种制度和礼仪。它既是一种专题活动，也是大型公共关系活动的一项程序。庆典活动往往给公众留下“第一印象”。现代组织的管理者一般会想尽办法利用庆典和合情合理的活动，让人们自觉自愿地接受。由于举办庆典活动可以向社会宣传组织的存在与发展，为组织创造良好的形象，协调与社会的关系，因此，庆典活动必须精心策划和组织。组织的庆典活动形式是多种多样的，包括纪念活动、剪彩仪式、颁奖仪式等，一般利用组织建立的周年纪念日、工程开工、奠基、纪念碑揭幕、工厂落成、商店开业、给员工或外界人士颁奖等时机举行。

庆典活动并不陌生，大到中华人民共和国开国大典，小到无数社会组织的开业、开工、开学典礼，公众一般都耳闻目睹过不少。那么，办好庆典活动需要做好哪些工作呢？

(一)拟定宾客名单

邀请的宾客一般应包括政府有关部门负责人、社区负责人、知名人士、社团代表、同行业代表、新闻记者、员工代表、公众代表等。一方面可提高组织的知名度，另一方面可借机为组织做一次宣传。邀请的宾客名单由组织的领导拟定后，公共关系人员负责提前 7～10 天发出请柬，以便被邀宾客安排时间。

(二)确定典礼程序

庆典活动的程序一般为：第一，主持人宣布典礼开始，正式场合奏国歌或奏厂歌、校歌等；第二，宣读重要来宾名单；第三，剪彩、揭幕或授奖、签字等；第四，主宾分别致辞；第五，礼成，并安排助兴节目；第六，参观；第七，通过座谈或留言的形式广泛征求意见。

庆典活动中可适当安排一些助兴节目，以渲染气氛，提高兴致。应及时散发宣传资料和赠送纪念品。典礼、仪式完毕，可根据情况安排宴请。典礼、仪式的形式既要简单有序又要热烈隆重、丰富多彩，还要给人留下强烈而又深刻的印象。这些并不容易，要求公共关系人员既要有热情的举止，又要有冷静的头脑；既要善于鼓动，又要指挥有序。

(三)安排致辞、剪彩人员

致辞、剪彩的主办方人员应是组织的主要负责人，其致辞要言简意赅，起到融洽关系的作用。致辞、剪彩的客方人员应是地位较高、有一定声望的知名人士。要事先安排好他们的座次或站位。

(四)安排庆典后活动

庆典活动基本程序快结束时，可以组织来宾参观工作现场、生产设施、服务设施或商品陈列等。这是让上级、同业和社会公众了解自己、宣传自己的好机会。也可以通过座谈、留言等方式广泛征求来宾意见，并总结完善。

庆典活动的形式并不复杂，时间也不多，但要办得隆重热烈和丰富多彩、给人强烈深刻的印象并不容易。要使这次活动达到预期目的，公共关系人员应有冷静的头脑和充分的准备，善于用热情的举止鼓动公众，有序地指挥调度现场。在程序安排和具体接待中稍有不慎，不但会使典礼扫兴，还会影响组织整体形象，其内含的损失是难以估计的。

微型案例　别开生面的庆典活动

一天，美国某连锁店的公司总部办公楼前，鲜艳的彩旗在微风中轻柔地飘扬，争奇斗艳的鲜花传递着温馨的情意。络绎不绝的人群纷纷涌向这里，里里外外挤得水泄不通，记者的闪光灯不停地闪烁，一场别开生面的庆典活动在一种情趣盎然的氛围中拉开了序幕。华丽的大厅响起了一阵阵美妙的鼓乐声，总裁庄重地端起酒杯说："女士们、先生们，承蒙诸位莅临本公司开业 30 周年庆典活动，敝公司不胜荣幸。请允许我代表本公司的全体员工及我们的'上帝'向这位在商店门口擦了 25 年皮鞋的老人表达我们最诚挚的敬意和衷心的感谢，愿老人家健康长寿。然而，今天仅仅为老人举杯祝福仍难以表达我们的心愿。"说着，总裁在众目睽睽之下蹲下身子，请老人坐下，亲自为他擦亮脚上的皮鞋。这突如其来的举动顿时令这位含辛茹苦、饱经风霜的老人老泪纵横，来宾们群情沸腾，欢声四起。

翌日，美国的各种大众传播媒介多角度、多层次地将这一庆典活动辐射到全国各地，轰动了整个美国。此后，该公司的营业额扶摇直上，利润成倍增加。

资料来源：龙志鹤：《公关案例选粹与评析》，经济管理出版社 2011 年版，第 150—151 页。

"新""奇""特"也是对周年庆典活动的要求，但是在这里，有一点要特别注意，那就是在追求"新""奇""特"时，不能忽视了公众的心理承受能力，不能引起公众的反感，否则将会事与愿违。

微型案例

日本某公司名气较小，曾扬言用飞机在富士山上撒东西，让富士山的颜色变得更美丽。可是富士山是日本的民族象征，于是，这家公司的做法受到了强烈的抨击。后来公司只好借取消计划的名义，向社会发布了告知性新闻。

资料来源：https://baijiahao.baidu.com/s?id=1662464451757145340&wfr=spider&for=pc，2020 年 3 月 29 日，略有改动。

二、联谊活动

联谊活动是以实现一定合作目标为宗旨的信息沟通和感情交流专题活动。企业之间经常开展这类活动。

（一）联谊活动的类型

联谊活动是有层次的，由低到高、由浅入深。一般可以分为三个层次：第一是感情型的，以联络感情为主，如节假日、周年庆等机会，互致信函，互赠纪念品、出席庆祝活动，相互留下良好印象，为以后的联系奠定盛情基础。第二是信息型的，以互相沟通信息为主要内容，交流各自掌握的与双方有关的信息，如原材料信息、销售市场信息、资金市场信息、技术合作信息、学术研究信息等，使双方对新信息掌握主动权。第三是合作型的，这是高层次的联谊，是联谊活动成果的最终体现。即通过一些生产项目、经营项目、研究项目的合作，促进双方经济效益和社会效益的提高。这是一种最具实质性的联谊，是公共关系人员的着眼点和落脚点。

（二）联谊活动的原则

首先要遵循真诚的原则，绝不损人利己、损公肥私。其次要遵循互惠互利的原则，应在不损害社会利益的前提下使联谊双方共同受益。最后还要遵循效益的原则，争取在有限的时间和空间范围内取得最大的效益，少花钱多办事。

为了联络与社区公众的感情，企事业单位的公共关系部应经常有计划地举办一些有社区公众参加的联谊活动。联谊活动的名称和主题可以灵活多样，如在节假日举办的联谊会可以称为春节联欢会、元旦联欢会、中秋联欢会等；在平时举办的联欢会可根据主题内容或参加者命名，如社区共建联谊会、美好家园联谊会、青年联谊会、老年联谊会、妇女联谊会等。

各种类型的联谊会可以是参加者自娱自乐，也可以邀请文艺界专业人士参加。另外，联谊会中如果能穿插各种活动，如电影招待会、舞会、聚餐会、文艺演出、知识竞赛、体育比赛、特技比赛、游艺活动等，就会显得更加有吸引力。

社区联谊会丰富多彩、活泼欢快、轻松自如，而且花费不多、操作简便、成功率高。各种类型的联谊会对于社会组织与社区公众之间的良好沟通、加强与他们之间的联系、改善双方的关系都具有十分重要的作用。尤其是服务性行业，如商场、酒店、银行等，如果能把社区公众与消费者公众统一起来，经常举办一些联谊活动，这不仅对维系社区公众关系有好处，而且对开拓市场、赢得顾客大有裨益。

（三）筹备联谊会的工作内容

由于联谊会的目的、形式、规格等的不同，联谊会的程序也有所不同，一般而言，联谊会的具体工作有：

（1）明确联谊会的主题，并确定联谊会名称。如某酒店以“饮食与健康”为主题，举办了“美食家联谊会”。

（2）安排活动程序，并印刷联谊会节目单。

（3）确定时间、地点、活动场所。

（4）确定应邀对象，发出请柬。联谊对象的选择要遵循互助互利的原则，必须是联谊的双方或多方都有联谊的要求、联谊的内容、联谊的能力，三者缺一不可。联谊活动应该邀请新闻记者参加，选择联谊对象的过程就是奠定联谊活动基础的过程。

（5）购买活动所需要的物资，如礼品、奖品等。

（6）布置活动场地，并安排专人负责。

（7）安排礼仪人员负责导游、接待、解释有关询问等工作。

（8）派专人摄影、录像等。

（9）准备好讲话稿、座谈会的讲话提纲等。

（10）准备好需要穿插的文艺、体育节目。

微型案例　某公司客户联谊活动程序

1. 开场阶段：（30 分钟）

（1）董事长（总经理）致辞并介绍公司业务及业务开展情况。

（2）业务负责人介绍双方合作情况。

（3）主要客户介绍合作情况。

2. 表演阶段：（120 分钟）

（1）主持人——当地电视台（电台）著名主持人。

（2）节目表演：外聘杂技、魔术、小品、相声 8 个，歌舞 4 个（公司内部组织 2 个）。

（3）以来宾圆桌小组为评选单位，对每个节目评分。

（4）奖品设置：最佳表演节目 2 个，最佳评委团队 1 个。

3. 拍卖阶段：（30 分钟）

（1）前场铺垫：《爱的奉献》主题音乐、道具物品整理。

（2）拍卖介绍：目的是捐赠希望工程的慈善义举；标的由公司免费提供，竞拍者出钱得物；竞胜者现场获得“荣誉捐赠证书”；新闻媒体相关报道。

（3）拍卖活动：介绍拍卖规则，展开拍卖活动，预期成交额为 15 000～20 000 元。

（4）民政部门代表致答谢辞。

4. 晚宴阶段

（1）公司领导致辞祝福。

(2)宴会开席、发放纪念品。

(3)活动结束。

小　结

关键术语

公关专题活动　新闻发布会　记者招待会　赞助活动　开放参观　庆典活动　联谊活动

本章小结

1. 所谓公共关系专题活动，是指社会组织为了某一明确目的，围绕某一特定主题而精心策划的公共关系活动。它是企业或组织就某一方面的问题与公众重点沟通。公共关系的目标正是通过一系列专题活动而实现的。

2. 新闻传播型公共关系专题活动是以传播新闻信息为目的的公共关系活动。

3. 新闻发布会是对某一已经发生的重要事件，或者对某一正在进行中的事件及其发展态势的对外公布和告知。

4. 记者招待会是为了集中发布信息而举行的以记者为主要参加者的传播活动。

5. 展示型公共关系专题活动就是通过实物展示、环境展示、图片与模型展示，广泛吸引公众的注意和参观，并吸引新闻媒介的关注和报道，以提高组织的整体形象或产品的知名度、美誉度。

6. 参展活动就是企业参加展览会或展销会的活动。

7. 参观活动是社会组织为了让公众更好地了解自己、向公众宣传自己、表明自身的存在，或为了消除某种误解而进行的开放活动。

8. 赞助活动是社会组织无偿地提供资金或物质支持某一项社会事业或社会活动，以获得一定形象传播效益的公共关系专题活动。

9. 庆典活动是社会组织为庆祝某一重大事件而举行的一种公共关系专题活动，它表现为组织在其内部发生值得庆祝的重要事件时，或围绕重要节日而举行的庆祝活动，组织一般将其视为一种制度和礼仪。

10. 联谊活动是以实现一定合作目标为宗旨的信息沟通和感情交流专题活动。

知识结构图

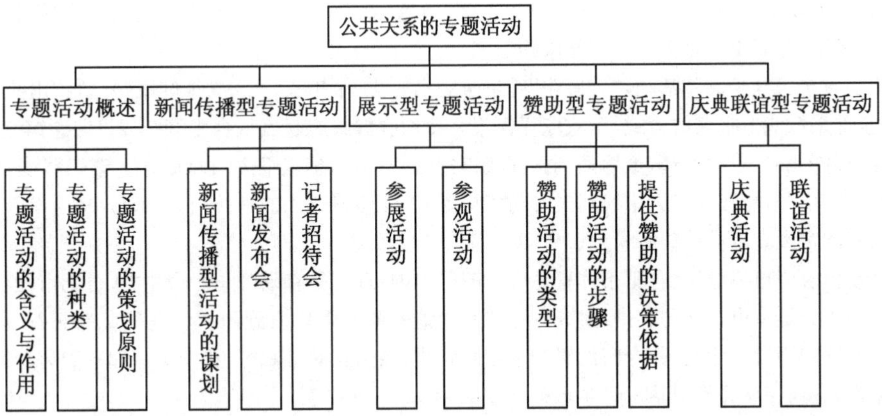

应 用

案例研究

案例一

双汇集团举行"2011·消费者走进双汇"启动仪式

2011年4月24日上午，漯河商会第一工业园屠宰厂冷库广场热闹非凡，双汇集团"2011·消费者走进双汇"大型体验营销活动启动仪式在这里隆重举行。来自郑州、安阳、漯河等地区的300名消费者，双汇集团总经理游牧、副总经理龚红培、党委书记杜俊圃及300名双汇员工参加了此次启动仪式。

"2011·消费者走进双汇"大型体验营销活动，目的是让广大消费者与双汇集团零距离接触，让更多的消费者到双汇集团生产现场看到一个真实的双汇。

游牧总经理在仪式上致辞，讲述了双汇集团20多年来的发展历程，通报了双汇集团实施"瘦肉精"在线逐头检验、原辅料进厂批批检查、建立索赔机制、成立食品安全监督委员会强化监管等确保食品安全的重大措施。

游总最后讲道："双汇集团作为中国最大的肉类加工基地，立足于发展现代肉类工业，立足于创造百年双汇，立足于打造千亿企业的目标，我们将一如既往地把'消费者的安全和健康高于一切'作为经营宗旨，全方位进行系统控制，筑高筑牢防火墙，为消费者提供安全放心的产品。"

启动仪式结束后，300名消费者热情地参观了双汇集团屠宰生产线、分割生产线、高温生产线、低温生产线、物流公司、双汇连锁店等。双汇集团生产车间全部依据国际认证标准设计，围绕车间设计搭建参观走廊，参观走廊与生产车间严格分离，既保障了生产的安全进行，又对外开放了生产现场。像双汇这样公开自己的生产过程，定期邀请消费者参观生产现场的公司，在中国肉类行业中并不多见。

据悉，双汇集团每年都会邀请数万消费者参观生产车间，此次"2021·消费者走进双汇"大型体验营销活动启动仪式也是双汇集团邀请更多消费者近距离了解双汇的开始。具体参观人员会通过双汇集团全国的销售点选出。

资料来源：吴建勋、丁华：《公共关系案例与分析教程》，清华大学出版社2013年版，第194页。

问题：

1. 请你结合案例来谈谈企业对外开放参观的流程和注意事项。
2. 请利用互联网再找一些企业进行对外开放参观活动的事例给同学们进行简要介绍，并谈谈你的看法。

案例二

合肥万余市民"健康跑"

2015年9月13日，安徽省全民健身品牌活动"健康跑"在合肥滨湖新区渡江战役纪念馆开跑。上午9时，随着一声令下，合肥1万余名市民为健康跑起来。

作为安徽省全民健身品牌活动，"健康跑"跑进合肥已有11个年头。2015年健康跑以"跑出我的精彩"为主题，活动全部采取线上报名的方式，不收取任何报名费用。健康跑起点从合肥渡江战役纪念馆北广场出发，途径云谷路、环湖北路、包河大道，最后回到渡江战役纪念馆北广场，全程约4 000米。整个路线是合肥马拉松全程路线的一部分，能够让广大市民通过参与健康跑，来体验普通人的马拉松，一起分享"合马"活力、为"合马"加油，一起欣赏大湖名城的美妙景色。

本次活动由合肥市体育局、合肥市体育总会、安利(中国)日用品有限公司联合主办，合肥市社会体育指导中心承办。为了让更多市民参与其中，主办方还特别邀请安徽好人代表跑团、"为爱一直跑下去"爱情主题跑团以及亲子家庭跑团参与活动，并专门设置亲子跑步路线、亲子互动游戏区，让全家一起享受运动的乐趣。

资料来源：蒋楠：《公关策划学》，科学出版社2017年版，第182页。

问题：

1. 你认为企业是否应该组织或参与社会的慈善活动。
2. 如果你是这次活动的组织者，你有哪些“高招”让这次活动更加丰富多彩？

实验实训

1. 请为某知名服装生产企业设计一个开放参观活动。
2. 模拟记者招待会的程序，为某企业策划一次新产品开发的记者招待会。

复习思考题

1. 新闻发布的作用是什么？如何开好新闻发布会？
2. 展览会有什么特点？企业策划参加展览会应该考虑哪些因素？
3. 赞助活动的基本类型有哪些？基本原则是什么？
4. 组织庆典活动、参观活动、联谊活动，分别需要做好哪些方面的工作？

第七章　公共关系危机处理

学习目标

通过本章学习，你应能够：
了解危机公关与公关危机；
理解公共关系危机预防与预警机制；
掌握公共关系危机处理程序及危机处理中的新闻发布会召开程序。

引入案例

马航客机失联事件

北京时间2014年3月8日凌晨1:20，由马来西亚飞往北京的马来西亚航空公司(下称马航)MH370航班与地面失去联系，机上239人中包括153名中国大陆(内地)乘客。2:40，马来西亚苏邦空中交通管制台证实航班失联。6:30，失联航班没能按时抵达北京首都国际机场。8:00左右，马航发布航班失联官方消息。

9:00，中国民航局空管局向新华社记者证实MH370航班在越南胡志明市管制区同管制部门失去通信联络，并失去雷达信号，同时客机未进入我国空管情报区。

10:00，中国交通部部长杨传堂在中国海上搜救中心召开紧急会议，宣布立即启动一级应急响应。

11:00，马航公布乘客名单。马航VP接受CNN访问表示，本次航班配有7小时航油，他们相信到目前为止，飞机航油已经耗尽。马航目前对飞机位置完全没有头绪。

有媒体报道称，越南搜救人员当天在越南南部金瓯省西南120海里处发现失联客机信号。随后越南官方予以否认。

8日下午，马航召开发布会，却比预定时间推迟2小时。发布会仅持续5分钟，发布的仍是“失去联系”的消息，也未给记者提问机会。主持人离场时现场一片骚动，场外则一片混乱。

马来西亚交通部部长8日否认了马航MH370航班已经坠毁的消息。

波音公司8日下午发表关于马来西亚航空公司MH370航班的声明，对失去联系的马来西亚航空公司MH370航班上所有人的家庭致以最深切的关切，并宣布波音正在组建一支团队，以向调查当局提供技术协助。

在失联13个小时后，马来西亚总理纳吉布16:00将就事故情况召开记者会。记者会又因故推迟数小时。

8日晚，一些媒体报道，失联客机乘客名单中一名意大利乘客并没有登机，其护照于一年前丢失。意大利外交部证实，这名乘客身在泰国。9日凌晨，奥地利外交部证实，乘客名单中一名奥地利籍乘客也没有登机，人在奥地利，2012年曾在泰国丢失护照。国际刑警组织当天下午证实，至少两本已在这一机构数据库备案的被偷护照被马航失联客机乘客使用。这一消息引发人们关于航班遭恐怖分子劫持的猜想。

马来西亚官方9日15:00说，吉隆坡国际机场现场监控已经锁定使用虚假护照信息登机的乘客画面。马方称用假护照登机的乘客为“亚洲面孔”，晚些时候否认这一说法。11日，马来西亚警方公布监控视频截图。国际刑警组织证实，两人均为伊朗人，只是，他们的目的应该是偷渡欧洲，没有发现与恐怖组织关联。

与此同时，多国海空搜寻继续，尤其是越南尽力调动资源，反复查找可疑漂浮物。中国舰船和飞机则在超过5万平方公里的茫茫大海上夜以继日地拉网式搜寻。

3月12日，马航方面召开与失联乘客家属的沟通会。在会上，马航方面公布了领取特殊慰问金需要签订的说明。随后，31 000元特殊慰问金开始发放。

3月15日，马来西亚总理纳吉布出席发布会，并确认失联客机联络系统是被人为关闭的，而客机航线也是被蓄意改变的，卫星与飞机之间的最后一次通信为3月8日8:11。针对客机的最后位置，纳吉布给出了两种可能，即南部走廊地带和北部走廊地带。

而此前，美国媒体援引客机发动机制造商提供的数据报道，飞机失联后飞行了4个小时，遭马方否认。

3月23日，马来西亚政府称，法国当局当天提供的卫星图像显示，在印度洋南部海域发现可能与马航MH370航班有关的可疑漂浮物。

3月24日晚10:00，马来西亚总理纳吉布在吉隆坡就有关失联客机MH370的相关进展召开新闻发布会，根据最新的分析结果，MH370客机已坠落在南印度洋，机上无人生还。纳吉布表示，25日早上会开新闻发布会公布更多细节。马航已经向家属通报了相关进展，随后纳吉布的声明结束，未透露更多细节。

媒体称，马来西亚总理宣布MH370航班在印度洋中部坠毁的结论，只是根据Inmarsat公司的海事卫星数据分析得出的，尚无残骸或黑匣子的有力佐证。

在北京丽都酒店守候了十余天的乘客家属在听到马来西亚官方宣布飞机失事的消息后悲痛欲绝，但鉴于以往马方在调查事件时的反复和滞后表现，一部分家属表示不信任这一说法，只有看到飞机残骸才能确信飞机失事。

25日上午，乘客家属举着自制标语步行前往马来西亚驻华大使馆抗议。

15:30，马来西亚驻华大使在丽都饭店参加家属说明会，家属对昨天马方宣布飞机坠海这一结果向马来西亚驻华大使提出质疑，马方大使表示现在无法回答。家属要求大使现场给马总理打电话询问，马方大使沉默，只称会转达问题。

案例点评：

根据著名危机公关专家、关键点传媒董事长、华中科技大学公共传播研究所常务副所长游昌乔先生首创的危机公关5S原则，对案例做如下点评：

1. 承担责任原则(shoulder the matter)

飞机失联后，马航和马政府立即展开寻找和搜救工作、公布乘客名单、召开发布会向乘客家属表达慰问和歉意，这些行为符合承担责任原则。

然而，在整个事件过程中，对于信息的发布，马航除了“no idea”，就是不断地否认，否认再否认，拖延，隐瞒事件真相，导致危机急剧蔓延。

在对飞机失联的各种可能性依次否认后，24 日晚突然召开发布会，在没有飞机碎片和黑匣子等证据的情况下，仅凭卫星数据就断定飞机终结于南印度洋，无人生还。这种漠视家属情感、无视各国联合搜救努力的武断行为，无疑是对全世界的极端不负责任，引发了中国以及其他国家的严重抗议和不满。

项目分数：40 分 评分：5 分

2. 真诚沟通原则（sincerity）

飞机失联后，马航以及马政府虽然多次召开新闻发布会、家属沟通会与媒体和乘客家属沟通，然而其沟通并未取得如期效果，反而使危机愈加严重。

一方面，对于事件进展的发布，马航并未在第一时间发布权威官方信息，导致舆论真空期，谣言满天飞；同时，信息发布没有统一口径，信息来源多样，马方不断否认，给公众带来极大负面印象。另一方面，沟通态度缺乏诚意，几次发布会都是无故推迟，甚至单方面更改地点，草率应对，不给媒体提问机会，导致媒体形象极端负面。

项目分数：20 分 评分：0 分

3. 速度第一原则（speed）

在这一危机处理过程中，马方的行为严重违背速度第一原则。首先，飞机失联 5 个小时后才发布航班失联官方消息。当天上午媒体已经广泛报道，下午才召开新闻发布会。其次，在搜救过程中，马方也一直给人带来拖延的印象。

项目分数：20 分 评分：0 分

4. 系统运行原则（system）

在整个事件过程中，自始至终马方缺乏系统的危机应对策略，发布信息，否认，再发布，再否认，再承认，整个危机处理混乱不堪，使马航以及马来西亚政府的形象跌入谷底。

项目分数：10 分 评分：0 分

5. 权威证实原则（standard）

权威证实方面，虽然有很多国家都参与搜救，在 24 日晚举行的发布会上，也借助英国 Inmarsat 公司的海事卫星数据得出在印度洋中部坠毁的结论，然而很多信息和结论要么被推翻和否认，要么缺乏确凿证据，从而引发更大的质疑和抗议，没有起到权威证实应有的效果。

项目分数：10 分 评分：3 分

案例评分：总分 100 分，实际总评分 8 分

资料来源：中国公关网，http://www.chinapr.com.cn/templates/T_Second/index.aspx?nodeid=3&page=ContentPage&categoryid=0&contentid=7962，2014 年 7 月 21 日。

任何组织在日常生活中都会不时遇到危机事件，这些危机事件如果处理得当，问题就能迎刃而解，能为组织增加美誉度和知名度；相反，如果处理不当，则有可能使组织遭受巨大的损失，使组织的公共关系处于危机之中。公共关系人员如何应对危机事关组织发展的大局，也是对公共关系人员工作能力的考验。

第一节　公共关系危机概述

一、危机的含义

危机(crisis)是指事物由于量变的积累,导致事物内在矛盾的激化,事物即将发生质变或质变已经发生但未稳定的状态。这种质变给组织或个人带来了严重的损害。为阻止质变的发生或减小质变所带来的损害,需要在时间紧迫、人财物资源缺乏和信息不充分的情况下立即决策和行动。

危机事件的产生有可能是由于问题处理不当造成的,也有可能产生于组织总结工作或展望未来的过程中。这些事件一般都能引起媒体的广泛报道和公众的广泛关注,对组织正常的工作造成极大的破坏,而且可能会严重损害组织的形象,使组织陷入舆论压力和困境。危机是对社会组织公共关系最具挑战性的考验,组织对危机事件的处理集中反映了组织的公共关系工作的水平。

二、公关危机与危机公关

公关危机和危机公关是两个不同的概念。

(一)公关危机

公关危机即公共关系危机,其中心词是“危机”。公关危机是指组织遭受突发性或灾难性事件,使组织的利益、形象甚至生存受到严重影响,使组织面临信誉危机。公关危机是各种类型的危机事件中的一种。

微型案例　康×的公关危机

有媒体报道,欧盟 2006 年 3 月 28 日的文件称,将对中国彩电出口商征收 44.6%的反倾销关税。该报道认为欧盟对中国彩电企业重征反倾销税,是因为康×拒绝了欧盟的认证调查,责任在康×。消息发布的第二天,关于康×集团因一己之利而不顾大局的报道就充斥了各大媒体,一时间,康×成为众矢之的。康×所面临的危机便是公关危机。

(二)危机公关

危机公关就是组织在面对公关危机的情况下,就如何处理危机事件、如何顺利渡过难关所采取的一系列措施。它包括危机前的预警、危机中的应急处理和危机后的善后工作。不论在哪个阶段出现危机,组织都应该及时、诚恳地妥善处理,将危机扼杀在萌芽状态。如果处理不及时,就会使组织陷入更大的危机,甚至无法自拔。

微型案例　康×的危机公关

3 月 29 日,康×危机爆发的当天,康×集团相关部门便组建公关团队,分析这一事件的性质并制定相应的对策。同日,康×集团迅速发出了一份正式的说明,通过媒体向社会大众解释反倾销事件的来龙去脉,以及自身的态度及相关行动,将事件的真相告知公众。

3月31日至4月1日，康×与中国机电进出口商会积极沟通，由中国机电进出口商会发表名为《机电商会就彩电遭反倾销声明未见欧盟正式通知》的言论，并请来权威专家针对贸易条款及中国家电企业的发展速度等分析中国家电外销的发展前景，确认此次反倾销不会对中国家电企业产生实质的影响。同时，康×集团副总裁接受了几家核心媒体的专访，进一步树立了康×在应对欧盟反倾销事件中的正面形象。

从4月2日开始，康×变被动为主动，通过引导媒体对中国企业敢于拒绝欧盟认证调查的好奇心，借机介绍康×业绩发展成绩及海外工厂的状况，高调宣传了康×在海外市场的拓展情况，也在公众心目中树立了负责任的民族企业形象。康×在公关危机发生之后迅速开展的一系列活动便是“危机公关”。

三、危机事件的特点

（一）突发性

组织所面临的危机事件大多是无法预知或没有准确预知的情况下发生的。有些危机是可以预知的，如自然灾害、管理危机等都可以提前预知，但对于外部因素引起的危机，组织是难以提前预知的。无论组织面临的危机是可预知的还是不可预知的，组织都要积极应对，避免因突发性而使组织陷入混乱无序。

（二）危害性

危机事件的危害性是无法估量的。社会性的危机能给国家带来一定的危害，导致社会陷入混乱状态；组织内部的危机能给组织以致命的伤害，或造成不可估量的经济损失。如美国“9·11”事件、“非典型性肺炎”、新冠疫情等。只有充分认识到危机的危害性，才会在发生危机时保持清醒的头脑，处理好危机，将危机转化为契机。

（三）可变性

危机事件的可变性是指危机事件的无规律性，每一次危机事件发生的背景、形式、影响的程度、损失的大小都不尽相同。危机的可变性就让组织对危机无法严防死守，组织需要具体问题具体分析，采取不同的危机处理方式。

（四）紧迫性

组织的公共关系危机总是在短时间内猛烈爆发，具有很强的紧迫性。这要求组织在处理危机时提高效率，赢得时间就意味着减少损失。果断处理、积极面对对于组织具有重要的意义。

（五）危机的双重性

危机兼具破坏性和建设性双重特征。古人云：“祸兮福之所依，福兮祸之所伏。”这一辩证关系恰好反映了危机的双重性特征。一般情况下，危机在本质上或事实上都会起到一定程度的破坏作用，不仅对组织而言如此，对社会也是一样。但危机的破坏性处理得好也能转变为建设性。正如伟达公关公司一名经理所说：“危机，即危险加机遇。”要想恢复受损的组织形象，要有迅速而切实有效的危机对策。

四、危机事件的基本类型

（一）不可抗力危机

不可抗力危机是指自然灾害危机和社会环境所造成的危机，是针对具体的政府机关和企事业单位而言的。自然灾害如干旱、台风、海啸、火山爆发、泥石流、地震等具有突发性、无法回避的重大损害性事件，其发生与政府或组织的管理联系不大，事态的后果也是人力所不能及的，灾难程度对组织的公共关系形象没有损害。但是，组织对灾难的处理过程或采用的方式可能给组织带来有利或不利的影响。

社会的政治、经济环境造成的危机如世界大战、经济危机、恐怖主义等危机事件同样无法避免，并具有重大损害。这是个别组织无法把握和控制的，其危害性也极大。如伊拉克、叙利亚战争造成的大量难民、政治经济的瘫痪、全球油价上涨等。

微型案例　我国应对"非典"之策

从 2003 年春节前后的 SARS(严重急性呼吸道症候群，俗称非典型性肺炎，简称"非典")病例在广东省首次爆发，到 4 月底病毒蔓延，到最后遏制住病毒的蔓延，显示出了我国政府处理不可抗力危机的能力。

2 月 12 日，新华社首次报道广东发生非典疫情，称发生病例 305 例，死亡 5 人。

4 月初，非典疫情在北京开始蔓延，仅 309 医院一家就收治了 60 例 SARS 病人，到 4 月 3 日已有 6 人死亡。

4 月 2 日，国务院召开常务会议研究非典防治，提出要把防治非典作为重中之重，卫生部部长出任防治组组长，副秘书长负责部际联席会议的协调，并提出要向世界卫生组织通报疫情，由卫生部召开新闻发布会，建立公共卫生事件紧急处理机制。

4 月 3 日，卫生部部长张文康举行第一次中外记者新闻发布会称，中国部分地区已经有效地控制了非典疫情。

4 月 4 日，解放军总医院(301 医院)外科主任、退休的蒋彦永教授写了一封署名信，反映北京的真实疫情，对卫生部官员进行了直言不讳的激烈批评。

4 月 10 日，卫生部副部长马晓伟在第二次中外记者新闻发布会上称，中国通报的疫情数字是可信的。

4 月 20 日，中共中央决定，免去张文康卫生部党组书记、部长的职务，孟学农被免去北京市委副书记职务。

4 月 21 日，北京市委书记刘淇在检查非典防治工作落实情况时指出：要建立非典防治通畅的资讯网络、严密的防治网络，确保数据绝对准确。

4 月 23 日，中共中央政治局常委、国务院总理温家宝在主持国务院常务会议时指出：决定成立国务院防治非典型性肺炎指挥部；中央财政设立 20 亿元非典型性肺炎防治基金。

……

资料来源：边一民：《公共关系案例评析》，浙江大学出版社 2004 年版，第 246—249 页，有删改。

(二)人为破坏危机

现实生活中，经常有一些不法分子蓄意陷害、破坏组织的形象。一些组织的竞争者通过不正当手段竞争，如制造谣言恣意损害竞争对手形象，或生产假冒伪劣产品，或通过恶劣行径扰乱对手的经营秩序，甚至有的组织内部的员工为个人私利而破坏组织的声誉等。面对这些对组织的形象有所损害的事件，组织应增强自我防范意识，维护好组织的声誉，同时提高危机应对能力。

微型案例 郭美美事件引发红十字会公信力危机

2011年6月26日,"郭美美Baby"在微博中声称,"出于无知在新浪微博上自称'中国红十字会商业总经理',对此愚昧行为给中国红十字会造成的名誉损害和公众误解深表歉意!本人从未在中国红十字会工作,身份完全本人杜撰"。

事实上,在郭美美的这则声明前,中国红十字总会已经连下三道声明,公开回应:红十字会中没有红十字商会的机构,也没有商业总经理的职位,更没有郭美美其人。中国红十字总会的多次声明并没有使得"郭美美事件"偃旗息鼓,相反,每一次声明几乎都会激起网民的质疑。此外,郭美美与中国红十字会高层之间的关系也不断被网民人肉,网民围观的内容也从郭美美与中国红十字会高层的关系上扩散到诸如郭姓副会长的手表是否拥有天价市值等。有舆论直接指出,"三道声明中,中国红十字会一直处于被动澄清的状态,始终看不到该机构为扭转局面的主动作为"。中央电视台《24小时》评论指出,中国红十字会光靠声明无法打消公众的疑虑,必须拿出事实证明才可以说服公众。

"郭美美事件"将中国红十字会置于无比尴尬的境地,公众和媒体为什么会和中国红十字会的声明较劲?这是因为作为承载着中国慈善事业名誉的社会公益机构,从万元帐篷到虚假发票再到天价公务餐事件,中国红十字会正在遭遇着严重的信任危机。微博上,红十字会"非典型"的一面正在被网民"暴晒"。一名电视台记者透露,两年前他到某级红十字会采访救助先天性心脏病儿童的项目,红十字会某领导很不客气地跟在场的十几家媒体说:"我们不是让先天性心脏病儿童到我们这里报名的啊,我们让你们报道是为了要社会捐款!!"中国红十字会的形象正在滑坡,谁都想一窥其黑洞。这一次,无论基于何种目的,"犯傻"的郭美美最初利用"红十字会"的标签正好炫出了一个洞口。

资料来源:蒋楠:《公关策划学》,科学出版社2017年版,第216页。

(三)公众误解危机

公众有时会误解政府或企业经营中的政策和策略,尤其当两者利益发生冲突时,公众很容易对组织产生误解。这些误解有公众对组织的误解、内部公众对组织的误解、媒介对组织的误解等。这些误解都有可能引发组织的公关危机,这时更需要组织做出应急措施,及时挽回组织信誉。

微型案例 故宫博物院丢物又"丢人"

2011年5月13日,故宫博物院向北京市公安局赠送锦旗,感谢警方迅速破获展品被盗案。而一面写有"撼祖国强盛,卫京都泰安"的锦旗引起网友质疑,称"撼"为错别字,正确用字应为"捍"。面对质疑,接受媒体采访的故宫相关负责人解释说:"'撼'字没错,显得厚重。跟'撼山易,撼解放军难'中'撼'字使用是一样的。"此举引发外界更大的质疑,有语言文字方面的专家表示,"撼"字在这里肯定是错别字。16日,故宫博物院通过微博对外发布声明,就此事向公众道歉。

资料来源:龙志鹤:《公关案例选粹与评析》,经济管理出版社2011年版,第169页。

(四)管理失误危机

管理失误主要是指贪污腐化、重大生产责任事故、重大工伤事故、合同纠纷等。这些危机大多是因为疏于对员工的思想教育,缺乏对生产流程的管理;或不懂法律,疏于对印章的管理,抑或是利益的驱使,从而对组织信誉、形象造成不可估量的损失。

微型案例　携程"泄密门"风波

2014 年 3 月 22 日晚间,国内漏洞研究机构乌云平台曝光称,携程系统开启了用户支付服务接口的调试功能,使所有向银行验证持卡所有者接口传输的数据包均直接保存在本地服务器上,包括信用卡用户的身份证、卡号、CVV 码等信息均可能被黑客任意窃取。

正处于央行对于第三方支付表示质疑的关口,加上安全漏洞关乎携程数以亿计的用户财产安全,舆论对于这一消息表示了极大的关注,用户由此引发的恐慌和担忧亦如野火一般蔓延开来。根据中国上市公司舆情中心监测数据显示,从"泄密门"事发至截稿时止,以"携程+安全漏洞"为关键词的新闻及转载量高达 120 万篇之多,按照危机事件衡量维度,达到"橙色"高度预警级别。

3 月 22 日晚 11:22,携程官方微博对此予以回应,称漏洞系该公司技术调试中的短时漏洞,并已在两小时内修复,仅对 3 月 21 日、22 日的部分客户存在危险,"目前没有发现用户受到该漏洞的影响造成相应财产损失的情况",并表示将持续通报此事件。

这一说法引发了用户的重重回击。认证为"广西北部湾在线投资有限公司总裁"的严茂军声称,携程"官方信息完全在瞎扯",并附上信用卡记录为证。作为携程的钻石卡会员,他早于 2 月 25 日就曾致电携程,他的几张绑定携程的信用卡被盗刷了十几笔外币,但当时携程居然回复"系统安全正常"。他以强烈的语气提出,携程应该加强安全内测,"尽快重视和处理用户问题,水能载舟,亦能覆舟"。这一微博得到了网友将近 900 次的转发,评论为 150 条,大多对其表示支持。

3 月 23 日,携程官方微博再以长微博形式发表声明称,93 名潜在风险用户已被通知换卡,其余携程用户的用卡安全不受影响。

不过,其微博公关并未收到很好的成效,不少网友在其微博下留言,以质问语气表达不信任的态度:怎样证明携程没有存储其他客户的 CVV 号?怎样才能确认用户的信用卡安全?……面对质问,携程客服视若无睹,仅以"关于您反馈的事宜,携程非常重视,希望今后提供更好的服务"等官方话语加以回应。

在舆论对其违规存储用户信用卡信息并未能妥善保存的重重压力下,3 月 25 日,携程发出最新声明承认此前的操作流程中确有违规之处,今后携程将不再保存客户的 CVV 信息;以前保存的 CVV 信息将删除。

3 月 26 日,21 世纪网直指"携程保存客户信息属于违反银联的规定,携程不是第三方支付机构,无权保留银行卡信息。另一方面,PCI-DSS(第三方支付行业数据安全标准)规定了不允许存储 CVV,但携程支付页面称通过了 PCI 认证,同样令人费解"。

《21 世纪经济报道》更是简单明了地表示,在线旅游网站中,只有"去哪儿"已经引入该认证标准,"此前携程曾有意向接入该系统,但是公司工作人员去考察之后发现,携程系统要整改难度太大,业务种类多且交叉多,如果按照该系统接入而整改,会使架构有所变化"。

针对上述质疑,携程一直保持着沉默,而不少业内人士已经忍不住跳出来指责其"睁着眼睛说瞎话"。3 月 27 日,《中国青年报》更是发表题为《大数据时代个人隐私丢哪儿了》的署名文章，谴责企业“在用户不知情的情况下收集有限的数据，在一定程度上忽略了人的权利”。

资料来源：中国公关网，http://www.chinapr.com.cn/templates/T_Second/index.aspx? nodeid=97&page=ContentPage&categoryid=0&contentid=9030，2015年1月27日，有删改。

五、公共关系危机发生的原因

美国危机管理专家诺曼·奥古斯丁形容说：“危机就像普通的感冒病毒一样，种类繁多，难以列举。”事实上，造成公共关系危机的原因很多，如经营管理不善、市场信息不足、同行竞争甚至遭到恶意破坏等，或其他自然灾害、事故。正确分析危机发生的原因，对于制定正确的预防和处理对策有着十分重要的意义。

（一）企业内部环境因素

1. 企业员工自身素质低

企业的素质就是指组织内部员工的素质和领导者素质。这两类中任何一方素质低下都有可能引发危机。特别是领导自身素质问题致使企业陷入危机的可能性更大，而且难以有效地处理这种危机。员工素质不高也会引发危机事件。在组织的经营中，员工素质须与其所从事的事业相匹配，如若不然，也会引发企业危机。

微型案例　红黄蓝幼儿园虐童事件

2017年11月23日晚开始，有十余名幼儿家长反映朝阳区管庄红黄蓝幼儿园（新天地分园）国际小二班的幼儿遭遇老师扎针、喂不明白色药片，并提供了孩子身上有多个针眼的照片。

2017年11月26日晚，北京警方就该幼儿园幼儿疑似遭针扎、被喂药一事进行了通报，涉嫌虐童的幼儿园教师刘某某被刑拘。11月29日，红黄蓝教育机构针对红黄蓝新天地幼儿园事件发布道歉信。

红黄蓝教育机构公开致歉，祈求大家的原谅并将配合警方的调查。

以下是道歉信全文：

尊敬的社会各界：

11月28日晚间，北京朝阳警方公布了对北京市朝阳区红黄蓝新天地幼儿园事件的最新调查情况：该园教师刘某某因部分儿童不按时睡觉，遂采用缝衣针针扎的方式“管教”。因涉嫌虐待被看护人罪，现刘某某已被刑事拘留。针扎在孩子身上，也扎在了我们每一个人的心里。

此外，还有个别红黄蓝幼儿园也传出家长举报有疑似幼儿受到伤害的情况，园所已全力配合警方调查。

我们倍感难过和耻辱，向孩子们和大家深深道歉，对不起！我们没有资格祈求原谅，唯有拿出实际行动。

为此，我们郑重向全社会承诺：

1. 对任何人以任何方式伤害孩子的行为零容忍，恳请全体家长与社会各界，发现新的问题和线索，立即向公安机关举报和反映。

2. 对在我们园所受到伤害的孩子，我们绝不推脱逃避，有错必纠，有责必担，承担相应法律责任。

3. 积极配合政府、家长与社会各界，全力保护孩子和教职工的人身安全与合法权益不受侵害。

4. 全面升级幼儿园监控系统，确保做到无死角不间断实时监控。

5. 在专家指导下，与家长建立家园共育机制，尽最大可能开放透明办学。

恳请全社会与我们一起共同守护孩子，守护未来。

感谢大家的关注与监督。

北京红黄蓝儿童教育科技发展有限公司

二〇一七年十一月二十九日

资料来源：刘建芬：《公共关系原理、实务与案例》，厦门大学出版社2018年版，第175—176页，有删改。

2. 决策失误

社会组织的决策失误也是导致企业公共关系危机的重要原因之一。在当代社会中，组织的经营决策都不能有损于公众、有损于社会环境；否则，便会造成组织的决策失误，给组织带来巨大的损失。

微型案例　决策失误给秦池酒厂带来的不同命运

1990年3月，秦池酒厂从一家年产仅1万多吨、销售局限于潍坊的山东临朐县小酒厂开始，走上了它颇具传奇意味的发展旅程。1993年，秦池酒厂开始进军东三省的大门沈阳，在当地电视台上买断段位、密集投放广告，并对消费者实行免费品尝，还由当地技术监督部门对秦池酒进行鉴定……一系列活动使秦池迅速走红。1994年11月2日，在首届中央电视台广告竞标中，山东秦池酒厂以3 079万元夺得1995年“标王”桂冠；1995年11月8日，山东秦池酒厂以6 666万元取得央视第二届“标王”；1996年11月8日，山东秦池酒厂又以3.212 118亿元天价卫冕“标王”成功。此时，秦池酒厂的老总们可谓是踌躇满志，秦池风光无限。秦池成名之前作为一家县级企业，其总资产规模和生产能力有限。面对成为“标王”之后滚滚而来的订单，为满足客户的需求，秦池酒厂必须扩大生产规模，需要更新或扩建现有的厂房设备，引进新设备。巨大的广告费用和企业生产规模的扩大都需要大量的资金，限于当时的条件，秦池酒厂只有向银行贷款，按当时的银行政策，此类贷款往往是短期贷款。贷款使企业的负债比率提高，生产规模的扩大使企业总资产中固定资产比率提高。为满足眼前客户的订单，秦池酒厂在扩大生产规模的同时，想到了另外一条解决燃眉之急的捷径，那就是与周边地区的白酒企业横向联合或收购其他企业的白酒勾兑，但无论是横向联合还是勾兑，两者都很难保证产品的质量。秦池在蝉联“标王”后不足两个月，北京《经济参考报》的4名记者便开始暗访秦池。一个从未被公众知晓的事实终于浮出了水面：秦池的原酒生产能力只有3 000吨左右，它从四川宜宾邛崃收购大量的散酒，再加上他们本厂的原酒、酒精，勾兑成低度酒，然后以“秦池古酒”“秦池特曲”等品牌销往全国市场。当年度，秦池完成的销售额不是预期的15亿元，而是6.5亿元，次年更是下滑到3亿元，到1998年，该厂已是欠税经营。秦池从此一蹶不振，最终从传媒的视野中消失。2000年7月，一家酒瓶帽的供应商指控秦池酒厂拖欠300万元货款，地区中级人民法院判决秦池败诉,并裁定拍卖"秦池"注册商标。几亿元打造的商标却以几百万元的价格抵债。

资料来源:http://info.tjkx.com/News/00001144CC/2004-05-08/000039456D.html,2004年5月8日。

3. 法制意识淡薄

在依法治国的社会里,社会组织是否具有法律意识,在某种程度上决定着社会组织经营活动的成败。树立法制意识、开展正当的经营活动、规范管理行为、塑造良好的社会组织形象都有十分重要的意义。然而,有的社会组织却无视法律的存在,对国家法律视而不见,恣意损害公众利益,最终使其陷入危机。

微型案例　现代力量老总承认法律意识淡薄,低头向陈涛道歉

2004年9月7日下午,《暗香》官司的原告陈涛首次正式面对媒体,对沙宝亮和现代力量公司的行为公开表明态度:一元钱的赔偿要求不变,仍旧要讨个说法,找回尊严。而令人意想不到的是此案还未平息,又生事端:现代力量公司再次被告上法庭,沙宝亮最新专辑中《寻人启事》《天堂里的风景》以及第二张专辑中《自由落体》《SENORITA》的曲作者陈鸿伟状告现代力量公司拖欠版权费和侵犯署名权,仍由陈涛的代理律师事务所北京浩天律师事务所受理。

陈涛向记者表示,官司持续了一年多,规模不断扩大,法院的生效判决对方没有执行,这是对作者和作品的不尊重,只能说明对方的法律观念淡薄,欠缺尊重别人的起码意识。自己这样坚持着,但这个坚持可以解释得通。

现代力量郭若鹏通过《法制晚报》向陈涛道歉。记者联系到郭若鹏的时候,他正在漓江度假,他说自己也是刚刚得知公司以及自己又被告上法庭的事情。此次郭总的态度与以往大有不同,以往记者一提起官司的事,他总是采取回避的态度,不表示看法;而此次他的态度极为明朗,甚至主动向记者坦陈在与陈涛的官司中自己确实不对,法制意识有点淡薄,忽略了词作者的权利,并且希望通过本报向陈涛公开道歉。

资料来源:http://ent.sina.com.cn/2004-09-08/1130498214.html,2004年9月8日。

4. 缺乏危机意识

"人无远虑,必有近忧""生于忧患,死于安乐"等古代诗句都告诫人们这样一个道理:要时刻警惕着危机的发生,并防患于未然。然而,现实生活中的很多组织在取得成绩时却无法保持清醒的头脑,对危机丧失了警惕,最后走向毁灭之路。

微型案例　危机公关缺位　雅芳深陷品牌危机

2013年12月3日,一家电商网站上显示雅芳玫瑰亮白洁容霜已无货售卖。

业绩不理想、品牌形象下滑、内部改革不成功……种种负面新闻缠身的雅芳再遭重击。2日,国家食品药品监督管理局通报了2013年国家化妆品监督抽检结果,其中雅芳(中国)有限公司生产的雅芳玫瑰亮白洁容霜登上"黑榜"。

让人吃惊的是，雅芳对此三缄其口，仅发一条微博称“该产品不在中国地区生产及销售目录之列”了事，此外，再无其他解释。

产品上黑榜　危机公关缺位

在直销行业工作多年的资深人士张先生向记者指出：“出问题不是大事，但上了‘黑榜’还毫无公关危机感才是大事！”

在国家食药监局通报的505批次产品中，“雅芳玫瑰亮白洁容霜”等6批产品被检出不合格。其中，4批产品检出禁用物质，2批产品检出限用物质超标。按要求，地方各级食品药品监管部门要督促行政区域内化妆品生产经营者立即开展自查，对被通报的不合格产品一律下架并停止销售，这意味着雅芳相关产品或遭下架甚至停售。

然而，作为资深记者，本报记者及不少同行辗转多方均找不到雅芳的公关。“原来公司里的公关人员都走得差不多了，我昨天还收到媒体的咨询电话”，一名几个月前已离任的雅芳媒体联系人称，“自从钱总走后，公关就没被重视过。接我班的人好像没到两个月也走了。”她口中的“钱总”是雅芳原企业传讯副总裁钱怡，作为元老级人物，钱怡在今年2月低调辞职后便再没现过身。

传企业内部混乱　代理商撤退

记者最终找到了雅芳的相关人士，对方仅表示：一切回复请以官方微博为准。这条发于2日下午5:57的微博称：“经雅芳中国核查，国家食品药品监督管理局今日公布的化妆品监督抽查结果中所提及的‘雅芳玫瑰亮白洁容霜’不在雅芳中国地区当前生产及销售产品的目录之列。雅芳一直致力于遵守最严格的产品安全标准，并将始终把消费者提供安全、高品质的产品与服务作为雅芳坚守的原则。”

但这条“冠冕堂皇”的微博并未能解释各方的质疑：既然不在中国生产销售，又为何被查出多批次出问题？到底是真货还是假货？更让人疑虑重重的是，记者发现不少消费者对该微博质疑：“说谎都不带脸红的！我家有雅芳的私房书！里面就有这个！”有业内人士向记者分析称，出问题的要么是被大规模山寨的假货，要么就是雅芳全球其他市场的“串货”，“假货影响自身形象，‘串货’问题更严重”。

“据我所知，雅芳现在内部非常乱，很多代理商都没心思做了。”资深人士张先生透露，“虽说有新老总过来进行改革，但改革并未成功。当然，不能说新老板无能，目前，雅芳中国的残局也不是一般人能收拾的。”也有在雅芳某分公司工作了十多年的老员工表示，基层运作还正常，“挺稳当的”。但同时称新老板动作保守，改革力度不大。

资料来源：李晓莉：《危机公关缺位 雅芳深陷品牌危机》，中国公关网，http://www.chinapr.com.cn/templates/T_Second/index.aspx?nodeid=20&page=ContentPage&categoryid=0&contentid=5373，2013年12月4日。

（二）企业外部环境因素

1. 企业间不正当竞争

企业间不正当竞争是指社会组织在经济活动中弄虚作假，在通过非法手段牟取巨额利益的同时，损害国家、同行业生产者及消费者的利益，扰乱社会经济的正常秩序。

微型案例 “红罐”凉茶之争再次升级

2014年6月5日，加多宝集团在其官网上发布《莫让恶性竞争铸成行业悲剧》的公开信，矛头直指5月29日广州市人民政府新闻办公室新闻发布会上广药集团的表态。

没完没了的官司、广告战、口水战，乃至终端市场上的拳脚相向……去年5月广药集团正式收回红罐王老吉生产经营权之后，围绕“谁是正宗凉茶”，广药王老吉和加多宝之间的“战争”至今尚未停息。

唇枪舌剑争装潢权

5月15日，加多宝与广药两个“老冤家”在广东省高院里对簿公堂。

广东加多宝饮料食品有限公司诉广州王老吉大健康产业有限公司擅自使用知名商品特有包装、装潢纠纷，广药集团有限公司诉广东加多宝饮料食品有限公司擅自使用知名商品特有包装、装潢纠纷。除此之外，广药集团还提出了高达1.5亿元的经济赔偿。

9:00开庭，现场便充满了火药味。诉讼双方就多个争议焦点展开唇枪舌剑，以致审判长不得不提醒双方代理人，尽量不要使用攻击性语言。

双方争议焦点如下：

第一，知名商品及其特有包装是什么？

广药认为，知名商品应为王老吉凉茶。大量证据证明王老吉凉茶属于知名商品，王老吉凉茶的特有包装装潢是由“王老吉”三个字作为核心要素，加以特定颜色、图案组成的包装装潢，三个要素是一体的，构成特有包装装潢的全部要件。

加多宝认为，知名商品是“加多宝公司生产的、采用王泽邦配方的红罐凉茶商品”。

第二，“红罐”包装归谁所有？

加多宝认为，其他企业多用绿色作为凉茶产品的包装，鸿道集团首创将红色作为凉茶包装装潢主色，并获得了红罐凉茶的外观设计专利。

广药则表示，本案诉争的标的物决定了红罐装潢与王老吉凉茶不可分离。根据《反不正当竞争法》，知名商品拥有特有装潢权，该装潢属于知名商品的合法经营者，并可随商品在不同的合法经营者之间转移。

谁是王老吉正宗传人

“王老吉改名为加多宝”“全国销量领先的红罐凉茶改名为加多宝”这等耳熟能详的广告语由于最近被广州市中级人民法院下达诉中禁令——禁止使用加多宝，在消费者耳边绝迹。而最近加多宝推出的《传人篇》广告，足以说明商战的硝烟并未停止。

5月底，加多宝在媒体投放王健仪的《传人篇》广告，广告称“我是凉茶创始人王泽邦第五代玄孙王健仪，我在20世纪90年代已经将祖传凉茶秘方独家传授给加多宝，从未授予其他企业或个人，过去是，现在是，将来也是”。

加多宝凉茶自去年上市以来，广告语已经更换三次，分别为《改名篇》《销量篇》《传人篇》。三个篇次的广告环环相扣，向广药发起强烈的宣传攻势。

对此，广药王老吉5月29日与广州市国资委、广州市检察院在广州召开新闻发布会，称加多宝此举在“忽悠”消费者，广药已向各级工商管理部门进行了举报，并将采取司法途径解决。值得注意的是，在此次新闻发布会上，广州市国资委首度表态，称王老吉属于国有资产，由广药集团拥有，广药集团是王老吉唯一合法传承实体，拥有和王老吉相关的所有权益。

而广州市公证处更是在会议上做出10份公证材料，证明广药集团王老吉从秘方到工艺一脉相传，拥有独家正宗秘方。广州市国资委对此也首度表态，王老吉属于国有资产，由广药集团拥有，广药集团是王老吉唯一合法传承实体，拥有和王老吉相关的所有权益。

面对广药王老吉针锋相对反击，加多宝6月3日向《经济参考报》记者表示，广药集团声称拥有王泽邦秘方的说法是不实之说。而且，广药集团关于配方的说辞前后矛盾、漏洞重重，况且王老吉凉茶的酿造工艺和生产流程秘方世代都是口口相传，根本没有手写配方。

加多宝方面更是指出，广药集团在较早前多次公开声称"凉茶配方没什么专利，不存在秘方问题"。不过，不久之后，广药集团副总经理、王老吉大健康有限公司副董事长倪依东在接受媒体采访时称秘方确实存在，并已经是非物质文化遗产。未隔多久，倪依东又变换了一种说法，称"一个品牌不一定只有一个配方"。

广药王老吉一名内部人士在接受《经济参考报》记者采访时表示："2006年凉茶被列入国家级非物质文化遗产名录，广药集团对其所有的凉茶10～15号秘方、专用术语和独创工艺受到国家的保护。"

该人士还称："王老吉的序列商标一直为广药集团所有，广药集团下属的王老吉药业股份有限公司也是王老吉商标的拥有者，自1997年以后其商标、知识产权转为广药集团所有，因此相应的商标以及新注册的商标全部归广药集团所有。"

"唯一性的提法确实不妥当。"北京某法院一法官告诉记者，秘方属于商业机密，但它不具有排他性。无论是海外的王老吉传人，还是国内后来对其配方的发展，都对凉茶的秘方进行了修订，做出了贡献。"广药、加多宝都应属于传承人"。

广药与加多宝之争

1995年，加多宝使用王老吉商标生产第一罐红罐王老吉凉茶；

1997年，广药集团与加多宝的母公司香港鸿道集团签订商标许可使用合同，许可鸿道集团使用"王老吉"商标；

2000年，双方第二次签署合同，约定许可使用期至2010年；

2002—2003年，鸿道集团与广药集团签署补充协议，租赁时限延长至2020年；

2005年7月，广药集团原总经理李益民因受贿被判处无期徒刑(二审改判为15年)，此案曝出鸿道集团董事长在续签"王老吉"合同中，曾向李益民贿赂300万港元；

2011年4月，"王老吉"商标的使用权授权给广东广粮集团，作为该公司旗下30类非凉茶产品品牌使用，加多宝发声明表示反对；

2011年12月底，"王老吉"商标案进入仲裁程序，2012年5月9日，中国国际经济贸易仲裁委员会仲裁裁决，鸿道集团停止使用"王老吉"商标；

2012年5月，鸿道集团向北京市第一中级人民法院提起了撤销该裁决的申请；

2012年7月，广药公告称，北京市第一中级人民法院驳回该申请；

2013年5月，广东省高院开庭审理双方使用知名商品特有包装、装潢纠纷。

资料来源：中国公关网，http://www.chinapr.com.cn/templates/T_Second/index.aspx?nodeid=3&page=ContentPage&categoryid=0&contentid=7430，2014年6月6日，有删改。

2. 企业宣传意识不足，引发社会公众误解

公众对社会组织的经营状况并不是很了解，尤其对社会组织开发的新产品或外界有不利

于社会组织发展的报道，如果社会组织不及时宣传新产品或纠正不利报道，便会引发社会公众对本组织误解，进而引发本组织的危机。这包括几个方面：一是顾客对社会组织的误解；二是内部公众对社会组织的误解；三是新闻媒介对社会组织的误解；四是金融组织对社会组织的误解。其中的任何一项误解都会引发社会组织的危机。

微型案例　麦当劳的危机管理

蚯蚓事件

1976 年秋天，亚特兰大的麦当劳餐馆突然发现他们的营业额迅速下降，生意一蹶不振。一了解原因，原来是社会上盛传麦当劳的汉堡里有蚯蚓。尽管报纸上没有登，谣言却不胫而走。总经理特纳发出指示，对付谣言的最好办法是不予理睬、紧闭嘴巴，等谣言慢慢消失。然后他就度假去了。

但是，生意的清淡使得亚特兰大的餐馆实在受不了了，他们不断地向总部施加压力，要求采取主动的对策。总部的公关人员便召开了记者招待会。他们在会上断然否定麦当劳的汉堡中会有蚯蚓，但是不得不承认麦当劳餐馆的生意不如以前。一夜之间，各种媒体都争相报道这样一条新闻："根据麦当劳公关代表证实，世界上最大的汉堡连锁因为谣传肉饼内有虫而使营业额下降。""蚯蚓事件"一下子变成了世界性的问题。

正在度假的特纳看到这则消息，再次召开记者招待会。会上总裁克罗克以轻松的口吻对记者开玩笑地说："汉堡包的肉馅一磅才 1.9 美元，而蚯蚓一磅要花 6 美元，我们才付不起这么贵的添加料。"

克罗克与特纳的应对可谓及时而机智，这对于消除谣言、澄清舆论十分有效。事实上，在现代社会，对于像麦当劳这类大企业如果发生了危机，还想完全避开媒体和公众的"关注"，几乎是不可能的。关键是危机发生之前要有周详的预案，危机发生时要稳住阵脚，沉着应对。

资料来源：吴建勋、丁华：《公共关系案例与分析教程》，清华大学出版社 2013 年版，第 200 页，有删改。

3. 网络传媒

网络传媒是科技进步的产物，具有传播速度快、双向互动效率高、更新及时、成本低等优势。现代企业越来越重视通过网络传媒为企业塑造良好形象，部分企业已经拥有自己的网页、公众号、自媒体账号等，有的在网上发布企业的信息，但也有的企业因消费者的网上投诉处理不当而损毁名誉。

微型案例　从两次马航危机看互联网思维下的公关危机管控

2014 年 7 月 17 日晚，马航 MH17 航班在俄乌边境坠毁。这次事件已经是马航自 2014 年 3 月 8 日 MH370 失踪以来，半年内的第二次重大危机。而在两次重大的公关危机中，马航的危机公关应对措施都频频出现重大失误，这不仅使公司的声誉受到严重的损失，也出现了大批的乘客退票潮，甚至有外媒分析称马航或将因此破产。

其实值得反思的不仅仅是马航，在全新的舆情环境下，如何运用互联网思维应对公关危机的挑战，也是各大企业所面临的重大课题。

与传统的公关危机管控理论相比，运用互联网思维管控公关危机，需要特别强调以下四点：

1. 危机反应时间——“黄金45分钟”法则

此次马航MH17航班坠毁的消息在7月18日23:24由国际文传电讯社首发，英国路透社几乎同时转发，而且在国际媒体的首发报道中便已经提到，航班坠毁可能是由于被导弹击落。而马航的官方声明不仅晚于国际媒体首发报道，并且仅仅提到“客机失联”。随后马来西亚交通部部长又称“没有证据表明是被击落”。而在3月8日MH370航班失踪事件中，马航的反应更加离谱，事故发生在3月8日凌晨2:40，3月8日早上，国际媒体已广泛报道此事。直到3月8日下午，马航才举行了首个新闻发布会。

其实传统的危机管控理论中也都强调时间第一的原则。过去有人提到危机管控“黄金24小时”，近年来也有学者提到“黄金4小时”原则。根据美国西北大学舆论研究所的最新研究成果，在互联网环境下，重大危机发生时的最佳回应时间应在“45分钟内”。否则将引起公众的不安，以及谣言在互联网上的传播。其实这方面也有很成功的案例，央视曾在3·15晚会上报道麦当劳餐厅食品安全问题，当报道在8:00多播出后，麦当劳在45分钟内便已经发出了第一篇道歉的官方微博，这条微博在当天晚上11:20已经被转发8 000多次，并且转发的大多是媒体微博，直接覆盖受众达到1 000万人。在危机发生后的数小时，麦当劳不花1分钱，便已向各界公众传递了麦当劳对此事的态度和改进措施，迅速稳定了舆情。由于麦当劳在此次危机中利用新媒体进行及时、得当的处理，使此次重大危机在一个星期内即告平息，麦当劳的销量也没有受到影响。

2. 抢夺话语权——在负面危机被炒热前将它炒熟

马航在这两次重大危机中不仅回应时间缓慢，而且频频失语，丧失了对整个事件的舆论主导权。在MH17事件已成为全球新闻热点的情况下，马航作为事件主角目前发布的消息仅仅是“先行赔付每位乘客家属5 000美元”。而在MH370事件中，马航的首次新闻发布会竟然仅持续了短短5分钟便结束了事。第二次新闻发布会在23:30，即推迟2小时后举行，也并无任何实质内容。在记者的追问下，马航竟然用关闭现场灯光的方法驱赶记者。而在3月10日的发布会上，马航的高管竟然一言不发。对于记者关于各种最新传言的求证，马航均以“未得到当局的确切消息”敷衍。这种做法不仅使乘客家属极其不满，也使马航丧失了在整个事件中的舆论主导权。

目前，面对重大公关危机，任何企业都无法采取“封口，打死也不说”的方法蒙混过关。互联网思维下的危机管控理论强调，企业在重大危机中要抢先发声，设置议题、指正观念、澄清事实。在这方面，可口可乐曾经遇到过类似的危机。有人在互联网散播“喝可乐杀精子”的谣言，面对谣言，可口可乐没有采取传统的“封口”方法，而是在网上利用权威媒体大量发布关于《可乐会杀精？关于健康的十大谣言》的科普文章，在文章中大量引用专家及研究机构的证言，证明“可乐杀精”纯属谣言。这些文章通过相关搜索引擎优化手段，使网民在搜索可乐杀精的相关关键词中大量出现，不仅纠正了一般网民的错误认识，也使其他媒体准备继续炒作时，发现此事已被报道并被权威人士正式辟谣，便不再跟进炒作。

3. 巧用互联网广场效应应对负面报道——媒体怎么报不好控制，网民怎么看可以引导

在网络媒体、特别是手机新闻客户端盛行的今天，媒体的报道固然重要，但网民对此新闻的评论也非常重要，特别是前20条专业、给力的评论，会影响网民对此新闻报道的看

法。今年“央视”高调批评星巴克咖啡对中国消费者存在价格歧视，指出在北京、上海等地的咖啡价格远远高于其在纽约、伦敦的价格。但此事的舆论导向最终出现翻盘。翻盘的关键点是：报道推出后，在网上引起了大量的网民讨论。大量网民评论央视单纯比较价格而不考虑渠道、受众、消费方式等因素，是“不懂营销，很不专业”的做法。还有很多网民调侃，“央视”为何不去打“房价、油价”，而单单打一杯咖啡的价格。在大量网民评论有利于星巴克的情况下，星巴克高层也适时出面解释：中外星巴克消费者在消费方式上存在差异，例如在纽约的星巴克消费者大多是打包咖啡，回到办公室喝；而在北京 CBD 的消费者大多是点上一杯咖啡，坐上较长时间上网或谈事情——这些消费习惯以及渠道、位置的差异，也导致星巴克咖啡价格出现差异。这样的评论和解释最终导致网民以及媒体纷纷嘲笑“央视”此次曝光纯属乌龙事件，甚至有大量网民提出“央视滚出媒体圈”。

4. 危机预防——从眼睛盯着媒体，到盯着媒体的眼睛

传统的危机管控理论一般强调“对媒体加强监测”，而在互联网时代，一个小媒体的负面报道都会瞬间被搜索引擎抓取，并被其他媒体大量转载。单纯监测媒体根本无法预防危机的发生。最新的危机防控理论强调，企业危机防控的主阵地是企业自身在互联网中的自媒体阵地，例如涉及本企业的贴吧、QQ 群、知识分享类的“百度知道”以及企业官方微博的消费者留言等阵地。因为传统媒体的记者多是通过这些阵地寻找新闻线索，并通过这些阵地与消费者取得直接联系，所以企业需要对这些阵地中消费者反映的问题及时处理解决，做到防微杜渐。这方面，小米手机的经验值得参考。

笔者曾经在小米手机的官方微博留言测试，反映小米手机存在的问题，在 1 小时内便得到了小米手机官方微博的 2 次回应，指导我们去就近的“小米之家”维修。另外在回应中还不断地称呼“亲”，拉近了与消费者的情感距离。

当前，互联网的思维与传统行业结合便产生了很多重大的创新，例如互联网思维与金融行业的结合，造就了以支付宝为代表的各种“宝”。互联网思维与电信行业的结合，也成就了小米手机等一批创新型企业。在公关危机管理方面，我们也要运用互联网思维不断创新，只有这样，才能在互联网大潮中成为“弄潮儿”，而不是被大浪拍死在沙滩上。

资料来源：中国公关网，http://www.chinapr.com.cn/templates/T_Second/index.aspx?nodeid=19&page=ContentPage&categoryid=0&contentid=8013，2014 年 7 月 24 日。

总之，除了上述归纳的危机发生的原因之外，还有其他一些突发事件引起的组织危机。组织要想在危机发生时及时有效地处理，必须广泛搜集有关信息，深入分析造成组织公共关系危机的原因，找出症结所在，将危机适时地转为契机。

第二节　公共关系危机预防

公共关系危机预防是指对社会组织潜在的隐患进行监测、预控的危机管理活动，其能对组织管理者提出警告，以利于社会组织及时脱离危机，减少组织的损失。大多数组织形象危机都可以在发生前通过预警机制得以控制。引起社会组织公共关系危机的因素通常潜伏在组织中，但没得到重视，到后来便失去了控制局面的能力。因此，建立科学的“危机意识”，高度重视组织形象的危机管理，将危机意识落实到行动中，对预防和解决危机是至关重要的。

一、对危机事件的分析预测

对社会组织来说，危机的出现虽然是无法把握的，但其中也存在一些规律性的东西。这就需要从以下几个方面分析预测：

（1）从社会组织自身的类型做预测。要准确预测危机事件，首先要弄清楚组织属于什么类型的组织，列出组织可能发生的公共关系危机事故。

（2）从社会组织发生过的事件中做预测。查看本组织曾发生过什么样的危机、当时对危机的处理方法如何，可以将此类事件做个总结，以备日后发生同样问题时有可参照的依据。

（3）从同行业组织的经验或教训中做预测。查看本组织所属的同行业或类似的行业发生过怎样的危机事件，分析危机如果发生在本组织，将会造成多大的损害。此外，应有针对性地完善自身的组织，以增强防御能力。

二、在日常业务中预防公共关系危机

在日常业务中需严格执行科学管理制度，保证产品和服务的质量，遵章守法，维护公众利益，从而消除危机隐患。

（1）有严格的制度作为保障。“没有规矩，不成方圆”，一个组织能够持续发展下去，首先要有严格的制度作为有力的保障。凡事都按照组织的规程做，就可以将危机发生的可能性降到最低。

（2）建立危机预警机制。组织可以在部门内部专门成立一个危机处理小组，主要负责各类危机发生前的监测、识别、诊断，危机发生时的处理，危机发生后的善后等。

（3）树立全员危机意识。危机一旦发生，就不仅是组织领导者的责任，组织内部的任何员工都有责任。组织内部的每个人也都有义务为组织的健康发展尽自己的力量。组织要使每个员工从思想上做好应对各种危机的准备，树立全员危机感，开展危机教育，预防各种潜在的危机思想意识。

微型案例　危机的三个法则

1. 海恩法则：飞机涡轮发动机的发明者、德国人帕布斯·海恩从飞机飞行安全事故的角度进行深入剖析后，提出了著名的“海恩法则”。他认为：一起重大的飞机安全事故背后有 29 个事故征兆，每个征兆背后又有 300 个事故苗头，每个苗头背后还有 1 000 个事故隐患。海恩法则强调两点：一是事故的发生是量的积累的结果；二是再好的技术、再完美的规章，在实际操作层面，也无法取代人自身的素质和责任心。

2. 墨菲定律：1949 年，一位名叫墨菲的空军上尉工程师，认为他的某位同事是个倒霉蛋，不经意间开了句玩笑：“如果一件事情有可能被弄糟，让他去做就一定会弄糟。”这句话迅速流传，并扩散到世界各地。在流传扩散的过程中，这句笑话逐渐失去它原有的局限性，演变成各种各样的形式，其中最通行的形式是：“如果坏事情有可能发生，不管这种可能性多么小，它总会发生，并引起最大可能的损失。”这就是著名的“墨菲定律”。

3. 蝴蝶效应(The Butterfly Effect)。蝴蝶效应是气象学家洛伦兹 1963 年提出来的。其大意为：一只南美洲亚马孙河流域热带雨林中的蝴蝶偶尔扇动几下翅膀，可能在两周后引起美国得克萨斯的一场龙卷风。其原因在于：蝴蝶翅膀的运动，导致其身边的空气系统发生变化，并引起微弱气流的产生，而微弱气流的产生又会引起它四周空气或其他系统产生相应的

变化，由此引起连锁反应，最终导致其他系统的极大变化。此效应说明，事物发展的结果对初始条件具有极为敏感的依赖性，初始条件的极小偏差将会引起结果的极大差异。

资料来源：于燕：《公共关系理论与实务》，北京师范大学出版社2018年版，第195—196页。

三、建立危机预警系统

许多危机在爆发之前都会出现某些征兆，因此应当建立预警系统及时捕捉这些危机的预兆。公共关系危机预警即根据预警监控做出危机预警的报告，在各种信号都显示将要来临时，及时向社会组织发出警报，以提醒社会组织采取相应行动。预警主要是对组织内部成员的警示，对象通常是社会组织的领导阶层、公共关系人员及全体员工，目的是引起他们对组织形象危机的关注，以便做好应对的准备，减少危机带来的损失。

（一）设置危机管理机构

在组织内部设置危机管理机构，这是社会组织危机处理机制的反映。一般来说，危机管理机构主要由组织的高层管理人士、中层管理人士以及公共关系人员组成。高层管理者具有危机管理的最终决策权，并负责对外召开新闻发布会，负责提供解决危机事件发生的策略。中层管理者直接参与制定公共关系策略，在发生危机时及时向高层领导反映情况，同时还应兼备处理突发事件的敏捷反应能力，并善于同媒体打交道。公共关系人员在危机发生时处于危机最前沿，能主动承担公众与社会组织领导者之间沟通的桥梁作用，及时收集危机发生的原因、外界公众对社会组织的评价等，帮助社会组织渡过难关。

小资料

一名合格的企业危机管理者，必须具备以下几个方面的素质：

1. 有着强烈的进取精神和创新意识。
2. 富有同情心，善于理解他人。
3. 精力充沛，能长时间工作。
4. 能够很好地控制自己的情绪，在外界压力下，能够临危不乱，保持冷静，沉着稳健。
5. 有耐心，不急于求成。
6. 在企业中拥有权威。
7. 有胆有识，反应迅速，处事果断。
8. 具有冒险精神，敢于打破常规，能够灵活应对各种复杂情况，敢于迎接挑战。
9. 善于沟通和倾听，能够通过适当的眼神、声音或肢体语言取得他人的认同。
10. 政治过硬，有着高度的责任感，能从战略高度把握全局。
11. 具有强烈的危机意识，能够敏锐地洞察危机事件的发展。
12. 有专业的危机管理知识储备，了解如何正确地认识危机事件、危机事件的演变周期、危机管理的关键原则、危机事件应对程序的建立、危机事件防范体系的建立以及危机事件的沟通技巧等。

资料来源：岑丽莹：《中外危机公关案例启示录》，企业管理出版社2010年版，第132—133页。

微型案例

肯德基的危机管理小组是公司的常设机构，有一个庞大的团队，经验丰富，应变能力强。当危机出现时，危机处理功能立即启动，分析危机事件并做出相应决策。危机小组由公司相关部门人员组成，他们的主要工作是密切关注事态的发展，收集各种信息，包括中国政府出台的有关政策、媒体及社会公众的反应等，并及时对危机造成的影响做出判断，开展“危机公关”。全球化的经营网络使得肯德基信息化程度很高且反馈迅速。危机发生时，总部采取的措施能很快传达到中国200多个城市的1 000多家店铺和6万多名员工。

资料来源：陈敏：《现代公共关系实务》，上海中医药大学出版社2004年版，第148页。

（二）完善危机管理计划

为了有效地预防和处理公共关系危机，组织必须建立健全危机管理计划，规定在对危机事件处理中各个管理小组与各部门之间的职责分工，保证对危机的处理过程有效而有序，维护组织的形象。按内容划分，公共关系危机管理计划包括应急计划和传播计划。

微型案例　支付宝的危机公关

2015年5月27日18时左右，杭州、上海、武汉等地的用户纷纷反映支付宝PC端和移动端均无法使用支付转账功能，余额宝也不能显示余额。事件发生半个小时后，支付宝在微博上回应称，事故是杭州市萧山区某地光纤被挖断造成的，运营商正在抢修，支付宝工程师正紧急将用户请求切换至其他机房，资金安全不会受到影响等。

随后，支付宝在微博上通报抢修进程，并在19:30再发官方微博表示，系统恢复正常服务。整个系统瘫痪时间为2.5小时。事故结束后，支付宝发布官方声明，再次解释整个事件起因，对用户表示歉意，并一一解答用户关心的问题，而且表示会推进技术的升级改造。

回顾整个事件，支付宝处理得冷静、有序，不愧是公关高手。其事发半小时后即做出回应，在140个字的限制下，在微博中对事故原因、修复措施、用户资金等关键问题一一说明，并在事故中持续回复，保持用户信心，事件解决后再次通过官方详细解释，使得危机迅速平复，遏制留言产生。

资料来源：苏日娜、邓莎莎：《公共关系原理与实务》，武汉大学出版社2016年版，第93页，有改动。

1. 应急计划

危机应急计划是在社会组织领导层全面分析预测危机的基础上，针对本组织常发生的危机事件的出现概率而制定的有关工作程序、施救方法、应对策略等详细的书面计划。应急计划的侧重点在于危机事件发生时的处理过程。

微型案例　某市级行政中心社会公共危机管理处置预案

现在，各地区都加大了社会公共危机的研究，并根据不断变化的突发事件制定相应的有效措施。根据市级行政中心需面对的各种突发事件的特点，应维护市级行政中心的稳定，牢固树立“以人为本”的理念，坚持“安全第一、预防为主、综合治理”的方针，以“一案三制”为重点，抓好应急预案、应急队伍建设和演练等各项工作，规范市级行政中心的安全保卫工作。为更好地适应市级行政中心出现的新情况、新变化，有效保障工作人员的生命和财产安全，营造一个安全、有序的办公环境，特制定以下社会公共危机应急措施和处置突发事件预案。

(一)治安、安全应急处置预案

1. 当发生突发事件时，执勤保安队员要保持镇静，设法制服犯罪嫌疑人，并立即通知机关事务局保卫处。保卫处在接到通知后，应在第一时间赶到现场处理，并同时通知相关单位。

2. 保安队员要有效保护案发现场，记录所有情况和线索，如现场有受伤人员，必须采取措施救护，并立即联系医院救治。

3. 对抓获的犯罪嫌疑人，保安队员要严加看管，防止其逃脱、伤人或再度破坏等情况的发生，同时报告并及时移交(送)公安机关。

4. 保安队员在执勤过程中，发现有争吵、斗殴的现象要及时制止，以免事态扩大。发现可疑人员要严加盘查，并采取监控措施，必要时可移送派出所调查。

5. 遇车辆不能启动或突然熄火造成意外事故，执勤保安队员应立即通知保安队长，并及时组织力量将故障车辆移到空旷地段；出现交通事故，应协助当事人及时调解，同时现场队员必须有效疏导交通，保证交通畅通，并及时通知交警大队处理，如有受伤人员，要及时送往医院治疗。

(二)火灾等突发事件应急处置预案

1. 消防工作应坚持“预防为主”的方针，认真落实管理检查制度，确保消防设备、设施处于良好状态。保安、水电维修工作人员要勤于检查，在自己的责任区内及时消除火灾隐患，力求把火灾消除在萌芽状态。

2. 发生火灾时，执勤保安队员应立即向“119”报警，并同时报事务局保卫处，并立即组织义务消防队员进入火灾区域抢险，切断火灾区域电源，关闭煤气管道闸阀，以防发生煤气爆炸事故，并迅速启动水泵，有关保安队员引导消防车和消防队员进入火灾现场。

3. 在接到火灾警报的同时，保卫处要及时组织保安队员疏散火灾区域的人员，本着先救人、后救物的原则，把引导、护送、接应责任落实到相关责任人，如火势过大，可以从各楼梯口向顶层转移，等待消防队员营救(疏散人员时不能使用电梯，要走人行通道)。

4. 及时通知交警八大队在路面及现场维持交通秩序，保证消防车最快到达现场。

5. 在灭火工作结束后，物管公司应组织工程部、物管部、保洁部人员清点现场损失情况和物品，做好记录。及时抢修和启动各种设备，使工作能正常运行，并配合消防执法部门调查造成火灾的原因，写出书面报告。

(三)大型会议及活动应急处置预案

1. 重要会议和大型文艺演出活动的安全保障，各相关部门必须在事前根据会议、活动规格及相关要求，制定安全保障方案和紧急情况预案，确保会议活动万无一失。

2. 根据会议要求，市公安局110指挥中心要调配市交警四大队和八大队负责交通道路安全及会展中心广场车辆停放，保卫处和保安队员予以积极协助，以免造成交通堵塞。

3. 根据会议要求，指挥中心和分局主要负责会议中心一楼及周边安全，防止有群体上访突发事件和其他影响会议、活动进行的事件发生，分局巡警大队主要负责广场周围及市委、市人大等通道的巡查，并配合处理突发事件。

4. 根据会议要求，分局消防科主要负责会前消防安全检查及会议期间的消防安全保卫工作，确保会议、活动的消防安全。

（四）暴力突发事件处置预案

1. 各大楼门岗要执行办公大楼、东西库进出入制度，对携有易燃易爆物品、管制刀具的人员，坚决制止进入大楼，并查清目的和用途，如有过激行为的，立即实施控制并及时报110指挥中心。

2. 各办公大楼设三道防线，各门岗为第一道防线，楼梯口和电梯口为第二道防线，各办公大楼五楼为第三道防线，如有过激行为和暴力倾向的坚决在第一道防线解决。

3. 护卫队员作为第一线人员必须做到配合制止犯罪过程，并及时上报总值班室、110指挥中心、安全保卫处和监控中心，收集好证据，协助公安部门做好善后工作。

资料来源：马志强：《现代危机公共关系概论》，首都经济贸易大学出版社2015年版，第28—30页，有删改。

完整的危机应急计划一般包括社会组织所有可能发生及已经发生的危机事件的详细列表，包括日常工作中的必要防范措施、危机发生时的具体对策，还应列明对危机事件负责处理的人员名单及联系方式、常备的危机沟通设备等。必要时，还可以通过危机应急计划的危机演习检测社会组织的应变能力。应急计划的有效性很大程度上取决于对危机预测的准确性。危机预测应由社会组织的决策者主持，公共关系专家参与，全面分析、预测社会组织某阶段可能出现的危机，讨论、确认危机发生后的应对策略，并以书面的形式备案。通过这种方式制定的应急计划，可以在危机发生的第一时间起到有效的控制作用，并减少组织的损失。

2. 危机媒介公共关系计划

危机媒介公共关系计划主要是针对在危机发生后，社会组织出现声誉受损、形象受挫以及伤亡事故等意外事件而制定的与媒介公共关系的计划方案，目的在于维护声誉、消除误解、告知公众。

危机媒介公共关系计划的重点是危机事件发生后的媒介沟通和信息传播。危机事件发生后，社会组织要向外界及时公布组织的处理方案或对公众做解释，加强与外界的信息沟通，这样可以在一定程度上消除组织与公众的误会和隔阂。因此，在危机传播计划中，应当包括与新闻媒介的联系方式、与外界信息沟通与处理，必要时还需专门成立新闻传播中心，专门负责对记者的接待与解释工作，还有一些文件的准备工作（如新闻稿）等。

微型案例　特斯拉风波

2021年4月19日，2021上海国际车展在国家会展中心开幕。张某和李某因与特斯拉有消费纠纷，于当日到车展现场表达不满。其间，两人在该展台区域通过肆意吵闹等方式，一度引发现场秩序混乱。11时许，在特斯拉展台上，身穿白色T恤的张某拔掉现场的装饰伞，并站到车顶多次大喊“特斯拉刹车失灵”，其衣服印有红色“刹车失灵”字样和特斯拉标志。张某的举动引发多人围观和拍摄，随后两名现场安保人员将其带离现场，现场拉起了警戒线。据现场目击者介绍，截至当日12时许，特斯拉展台已恢复正常，继续对外开放。

针对这一事件，特斯拉在4月19日14:59给出的回复是：

感谢网友和媒体朋友的关注，关于2021年4月19日在车展现场发生的车主行为，我们了解到当事人为此前2月发生的河南安阳超速违章事故车主。

据了解,4月19日上午,该车主通过非常规方式获取证件进入展馆,在展台周围直播,露出定制维权T恤,并登上车顶大喊。现场工作人员在注意到该行为后多次言语劝解,但车主并未停止相关行为。现场工作人员在与展会主办方协商后,主办方考虑到该行为严重影响展会正常秩序,协调安保及公安执法人员劝离车主。

据了解,该车主此前曾因超速违章发生碰撞事故,而后以产品质量为由坚持要求退车。近两个月以来,我们始终保持与车主积极协商,表示愿意协助完成检测、维修或保险理赔事宜,同时提出多种解决方案,但是由于车主不接受任何形式的第三方检测,并强烈拒绝我们提出的所有方案,因此相关事宜只能持续沟通。接下来,我们还将继续与车主紧密沟通,帮助车主尽快恢复正常用车生活。

资料来源:根据网上新闻整理。

特斯拉在危急发生后能够积极与媒介沟通,调查事件的始末,在微博上澄清,极力维护本组织的形象。这一系列的工作显示出特斯拉公司有一定的危机媒介公共关系计划。

(三)危机管理的条件准备

第一,危机管理专项经费。在危机预防阶段,针对危机管理的各项经费开支可通过组织内部预算预留出来,以便在危机出现时,不会因为经费而耽搁组织对危机事件的及时处理。

第二,危机信息资料的准备。危机信息资料包括危机事件处理小组的联系方式与预警方案、突发事件的处理程序、善后工作的材料,并能够随时取用。

第三,媒体关系准备。社会组织应积极主动与媒介建立长期、有效的联系,并善于借助强大的舆论力量在关键时刻为组织进行客观的宣传与报道。

第三节 公共关系危机处理

一、危机处理原则

(一)公众利益至上原则

公众是政府的服务对象,更是社会组织的服务对象。尤其对社会组织来说,公众是其生存发展的土壤、空气和阳光,漠视公众实际上是无视自己的生存条件。所以,社会组织管理者必须具有公众利益至上的公共关系意识。当社会组织与公众因误解而出现利益冲突时,应向公众传递“尊重顾客意愿”“顾客满意为先”的诚挚理念。

微型案例 4月19日特斯拉车主维权事件

在2021年4月19日特斯拉女车主维权事件发生后,当天下午特斯拉公司全球副总裁陶琳接受采访时表示:“最近几次特斯拉事件都和她有关,我们已提出出钱去做车辆的检测,但她不同意,要求巨额赔偿,我们认为她的诉求是不合理的,我们不可能答应。”陶琳在接受采访时同时表示,这个可能是很多企业发展都会面临的问题,今天是特斯拉,明天可能是其他的,然后也有可能是其他的产品,特斯拉没有办法妥协,这可能就是一个新产品发展必经的一个过程。

2021年4月20日凌晨，特斯拉微博再次回应上海车展上关于特斯拉产品安全问题的疑问和关注。称如果是特斯拉产品的问题，特斯拉一定坚决负责到底，该赔的赔、该罚的罚。对不合理诉求不妥协，同样是特斯拉的态度。

2021年4月20日晚，特斯拉公司在其官方微博向客户致歉，并表示已成立专门处理小组，尽全力满足车主诉求。

2021年4月21日，特斯拉官方再度深夜发声。特斯拉表示，21日下午其已主动与郑州市市场监督管理局联系并汇报相关情况，为了维护消费者的权益，愿意全力配合，向第三方鉴定机构或政府指定的技术监管部门或者消费者本人提供事发前半小时的车辆原始数据。特斯拉表示，恳请郑州市市场监督管理局指定权威的、有资质的第三方检测鉴定机构开展检测鉴定工作，早日还原真相。特斯拉承担鉴定产生的全部费用。同时承诺，无论检测结果如何，都接受。

2021年4月21日，中消协表示：对于有关特斯拉消费者维权事件引发的热议，中消协高度关注。企业经营的首要前提是尊重消费者。面对消费者的投诉，企业要认真倾听、真诚协商，给消费者合理的解释和有效解决方案。

中消协表示，作为汽车生产者，企业掌握相关数据，应当利用专业知识严格自查，技术优势不应成为解决问题的阻碍。企业应当依法落实产品质量责任，采取有力措施保护消费者安全权益。企业有义务拿出证据证明产品安全，拿出措施提升产品和服务质量，拿出诚意解决涉及的消费者诉求。消费者因购买、使用商品或者接受服务受到人身、财产损害的，享有依法获得赔偿的权利。我国法律为消费者维权提供了和解、调解、仲裁、诉讼等多种途径。消费者应当依法主张权利，理性维权，避免过激行为。

中消协希望涉事企业积极配合调查，主动提供数据和资料，妥善处理消费纠纷，切实保护消费者的合法权益。

2021年4月22日，特斯拉向《中国市场监管报》记者提供了车辆发生事故前一分钟的数据，并做出一份文字说明。这份文字说明全文如下：

在驾驶员最后一次踩下制动踏板时，数据显示，车辆时速为118.5千米每小时。在驾驶员踩下制动踏板后的2.7秒内，最大制动主缸压力仅为45.9bar，之后驾驶员加大踩下制动踏板的幅度，制动主缸压力达到了92.7bar，紧接着前撞预警及自动紧急制动功能启动（最大制动主缸压力达到了140.7bar）并发挥了作用，减轻了碰撞的幅度，ABS作用之后的1.8秒系统记录了碰撞的发生。驾驶员踩下制动踏板后，车速持续降低，发生碰撞前，车速降至48.5千米每小时。

2021年4月26日深夜，特斯拉发布微博称：过去几日，我们让所有特斯拉车友们承受了不该承受的压力，对此我们感到万分抱歉。这些天，我们所有的同事都承受着巨大的压力。面对铺天盖地的疑问和突然成倍增加的客服电话，我们唯有用更真诚的态度和更好的服务化解客户心中的疑虑。微博表示，现在的特斯拉并不完美，还有许多需要改进的地方。但是，只要我们坚持把所有的资源都用来为消费者提供优质优价产品和服务的原则和初心不改变，真诚对待客户的初心不改变，特斯拉就会变得越来越好。我们始终相信，推动世界向可持续能源转变的道路是一场马拉松。能坚持到这场马拉松的最后，特斯拉最终依靠的是车友们的支持和我们共同拥有的价值观。我们会不懈努力，争取让产品和服务变得更好，可以配得上车友们的支持。最后，我们诚恳地请所有车友们放心，我们会尽全力处理和解决好现存的问题，也会处理好将来在发展过程中可能产生的每一个新的问题。我们会给关心特斯拉的所有人一个真诚的交代。

资料来源：百度百科，https://baike.baidu.com/item/4·19特斯拉车主维权事件/56770965?fr=aladdin#reference-[22]-32199515-wrap，2021年4月19日，有删改。

(二)承担责任原则

社会组织与利益公众之间的关系一旦发生危机，最有效的办法就是协调好利益关系，承担起危机的责任，尤其是要最大限度地保护受害者的利益。

微型案例 “海底捞勾兑门”事件的危机公关处理

2011年8月22日，《信报》的报道《记者卧底“海底捞”·揭秘》直指骨汤勾兑、产品不称重、偷吃等问题，引起轩然大波，一直被称为人类无法阻止的海底捞，终于遇到了一个“大坑”。

2011年8月22日15:02，海底捞官网及官方微博发出《关于媒体报道事件的说明》，声明语气诚恳，承认勾兑事实及其他存在的问题，感谢媒体监督，并客观澄清勾兑问题。此微博被转发1 809次，评论690条，用户基本接受海底捞的态度。

2011年8月22日16:18，海底捞官网及官方微博发出《海底捞关于食品添加剂公示备案情况的通报》，笔锋更加诚恳，“多年厚爱，诚惶诚恐”之类的词语都用到了。

2011年8月23日12:00，海底捞官网及官方微博发出《海底捞就顾客和媒体等各界关心问题的说明》，就勾兑问题及员工采访问题进行重点解释。

2011年8月23日20:00，海底捞掌门人张勇的一篇微博尤为经典，转载如下：

菜品不称重、偷吃等根源在于流程落实不到位，我还要难过地告诉大家，我从未真正杜绝这些现象。责任在管理而不在青岛店，我不会因此次危机发生后追查责任，我已派心理辅导师到青岛，以防该店员工压力太大。对饮料和白味汤底的合法性我给予充分保证，虽不敢承诺每一单元农产品都先检验再上桌，但责任一定由我承担。

此篇微博瞬间转发近4 000次，评论1 500条，在如今遇事自保、互相推诿、丢车保帅的职场中，张勇的敢担当、人情味十足。张勇的人格魅力化解掉了此次事件80%的危机。

随后，海底捞邀请媒体记者，全程记录骨汤勾兑过程，视频、照片瞬间布满网络，事件就此暂时画上了圆满的句号。

资料来源：http://www.zhihu.com/question/19574802，2011年10月31日。

(三)实事求是原则

面对危机，社会组织一定要采取实事求是原则。无论是面对内部公众，还是面对新闻记者、受害者和上级领导，都不能违背、隐瞒事实真相，否则将会自食苦果。

微型案例 青岛天价虾宰客事件

2015年10月4日，有网友爆料称，在青岛市乐陵路“善德活海鲜烧烤家常菜”吃饭时遇到宰客事件，该网友称点菜时向老板确认过“海捕大虾”是38元一份，结果结账时变成

38元一只，一盘虾要价1 500余元。

国庆期间，肖先生(四川赴青岛游客)一家3口第一天到青岛，找到旅店后就在旅店旁边找地方吃饭，因为其他饭店人比较多，最终选择了这家“善德活海鲜烧烤家常菜”。在看到菜单“大虾38元”后，问老板“是不是38元一份”时，老板回答“是的”。

在价目单的最下方有“以上海鲜单个计价”的说明，肖先生吃饭前完全没有注意，因为已经询问过店家价格，就没有再注意，一直到结账时产生纠纷，店方才提醒价目单下方的“以上海鲜单个计价”。

随后，当事人报警。接到报警后，辖区派出所民警来到店里，告诉肖先生这个事情他们管不了，因为属于价格纠纷，不在他们的执法范围，建议找物价局。肖先生于是拨打物价局电话，物价局值班人员说太晚了，而且是放假期间，让他们还是找警察协调解决。最后，民警让他们先把钱给人家，第二天再去物价部门反映处理。经讨价还价，肖先生给了800元走人。

10月6日，《华西都市报》记者专访肖先生，并向全国推送了这一新闻，“天价虾”瞬间引爆舆论。《人民日报》就此发表评论：“在今后一段时间内，‘天价大虾’会像一块狗皮膏药一样糊在这座美丽的海滨城市的脸上，揭都揭不下来。”在“天价大虾”背后是公权力的麻痹——“正是职能部门的不作为，导致了事态激化。”

随着央视新闻客户端、澎湃新闻、人民网、新华网以及《新京报》等诸多主流媒体的介入，“青岛天价虾”事件迅速在“十一”长假后期引发热议。不少网友以编发“段子”的方式调侃地方旅游宰客现象，并以此表达不满情绪。不少网民称“天价虾”事件破坏了青岛作为旅游城市的形象。

10月7日，当地有关部门对涉事烧烤店下达罚款9万元、责令停业整顿并吊销营业执照的行政处罚。青岛市市北区市场监管局主要负责人被停职检查，该区物价、旅游等部门主要负责人被诫勉谈话。

10月8日，中消协对“天价虾”事件做出回应，希望政府有关部门对不法经营者采取零容忍态度，依法严厉处罚。各地旅游市场监管部门应建立保护旅游消费者权益长效、联动机制，畅通消费者投诉处理渠道，建立旅游市场不法经营者“黑名单”制度，为消费者创造放心的旅游消费环境。

资料来源：曾琳智：《新编公共关系学》，上海财经大学出版社2016年版，第219—220页。

以上材料显示，企业或社会组织在面对公共关系危机的时候，实事求是地承认自己的错误，对危机有充分的认识，并及时地给出处理办法，是中外企业危机处理中的典范。

(四)真诚沟通、诚恳道歉原则

在危机发生后，危机处理机构要由专人负责与公众和媒介的沟通协调工作。不论是面对媒体，还是面对受害者或内部公众，都要以真诚的态度沟通并诚恳道歉，告诉他们事实真相以及组织的处理方案，以消除公众的疑虑，掌握舆论的导向，使危机的消极影响降到最低。我们不能忽视企业真诚沟通和诚恳道歉的态度对单纯的公众的影响力。一个敢于尊重事实、敢于面对错误的企业，不管做错了什么，往往都能够赢得公众的同情与信任，其形象不但不会受到损害，反而会有所升华。

微型案例　被小学生喷到一星后，钉钉给00后“爸爸”写歌求饶

钉钉被教育部选作小学生上网课的平台，小学生不爽占用寒假时间上网课，疯狂给钉钉打一星。钉钉发微博在线求饶，靠自黑卖萌真诚沟通，诚恳道歉，赢得好感。

本来，阿里旗下的办公软件钉钉是“社畜”必备，旨在提高大家的办公效率，但其打卡、“已读”、Ding一下等功能，也使得上班族对其又爱又恨。而在疫情的影响下，各地高校和中小学“停课不停学”，钉钉被教育部选为网课平台，5 000万学生通过钉钉的在线课堂学习。

于是，广大中小学生和教师纷纷下载钉钉，加入“在家上课”计划，使用“在线课堂”功能，“钉钉”下载量也首次超过微信。

不过，钉钉的产品经理们还来不及高兴，就先收到了一片吐槽声。

首先，钉钉本是为办公族设计，对“社畜”来说习以为常的签到、定位等功能，却让中小学生有种“被控制”的不适感，纷纷吐槽钉钉一“钉”起来就没完没了，而他们并不想提前感受成为社会人的辛酸。

其次，因为老师和同学的电子设备和摄像头的质量参差不齐，“卡”“不清晰”等问题成为网络授课频频被诟病的地方。很多老师也是“被迫营业”成为主播，尤其是理科要讲解稍有难度的题目时，网课的效果并不好。另外，不同老师的授课需求不同，学生每天要在钉钉、微信群、QQ群、雨课堂等软件上来来回回，他们感到十分疲惫。

同时，之前还有谣言称“老师可以通过钉钉偷偷打开学生的摄像头”，虽然钉钉后来进行了官方辟谣，但谣言还是发酵了一段时间。

种种因素导致大量中小学生把怨气撒到了钉钉身上，他们涌入各大应用商店，疯狂给钉钉打一星。在App低于1星会被下架的传闻作用下，“一星行动”更是如火如荼地展开着，大家一边说着“太爱钉钉了”“自愿下载”“谢谢你让我学习”，一边反手就是一个一星。

随着钉钉在各大应用商店被刷到1点几星，钉钉见势不妙，紧急开展了“自黑式公关”诚恳道歉。首先，2月14日钉钉在微博发布自黑表情包，阿里的其他App也纷纷赶来支援，不过包括钉钉在内，“阿里全家桶”都只收到了网友们的无情吐槽。

不灰心的钉钉，在公关上再接再厉。

2月15日，钉钉在微博转发前文提到的鬼畜歌曲《你钉起来真好听》；2月16日，阿里巴巴在B站联合两位UP主制作《新宝岛》的空耳歌曲《钉宝岛》；2月17日，钉钉更是自制鬼畜求饶视频《钉钉本钉，在线求饶》，大喊“少侠们饶命吧，大家都是我爸爸”。目前这份“在线求饶”在B站热度很高，播放量同样惊人。

“少侠们，饶命吧！大家都是我爸爸……行行好，五星分期赔不起，找个工作混口饭吃，扛不住一星，为钉三多正名，它是燕子请看清，此生无悔入钉钉，五星求一次付清。少侠们，请你们饶命吧，大家都是我爸爸，我还是个五岁的孩子，却加班到脱发。少侠们是在下输了，被选中我也没办法，不要再打一星，不然我只能去自刷，少侠们，请你们饶命吧，大家都是我爸爸，我还是个五岁的孩子，却加班到脱发……”

钉钉用这种自黑的公关方式，终于让中小学生有了一点改观。此次危机公关算是有了点成效，目前钉钉在App Store评分已经爬升至2.6分，也多了很多真情实感的五星评价。

资料来源：百度，https://baijiahao.baidu.com/s?id=1658937891589693015&wfr=spider&for=pc，2020年2月19日，有删改。

钉钉的真诚沟通与诚恳道歉是对危机事件的及时反应。它通过自黑的形式避免相关事件的发酵，避免了对本组织声誉产生损害。

(五)及时行动原则

危机发生后,公共关系人员要及时赶到现场,迅速查明事实真相,及早采取措施,控制住事态的发展,并尽可能地与公众及时沟通,让公众在第一时间了解事件的进展。

微型案例 大众 DSG 变速器故障门:德国大众不爱中国“大众”

2009 年 8 月,大众从欧美市场召回一批问题汽车。2011 年,国家质量监督检验检疫总局(简称国家质检总局)缺陷产品管理中心共收到汽车缺陷信息投诉 8 840 例,DSG 变速器抖动、顿挫问题排在首位。2012 年 3 月 2 日,大众对外发布公告,启动对中国使用 7 速 DSG 变速器车辆的客户提供软件升级服务。2012 年 3 月 13 日国家质检总局官方网站发布信息《质检总局执法司负责人就 DSG 变速器故障问题再次约谈大众公司》,就国家质检总局执法司再次约谈大众负责人的相关内容进行了阐述。2012 年 4 月,国家质检总局缺陷产品管理中心宣布,向全社会公开征集大众汽车 DSG 变速器故障信息。2012 年 5 月 23 日,大众官方发布声明,宣布推出 DSG 变速器质保服务延长至 10 年或 16 万公里。2012 年年底,大众被指对不同地区区别对待,如在中国,只对中国台湾地区问题车辆实施召回。大众称曾于 2012 年年底实施了一项优化方案,但并未达到预期效果。

资料来源:李华君、陈先红:《中国危机公关案例研究报告》,华中科技大学出版社 2014 年版,第 285 页。

从大众 DSG 变速器故障门的危机事件处理中可以看出,大众对事件的处理速度比较慢,未能在第一时间做出及时的行动,以至于日后要花更大的力气挽回声誉。

(六)权威证实原则

权威证实具有很强的说服力。在危机发生时,企业应尽可能地争取政府主管部门、独立的专业机构、权威媒体及消费者代表的支持,这样有助于在短时间内恢复信誉。

微型案例 康师傅台湾“灭顶行动”

2013 年 11 月,中国台湾地区曝出橄榄油用铜叶绿素掺混造假的传闻,康师傅也深陷其中,魏家兄弟信誓旦旦表示要用国际最高标准管控产品,魏应充还主动向台湾食品 GMP 发展协会请辞理事长一职。

2014 年 9 月 14 日下午,康师傅发布公告,确认该公司部分产品使用了地沟油作为原料的劣质猪油。不过康师傅也在这份公告中表示,在大陆制造和销售的产品并没有卷入台湾地沟油事件。

2014 年 9 月,包括澎湖、金门在内的全台 22 个县市通令所属机关学校停用抵制顶新所有产品。宜兰县县长林聪贤就呼吁不买不吃不用顶新产品,台北市市长郝龙斌更明确宣称,“要罚到倒闭”,而且“对主要的负责人更应该要苛以刑责”。台北市教育局局长林奕华发表声明称,鉴于顶新集团及味全公司屡发食品安全重大违法事件,令消费者感到该公司没有诚信且质疑其质量管理能力。

2014 年 12 月,顶新顶不住了,49 亿元卖 101 大厦股权。

2015 年 8 月 2 日下午,一则“台湾良心导游向大陆游客揭露康师傅惊天内幕”的视频在社交媒体中热传,网友纷纷在微博朋友圈或微博中主动转发该视频,在表达愤怒之情并谴责康师傅的同时,质疑管理部门的失职。

8月3日上午,康师傅控股有限公司在其官网及官方微博发表声明《康师傅强烈呼吁社交媒体勿沦为谣言的温床!》,并称康师傅在中国大陆生产与销售的产品从未涉及台湾近年来的油品事件,大陆生产所使用的油品安全无虞,对于视频中的"恶意中伤行为"及"个别自媒体社交账号持续煽动及散播谣言"的行为,康师傅要追究其法律责任。并于第一时间向相关媒体平台举报,并提请司法介入调查。其官方微博还贴出了国家质量监督检验检疫总局和国台办分别于2014年10月22日和2014年10月29日发布的两则消息,证实康师傅在大陆生产所使用的油品安全无虞。该事件在当天达到了舆论高潮。

从8月3日起,大量的网络新闻媒体和传统媒体纷纷对此进行报道。人民网、光明网、观察者网以及搜狐、网易、新浪等各大门户网站,还有如《南方周末》等多家传统媒体均发表了关于康师傅回应内容的报道,使康师傅的回应及举措在更大范围内得以传播。8月3日周一开盘,康师傅控股的股价应声下跌,当天收盘时,股价报14.86港元,下跌0.4%。截至8月4日,仅仅两天时间,康师傅市值损失超过30亿港元。

8月7日下午,康师傅对外公开了三年来油脂详细使用状况,并强调从没有进口过动物油脂。《2013—2015年康师傅油脂使用状况报告》显示,康师傅在大陆生产所使用的棕榈油、牛油、芝麻油、猪油、鸡油、鸭油六种油品全部在大陆采购,由中粮粮油、益海里、双汇集团等国内知名供应商提供。

康师傅在声明中提到了国家质检总局和国台办,说上述部门证实康师傅在中国大陆生产使用的油品是安全的。如果仔细研究上述两个部门的声明,就会发现,他们很策略地说中国大陆从未从越南大幸福公司进口馊水油,至于康师傅用的什么油、是不是合格,他们对这些关键问题并没有做出正面说明。

资料来源:樊帅:《企业公共关系案例解析》,清华大学出版社2017年版,第257—260页,有删改。

在上述事件中,康师傅母公司试图通过权威部门的声明来缓解本组织的公关危机,但是并没有针对公众质疑的核心问题去寻求权威认证,而且事件涉及面较广,时间长,造成的不良影响较大,所以其危机公关的效果甚微。

小资料

公关部每天重复的三件事:

针对危机公关,公关部每天都要重复和认真做好以下三件事:

(1)和媒体记者沟通。沟通聊天永远可以收到比较好的效果。如果有新的新闻动向,几乎任何一个在市场上活跃的媒体记者都会耳有所闻。如果有选择地与一些记者沟通交流,所有不利或者有利的公关素材必然会摆在你的面前。

(2)关注企业内外的利益变化趋势。大多数危机的产生都是因为企业的变化使许多人的利益受到了伤害。这种伤害很可能引起矛盾冲突而被媒体知晓,而且这种冲突最容易被受害人告知媒体,甚至会写成文章被媒体采用。所以公关部门一定要紧盯企业的政策变化给哪些人带来了利益损失,然后与人力资源部门沟通,将内部矛盾尽可能减到最低。

(3)进行全员公关。很多企业将此理念深入贯彻，收到了很好的效果。我们这里提倡的全员公关也是要求公司的全部员工都有公关概念，工作要直接或者间接地为公关的目标服务。在公司内部应有一本要求全部员工学习的公关小册子。小册子上包括遇到哪些问题我们怎么处理，遇到什么样的问题我们怎么回答，哪些东西是可以对外宣传的，哪些是不能宣传的，哪些是坚决不能说的等，这些做法会在企业的公关统一口径中起到很好的作用。

资料来源：岑丽莹：《中外危机公关案例启示录》，企业管理出版社 2010 年版，第 94—96 页，有删改。

二、危机处理的一般程序

正确、有效、快速处理危机对组织而言是十分重要的。组织所发生的危机事件尽管会在规模、性质、表现形式以及对公众影响等方面有所不同，但在处理程序上有共同的特点。这个程序应与危机的应急方案相结合，同时根据危机发生时的具体状况再予以适当的调整。

微型案例

英国的迈克尔·里直斯是国际著名的危机管理专家。1979 年，他因成功处理了海湾石油公司爱尔兰班特利海湾发生的邮轮爆炸事件而名声大振。迈克尔在其著作《危机公关》(*Criss Management*)中提供了 15 条危机处理要点：

1. 面对灾难，应考虑到最坏的可能，并及时有条不紊地采取行动；
2. 当危机处理完毕后，应吸取教训并以此教育其他同行；
3. 策划一个危机管理计划；
4. 时刻准备在危机发生时，将公众利益置于首位；
5. 在传播沟通工作中，要掌握对外报道的主动权，对外宣布发生了什么危机，公司正采取什么补救措施，等等；
6. 要善于利用媒介与公众进行传播沟通，以此控制危机；
7. 危机发生时，要以最快的速度设立“战时”办公室或危机控制中心，调配训练有素的专业人员，以实施危机控制和管理计划；
8. 设立专线电话，用以应付危机期间外部打来的大量电话，要由训练有素的人员来负责处理热线电话；
9. 了解听众，倾听他们的意见；
10. 设法使受到危机影响的公众站到公司的一边，帮助公司解决有关的问题；
11. 邀请公正、权威机构来帮助解决危机，以确保社会公众对公司的信任；
12. 在危机传播工作中，避免使用行话，要用清晰的语言告诉公众，公司关心所发生的危机，并正采取行动处理危机；
13. 确保公司能把握公众的抱怨情绪，可能的话，通过调查研究来验证组织的看法；
14. 在制订危机应急计划时，多倾听外部专家的意见，以免重蹈覆辙；
15. 培训是危机处理计划的一个不可或缺的组成部分，为确保处理危机时有一批训练有素的专业人员，平时应对他们进行培训。

资料来源：彭望清、孙瑞：《医药营销中的危机管理与案件剖析及实践运用》，《国际医药卫生导报》，2002(17)，第79—80页，有删改。

麦克尔·里直斯对危机的处理方法给我们带来一些启示。但一套完整、正确的危机处理程序还不仅限于此。一般来说，公共关系危机处理的基本程序包括以下环节：

（一）快速启动应急预案

危机发生后，组织应快速启动应急预案，以保证危机损失控制在最小范围。

（二）深入现场，掌握第一手资料

组织负责人、公共关系部门负责人及相关的调查人员在第一时间赶到危机现场，首先要确定事件发生的时间、地点、原因、人员伤亡和财产损失情况，并及时掌握事态的发展进程和控制情况。

（三）控制损失，控制事态的恶化程度

危机发生后，一定要按照拟定的应急方案全力采取措施，控制事态的蔓延和发展，把损失控制在最低限度。尤其是在危机处理中要注意维护之前组织所树立的声誉和形象，有计划、有目的地进行公共关系处理。

（四）分析情况，确定对策

组织高层人员应根据所掌握的危机第一手材料、公众和舆论反应等情况，深入研究并确定应采取的策略和措施。所采取的策略和措施不仅要考虑到危机本身的处理，还要考虑到处理好危机所涉及的与员工、受害者、受害者家属、新闻媒介、社区、消费者、客户、政府主管部门等的关系。

（五）召开新闻发布会，发布正式信息

组织在发生危机时须主动获得舆论信息。在了解事实的基础上，确定初步对策，并以尽可能快的速度召开新闻发布会或记者招待会，及时、准确、全面地公开事实真相，尽量缩小危机影响面，淡化危机影响，降低公众敌意。如出现失实报道，应寻求媒体帮助，及时予以更正。

（六）组织力量，有效行动

公众和舆论不仅关注组织是否对外有过交代，更关注组织所采取的行动。危机的处理需要组织决策者亲自组织行动和协调工作，甚至要亲赴一线。落实措施情况要详细记载并及时向公众和媒体宣布。

（七）认真处理善后事宜

善后工作包括赔偿、安抚等，同时危机公共关系人员还需搜集、整理并分析外部公众尤其是媒介对危机事件的报道情况，评估危机处理结果。危机处理组织机构应全面检查、评估危机处理情况，并将检查结果向组织高层领导汇报，向公众和媒介公布。组织应一切从公众利益出发，认真做好善后工作，以恢复和重新塑造形象。

（八）总结评估，重塑形象

这是危机管理最后阶段必不可少的工作。危机处理组织机构应全面检查、评估危机处理情况，并将检查结果向高层领导（政府、董事会、股东大会等）报告，向公众和媒介公布。有些重大事故也可采取广告形式在媒介上公布，表明组织敢于承担责任。一切从公众利益出发，认真做好善后工作，以恢复和重新塑造形象。

微型案例　海底捞黄金四小时危机公关

上周由《法制晚报》发布了一则卧底海底捞的报道，卧底的记者拍下了老鼠横行、扫垃圾的簸箕放洗碗池中清洗、用火锅漏勺掏下水道等令人发指的后堂行为。

仅仅三个小时后，海底捞迅速做出回应，紧接着发布了七则处理通报。

海底捞沿袭一贯的处事风格，在第六条中清晰写明责任由董事会承担，涉事员工无须恐慌。民意迅速反转，网友疯狂转发，舆论导向偏向正面。

一记重拳打到了棉花上

食品安全大于天，任何餐饮行业遇到此类问题轻则停业整顿，重则关门大吉。网络舆情对食品安全问题一贯也是零容忍的态度，而这次海底捞选择了不回避、直接认错，在致歉信中坦然承认"情况属实"。接连的应对方案在事件恶劣影响扩散之前直接反转了舆论导向。

在企业面对危机公关时，舆论的导向至关重要。事件如果朝不好的方向发酵，会直接影响企业的未来发展，舆论甚至会淹没企业原来做过的所有正面事件。

危机公关的本质就是疏导大众情绪，将洪水分流，不至于冲垮企业信任。

舆情处理"黄金四小时"

在负面新闻曝光之后三小时给出回复，紧接着给出处理方案，非常符合舆情处理的"黄金四小时"原则。

在这剑拔弩张的时刻考验的就是管理者是否明白应平衡好"消费者""员工""供应商""政府部门""媒体"的关系，逐一突破，将损失控制在最小的范围。

"这锅我背、这错我改、员工我养"

海底捞的道歉信被网友归纳为12个字："这锅我背、这错我改、员工我养。"

海底捞保护了最底层的员工，将全部责任上升至董事会责任。比起大家习惯听到的由"临时工"承担责任、开除当事人来应对负面事件，海底捞这么做将负面事件升级为企业管理制度，在公众面前保全员工，显示出了对事件的重视程度和坚决改错的态度。

海底捞将"将员工当顾客来服务"作为企业文化。即使只是服务生，在海底捞都享有很大的权利，比如可以给客户免单、解决住宿、建立子女寄宿学校等。此外，海底捞还建立了全家旅行、父母养老金等对于优秀员工的奖励制度。

海底捞利用同理心和企业文化的渲染，不辜负大众对海底捞人文情怀的期望，在企业信用因为食品安全问题即将崩塌的瞬间，从客户、员工角度打情感牌解决问题，让用户的情绪得以纾解。

优秀的危机公关可以这么做

优秀危机公关包括了几大元素：道歉、诚恳认错、不回避事实、乐意负责、给出整改方向。

当危机爆发之时应判断时间真伪，如果属实则无须抱怨行业环境，应坦然承担责任，认真对待错误，如果狡辩则会起到反作用。

回应才是危机的开始

危机发生后，应承认事实，提出关键问题的解决方案，给大家一个合理的解释。

首先要控制好"黄金四小时"，回应发声一定要快，所谓"天下武功唯快不破"。

如果不回应，坐等事件过去，则会埋下重大危机，将来关键时刻难免被反复提及。只有将群众愤怒情绪及时转移,才能快速消除误会,重拾用户的信任。

资料来源:刘建芬:《公共关系原理、实务与案例》,厦门大学出版社2018年版,第173—175页,有删改。

三、危机处理中的新闻发布会

微型案例　天津港瑞海公司仓库爆炸事故首场新闻发布会

2015年8月12日23:30,天津港瑞海国际物流有限公司危险品仓库发生火灾爆炸事故。13日下午4:30,天津市召开了爆炸事故发生后的首场新闻发布会。

事故发生后,天津市立即成立了伤员救治、现场处置、保障维稳和群众工作、舆情、事故调查5个工作小组,全方位开展救援以及善后处理各项工作。

滨海新区区长张勇表示,该区已立即启动应急响应机制,开辟应急避难场所,迅速疏散现场周边三个居民小区的群众;安排了10家医院共1 000余名医护人员全力救治伤员,同时安排新区干部分别进驻各医院,做好对伤员以及家属的接待、安置和心理安抚工作。

天津市卫生与计划生育委员会启动突发事件医疗卫生救援预案,迅速组成了由天津市属29所三甲医院110名专家组成的专家组,分赴滨海新区各个收治患者的医院支援。

天津市环保部门在滨海新区爆炸事故发生后,立即启动应急监测。根据监测结果,初步确定刺激性气味气体主要为甲苯、三氯甲烷、环氧乙烷。目前,事故点周边6项常规污染物(PM2.5、PM10、一氧化碳、二氧化硫、二氧化碳、臭氧)未受到明显影响,与全市平均水平基本相当。入海排水口已经全部关闭,环境水质未受到事故影响。

成立于2011年的瑞海国际物流有限公司是一家民营企业,为天津海事局指定危险货物监装场站和天津交通委员会港口危险货物作业许可单位。目前企业相关负责人已被控制。此次事故的原因仍在调查中。截至13日18:00,此次爆炸事故共造成50人死亡;住院治疗701人,其中重症伤员71人。

资料来源:蒋楠:《公关策划学》,科学出版社2017年版,第220—221页。

新闻发布会是组织与新闻界建立联系的一种较正式的沟通形式,危机处理期间选择召开新闻发布会来传播信息,比之其他方式的信息发布,无论是在内容的广度上还是在深度上都更为有效。

提醒您

> 国外危机管理专家认为危机期间召开新闻发布会非常必要：
>
> 1. 当危机发生时，会有记者聚集在事故现场或公司总部的外面，要求获得更多的信息和采访。
>
> 2. 举行新闻发布会为组织提供了一个讲清事实的机会，使媒介真正了解事故的真相以及组织正在采取的弥补损失的措施。
>
> 3. 组织可以面对面地对事故的发生表明态度和立场。
>
> 4. 便于各新闻媒介现场拍摄或录音，便于报道。
>
> 5. 帮助组织把握主动权并直接控制危机事件的信息传播。

（一）危机期间新闻发布会中的基本技巧

危机期间新闻发布会中的基本技巧包括以下几个方面：(1)介绍新闻发布会的目的以及到会的主要宾客；(2)在会场中安排一些图片、模型以及其他工具；(3)详细、准确地解释所发生的事件及进展的情形；(4)态度要诚恳，对所发生的危机表示遗憾和关注，对受害者及其亲属表示同情和安慰；(5)向新闻界发布的消息要统一规范，多做正面介绍；(6)重要事项以新闻稿的形式发给记者；(7)控制会场秩序，有序提问；(8)回答问题尽可能让记者满意；(9)发布信息要真实且讲究回答的策略；(10)一旦会议结束，就从另一个出口迅速离开会场，避免记者在走廊上追逐并继续提问；(11)个别记者有特殊要求，想针对某一问题进一步采访，可以安排在会议结束后；(12)如果还需召开新闻发布会，应明确告诉记者下次信息发布的具体时间。

（二）危机期间的新闻发言人

新闻发言人是组织所指定的在危机发生后代表组织向内外公众介绍事实真相和组织所采取的措施，并同新闻界保持良好关系的专门人员。在举行新闻发布会之前，组织应将搜集到的情况全部提供给新闻发言人，使其对整个资料有充分的了解和掌握。危机处理过程中的新闻发言人必须由受过专业训练并具备经验的人员担任，一般多由组织高层决策者兼任。新闻发言人作为危机期间组织正式的对外代言人，经常出现在新闻发布会等各类公开场合，故应举止得体、沉稳干练、思维敏捷、善于表达，并具有良好的亲和力。

新闻发言人在与新闻界沟通时，不要事先向外界透露任何重要消息，应尽可能向媒体提供充分的信息，充分运用事先准备的资料面对媒体；组织应尽量争取各种可能的帮助，以处理好各种问题和多方面的关系。发言人应掌握舆论的主导权并遵守所有对媒体做过的承诺，谨言慎行；掌握并调动各种信息传播和传递方式，以有效、快捷地散发信息，形成一定的舆论声势。

牢记要点

在新闻发布会中牢记下列“不要”：

不要对前来参加新闻发布会的记者厚此薄彼；

不要推测危机的结果，特别是伤亡的人员及数量；

不要使用行话，避免别人听不懂；

不要推卸责任，即使确定组织不负主要责任，也要婉转说明，对责任的界定属于法院或仲裁机构；

不要发布不准确的消息；

不要求记者一定刊登什么或不刊登什么；

不要拒绝记者提问，即使不能回答，也要说明原因；

不要查看记者所写的报道，但可提出问题，阐明真相；

不要抱怨组织领导或同事；

不要指责临阵退却的同事，因为会有更重要的工作需要去做；

如果组织没有什么可以隐瞒的，不要轻易采取低姿态。

小　结

关键术语

危机　公关危机　危机公关　公共关系危机预防　公共关系危机处理　危机中的新闻发布会

本章小结

1. 危机是指事物由量变的积累，导致事物内在矛盾的激化，即将发生质变或质变已经发生但还未稳定的状态。这种质变给组织或个人带来了严重的损害。为阻止质变的发生或减小质变所带来的损害，需要在时间紧迫、人财物资源缺乏和信息不充分的情况下立即决策，并采取行动。

2. 公关危机是指组织遭受突发性或灾难性的事件，使组织的利益、形象甚至生存受到严重影响，给组织造成严重损失，使组织面临信誉危机。公关危机是各种类型的危机事件中的一种。

3. 危机公关包括危机前的预警、危机中的应急处理和危机后的善后工作。不论在哪个阶段出现危机，组织都应该及时、诚恳地妥善处理，将危机扼杀在萌芽状态。如果处理不及时，就会使组织陷入更大的危机，甚至无法自拔。

4. 危机事件的特点包括突发性、危害性、可变性、紧迫性、危机的双重性。

5. 危机事件的基本类型包括不可抗力危机、人为破坏危机、公众误解危机、管理失误危机。

6. 公共关系危机的原因在于：(1)企业内部环境因素，包括企业员工自身素质低、决策失误、法制意识淡薄、缺乏危机意识；(2)企业外部环境因素，包括企业间不正当竞争、公众误解、网络传媒。

6. 建立公关危机预警包括设置危机管理机构、完善危机管理计划、危机管理的条件准备。

7. 危机处理原则包括公众利益至上原则、承担责任原则、真诚沟通原则、实事求是原则、及时行动原则、权威证实原则。

8. 危机处理的一般程序包括：快速启动应急预案；深入现场，掌握第一手资料；控制损失，控制事态的恶化程度;分析情况,确定对策;召开新闻发布会,发布正式信息;组织力量,有效行动;处理好善后事宜。

知识结构图

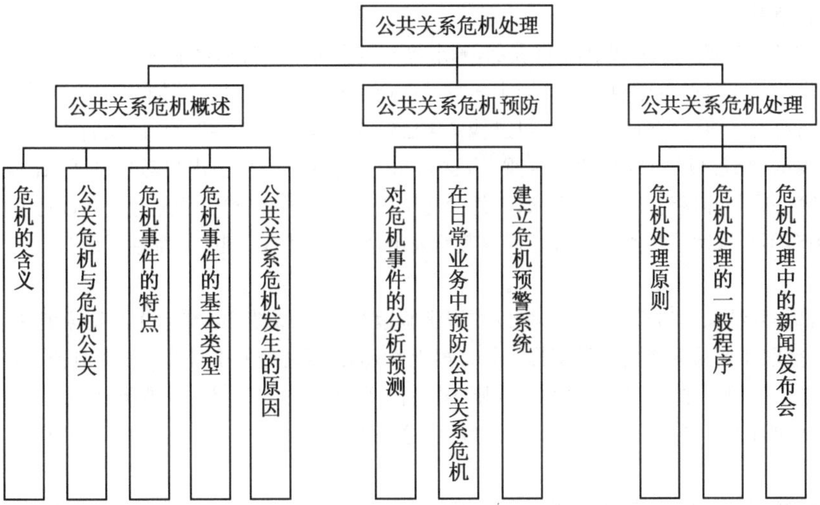

应　用

案例研究

案例一　　**美联航暴力对待乘客,冷漠公关**

2017 年 4 月 9 日下午 5:40,从芝加哥 O'Hare International Airport 飞往肯塔基州 Louisville 的联合航空 United Airlines 3411 次航班出现了超额订票的情况,机上一对亚裔夫妇被随机选中离开飞机,丈夫拒绝后被赶来的机场保安暴力拖拽下了飞机。

事件过程

联合航空发现航班超额订票,为让 4 名机组人员能于翌日抵达路易斯威尔为隔日的航班做准备,便在机上寻求 4 名自愿下机的乘客,承诺赔偿 400 美元及一夜酒店住宿,但加至 800 美元都无人放弃登记,地勤随后以最高 1 000 美元征集"志愿者",但无人同意,航空公司决定用电脑随机抽出 4 人。

一对被抽到的男女平静接受,但一名自称是医生、与妻子同被抽中的亚裔男子拒绝下机,表示翌日要到路易斯威尔医院见病人。双方争执不下,3 名机场执法人员决定强行拖走该男子。从当时的片段及照片可见,该名亚裔男子被至少两名警员拖离座位时,曾一度发出惨叫,头部更疑似撞到隔邻座位,被拖走时衣衫不整且眼镜亦滑落,额头及口部有血,更有乘客指他被打晕。

被拖走的男子在约 10 分钟后挣脱,并返回到机上,喃喃自语说:"我要回家,我要回家!""杀死我吧!"

这名亚裔男子的腰部和头部多次撞击在座位的把手上,造成口腔出血。被拽住手臂时,他还爆发出了哀号,但等到被拽倒在地的时候已经一动不动,仿佛昏了过去。被掀到肚子上的衣服、歪掉的眼镜,都在说明他遭受了多大的屈辱。

有乘客指他当时满面鲜血,并似乎变得迷迷糊糊,但最终仍然被人带走。

事件处理

美国联合航空发言人表示,公司遵循正确的程序,指该航班必须起飞,故通知芝加哥警方协助。联合航空首席执行官奥斯卡·穆尼奥斯在一封写给员工的内部邮件中表示,对此事件他也深感困扰,尤其是为什么这名旅客拒不执行芝加哥机场安保人员的要求，机组是在屡次要求这名旅客下飞机，其拒不听从后才知会机场安全人员，一线人员的处理方法符合既有操作守则，他坚定地支持机组的处理方法，并要求一线人员确保飞行正常。他对事件深表歉意，表示正与当局合作了解详情，并已与该名男子对话接触，希望可以解决问题。其中一名涉嫌粗暴拖走乘客的警察已被下令休假并接受调查。

首席执行官道歉

2017年4月13日，美联航首席执行官表示，未来将不再安排警察带离客舱乘客，同时将退还UA3411航班所有乘客的机票。美联航首席执行官奥斯卡·穆尼奥斯在接受美国广播公司采访时表示，以后不会让安全人员将乘客带离机舱。"让一名已经预定、付过钱甚至已经坐到座位上的乘客离开，我们不能这么做。"

穆尼奥斯表示，看完UA3411航班事件视频，这名69岁的乘客被拖拽出机舱的场景，让他感觉"羞愧"。这是穆尼奥斯第一次公开谈论此事，几天来，事件激起了舆论强烈反弹，给美联航造成数以亿万计的损失。

"美联航绝对不会再次发生类似事件。"穆尼奥斯表示，整个事件是一起"系统性错误"。

事件追责

美联航发言人乔纳森·格林11日说，事发航班满舱运载70名乘客，但实际并不是像美联航之前说的那样超售了机票，抽取4名乘客下机只为安排4名公司机务人员，以便他们次日能够及时到岗。格林还说，选择这4名乘客是基于公司运输合同的一套综合准则，其中包括"飞行常客"地位、机票类型、办理登机手续时间等多项元素。但立即有人质疑，这套综合准则如此复杂，这一航班当时是如何能够在短时间内执行这套准则以抽取乘客的。

面对舆论风暴，美联航首席执行官奥斯卡·穆尼奥斯11日发表声明再次道歉，说美联航对这一事件"负全部责任"，将详细调查，并在4月30日前公布调查结果。

调查报告

事件发生后，有人在白宫请愿网站上发起签名。该请愿签名要求美国联邦政府对4月10日发生的美联航事件展开调查。截至北京时间4月11日17:35，该请愿就收集到了18 380个签名。根据白宫官方网站说明，任何请愿签名如果在30天内能收集到10万个支持者在线签名，就能得到白宫的正式回应。

事件影响

涉事航班因该事件而延迟约3小时起飞。

暴力事件引发了全球舆论关注，中美社交媒体上大量信息称欲抵制美联航。截至周一收盘，美联航报71.52美元，涨幅0.90%。但随着事件不断发酵，当地时间周二股市开盘前，股价开始波动，一度下跌近6%，创下8月初以来的最大跌幅，其后回升。11日早上开盘后，美联航股票价格一度下跌高达4.3%，半小时内市值蒸发9.6亿美元。

资料来源：刘建芬:《公共关系原理、实务与案例》，厦门大学出版社2018年版，第64—66页，有删改。

问题：

1. 美联航的危机公关有几处失败的地方？
2. 从这个案例中，你得到什么启示？

案例二

从"饿了么"3·15事件看危机公关

央视一年一度的3·15晚会如期而至，每年这个时候，亿万双眼睛都在围观这个有着"公关春晚"之称的节目。2016年的3·15晚会上，"饿了么"被爆"黑作坊"。"饿了么"的食品质量安全问题一经央视披露，便引发社会大众的广泛关注。

首先，微博炸开了锅。微博实名认证为《法制晚报》热线记者的@竞天泽网友的微博引起轩然大波，成为舆论讨论的焦点，网友纷纷留言发表意见。

其次，在微信朋友圈里开始疯传一幅截图，显示一个名为"饿了么－大先生"的个人微信号发送了一张蓝底图片，上写"对不起，今天忘记给央×续费了"，言语中满含讥讽央视收取保护费之意。

再次，百度百科在此次行动中可谓迅速反应，在央视曝光之后极短时间内，"饿了么"的词条就被加入曝光内容。根据百度百科相关流程,注册用户均可提交词条修改,但需要通过百度审核。众所周知,百度正在外卖领域与“饿了么”激烈竞争。因此此举也被认为是百度的竞争行为。

最后,各大主流媒体对3·15晚会曝光企业进行报道,如《人民日报》和《新京报》都进行了相关报道。

根据BDT数据显示:“饿了么”新闻话题负面率从15日开始持续在50%左右,20日达到高峰,负面新闻占83%,之后断断续续出现50%以上的负面率。百度外卖负面率在3·15晚会之后受到一定的影响,19日和20日新闻量虽然少,但全部是负面新闻。相较而言,美团外卖的新闻量并不多,但是新闻平均负面率达到43%。

在外界纷扰的环境下,“饿了么”的公关团队一直未对事件进行正面回应,直到22:27,“饿了么”的官方微信开始发表一条名为“饿了么致亲爱的消费者”的声明回应,不到半个小时,阅读即达到10万以上。回应内容如下:

> 致亲爱的消费者:
>
> “饿了么”高度重视今晚央视3·15晚会报道的问题。我们紧急成立专项组,下线所有涉事违规餐厅,并连夜部署,核查全国范围的餐厅资质。
>
> “饿了么”致力于推进中国餐饮业的数字化进程,网络外卖订餐属于新生业态,我们诚恳接受媒体及社会各界的引导和监督,百倍努力,为消费者提供安全放心的用户体验。

不容置疑,这次“饿了么”在一定程度上获得了海量用户和极大关注,但企业自身存在的问题同时被放大。这当然是创业企业不希望看到的事情,但是客观来讲,这些问题被曝光,相当于央视在给这些高速发展的初创企业进行了一次深度体检。

“饿了么”这则声明虽然发布及时,但是遭到众多网友的吐槽和不满。有人对这则声明分析说:“果然是照模板写的!和之前报道过的声明通稿模板比对几乎一模一样!”“饿了么”公关人员这种不真诚、敷衍了事的态度,并没有让消费者感到其处理问题的诚意,因此也没有博得多少消费者的好感。

资料来源:樊帅:《企业公共关系案例解析》,清华大学出版社2017年版,第280—282页。

问题:

1. 结合案例,对案例中的企业危机公关进行评价。
2. 结合公关危机处理原则,帮案例中的企业提出几点危机公关的建议。

实验实训

1. 请从上述两个案例中选择一个,设计危机处理中的新闻发布会程序,并请同学演练。
2. 通过网络或图书馆资料,调查一些知名企业是如何处理公关危机的。

复习思考题

1. 浅谈公关危机与危机公关的区别。
2. 造成组织公共关系危机的原因有哪些?
3. 处理公共关系危机的原则有哪些?
4. 处理公共关系危机的程序有哪些?

第八章　公共关系在其他领域的应用

学习目标

通过本章学习，你应能够：

理解公共关系广告与商品广告的区别；

理解公共关系广告制作的原则；

理解公共关系营销的策略。

引入案例

肯德基：国际大牌的新突破

作为全球知名餐饮品牌，肯德基在中国市场表现非常活跃，通过不断的数字化营销创新，为消费者提供更优质的体验与服务，让品牌持续焕发活力。直播热潮下，肯德基2020年底在抖音开启了带货直播，还打造了直播专属账号"肯德基食货局"，短短两周内便创造单场GMV突破百万的佳绩。

能够在短时间内取得如此好的带货成绩，离不开肯德基对直播"人货场"的全方位布局。用户经营上，肯德基前期通过短视频内容沟通、挑战赛互动等多种方式，形成广泛传播，快速拓展与沉淀用户，为开播做良好的粉丝积累；同时通过广告流量，实现精准引流，为直播间灌入更多人气。

产品策略上，肯德基制定了新品、限时品搭配引流品、高客单品的产品组合策略；此外，在每场直播中，肯德基都会设定不同主题，通过当季主打、明星同款、影视剧IP等，满足不同垂直用户群体的喜好。

场景策略上，肯德基根据直播主题布置不同的场景，同时在直播中穿插各种小游戏、抽奖秒杀、明星周边礼物等作为观众福利，提升用户在直播间的互动和黏性；后期还会根据不同时段进一步细分消费场景，更好地贴近用户的实际消费需求。

在抖音电商直播新赛道上，肯德基通过更深入的"人货场"布局以及多路径的转化设计，实现了品效新增长。一方面，通过提供持续的内容交互与便捷的服务体验，品牌与用户建立了更稳固、持久的关系，加深了用户对品牌的价值认知；另一方面，用户对产品与服务的需求得到了更好的满足，品牌自然而然收获了生意增长。

因此，直播不仅仅是一个工具，更是一个超级的内容与服务生态，只要用对策略、用心经营，就能无限拉近品牌与用户之间的距离，持续提升营销效能，优化零售效率。

资料来源：中国公关网，http://www.chinapr.com.cn/p/2977.html，2021 年 2 月 9 日，有删改。

第一节　公共关系在广告中的应用

公共关系与广告，二者相互依存、相互渗透。社会组织一方面通过广告宣传、塑造组织的公共关系形象，另一方面也利用公共关系的形式做广告，二者都为社会组织服务。

一、公共关系广告

(一)公共关系广告的概念

公共关系广告(advertise public relation)，是社会组织为了塑造良好的社会形象而开展的广告宣传。公共关系广告的主要目的是为了引起公众对社会组织的关注，增进公众对社会组织的了解与认识，从而提升知名度，赢得公众对社会组织的支持与赞誉。

(二)公共关系广告与商品广告的区别

公共关系广告主要是通过广告的形式，塑造组织良好的社会形象，提升社会组织的知名度、认可度和美誉度，而商品广告以促销为目的，是为了让更多的人购买产品和服务；公共关系广告更注重的是长效机制，通过广告宣传组织的发展目标、经营理念、企业文化、品牌价值、企业管理等方面的内容，让更多的公众认识并了解社会组织，而商品广告是宣传商品的名称、质量、功能效用及产品价值等功能，注重的是短期效益，以商品销售额作为衡量广告优劣的标准。

二、公共关系广告制作的原则

提醒您

国际广告协会对如何衡量“优秀广告”作品提出了“5P”标准：

1. pleasure——要给消费者愉快的感觉；
2. progress——要有首创、革新、改进；
3. problem——突出商品或服务真实的优点，能为消费者解决问题；
4. promise——内容要重信誉和承诺；
5. potential——要有潜在的推销力。

一则广告能达到上述“5P”标准是非常困难的事，社会组织利用公共关系广告多是立足长远，目的是提升社会组织的知名度和名誉度，这样的广告更不容易制作。社会组织在制作公共关系广告时除了依据以上的“5P”标准外，还应遵循以下原则。

(一)遵守广告法规

公共关系广告必须严格遵守广告法规，维护良好的社会环境，否则会对社会组织的形象宣传带来负面影响。2021 年 4 月 29 日修订的《中华人民共和国广告法》第三条规定:“广告应当真实、合法,以健康的表现形式表达广告内容,符合社会主义精神文明建设和弘扬中华民族优秀传统文化的要求。”广告的内容不得妨碍社会公共秩序和违背社会良好风尚,更不能格调低下、用语粗俗,引发公众的不满与反感。

微型案例

2001 年,一则“玩美女人”灯箱广告引起广泛关注:沪台资企业“思微尔”委托上海华智地铁广告公司在该市地铁的 4 个站点发布品牌内衣广告,打出了“玩美女人”的广告语。4 月 19 日《解放日报》提出异议。8 月,上海市工商局黄浦分局以广告内容违反《广告法》中“妨碍社会公共秩序和违背社会良好风尚”为由,责令“思微尔”停止发布广告,公开更正,并罚款 20 多万元。“思微尔”不服,诉至法院。法庭上,“思微尔”认为,广告词“玩美”是“完美”的谐音,即“完美的女人”。而且,“玩”有“做、追求、崇尚”的意思,“完美女人”也可理解为“追求崇尚美好的女人”,绝非有人想的那么庸俗。工商部门指出,“玩”有“戏弄、玩弄”的意思,广告主不能将对广告的解释强加于受众。12 月,上海市黄浦区人民法院做出维持上海市工商局黄浦分局对思微尔(南海)服装有限公司行政处罚的判决。

资料来源:吴兢、杜文娟:《向“有色广告”宣战》,《人民日报》,2004 年 11 月 17 日第 15 版。

(二)富有创意色彩

社会组织的公共关系广告切忌千篇一律、千人一面,而需要有组织自己的独特风格,富有创意,广告中应融入社会组织的独特经营理念及企业文化等。只有富有创意的广告才能吸引公众的目光,对塑造组织形象起到更为突出的作用。

微型案例　瓶盖再利用,可口可乐“快乐重生”

可口可乐公司近日联手奥美中国开展全新传播活动“快乐重生”。该活动是可口可乐公司全球可持续项目的一部分,旨在通过创意瓶盖,将饮用完的可口可乐塑料瓶变身有趣好玩的实用物品,以此鼓励消费者对饮料瓶的再循环利用。活动将在亚洲市场陆续展开。

“快乐重生”提供了一组 16 个创新实用的瓶盖,这些瓶盖可以被拧到饮用完的可口可乐空瓶上,瞬间变身为生活中实用、有趣的物品或玩具,如画笔、喷水枪和铅笔刀等。只需购买一瓶可口可乐,消费者就能获赠这些创意十足的有趣瓶盖。可口可乐公司东南亚整合营销传播总监 Leonardo O’ Grady 表示:“我们一直都在世界各地寻找更好的解决办法来减少塑料使用量,并且增加再循环利用率。‘快乐重生’瓶盖的多种趣味用途向我们展示了很多简单实用的创意途径,赋予塑料瓶第二次生命,这与我们全球可持续项目的理念一脉相承。”“我们的创意瓶盖将原本废弃的饮料瓶瞬间变成好玩实用的物品或玩具,为人们的生活带来点滴的快乐。我们也希望能够为人们带来更多快乐感受,为世界带来积极的影响。”

“这个创意老少皆宜、没有国界,可以被复制到亚洲以外的其他市场。”北京奥美执行创意总监赵琦(Juggi Ramakrishman)表示:“这些独特瓶盖的创意简单、聪明,并正在改变消费者的行为习惯和心态。好想法并不需要高科技,需要的是创意思维。”

资料来源:蒋楠:《公关策划学》,科学出版社 2016 年版,第 108—109 页。

(三)实事求是

商品广告为了达到目的可以夸大产品的功效,但是公共关系广告必须遵循实事求是的原则,这样才能更好地塑造社会组织的形象,提升组织的美誉度,起到宣传组织形象的作用。

微型案例 如何写好一个品牌的品牌故事

怎样才能让一个品牌的概念变成脍炙人口的神话、人人传颂的寓言呢?这不仅需要“品牌大使”们始终如一地传达品牌故事,还少不了“市场影响者”们的理解和推广,才能被“品牌簇拥”者们接受和信奉。

道格·斯蒂文森就是一位讲故事的大师,他曾经是一名演员,现在是专职的品牌故事教练,教授企业管理人员和营销人员怎样创造和讲述品牌故事。很多伟大的、个性十足的品牌,都是讲述品牌故事的高手。一般来说,品牌的主要目的就是用情感和相关性将企业产品/服务和消费者联系起来,为消费者创造一种迷人的、令人愉快和难以忘怀的消费体验。在企业的品牌发展战略中加入讲故事的原理,能够让品牌建设更加有效。

很多品牌都有一个不错的故事——它们的历史、它们正在做什么等,但是它们没有成功地在品牌与消费者沟通的各个接触点上,始终如一地将品牌故事传递给消费者。本文介绍了 10 个讲述品牌故事非常成功的企业,它们来自各个行业,还有一些 B2B 企业。它们都有共同点:品牌故事非常清晰,品牌特征非常鲜明,利用多重渠道传播自己的品牌故事。

在介绍的这 10 个品牌中,前五个是消费者非常熟悉的跨国企业品牌,它们的消费群体比较广,市场推广费用也比较多;后五个是中小企业品牌,它们利用有限的资源,通过讲述品牌故事的方法取得了市场成功,因此更加有借鉴意义。

1. 苹果电脑——让创造性和叛逆性的品牌文化具备宗教特征

苹果电脑从一开始就是一家特立独行、不循规蹈矩的公司,苹果电脑的 CEO 和代言人常常被人看作一个梦想家。苹果电脑的产品永远代表了“酷”和创新,在众多 PC 产品中引起震动。

苹果电脑零售点和专卖店的时髦环境进一步加强了苹果品牌创造性和叛逆性的品牌文化,iPod 和 iTune 产品的推出更是将这种文化推向极致。苹果电脑的品牌文化已经具备了宗教的很多特征。

2. 西南航空——传递随意的、愉快的和无拘无束的品牌理念

32 年前,罗林·金(Rollin King)和赫伯·凯勒赫(Herb Kelleher)凑在一起决定成立一家与众不同的航空公司。他们的概念非常简单:用最便宜的价格,按时将乘客送到目的地。由于他们进入市场的时机非常恰当,西南航空的品牌故事已经成为一个商业传奇。

这家小型的得克萨斯航空公司目前已经成长为美国最大的航空公司之一,但是公司的品牌理念一直没有改变过,仍然是随意的、愉快的和无拘无束的。西南航空的雇员一直都在向消费者传递这种品牌理念。

……

资料来源：中国公关网，http://www.chinapr.com.cn/templates/T_Second/index.aspx?nodeid=20&page=ContentPage&contentid=8178，2014年8月7日，有删改。

公关广告就是在讲述一个品牌的故事，让更多的公众认识这个品牌、了解这个品牌、认可这个品牌。

三、公共关系广告的类型

（一）社会公益型广告

社会公益型广告是指宣扬社会组织或个人比较关心社会公益事业，为公益事业所做出的贡献，并以此提升组织的社会声誉。

微型案例　冰桶挑战：微公益有大力量

2014年8月，微博上发起了一场旨在关注渐冻人的“冰桶挑战”公益活动，凭借其正能量的主题、简明易懂的参与机制和名人聚集的传播路径，迅速由国外席卷到中国。该活动要求参与者在网络上发布自己被冰水浇遍全身的视频，完成后即可点名邀请其他三位好友接受挑战，被点名者可以选择“接受挑战”并把它传递下去，或者直接向渐冻症患者捐款。

为此，新浪微博发起了“跟明星大咖一起‘冻’起来”的口号，并在软件首页置顶推荐#冰桶挑战#话题，参与者包括小米董事长雷军、时尚集团总裁苏芒和刘烨、李冰冰等众多明星。随着冰水一桶桶浇下，社会公众的关注度亦持续升温。在传入中国不到一周的时间内，新浪微博上相关话题的讨论量已达到143.9万，阅读量高达12.9亿，通过新浪微公益捐款的网友超过1万，捐款总额将近200万元，在实现捐款目标的同时，更切实达到了全民讨论公益、众人参与公益的效果。

资料来源：张云：《公共关系概论》，华东师范大学出版社2016年版，第228—229页。

这是微博的一则公益广告，通过“冰桶挑战：微公益有大力量”的公益性活动塑造组织的全新形象，引起公众的好感，提升组织的美誉度。

（二）形象宣传型广告

形象宣传型广告是指社会组织或个人以提升组织的知名度，在公众心目中树立良好形象为目的的公共关系活动。形象宣传型广告要着重表现社会组织品牌的风格、特质，传达社会组织的理念、精神、历史、文化，着力塑造整体形象，强调社会组织的思想、理念、目标等。形象宣传型广告要本着长效机制，立足长远，不能急功近利。

微型案例　商场擅用钟南山形象宣传被罚20万元

2021年4月14日，广州公布2021年第一批虚假违法广告典型案例。其中，麦德龙商业集团有限公司广州天河商场在无法证明钟南山院士曾发表相关言论的情况下，在牛奶销售区摆放的标示中设有“听钟南山院士的话，喝奶！增强免疫力！”等内容，并制作钟南山院士卡通肖像的广告立牌和宣传单张，该企业最终被罚款20万元。

资料来源：光明网，https://m.gmw.cn/baijia/2021-04/14/1302231181.html，2021年4月14日。

形象宣传型广告即通过形象宣传塑造企业的品牌形象，但也不能乱用名人形象，侵犯名人的肖像权和名誉权等。

(三)响应号召型广告

响应号召型广告是指社会组织或个人通过宣传自身积极参与各类社会活动的行为，引起社会公众关注的公共关系活动，并以此扩大影响力，有效地塑造形象。

微型案例　广告人杂志社响应号召，推出百人公益宣言行为

2020年这个春天，来得有些非比寻常，新冠的突袭让世界为之揪心，举国上下打响了一场"抗疫"之战。从中央到地方，各级政府紧急部署疫情防控措施，医疗、军警各个领域的"先锋战士"纷纷驰援武汉；与此同时，从企业、团体到百姓，公益善举层出不穷。广告行业在这个时候也责无旁贷、义不容辞，彰显出强大的正能量。

作为中国广告行业的领导机构，中国广告协会率先发起公益号召，并组织实施了多项公益举措：从与卫健委共同组织演员制作"抗疫"公益广告《向医护人员致敬》，到发布《非常时期，过不一样的春节》《上班族战疫指南》等系列公益海报；从组织资源平台多方发布公益广告、宣传"抗疫"信息，到号召全民参与"承诺不吃野味"公益行动……都体现了中国广告协会行业领导者的号召力、影响力和行业担当。

在广告行业诸多的公益行动中，一场由广告人文化集团联合中国广告协会共同推出的"相信未来百人公益宣言行动"一面世，便激起千层浪花。《广告人》杂志作为广告人文化集团旗下具有行业影响力的媒体，是这一公益活动的联合发起者和组织者。

这场公益行动2月起航，3月收官。

这场行动涵盖了广告界、媒体、企业、高校四大联盟，参与者均为媒(校)企中高层领导，堪称广告行业的中流砥柱。践行公益宣言是这场公益活动的灵魂。在这场从上至下全国一盘棋、历时长久的疫情防控中，广告人以数百万巨款、物资以及公益宣传活动等多种形式，默默践行着保家卫国的使命，传递着大爱无疆的时代强音。

资料来源：广告人集团：https://baijiahao.baidu.com/s?id=1659657992840588425&wfr=spider&for=pc，2020年2月27日，有删改。

现在很多社会组织或影视明星都会通过各种形式展示自身的社会责任感，当灾难来临时都会义不容辞地站在捐助的前沿阵地，为灾区的民众送去爱心，这也是非常典型的响应号召型公共关系广告，而且是极有意义的公共关系宣传活动。

(四)观念引导型广告

观念引导型广告是指社会组织或个人通过广告的形式向社会公众传递有利于社会组织或个人发展的信息，由此引导社会公众的看法。这种类型的广告主要是运用暗示的手法引导或唤起公众的联想，在潜移默化中影响公众的观念。

微型案例 今天你100分了吗

现在人们的日常饮食越来越精细，但是仍旧经常出现维生素矿物质的摄入量不足。这主要是由于维生素矿物质在食物加工、烹饪过程中容易被破坏，再加上个人的饮食偏好、生活方式等因素的影响，很难确保每天获得全面、均衡的维生素和矿物质。建议补充全面配方的维生素、矿物质，以保证每天摄入量充足。同时，补充均衡的维生素、矿物质还能帮助提高免疫力，有助于维护皮肤健康，预防慢性疾病等。善存在其宣传广告《今天你100分了吗》中加入了其宣传理念：每餐过后吃一粒善存，有助于抵抗力加分，全面配方为健康加分。

这则案例便是善存的观念引导型广告，通过灌输给公众这样一个生活理念，从而引导公众对产品的关注。

第二节 公共关系在营销中的应用

公共关系之父艾维·李曾说过，公共关系是塑造形象的艺术。在目前的社会活动中，公共关系不仅是塑造形象的艺术，也是社会组织从事市场营销的必备法宝。

在公共关系业界，关于公共关系的基本分类有了较为一致的看法，就是按照公共关系的目的把公共关系分为组织形象公共关系（corporate PR/communication）和市场营销公共关系（marketing PR/communication）。公关与营销的结合是公共关系学与市场营销学之间的融合与交叉，也是公共关系人员和营销人员在实践的基础上总结出的智慧成果，被称为“公共关系营销”。

一、什么是公共关系营销

公共关系营销，即“公关营销”。美国学者菲利普·科特勒曾给营销进行如下定义：营销是个人或集体通过创造，提供出售，并同别人交换产品和价值，以获得其所需所欲之物的一种社会管理过程。营销的目的是为了指导大众消费，建立组织的商业信誉，直接给社会组织带来眼前的社会效益和经济效益。公共关系的目的是传播组织整体形象，构建与各类公众之间的和谐互动关系，从而提升组织的知名度、美誉度。二者相结合便是“公共关系营销”。公共关系营销，即指社会组织在营销活动中利用公共关系的思想和传播工具，通过与目标公众的沟通，构建和谐的社会关系，树立组织的良好形象，打造组织的品牌价值。

在社会组织的公共关系营销阶段，社会组织除了继续使用传统的促销手段之外，越来越重视把以提高企业形象和信誉为主要内容的公共关系促销活动，作为现代企业市场营销活动的重点手段来予以采用。企业形象作为一种极为宝贵的营销资源，已成为营销策略的重要组成部分。

根据公共关系营销观念，企业在制定及实施其市场营销政策时，必须全面顾及企业利润、消费者需求和社会公益三方面的内容，忽视任何一个方面，都会给企业的发展带来严重影响。

微型案例　销售型公关的知识结构

从实际操作角度来说，“销售型公关”是对于企业而言“性价比最高”的公关方式，因为销售型公关以解决品牌的“信任问题”为原点，以促进“产品的销售”为终点，能真真切切地通过性价比极高的公关传播方式达成广告销售的目的，这就是销售型公关备受青睐的原因。

从公关公司运营的角度来看，采用公关方式能更好地帮助产品销售的行业，公关所占的企业市场营销传播份额也会比较大，比如汽车行业，通过深度说服的公关活动和传播，能非常有效地影响消费者的购买决策，拉动销售，所以，相对于有规模的公关公司而言，基本上来自汽车行业的营业额都占据了绝大部分——60%以上甚至80%以上。

而从企业实际需要来说，它们可能不太能厘清什么是广告、什么是公关、什么是咨询，它们只知道需要为产品和品牌进行传播推广，最终目的是促进产品销售和市场开拓。所以，在竞标的过程中，往往都是那些蕴含着销售能量和潜力的创意方案夺标，也就是销售型公关往往很占竞标优势。

那么，要想做好销售型公关，特别是对于行业新人来说，应该具备怎样的知识结构呢？

从基础知识结构上讲，公关属于市场营销的范畴，第一要具备的就是营销学的基本常识。在这个板块，类似于菲利普·科特勒的《营销管理》等营销理论书籍，应该是入行者必读书之首，其会让初学者知道市场营销的整体概念，知道公共关系在市场营销中的位置，知道这个领域所涉及的相关范畴。

第二，公共关系影响的是社会大众以及消费者，所谓“知己知彼，百战不殆”，所以，《大众心理学》《购买心理学》《影响力》等帮助我们了解大众心理、消费者心理的书籍也是基础必修课之一。在这个板块的学习中，重点掌握人性的普遍性，包括“真善美、假丑恶”，例如，了解人性普遍具备的猎奇心、恐惧心、窥私欲、从众心理等。

第三，公关是帮助客户解决品牌市场传播问题的，所以，如何快速研究客户所在行业的机会和威胁、客户品牌本身的优势和劣势等，都是关于如何“调研品牌产品、直入问题核心、找到解决办法”的研究方法论范畴。例如，《麦肯锡方法》就是解决这一逻辑思维的最有代表性的著作之一。

第四，公关主要是通过平面媒体、网络媒体、影视媒体等传达内容和主张的，所以我们还必须了解各种网络平台的特征、平面媒体的特性、影视报道的角度等，以便把我们想要传播的内容融合到相应的媒介里面，比如微博的语言风格、百科词条的撰写角度、新闻报道的取材角度、微信创意的表现形式等，需要根据不同平台的不同特点，做主体传播内容的创意表现。

要做好以上创意表现工作，还应该具备两个基础。一是文字表达能力，也就是撰写能力，这是公关广告行业一个最基本的技能。一个没有基本文字表达能力的人想在这个行业里面有所成就，那是不可想象的，如同大卫·奥格威所言：“这是一个文字性行业，不能写作的男女如同歌剧院舞台上的聋哑人一样无用。”撰稿能力的提高没有捷径可走，只有不断地练习，才有提高的可能。

同时，“他山之石，可以攻玉”。在我们有了框架基础和方向感之后，相当于有了滚雪球的“心”，这时，就是大量阅读案例的时候了。不管是成功的还是失败的案例，都会给予我们一些启发和思考。在占有和分析大量案例的基础上，我们的策略制定将会更加稳、准、狠，创意也会更加新颖、独特、有效。

另外一个是“功夫在诗外”“世事洞察皆学问，人情练达即文章”，从生活中进行点点滴滴的积累，是我们超越和创新的根本。所谓“师傅领进门，修行在个人”，对于公关新人来说，最好是根据公关领域所需的知识结构，结合自己以往的积累特点，制定一个专属于自己的金字塔阅读目录，在入行的两三年内读完，这将极大地有助于自身的专业修炼，为你稳步攀登行业高峰打下扎实的基础。

资料来源：中国公关网，http://www.chinapr.com.cn/templates/T_Second/index.aspx? nodeid=41&page=ContentPage&categoryid=0&contentid=8548，2014 年 9 月 16 日。

二、公共关系营销的常用方法

社会组织在营销过程中通常会采用各种不同的公共关系的营销理念为组织服务。例如，当组织产品和劳务在无需求条件下时，公共关系部门应根据市场动态反映，加强宣传型和矫正型公共关系工作，提高产品竞争力，为组织创造营销条件；当组织信誉不高、信息传递不灵、价格政策不当等而导致低需求条件时，应以优质服务为宗旨，同时告知消费者价格，扩大信息传播，促进需求；当消费公众具有潜在需求条件时，组织应开展宣传性公共关系工作，使潜在公众变为知晓公众，再开展进攻性公共关系工作，使知晓公众变为行动公众；当组织的竞争对手相继进入同一市场，消费公众兴趣开始转移时，应运用传播媒介强化企业和产品形象，造成良好的公共舆论，保持市场份额和占有率。这些都是社会组织利用公共关系营销的理念和方法经营的方式。社会组织通常会采用拍卖会、周年庆典、主题展览会、赞助活动等形式销售组织的产品和建设品牌形象，因为这些大型事件比较容易引起公众对组织产品、服务或者品牌的关注，从而形成典型的注意力效应，在促进组织产品销售的同时，也能提升组织的形象及声誉。

表 8—1 中的主要公共关系营销的工具，也正是社会组织所常采用的公共关系营销的方法。

表 8—1　　菲利普·科特勒在其《营销管理》一书中列出的主要公共关系营销的工具

公开出版物	公司大量依靠各种传播材料接近和影响其目标市场，包括年度报告、小册子、文章、视听材料、商业信件和杂志。
事件	公司可通过安排一些特殊的事件吸引对其新产品和公司其他事件的注意。这些事件包括记者招待会、讨论会、郊游、展览会、竞赛和周年庆祝活动，以及运动会和文化赞助等，以接近目标公众。
赞助	公司通过赞助运动、文化活动和高度相关的事业，推广它们的品牌和公司名字。
新闻	公共关系专业人员的一个主要任务是：发展或创造对公司及其产品或人员有利的新闻，争取宣传媒体录用新闻稿和参加记者招待会。
演讲	公司负责人应该通过宣传工具圆满地回答各种问题，并在贸易协会和销售会议上演说，这些做法树立了公司形象。
公益服务活动	公司可以通过向某些公益事业捐赠一定的金钱和时间，以提高其公众信誉。
形象识别媒体	公司至少应努力创造一个公众能迅速辨认的视觉形象。视觉形象可以通过公司的标志、小册子、招牌、组织模型、业务名片、建筑物、制服标记等来传播。

资料来源：菲利普·科特勒著，梅清豪译：《营销管理》，上海人民出版社 2003 年版，第 694 页。

微型案例　与顾客建立亲密关系是更有效的营销

近十年，西贝不仅有更改定位的动作，在品牌营销方面也有不少心得。2013 年，在烹饪协会的带领下，西贝参加“中华美食走进联合国”活动，得到了前联合国秘书长潘基文的认可，并与厨师拍照合影留念。而后，西贝将这段故事成功推广做口碑营销，取得了不小的正面效益。

在此之外，很多人是通过“舌尖营销”认识西贝的。2012 年，由央视推出的《舌尖上的中国》捧红了多地的美食，很多品牌开始借势营销。西贝结合自身特色，签约了《舌尖 1》的黄老汉，聘请他当西贝黄馍馍形象代言人，使得西贝迅速被更多的人所知晓。两年后，西贝再次花费 600 万元买断《舌尖 2》张爷爷的手工空心挂面，并宣布了一年至少 1 亿元的销售计划。这两次营销均落到了实地，都取得了品牌和销量的双重成功，西贝得以在全国迅速扩张。

其实，西贝对黄馍馍和空心挂面都做了很多改良，不仅增加了新的杂粮，还在口感、湿度、温度等方面做了调整。而且，与张老汉共同研发出的酸汤挂面也解决了之前无法大范围推广的难题。开发期结束后，当地成立了很多生产挂面的工厂，可以说是改变了商业和生活方式，也让更多人享受到了美食。

在营销之外，西贝投放硬广告的次数较少。2016 年，西贝在央视春晚前投放了 5 秒钟广告，价格不菲。“虽然数据表现还可以，但更多的是引发了员工极强的自豪感，依然无法变换成长期的销售或口碑。我们并不是电商、快消品行业，餐饮行业的营销活动很难立刻变现，因为店铺的座位有限，我们的客户也是以周边 3 公里的人群为主。所以，西贝适合做长期的客户关系和口碑维护，而不是单纯的节日营销和爆发性事件。西贝有 2 万多名员工，年均 9 000 万的顾客，双方每一次美好的链接都是营销。”他分析道。

其中，最为典型的要数亲子营销。从 2016 年开始，每个周末，所有西贝店铺都会组织亲子活动，家长可通过西贝官方微信公众号报名，选择就近的店铺参加活动。亲子营销中，由专业的莜面妹带领孩子们学习制作面点，玩一些小游戏，活动结束后，家长可以自由选择是否在此用餐。亲子活动并非是营利性质，就是为了与顾客建立更为亲密的关系，提供体验的场景，让小孩子和家长共同度过一段难忘的时间。

资料来源：王竹君：《西贝：谈菜系特色，不如坚持“好吃”战略》，http://www.chinapr.com.cn/p/1899.html，2018 年 12 月 12 日，有删改。

上述案例的西贝正是借助多方面的公关营销策略与客户建立起亲密的关系，并取得了很好的效果。

三、公共关系营销的策略

公共关系的策略即以建立组织形象为核心，为组织发展制定长期性、整体性的策略，保证组织长期稳定的发展。而公共关系营销的策略也是围绕为树立组织的良好形象，打造组织的品牌价值所采取的公共关系策略。

(一)塑造品牌策略

微型案例 加多宝集团的公共关系活动

加多宝集团是一家大型专业饮料生产及销售企业,于1995年创立,同年推出首批红色罐装“王老吉”。1998年,集团以外资形式在中国广东省东莞市长安镇设立首个生产基地。销售网络遍及中国内地30多个省、市、自治区,并销往东南亚、欧美等地。2011年4月,加多宝与广药集团因商标权而起争执。2012年5月12日,根据中国国际经济贸易仲裁委员会的裁决书,加多宝停止使用“王老吉”商标。

在痛失“王老吉”商标之后,加多宝以6 000万元打包冠名《中国好声音》,迅速以一种“地毯式轰炸”的营销方式变颓废为优势,建立起“红罐凉茶”的品牌连锁加盟形象。

加多宝沿袭了在营销策划王老吉品牌时一贯的定位思想,对加多宝凉茶进行了精准、明确的定位;正宗凉茶领导者——加多宝。其大张旗鼓地宣传加多宝是正宗凉茶,直接挑战王老吉的正宗凉茶定位。为了有效阻截原来的王老吉品牌,它用了这样的广告语:“全国销量领先的红罐凉茶改名加多宝,还是原来的味道,还是原来的配方”,并且使用与原来的王老吉广告相似的场景画面,试图让原来的王老吉消费者相信王老吉凉茶已经改名加多宝凉茶了,加多宝凉茶就是正宗凉茶的代表。通过此种策略,加多宝试图留住原来为王老吉品牌辛辛苦苦积累下的老顾客。

2013年2月4日,加多宝官方微博连发四条主题为“对不起”的自嘲系列文案,并配以幼儿哭泣的图片,引发上万网友转发。

“对不起,是我们太自私,连续6年全国销量领先,没有帮助竞争队友修建工厂、完善渠道、快速成长。”

“对不起,是我们太笨,用了17年的时间才把中国的凉茶做成唯一可以比肩可口可乐的品牌。”

“对不起,是我们无能,卖凉茶可以,打官司不行。”

“对不起,是我们出身草根,彻彻底底是民企的基因。”

这个看似道歉、实则叫屈的微博仅仅一天就被转发了2万多次。转发和评论的人大多数对加多宝表示同情,不少人把焦点指向国企与民企之争,加多宝又进行了一次很成功的营销。

2013年4月26日,加多宝官方微博发布消息称,“将通过@中国扶贫基金会,向雅安灾区捐款1亿元,用于灾后重建。我们相信一切都会好起来的”。

首先,失去王老吉这样一个深入人心的老商标是加多宝集团的损失,但加多宝集团的成功在于改名后重新打回市场的主动出击,从而被大众认可。而且,加多宝在与广药的商标诉讼中,被视为民企与国企争端的又一个“牺牲品”,已经成功在消费者心目中营造了“弱者”的形象,其悲情公关备受业内称道,赚了不少同情分。

其次,加多宝选择赞助《中国好声音》,是一次成功的公关活动。因为《中国好声音》与加多宝推行的“正宗凉茶”战略相关联。中国中小企业要打造强势品牌,公关活动必须指向品类,而加多宝想抢占“正宗凉茶”的品类,相互之间形成了呼应,从战略上实现了加多宝重新塑造凉茶品类领导品牌的目标。

随后,加多宝迅速展开了大规模的宣传攻势。不仅在覆盖面及影响力最大的央视媒体上投放广告,而且选择重点区域的媒体,如浙江卫视、南方卫视、体育频道等,进行地毯式狂轰滥炸般的广告投放。

运用广告宣传“我们改名了”。在各媒体上传播“全国销量第一的红罐凉茶,现改名加多宝”的更名信息,从而印证了广告宣传口号——“怕上火,现在喝加多宝”。在消费者接受改名的事实后,加多宝马上又在广告宣传中称:“还是原来的配方,还是熟悉的味道。”达到“名改质不改”的目标,让原来支持王老吉的消费者同样支持加多宝。

目前,加多宝通过中国扶贫基金会向四川雅安地震灾区捐出1亿元专项赈灾资金,无论是2008年的汶川还是2010年的玉树,加多宝都不仅仅是一捐了事,在关注灾情的同时关注灾后的重建,更希望以自己的实际行动感召更多的企业共同为慈善事业做出努力,再次唤起了各方对企业慈善观的讨论和关注。

资料来源:于燕:《公共关系理论与实务》,北京师范大学出版社2018年版,第288—289页。

品牌的价值是不可估量的。组织通常在营销事件中策划公共关系活动塑造组织的品牌、促进产品销售的同时,提升组织的声誉和社会地位,扩大品牌的效应。品牌是组织及其产品所包含的技术、服务、产品质量、市场地位等形成的信息系统,是组织及其产品识别的符号。它是组织的无形资产,同时也是组织经济实力和经济效益的体现。塑造组织的品牌形象能够有效地吸引公众的注意力,促进组织形象的传播和产品的销售,从而进一步提升组织的经济实力,获得更大的市场份额。

(二)塑造企业文化策略

微型案例　格兰仕的公关营销

格兰仕集团生产的微波炉是新兴产品,为了挖掘潜在市场,该集团在全国各地开展大规模的微波炉知识推广活动,全方位介绍微波炉知识。此外,还编出《微波炉使用大全及菜谱900例》,连同《如何选购微波炉》一书免费赠送几十万册,使格兰仕这个品牌深入人心,市场占有率遥遥领先。

资料来源:https://wenku.baidu.com/view/30f7270a844769eae009ed2f.html,2012年4月14日,略有删改。

上述案例中,格兰仕集团所采取的措施就是通过塑造微波炉的文化和形象促进组织产品的销售。

社会组织通过将组织的文化作为公共关系营销策略,可以在公众心目中树立良好的整体形象,促进组织无形资产的增值,提高组织的社会认知度。社会组织在进行任何活动的策划与宣传时,都需要融入组织文化,更进一步地塑造组织的品牌形象。

(三)提升组织服务意识策略

微型案例　良好的服务意识助力公关营销活动

某服装品牌公司正在商场里搞品牌公关营销活动时,有一名女士来到了公关部,她手里拿着一件衣服,怒气冲冲地质问公关部经理:“你们的衣服袖口有破洞,你们居然把这种劣质的衣服卖给客户，欺骗客户……”公关经理面对这位情绪激动的女士，一边耐心地倾听她的抱怨，一边关切地察看着这位女士手里的衣服，并说：“没关系，我们来检查一下这衣服破洞的地方……能给我们看一下你买衣服的发票吗？”说完就立刻查看衣服，并安抚顾客。工作人员在检查后说，这位女士的衣服的破洞确实不是新产生的，请公关经理妥善处理。公关经理听完工作人员的话就赶紧与顾客沟通商谈具体处理细节，顾客脸上的怒容消失了，露出了满意的笑容。旁边的客人看到这一幕后，纷纷赞叹这一家服装品牌公司的处理方式。

社会组织在开展公共关系活动时，要符合公众的利益，不能做损害公众利益的活动，这样才能在纷杂的竞争中立于不败之地，赢得公众的认可，提升知名度与美誉度。一个组织的优质服务将使更多的消费者成为其忠诚的顾客，因此在公共关系营销中，提升组织的服务意识尤为重要。

小　结

关键术语

公共关系广告　公共关系营销

本章小结

1. 公共关系广告是指社会组织为了塑造良好的社会形象而开展的广告宣传。公共关系广告的主要目的是引起社会公众对社会组织的关注，增进社会公众对社会组织的了解与认识，从而提升知名度，赢得社会公众对社会组织的支持与赞誉。

2. 公共关系广告制作的原则是遵守广告法规、富有创意色彩、实事求是。

3. 公共关系广告的类型包括社会公益型广告、形象宣传型广告、响应号召型广告、观念引导型广告。

4. 公共关系营销，即指社会组织在营销活动中利用公共关系的思想和传播工具，通过与目标公众的沟通，构建和谐的社会关系，树立组织的良好形象，打造组织的品牌价值。

5. 公共关系营销的策略包括塑造品牌策略、塑造企业文化策略、提升组织服务意识策略。

知识结构图

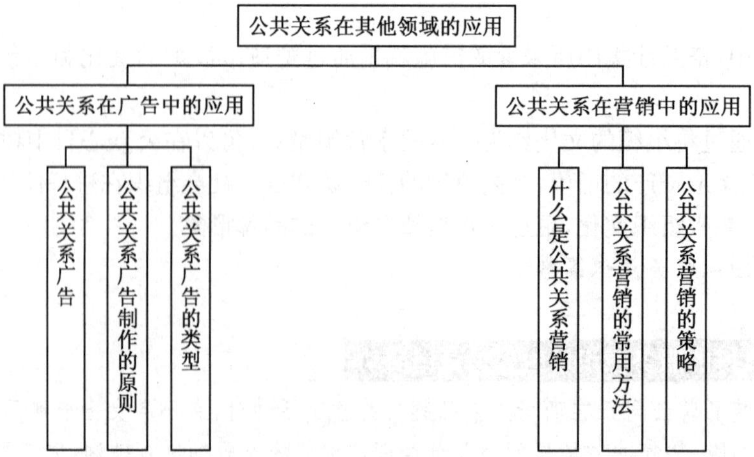

应 用

案例研究

时光所拾皆传奇——汤臣津湾一品光耀津门

提及“汤臣一品”，总令人想到上海陆家嘴的顶级豪宅。人们印象中的汤臣一品不再仅仅拥有价格“一哥”的光环，还沉淀着一份经典的韵味和高雅的品位。2013年6月，汤臣从上海到天津，从浦东江景到海河霓光。天津，600年的光阴风华流转至今，汤臣以建筑语言向时光致敬，携汤臣津湾一品，站在天津这座海纳百川的国际大都市，带着跨越时代的眼界，带着一品的精神，为天津的客户构筑全新的家与生活理念。

这里能否延续昔日的传奇形象，为北方地区带来新的居住理念？如何打造汤臣津湾一品的品牌，同时带动销售？前不久，《国际公关》记者采访了负责汤臣津湾一品品牌传播的太立德仁(中国)公关广告传播集团高级合伙人、副总裁、天津公司总经理金波为我们解答这些问题。

缔造传奇:从南方到北方

2013年6月，汤臣一品从南方到北方，从上海到天津，从黄浦江畔来到了海河边。“汤臣一品的高端品质始终没变，但毕竟是第一次来到北方，会不会‘水土不服’，是我们想得最多的问题。”金波说，“在与汤臣一品合作初期，我们始终在不断沟通整体传播的大方向。汤臣一品虽然不是中国最贵的房子，却号称中国第一的豪宅。让这一点被天津人所认可和接受，也是我们努力的方向。”

汤臣集团以开发顶级高端住宅著称，津湾一品是汤臣进入中国内地市场18年来首次在上海以外地区开发的地产项目。7月26日亮相的住宅部分，户型面积从100平方米至400平方米不等，其配套设施包括2 000平方米的首层大堂，以及6 000平方米的高端会所，其功能包括标准泳池、羽毛球场、SPA馆、儿童主题游乐馆、红酒雪茄屋等。

在上海和在天津的汤臣一品楼盘同样都是超高层的河景房，都在细节上追求极致，将房屋的共享大厅、会所、配套设施打造精良。在客户的要求下，太立德仁与合作的广告公司共同商讨，决定将此次推广合作的主题定为“传奇亦传袭”，诠释汤臣品牌在时光里拾起的传奇。

“传奇大家”系列活动启动仪式现场

与上海滩相类似，天津曾经是一个大码头。马场道、新华路、解放路的老建筑，与上海外滩的万国建筑一样，诠释着20世纪上半叶的繁华如梦。通过对两个城市的对比，金波发现，“从文化上找齐”是非常好的搭建两地桥梁的方式。从宋代开始，上海和天津就有着相近的码头文化，两座城市的交流也都围绕着这样的话题。为了配合这个定位，太立德仁使用了“南北对话”的形式，从文化、历史等方面将两座城市进行对比。通过与上海的《财富堂》杂志以及天津的《范儿》杂志合作，通过活动阐述南北文化对人的影响。

此外，他们还进行了“致敬天津”的推广活动。以《天津的一百个传奇》为主题，通过汤臣津湾一品的官方微信号，将内容进行总体推广和传播，这些内容在天津房地产业内和高端人群中获得了很高的关注度。

“对高端人群来说，买的不仅仅是房子，而是一种品质。这已经超越了户型和面积的概念，更多的是生活理念和方式。”这就是上海人所讲的“腔调”。

绽放传奇:一场华丽发布

2013年11月16日，汤臣津湾一品样板间开放盛典由太立德仁承办。盛典吸引了行业开发商、新老客户和投资者的目光，让人们感觉到了汤臣品牌与天津城市人文内涵的高度契合。

时光玻璃樽装置、EJU启动仪式效果图、背板签到台、LED舞台和金色座椅、金色蝴蝶结座椅、精巧的项目设计资料袋……由太立德仁承办的本次活动，无论从大处还是细节，都彰显了汤臣津湾一品的品质与风范。

汤臣津湾一品是富有东方哲学气息的现代作品，其华丽璀璨的销售中心采用主次双大堂设计理念，给业主带来尊贵享受，占地2 000多平方米、挑高9米，这里也是未来的业主大堂。步入销售中心，由日本知名设计师泽田广俊(Hirotoshi Sawada)量身定制的大堂天花板首先映入眼帘，它以东方哲学理念的“水之聚纳财气”为核心，以海河水波为表象，通过光影流动的波纹增强了大堂的灵动性，同时自然蜿蜒的律动也呼应了地面螺旋状的石材拼接，天与地的对话串起大堂最生动的表情。在水流的引导下到达入户门，有一个清水涟漪的造型引领入户。

津湾一品影音室带来的是自然而绚丽的视听效果。影音室门口由不同大小的六面体堆积的墙面组成，内嵌等离子电视机，走进影音室的任何位置都能享受全方位的环绕立体声效果，体验身临其境的“剧场级”享受。

河流、建筑、人是一座城市的基本组成部分，也是城市人文的最佳反映载体。小小的形象展示，于不经意处凸显了汤臣津湾一品的人文精神和魅力所在。作为顶级豪宅，汤臣津湾一品的背后站着的是全球顶级设计师团队，其建筑方案设计出自美国 Ehrenkrantz & Eckstut Architects 建筑师事务所，由建筑设计名师李玮珉执笔；室内设计则由上海衡美实业有限公司（8 号楼住宅精装、8 号楼大堂）和上海苏居家饰有限公司共同完成；景观设计由美国 BAKH 公司完成；地下静态交通设计则由日本 PMO 公司实现。多家顶级机构共同配合，不仅传承了前辈大师的风范，更突显了当代建筑的魅力，成就了建筑与艺术的完美结合。

延续传奇：传承多重经典

接下来，汤臣津湾一品将甄选国际顶级资源，为更多热衷艺术与高品质生活的朋友们带来多维的艺术体验。冯小刚、马未都、蔡澜、马艳丽、范增等重量级人物都将陆续加入，让更多的不同层面上的高端人群对汤臣一品产生全新、准确的认识。

作为汤臣津湾一品《传奇·大家》系列活动的开篇之作，2014 年 1 月 10 日，汤臣津湾一品独家冠名“我看郎朗弹钢琴”2014 天津城市新年音乐会，在天津大礼堂（大剧场）盛大开幕。汤臣力邀国际顶级钢琴演奏大师郎朗为天津献上城市新年贺礼，奏响城市顶级的品质生活传奇。

汤臣与郎朗携手为天津带来的将会是国际顶级的音乐之旅与生活艺术的感受。每一首乐曲都如同讲述一个精美的故事，《土耳其进行曲》、恩纳斯托·莱库纳《古巴舞曲》，以及极富年味的《春节序曲》等曲目，将钢琴的魅力一一献给每一位听众。

当然，这不仅仅是演唱会那么简单。为了增加互动性，汤臣津湾一品还邀请上海汤臣业主中的小琴童与津门小琴童相聚一堂，参与百名琴童大师课。

“与传奇人物合作，表达了希望将来每一位业主都是我们新的传奇。”金波说，这样的活动，与下一代的培养相契合，是想把“传奇亦传袭”的主题更好地推广下去。

做这样的推广并不单单是把明星请来露个脸，甚至唱首歌那么简单。需要发掘明星本身的价值特点，制造出更多的话题与目标受众去互动。同时，利用不同的媒体，在娱乐媒体、女性媒体、房地产媒体等不同类型的媒体上各有不同的表现形式，从而达到让不同的人群对一个项目的形象有更好认可的目标。

资料来源：中国公关网，http://www.chinapr.com.cn/templates/T_Second/index.aspx?nodeid=20&page=ContentPage&categoryid=0&contentid=6652，2014 年 4 月 2 日。

问题：

1. 从这个案例中，我们可以看出该公司的哪些公共关系营销理念。
2. 在这个案例中，该公司的公共关系营销的策略有哪些？

实验实训

1. 请学生根据公共关系广告的相关要求组织一次公共关系广告的实训演练，可以自己选择活动的主题。
2. 请学生根据公共关系营销的所学知识，为某企业策划一次公共关系营销的实训演练，可以自己选择活动的主题。

复习思考题

1. 什么是公共关系广告？公共关系广告与商品广告有哪些区别？
2. 公共关系广告制作的原则是什么？
3. 什么是公共关系营销？

第九章　公共关系礼仪

学习目标

通过本章学习，你应能够：
了解公共关系礼仪的原则与作用；
了解公共关系人员的个人礼仪；
掌握公共关系人员的社交礼仪；
掌握公共关系常用的商务仪式与活动仪式。

引入案例

晏子使楚

晏子使楚。楚人以晏子短，为小门于大门之侧而延晏子。晏子不入，曰："使狗国者，从狗门入。今臣使楚，不当从此门入。"傧者更道，从大门入。

见楚王。王曰："齐无人耶，使子为使？"晏子对曰："齐之临淄三百闾，张袂成荫，挥汗成雨，比肩继踵而在，何为无人！"王曰："然则何为使子？"晏子对曰："齐命使，各有所主。其贤者使使贤主，不肖者使使不肖主。婴最不肖，故宜使楚矣！"晏子将使楚。楚王闻之，谓左右曰："齐之习辞者也，今方来，吾欲辱之，何以也？"左右对曰："为其来也，臣请缚一人，过王而行。王曰，何为者也？对曰，齐人也。王曰，何坐？曰，坐盗。"

晏子至，楚王赐晏子酒，酒酣，吏二缚一人诣(yì)王。王曰："缚者曷(hé)为者也？"对曰："齐人也，坐盗。"王视晏子曰："齐人固善盗乎？"晏子避席对曰："婴闻之，橘生淮南则为橘，生于淮北则为枳，叶徒相似，其实味不同。所以然者何？水土异也。今民生长于齐不盗，入楚则盗，得无楚之水土使民善盗耶？"王笑曰："圣人非所与熙也，寡人反取病焉。"

资料来源：汤化：《晏子春秋》，中华书局 2015 年版，第 400—401 页。

晏子使楚的故事，对于我们学习公共关系礼仪，有什么启示？

第一节 公共关系礼仪概述

一、公共关系礼仪的基本概念

社会是一个具有高度组织性的系统，它的存在与发展具体表现在人与人之间、组织与组织之间的交往过程中。交往是相互的，无论何种形式的交往都离不开交往双方或多方之间的彼此认同与互相尊重。交往者为了实现彼此的认同与尊重，必然会选择一定的、共同认可的参照标准，这种参照标准的主要表现形式之一就是礼仪。

英语中的"礼仪"一词源于法语"etiquette"。在法语中"etiquette"原意是法庭上的通行证。古代的法国法庭为了显示司法活动的威严和保证司法活动正常有序进行，不但制定了许多法庭的规定，而且将这些规定印在或写在一张长方形的通行证上，发给进入法庭的每一个人，使其入庭后有所遵循。这个通行证就叫"etiquette"。进入英语语境后，这个词的意义有所扩大，不单指法庭上的通行证，而是泛指人际交往的通行证，因为在社会生活的各个方面，人们都必须遵守一定的规矩和准则。

中国是文明古国，礼仪在中国的历史上可谓源远流长。"礼仪"一词早在《诗经》中就已经出现了。"礼仪卒度，笑语卒获"(《诗经 · 小雅 · 楚辞》)，意为"古之祭祀礼仪尽合乎法度，笑语尽得其节制"。而孔子也说"克己复礼"，意思是说，每个人都要克制自己的欲望，恢复人与人之间的正常交往，按照一定的程序处理人际关系问题。

礼仪是人类文明的产物，是人们进行社会交往的行为规范与准则，是人际关系和谐发展的调节器。具体表现为礼貌、礼节、仪表与仪式四个方面。其中，礼貌是指人们在交往过程中表示敬重、友好的行为规范，如尊老爱幼、热情待客等。礼节是指人们在交际活动中待人接物的形式，如拜会、回访、挥手致意等。仪表是指人的外表，如容貌、服饰、表情、姿态等。仪式是指在一定场合举行的具有专门程序的活动，如开业典礼、迎送仪式等。公共关系礼仪是指各类社会组织中从事公共关系工作的人员，在公共关系活动中，为了塑造个人和组织的良好形象而应当遵循"尊重他人、讲究礼节、注意仪表、仪式"等规范和程序。

公共关系礼仪不仅有助于加强人与人之间的相互尊重，促进和谐友好关系的建立，还可以调节活动气氛，缓和和避免不必要的矛盾冲突。对于公共关系人员来说，具备良好的公共关系礼仪素养是开展公共关系活动的首要基础，是有效沟通、建立友好合作的必要保障。对于社会组织而言，公共关系礼仪更是组织形象、组织文化、人员素养的综合体现，是给对方留下良好第一印象的最便捷的方式。

二、公共关系礼仪的原则

公共关系礼仪具有与一般人际交往礼仪相同或相似的地方，它是由人际交往礼仪发展而来的，同时也是公共关系学的子系统。公共关系礼仪是公共关系人员在公共关系实践中通过自觉的建构过程而获得的，又有一些与公共关系工作相应的重要原则。总体来说，公共关系礼仪应遵循以下四方面的原则。

(一)自觉自律原则

公共关系礼仪主要是为树立组织良好形象、获得公众美誉服务的。公共关系人员由于其工作的特殊性，其一言一行都将影响组织的声誉与形象。在公共关系活动中，公共关系人员必须具备自觉性和自律意识。一方面要洁身自好，严格按照公共关系礼仪的基本要求规范自己的言行举止，让公众对自己代表的组织产生良好的印象，使组织获得公众的信任与赞许；另一方面要增强主观能动性，用心学习、钻研、感悟、实践各种礼仪规范和程序，通过坚持不懈的努力，朝着实现自身及组织美誉的目标而前进。

（二）真诚尊重原则

对于公共关系活动的目的来说，公共关系礼仪虽然只是形式和手段，却应当成为公共关系人员情感的真诚流露与表现。公共关系礼仪的核心就在于，它应该从根本上体现公共关系人员对公众的真诚与尊重，而并不在于追求外在形式的完善。如果没有这种尊重与真诚，一切礼仪都将成为毫无意义的装饰。礼仪不应摆谱、做花架子，否则就会引起公众的反感，甚至可能会导致整个公共关系活动的失败。海尔集团的“真诚到永远”不仅仅是一句口号，而是海尔人实实在在的对公众的服务理念，及对公众的关心与重视。

（三）灵活运用原则

《孙子·虚实篇》中有：“水因地而制流，兵因敌而制胜。故兵无常势，水无常形，能因敌变化而取胜者，谓之神。”公共关系礼仪的具体规范既是具体的、严肃的，但又是可变的、灵活的。任何公共关系礼仪都不是僵死的教条，需要根据时间、地点、场合、对象的不同而灵活运用。礼仪是一种装饰性的规则形式，但又是一种灵活性很强的形式，是一种既严格又自然的形式。公共关系人员要根据具体情况不断调整自己的角色，适时地实现角色的转换。中国香港正大实业公司总裁王光英先生说得好：“到哪座山就唱哪座山上的歌，到狼群里就要学狼叫。”这应当成为公共关系人员实施各项礼仪的重要守则。

（四）“适度、从俗”原则

适度原则，即应用礼仪时，必须注意技巧、合乎规范。所谓“礼多人不怪”的观点不总是对的。在实际活动中，公共关系礼仪应结合具体事件和特定场合，予以适度表现，避免过度“讲礼”而给对方造成反感或困扰。而这个“度”，就是要站在对方的角度审视与解读，即以对方乐于接受的方式表达。

从俗原则，也就是所谓的入乡随俗，由于国情、民族、文化背景不同，客观上就存在着完全不同的具体礼仪表达方式与方法，以及对同一种礼仪行为的不同的评价标准，贸然采取自以为是的礼仪方式很可能触及禁忌，引起对方的反感。

微型案例　契诃夫笔下的小公务员

俄罗斯著名作家契诃夫在其小说《小公务员之死》中，为我们讲述了这样一个令人啼笑皆非的故事。小公务员切尔维亚科夫在看戏时，不小心打了个喷嚏，他觉得这个喷嚏给坐在自己前面的一位将军带来了不快，于是开始道歉。他在戏剧的演出过程中道了歉，事后又专程赶到将军的办公室请求将军宽恕。可是，切尔维亚科夫仍然感到自己还是没能以适当的方式向将军致以歉意，还没有得到将军的真正宽恕，又多次前往将军的办公室道歉。终于，这个将军被切尔维亚科夫无休止的道歉惹得勃然大怒，他把这个小公务员从办公室轰了出去。

切尔维亚科夫吓得惶惶不可终日，回到家中，郁郁寡欢。不久，这个小公务员便在愧疚和抱憾中死去。

三、公共关系礼仪的作用

(一)帮助组织主体树立良好的公众形象

公众会依据公共关系工作者的礼仪表现,对该组织主体的形象进行“定格”。组织主体的良好形象关键是要靠自身有过硬的产品或服务品质。公共关系中常讲的要宣传与展示,保持全面的信息双向沟通,也要随时保持良好的礼仪状态,让每一个交往对象都能为我们所付诸实施的礼仪行为所折服,都能从中体会到受尊重的满足感,进而获得公众对组织主体的喜爱。

(二)提高公共关系工作者综合素质

作为组织主体活动的负责人,公共关系人员一方面要尽快提高自身文明修养,使自己向有思想、有道德、有知识、懂礼仪的方向发展,成为一名受人尊重的优秀公共关系工作者;另一方面,作为一个组织的形象代表、一名公众人物,也必须随时注意自己的言行,处处以礼仪规范要求自己、约束自己。

(三)坚持诚信,提高全社会文明水平

社会秩序的维系需要法治,更需要礼仪规范和诚信。随着国家法治建设的不断推进,市场经济体制也日趋完善,人们懂得了诚信为生存之本的道理,也使公关礼仪有了更大的发展空间。

四、公共关系人员的性格、气质与风度

(一)性格种类及性格要求

1. 性格种类

公元前 5 世纪,古希腊医生希波克拉斯提出“气质学”,他认为人体内有 4 种不同的体液,即血液、黏液、黄胆汁、黑胆汁。根据各人体液的分配比例,人的性格可分为 4 类。

(1)胆汁质。

胆汁质的优点是充满热情,精力充沛,态度爽朗,豁达开朗,动作粗犷有力,说话直接干脆,办事果断,勇猛坚强;缺点是性情急躁,易发脾气,爱冲动,缺乏耐性,不讲究方式方法,容易好心办坏事。

(2)多血质

多血质的优点是活泼开朗,热情奔放,感情比较丰富,待人亲切,富有同情心,思维敏捷,反应迅速,健谈,善交际,接受能力很强;缺点是情绪缺乏稳定性,喜怒不定,兴趣广泛但难以持久,易动摇。

(3)黏液质

黏液质的优点是沉着冷静,耐性较强,言行谨慎,情感不易外露,性情比较稳定;缺点是固执死板,灵活性不够,一般只按指示或经验办事,不喜交际。

(4)抑郁质

抑郁质的优点是感情细腻,执着,善于观察,爱思索,喜静少动,敏感多虑,韧性强;缺点是胆怯怕羞,性情内向,较孤僻,疑心较重。

这 4 种气质的人,一般认为多血质的人最适宜公共关系活动,容易成为活动的中心人物;胆汁质的人往往是公共关系活动中的拥护者和行动者;而黏液质和抑郁质的人在公共关系活动中往往缺少热情,冷淡寡言,谨小慎微。

2. 性格要求

性格是选择、培养公共关系人员的重要条件。优秀的公共关系人员应具备以下性格特点：

(1)活泼开朗：能主动与人相处，善于交往，对新老朋友都能给人一种活力和较强的情绪感染力。

(2)举止文雅：举止落落大方、不卑不亢，既得体又清雅，使人产生认同感。

(3)谈吐动听：能真情投入，设身处地站在对方角度考虑，讲求语言文明、礼貌，思路清晰，措辞得当。

(4)感染力强：阐述问题能旁征博引，逻辑能力出众，且能对自己的观点自圆其说，再以丰富的动作语言和情感语言打动听众。

(5)兴趣广泛：有广泛的兴趣爱好，对天文地理、琴棋书画都有涉及。

(6)知识丰富：在文化知识的深度与宽度上都有所造诣，能就某些问题与他人做一定程度的探究。

(7)善于交际：通晓人际关系、社交心理及公共关系礼仪各项规范，具有丰富的人际交往实践经验。

(8)具有幽默感：能随时调动公众情绪，拉近与交往对象的距离，具有很好的亲和力。

(二)气质

所谓气质，是指人的相对稳定的个性特点，是表现在人的情感、认识、语言和行为中比较典型、稳定的动态方面的心理特征。

气质具有恒常性和稳定性的特点，以不同的方式作用于人的心理，支配着人的各种行为，甚至影响人的容貌。气质是一个人的真正魅力所在。一个人气质的美会在举手投足、言谈举止、待人接物中表现出来，这种美是自然而然地流露出来的，而不是刻意、生硬地模仿。

良好的气质是以人的文化素养、文明程度、思想品质为基础的，同时还要看他对待生活的态度。在现实生活中，有些人只注意穿着打扮，修饰外表，而不注重内在素质的提高。其实气质给人的美感是不受年龄、服饰和打扮制约的，没有内在的东西，便不能自然地体现出美的气质。气质美是一种内在美，它是人的高级神经活动类型及特点在行为方式上的具体表现。

总之，气质是一个人多种内在素质的综合反映，这些素质包括思想、品德、个性、情操、志趣、文化艺术修养、才识智慧等。气质看似无形，实为有形，它通过一个人对待生活的态度、个性特征、言谈举止等表现出来。一名公共关系人员应具有以下几点气质：

1. 优美的举止仪态

一个人的举手投足、走路的步态、说话的表情、待人接物的风格等都能显现出自己的气质。

2. 良好的性格

要注重自己的教养、涵养、修养，要忌怒、忌狂、忌暴，要宽容、忍让、理解人、同情人、体贴人。

3. 丰富的内心世界

气质美首先表现出来的就是具有丰富的内心世界。理想是内心世界丰富的一个重要方面，因为理想是人生的动力和目标，没有理想与追求，内心空虚贫乏，就根本谈不上气质美。品德是气质美的另一个重要方面。

4. 较高的文化素养和语言修辞能力

气质美主要表现在语言修养高、文化知识丰富而广泛，对古今中外、历史典故、风土人情等都有所了解，说起话来生动有趣，富有韵味。

(三)风度

所谓风度，是指人的言谈、举止、神情、姿态、仪表等方面总的表现和风貌，即人的思想、文化、修养、性格、气质等的外在表现。风度是一个综合的概念，它不是指某一表情动作，而是指一个人在日常行为中表现出来的仪表、神情、姿态等，是指人的全部生活姿态所提供给人们的综合印象。

微型案例　六尺巷

张文瑞公居宅旁有隙地，与吴氏邻，吴越用之。家人驰书于都，公批诗于后寄归，云："一纸书来只为墙，让他三尺又何妨。长城万里今犹在，不见当年秦始皇。"家人得书，遂撤让三尺。吴闻之感服，亦让三尺。其地至今名为六尺巷。

资料来源：姚永朴著，张仁寿校：《旧闻随笔》，黄山书社 2011 年版，第 174—175 页。

风度美包含的内容有：

1. 幽默文雅的谈吐

风度美体现在谈吐上。豪放的人，语多激荡而不粗俗；潇洒的人，言谈文雅而不随便；谦虚的人，含蓄蕴藉而不猥琐；博学的人，旁征博引而不杂芜；脚踏实地的人，声调沉稳。

2. 诚恳的待人态度

不论对谁，都应以诚恳的态度平等相待，不哄不骗。切忌吞吞吐吐，含糊其词，言语与表情动作自相矛盾。

3. 饱满的精神状态

只有神采奕奕和精力充沛，才能激发对方的交往动机，活跃交往气氛。

4. 洒脱的仪表礼节

一个人外表秀美，俊逸潇洒，就能产生使人乐于接近的魅力。这种魅力不取决于长相和衣着，而在于人的气质和仪态，这是人的内在品格的自然流露。得体的礼仪能使人的气质、风度变得宽厚、平和、善良、洒脱。

第二节　公共关系人员的个人礼仪

随着现代社会人际交往的日渐增多，人们对个人的礼仪也倍加关注。个人礼仪所涉及的是个人穿着打扮、举手投足之类的小节小事，但小处显精神，举止言谈见文化。

个人礼仪是一个人的生活行为规范与待人处世的准则，是个人仪容、服饰、言谈、举止、待人、接物等方面的具体规定，是个人道德品质、文化素养、教养良知等精神内涵的外在表现。个人礼仪的核心是尊重他人，与人友善，表里如一，内外一致。

对个人来说，个人礼仪是文明行为的道德规范与标准，个人礼仪所形成的一种具有较强约束力的道德力量，使每一个社会成员都能够自觉地将自己的言行纳入符合时代之礼的轨道，以顺应社会发展的潮流。

一、仪容服饰礼仪

(一)整洁的仪容

仪容是指人的外表、外貌。在商务交往中，整洁的仪容一方面体现了本人的素养，另一方面也体现了对于这次商务活动和交往对象的重视。因此，在公共关系实际工作中，要求公共关系人员在社交场合力求做到仪容得体、举止大方。

1. 得体的发式

头发整洁、发型大方是个人礼仪对发式美的最基本要求。整洁大方的发式易给人留下神清气爽的印象，而披头散发则会给人以萎靡不振的感觉。一个人所选的发式应与自己的脸形、肤色、体形相匹配，与自己的气质、职业、身份相吻合，这样方能显现出真正的美。

发式美只是仪表美的一部分，它应该与人的面貌美、服饰美协调统一。

2. 整洁的面容

面容是人的仪表之首。

(1)女士面容的美化

女士面容的美化主要采取整容与化妆两种方法。整容是指通过外科手术来改变人的容貌。化妆则以其便利、易改等优势受到广大女士的青睐，成为当今面容美化的首选方法。

工作妆应该是淡妆，职业女性上班时化妆，不仅是为了漂亮有精神，还体现了敬业精神。

提醒您

化妆的礼节及应注意的问题：

其一，化妆是对场合的尊重。在正式场合，女士不化妆会被认为是一种失礼的行为。

其二，化妆的浓淡要考虑时间、场合。白天，自然光下，以淡妆为主，淡雅、清新、自然为宜。浓妆则适用于参加晚间活动和舞台活动，但要避免过分夸张。

其三，在公共场所不能当众化妆或补妆。化妆或补妆的过程一般被认定为一种私密行动，不宜在公开场合进行。如真有必要化妆或补妆，可前往洗手间完成。

(2)男士面容的基本要求

男士应养成每天修面剃须的良好习惯。实在要蓄须，也要考虑工作是否允许，并且要经常修剪，保持卫生。

3. 颈部的美化

颈部是人体最容易显现年龄的部位，平时要和脸部一样注意保养。应保持颈部皮肤的清洁，并加强颈部的运动与按摩。

4. 手部的美化

手、手指和指甲的美，与人体其他部位的美一样重要，尤其可提高女性的整体风采。因此，适时适度地保护与美化手都是十分必要的，不容忽视。

要经常保持手部的清洁，养成勤洗手、勤剪指甲的良好卫生习惯，因为手的清洁在某种程度上反映的是一个人的精神风貌。指甲的美化要慎重，不可随心所欲。现代生活中，手部的美化大多侧重于指甲的美化。但对指甲油涂抹色彩的选择一定要谨慎。

(二)得体的服饰

服饰是个人形体的外延，包括衣、裤、裙、帽、袜、手套及各类服饰。服饰是一种无声的语言，它显示着一个人的个性、身份、涵养及心理状态等多种信息。

得体的服饰能够恰如其分地表现出穿着者的气质、性格以及其他正面信息，在人际交往中起到积极的作用。虽然完全以衣着取人是肤浅的，但是完全不讲究衣着、不修边幅，在公关活动中也是行不通的。在工作环境中，任何一个人都不仅代表了自己，更代表了组织，表现了组织的管理水平、人员素质、文化理念等很多内涵。

1. 着装的原则

在选择服装的时候，要考虑款式、色彩、质地、价格，还要考虑在什么时间、什么地方穿，会有什么效果。这就是所谓的国际通行着装原则——TPO原则。

T——Time，即时间：一年之中有四季，一天之中有早晚，穿衣各不相同。白天上班时要穿得严肃一点，晚上的宴请要穿得华丽一些。

P——Place，即地点：在不同的地点进行的活动内容不一，着装也要有所变化。

O——Object，即目的：目的可以从两方面考虑：一是做事的目的，比如要去打网球，就要穿运动装、网球鞋；二是想要留给别人什么印象，是严肃稳重还是大方活泼，根据不同的目的选择服装。

时间、地点、目的，三者加在一起就构成了着装的TPO原则。如不考虑周全，忽略了某一因素，就会出现令人尴尬的结果。

提醒您

色彩的搭配

“三色原则”是国内外礼仪界被反复强调的一种礼仪规范。简单来说，是指全身上下的衣着应当保持在三种色系之内。很接近的色彩视为同一种。从视觉上讲，服装的色彩在三种以内较好搭配。一旦超过三种颜色，就会显得杂乱无章。在主色调的选择上，要尽量避免俗艳或过于引人注意的颜色。

“三一定律”一般适用于男士着装，即男士着西服套装等正装时，须着同一种颜色的鞋子、腰带、公文包（亦可无），首选颜色为黑色。

2. 正规职业装

(1)男性的职业装

深色西服套装分两件套或三件套。上衣有双排扣和单排扣之分。双排扣上衣显得更严肃，扣子必须都系上，不能敞开来穿。单排扣西装有一粒扣、两粒扣、三粒扣以致更多粒扣的，一般场合可以不系扣，严肃的场合，如会见客人、谈判等，两粒扣西服只系上面一粒，三粒扣的只系中间或中间和上面两粒，总之，不管几粒扣，最下面的那粒系上会显得很拘谨、土气。

衬衫：浅色衬衫最好，白色的最不会出错，浅色有细隐条的也行。衬衫的领子一定要合适，太松了则不方便打领带。衬衫的领子应该比西服外套领子高几分，袖口比西服外套长出1～1.5厘米，这样既有利于保护外套，也可彰显品位。衬衫的领口在打领带时一定要系上，不打时一定要解开。袖口的扣子必须系上，再热的天气在公务活动中也不能把袖子卷起来。衬衫的下摆要系在裤子里。

皮鞋和袜子：只能选黑色或深棕色皮鞋，传统的系带鞋最为正规，漆皮鞋、鞋面带亮片的鞋、镂空花纹的鞋都不适合在公务场合穿。一定要穿深色袜子，最好与裤子的颜色一致；绝不能穿白色的袜子。袜子要长及小腿肚，袜口松紧度要适中，衬衫、袜子应该天天换。

皮带：选用真皮的，颜色与皮鞋、公文包的颜色一致，皮带扣的式样应尽量简洁。

领带：领带的面料以真丝面料为好。颜色可以和西服同一色系，但不完全相同，也可选择暗红等较深沉的颜色作底色，图案为几何形的。总之，要以优雅、精致的风格取胜。领带系好后，下端不能长于皮带扣的上端。

(2)女性的职业装

西服套装是女性的标准职业装，它使人显得精干。上衣和裙子同色使人显得修长；上下两件不同色的套装颜色应该是协调的。

衬衣：衬衣的颜色、图案、式样是丰富多彩的。只要不过分耀眼，颜色与外套协调即可。如果外套的颜色较深，浅色、柔和色调的衬衫就可以冲淡过于凝重的氛围。另外，质地较好的圆领、一字领、V字领紧身衫，也可与西服外套相配。

袜子：穿裙装要配丝袜，接近肤色的肉色最适中。黑色袜子只能配黑色的裙子。不能穿带图案或网眼的袜子，也不能用白色袜子配职业装。裙子越短，袜子就越长，要超过裙摆，即使坐下、弯腰也不会露出袜口，可尽量选择连裤袜。由于丝袜很容易跳丝，因此应随身携带一双备用袜。

皮鞋：作为与职业装配套的皮鞋，鞋跟高度最好不超过4厘米。鞋的颜色要深于套服，黑色、深棕色、深灰色的皮鞋比较容易与衣服搭配。漆皮鞋、前露脚趾后露脚后跟的凉鞋以及式样过分时髦的鞋，都不适合用在工作场合。

内衣：内衣要合体。夏天衬衣较薄，内衣的颜色最好是肉色或白色。

在周末或一些相对轻松的会议和活动上，人们往往喜欢穿职业便装，它介于职业装与休闲装之间。由于仍在公务场合活动，故着装不能太随意。具体来说，职业便装的特点如下：

男性：夹克衫配长裤，毛衣、有领的棉T恤、上下颜色不一致的西服套装等。

女性：带休闲风格的套裙，衬衫配长裤，夹克衫配连衣裙等。

提醒您

> 庆典活动如在晚上举行，可按晚间活动的规格着装。女性可选择稍浓的晚妆、稍夸张的配饰，有设计感的晚装。男性应可选择深色西服、深色皮鞋，系领带。但如在日间举行，妆面比自然妆稍浓即可，着装上则不适宜选择过长的服装，如长及脚踝的旗袍或裙子。

3. 配饰礼仪

佩戴首饰与着装一样，要遵守TPO原则，以场合和服装定首饰。有时为了突出一件华美的首饰，还会根据首饰挑选服装。

(1)选择首饰因人而异

首饰的大小也因人而异。比如项链，个子高、脖子瘦长的，不要戴细长项链，那样会显得脖子更长；脖子短粗的人，项链应适当长一些。

又如戒指，手指短而粗的，应避免戴圆形戒指，最好戴椭圆的、菱形的，可稍大些；手指过于纤细的，最好戴秀气、小巧的。一般的规矩是把戒指戴在左手。已婚和订婚戒指戴在无名指，恋爱中的人戴在中指，没有恋人的戴在食指，独身主义者戴在小拇指，大拇指一般不戴戒指。

(2)佩戴首饰因场合而异

在白天举行的一些典礼和礼仪活动中，可以适当戴一两件稍大的首饰，替换一下平时常戴的;参加晚上的社交活动,要配合晚礼服戴首饰。如果穿旗袍,可戴珍珠和翡翠的项链、耳坠。不过,如果晚上的活动仍属于公关应酬范围,女性的装束就要保守一些,否则白天努力树立起的精明强干的形象就会大打折扣。

在公共关系活动中,女性所佩戴的首饰要与职业装相配,不要超过两件。这种场合适宜细巧、简洁式样的。但式样简洁不代表不讲究。例如,蓝色服装配银色首饰,显得很雅致;黑色、暗红色衣裙配金色首饰能互相衬托。

不一定非得戴真金真银的,仿造得较精致的也可。人造材料的首饰较便宜,可经常更换,适合年轻女性的求变心理;但绝不能戴休闲款式的。

微型案例 自尊心被重重伤了一回

说起穿衣礼仪,某杂志社记者张小姐(26 岁)有一段至今无法忘记的尴尬经历。当时她刚进杂志社不久,领导安排她去采访一位某民营企业的女性老总。听说这是一个既能干又极有魅力的女性,对工作一丝不苟,却非常注重生活品质,这样的女性会让很多人产生兴趣,还未见到对方,仅仅是介绍,她已经开始崇拜对方了。事先她做了大量的准备工作,采访纲要也修改了多次,内心被莫名的激动驱使着。那几天,她始终处于兴奋状态。到了采访当天,穿什么衣服却让她犯愁。

说实在的,她从来就不是个会打扮的女孩,因为工作和性格关系,平时穿衣都是怎么舒服方便就怎么穿。时尚杂志倒也看,但也只是凑热闹而已。那天她突发奇想,穿了一件紧身衣,配了条热裤,梳了个在家乡极其流行的发髻,兴冲冲地直奔采访目的地。当她站在该公司前台说明自己的身份和来意时,明显看到了前台小姐那不屑的眼神。她再三说明身份,并拿出工作证来,才勉强带她进了老总的办公室。

眼前的这位女性,高挑的身材、优雅的举止、得体的穿着,让她怎么看怎么舒服。在这样的场合,面对这样的对象,她突然感觉自己的穿着就像个小丑。还好,因为采访纲要准备还算充分,整个采访过程还比较顺利。结束前,她问对方,日常生活中是如何理解和诠释时尚、品位和魅力的。对方告诉她,女人的品位和魅力来自内心,没有内涵的女人是散发不出个人魅力,也无法突显品位的。而时尚不等同于品牌、昂贵和时髦,那是一种适合与得体。

资料来源:刘建芬:《公共关系原理、实务与案例》,厦门大学出版社 2018 年版,第 247—248 页,有删改。

二、言谈举止礼仪

(一)礼貌的言谈

日常生活中,人们运用语言交谈,表达思想,沟通信息,交流感情,从而达到建立、调整和发展人际关系的目的。通过礼貌的谈吐及举止,可向日常交往对象或商业伙伴表达我们的诚意,交到更多的朋友,寻求更多的合作机会。

1. 谈话的态度

谈话的基本态度是"诚恳"。有分歧、有不同看法是正常的,关键是要摆到桌面上谈,或为了顾及对方的面子而私下指出。

2. 谈话的声音

谈话的声音不要过大，要适中。其标准是让所有参与者都能听清，而又不干扰与之无关的人。

在公共关系活动中，要学会控制自己的情绪，不让消极情绪通过自己的声音流露出来。理性、清晰、声调略低是职业的需要，有利于建立良好的职业形象。

3. 谈话的目光

眼睛是心灵的窗口，这是大家都知道的。一个人的喜怒哀乐、聪明还是愚蠢、忠厚还是狡诈，都能从眼神中透露出几分。我们在谈话中不但要通过眼神了解对方，还要善于用自己的目光表情达意。

与人谈话，眼睛要注视对方，与之交流。目光注视的范围因场合的不同而有所变化，可分为公务注视、社交注视和亲密注视。

(1)公务注视

注视的位置是以两眼为下限，以额头为上限的这一部位。这种注视范围较窄，显得比较严肃郑重，用于公共关系活动中的谈判、交涉等场合。

(2)社交注视

注视的位置是以两眼为上限、以唇部为下限的部位，构成一个倒三角。这种目光带有一定的感情色彩，亲切友好，适用于各种社交场合。

(3)亲密注视

这种注视的范围比较大，从眼睛到上半身都可注视。这种目光比较随意亲近，有时甚至是热烈的，所以只能用于亲朋好友与恋人之间。

4. 恰当的称谓

称谓，在此仅指人们在日常交往中彼此之间的称呼。选择什么样的称呼，一要看对方的身份，二要看双方的关系。与人交往，不用称谓是极不礼貌的，用得不对也同样让人不愉快。

(1)通用称呼

通用称呼有同志、老师、师傅、先生、小姐、女士等，主要在公共场合使用。

“同志”的使用范围曾经很广，但现在它的使用范围已经缩小，尤其在公关场合，几乎不用。如果到政府部门办事，使用“同志”还是合适的。

“老师”在此不是指职业称呼，是指在公共场合对人的一种尊称，在演艺界尤其流行。

“师傅”这一称呼除了在工厂使用之外，在公共场合也使用，适合称呼体力劳动者。

“先生”是现在公共场合比较通行的对男性的称呼。

“小姐”是在公共场合对年轻女性的称呼。但是现在某些地区，服务业的女性忌讳这种称呼，所以不妨对她们用“服务员小姐”“售货员小姐”这样的“职业＋通用称呼”的方式。

“女士”对各种年龄的已婚、未婚女性都适用，显得更文雅、正规。

(2)职业性称呼

职业性称呼常用于公务场合，可分为三种。第一，姓＋职务。职务都可以用来作称呼，例如，张经理、王厂长、程副院长等。第二，姓＋职称。并不是所有职称都可以用来作称呼，一般只适用于高校、工厂等的职称，如“柳教授”“武工程师”等。第三，姓＋职业或学衔。有些职业是可以称呼的，比如律师、医生、老师、法官，可以在前面加姓，也可以在后面加通用称呼，如王律师或律师先生、赵法官或法官先生。只有博士学衔才作为称呼，如“孙博士”，在国外是很重视这一称呼的。

对有上述职业、职称、学衔的人，用职业性称呼比用通用称呼更好，更体现对他们取得的成就的尊重。

（3）姓名式称呼

第一，称呼全名。这种称呼方法常用于严肃场合，上级称下级、年长者称年轻者、老师称学生，或关系较近者。第二，只称名，省略姓。这样称呼适合于关系较近者，或想把关系搞好者，应该属于亲朋好友。第三，老/小＋姓。这在公务场合常用。姓前被冠以“老”者，或者岁数较大，或者虽然年龄不算老，但显得比较成熟。姓名前冠以“小”字，一种可能是年轻，另一种可能是称呼者与被称呼者年轻时就认识，叫惯了。

5. 交谈中的技巧

公共关系活动中的交谈与一般社交场合的交谈不一样。社交场合的交谈随意性较强，应酬内容多，而公共关系活动中的交谈目的性强，讲究效率。

（1）目的明确

谈话前必须明确“为什么”“想说什么”。只有把思路整理清楚，才能提高效率。

（2）表述准确

要使对方能正确理解和执行自己的话，就要表述准确具体，要遵从 5“W”2“H”（见表 9－1）。

表 9－1　　表述的 5“W”2“H”

	表述不明确	表述明确
When	最好快一点	今天中午 11:00 以前
Where	在谈判桌右边	进门面对谈判桌的右边
Who	交给上司	交给市场部李部长
What	把这件事研究一下	下班前请告诉我研究结果
Why	先复印这份文件	这份文件今天 14:00 的会上要用，所以请先复印
How to	请快一点寄去	请用特快专递寄给他
How much	请尽量节省	请不要超过 1 000 元

（3）使用礼貌用语

要习惯用礼貌用语：请、谢谢、劳驾、对不起、没关系等。

不要小看这些礼貌用语，必须把它们表达出来，才能达到目的。

（4）遣词造句要谦逊、委婉

同一个意思有不同的表达方法，有的让人爱听，有的让人听了就心生反感。应当尽量避免强硬的、高压式的、措辞激烈的话语，例如：与其用“我们认为这是唯一可行的方法”这样的语气，不如这样说效果可能会更好：“这个方案不一定就是最好的，但它是目前看来唯一可行的”。

要给对方留有余地，不要武断。不要说“你说的完全没道理”，而要尽量找到其中合理之处，先予以肯定，“你提出的问题确实是症结所在，我们也有一些想法，请您考虑是否更符合我们的现状”。

要善于发现共同点，这是沟通的过程，也是合作的基础。

牢记要点

交谈中应注意的问题

(1)不要随意打断对方的谈话

要尊重对方,不要随意打断对方的话。如果确实有地方没听清、没听懂,要等对方的话告一段落再插话:"对不起,请允许我插一句"或"对不起,您的话是不是这个意思……。"

(2)要照顾到在场的所有人

谈话时,不要只对主宾一个人说,置其他人于不顾。当然会有主有次,但小心别冷落了在场的其他客人,要常用目光照应一下。

(3)礼貌地加入别人的谈话

想要加入别人的谈话时,要先打招呼,可以说"对不起,我可以听听吗""你们聊得挺热闹,能让我参加吗"等。千万不要毫无声响地站到别人身旁,既没礼貌,又有了偷听的嫌疑。在社交场合尤其要注意。

(4)注意谈话中的忌讳

有一些问题属于个人隐私,不论在公务场合还是社交场合,都是不应该问的,如对方的婚姻状况、工资收入和支出、个人经历、年龄、家庭住址和电话、政治及宗教信仰。不要随意谈论不在场的人,包括双方的上司、共同的熟人。不要传播流言蜚语及公司里的小道消息。

6. 聆听的艺术

认真地听别人谈话有莫大的好处。第一,可以从别人那里学到许多东西。第二,有利于对话。第三,有利于搞好人际关系,给人留下良好的印象。对方从你认真聆听的态度上感到你的诚恳和对他的重视,以后就还会乐于同你打交道。

小技巧

聆听的注意事项

(1)鼓励的话语和眼神

为了鼓励对方说下去,可在适当的时候插话、提问题。比如说"你能讲得更具体一些吗""你的想法对我很有启发,请接着讲下去"。目光要不时地与对方交流,使他知道你确实在认真听,从而达到充分交流沟通的目的。

(2)分析对方的话语

有时人们对于一些意见的表达不是直截了当的,而是曲折、委婉地说出来,包含着很多言外之意。在谈判当中,有人还故意给对方设陷阱。所以我们在当听者的时候,一定不能掉以轻心,要一边听、一边分析、一边观察,弄清在表面话语之下的真实意思。有些国家的人说话比较委婉,比如日本人,当他想要拒绝的时候,总是用模棱两可的话来表示,如果你不仔细分析,不了解其表达习惯,就会产生沟通障碍。

(3)注意身体语言

听别人谈话不全是被动的。身体不应完全放松,不要仰靠沙发背,也不要玩弄一些小物件,分散注意力;更不能对着对方大声张嘴打哈欠。这些都是极不礼貌的。虽然不需要总是正襟危坐,但坐端正是必需的。如果双方并排而坐,在谈话中间还可以把身体侧向对方,以示专注。

（二）优雅的举止

举止即人的姿态和风度。优雅的举止应当是大方的、从容的、自信的、幅度小的。举止优雅的人能够约束自己，不用粗俗的动作冒犯他人，向他人示威。举止有各种各样，最基本的是站、坐、行的姿态、手势和表情。

在公共关系活动中，举止优雅的人容易与别人沟通，得到信任。人们无法相信，一个举止粗俗的人是受过严格的专业训练的，人们往往不愿意把重要的事情交给他去做，或者与之成为合作伙伴。

1. 挺拔的站姿

站立时要有精神，要挺拔。正确的姿态是：头正、肩平、两肩放松，双臂自然下垂，双手放于大腿两侧或相握于身前，挺胸。男性双腿可分开，双脚间的距离最多与肩齐；女性双腿应并拢，脚尖微微外撇，也可以双脚前后相错半脚站好。长时间站立时，可暗暗调整身体重心，使双脚轮流承受身体重量。有人以一腿弯、一腿直的方法调整重心，看上去很懒散，这种姿势是不可取的。总之，正确的站姿给人以挺拔舒展、落落大方、精力充沛的印象。

经常出现的错误站姿有：倚着墙或其他物体站立；驼背、挺腹、塌腰或一腿不停地抖动；双手叉在腰间或插在兜里等，都会给人留下不好的印象。

正确站姿的训练方法是背靠墙站，要求头部、双肩、臀部、小腿和脚后跟都紧贴墙壁，坚持15～20分钟。经常这样训练，你会挺拔而又轻松地站立。

2. 端正的坐姿

坐，相对于站来讲是一种放松，但不是松懈。在公共场合，在办公室里，坐相一定要稳重、端正。

端正的坐姿是这样的：入座要轻、要稳。女性穿裙装时，坐下前用手理一下裙摆。上身同站立时相近，不要驼背，腰要立起来。双肩平正放松，两臂自然弯曲，双手相叠放于腿上，也可以一手放在椅子或沙发的扶手上，掌心向下。女性双膝并拢，双腿正放或收于一侧，双脚并拢或交叠。男性的双膝可以分开一拳左右距离。坐椅子一般坐椅面的2/3，背部轻靠椅背。如果是与长者或上司谈话，为了表示尊重，上身必略倾向于对方，而不靠椅背。

正确坐姿的训练方法：上身的关键在于挺胸立腰，女性一定要养成并腿而坐的习惯，否则穿短裙时会令人很尴尬。可以在打字和开会时练习，或其他适宜的时间练习，开始时每次练习15～20分钟，逐渐加长时间，最后使正确的坐姿成为你的习惯姿态。

3. 轻快的行姿

凡是健康的成年人，步伐都应该是轻松敏捷的，体现出朝气蓬勃、积极向上的精神状态。

正确的行姿是：头正，双眼平视前方，下颌微收。挺胸收腹，双肩平稳，双臂自然摆动，身体的重心随着前行而略向前倾。注意步位，即双脚的内侧基本踩在一条直线上；注意步幅，男性、身材高的人或穿运动鞋、便鞋的人，步幅要大一些，穿高跟鞋及裙装的女性，步幅要相应小一些。走路时要全脚掌着地，膝部和脚腕要有弹性。

经常出现的错误行姿有：走路时，双眼左顾右盼，一肩高一肩低，驼背含胸，八字步，走路重心下移，拖泥带水。

正确行姿的训练方法：上身基本与正确的站姿一样，只是重心稍稍前倾；双脚要像走在一条直线上，双膝内侧走起来就要有摩擦感。可在地上划一条直线，沿着直线走。

站、坐、行这三种姿态是最常见、最基本的。它们绝不仅仅是个人生活的细枝末节。在工作场合,从一个员工的姿态可以看出他是否经过专业训练,是否有严肃认真的工作态度,以至于是否值得信赖等。

4. 表情

人类的表情是非常丰富的,不同的心境就会有不同的表情。在公共关系活动中,在人际交往时,人们最需要的是“微笑”这种表情。微笑的人让人觉得和蔼可亲,值得信赖。

微笑是待客的基本表情,但不是唯一表情,还需要随着来访者的情况和个性调整自己的态度。

5. 手势

手势在人际交往中占有重要的位置。据心理学家的研究,在面对面交往时,口语在沟通中所起的作用只占百分之三十几,而通过举止传达出的信息要占百分之六十多,可见举止的重要性。各种各样的手势表达的意思丰富多彩,是举止中最富有表现力的。我们常常借助手势表达不同的意思。

(1)指示的手势

给人指示方向、指点物体、介绍某人、请人做某事等,都需要用手来指示。正确的指示手势应该是,四指并拢,拇指自然分开,手心向上,手臂适度伸出。在公共关系活动中,这种手势的使用频率是相当高的。

(2)打招呼、致意、告别的手势

当双方距离很近的时候,手势要小,五指自然并拢,抬起小臂挥一挥即可。双方距离较远时,可适当加大手势。

(3)在任何情况下,不要用手指指向别人,那是极不礼貌的,也不可以用大拇指指向自己或比比画画。谈到自己的时候,可以用右手轻按自己的左胸部,显得稳重可信。

(4)有些手势在使用时要注意,因各国习惯不同,同一手势表达的意思也不尽相同,与外国人交往时,手势不可乱用。例如:

①竖起大拇指。在我国和其他一些国家,这个手势表示称赞夸奖;在欧洲一些国家,伸出拇指上挑可视作招呼出租车;而澳大利亚人认为竖起大拇指,尤其是横着伸出,是一种侮辱。

②“OK”手势。即用拇指和食指组成一个圆圈,其余三指竖起。这在美国人眼中是好、顺利、平安之意;在日本则代表钱,而在南美洲的一些国家,这是一种侮辱性的手势。

③伸出手,手掌向下挥动。这在中国和日本是招呼别人过来的意思,完全没有恶意;在美国,这是唤狗的手势,如果对人用了这个手势,就会引起误解,带来麻烦。

在谈话中,人们常常借用手势来加强语气、帮助表达,甚至在打电话时也不时使用手势。除了注意手势要用得正确之外,还要避免幅度太大、过于夸张,以至于搅得听者心烦意乱,反而影响了沟通效果。

此外,有些手势是令人反感、有损形象的。例如,当众搔头皮、掏耳朵、挖鼻孔、剔牙、咬指甲、修指甲、搓泥垢、手指神经质地乱敲乱画等。当众做这些事,会让人觉得太没教养。

微型案例

慧明公司要与某公司谈合作事宜,委派年轻能干的钱逸先行商谈。钱逸去了不久,对方就打电话过来,要求换人,否则将不再合作。慧明公司的负责人很惊讶,恳请对方解释原因。对方说,钱逸来后,和他们谈话时,翘着“二郎腿”,仰靠沙发;当他们谈自己的想法时,钱逸不是玩弄自己的笔就是东张西望。对方说:“虽然事情不大,但是我们不愿意和这种人合作。”

钱逸的举动说明他在与对方谈话时的心理非常放松，根本不重视，或者是看不起对方公司。

小技巧

与不同的人，在不同的时间、环境下相处，要充分考虑到当时的具体情况，适当调整自己的言行举止和表情神态。

“安静倾听”型：面对满腹怨气或满腔愤怒的客人，不能急于辩解，也不必随声附和，甚至微笑都可能被认为是嘲笑，只能以专注的神情静静地听着，表现出对他的足够重视。待他发泄完了，你对情况也有了大致了解，再设法解释，就会有较好的效果。

“主动攀谈”型：对于比较拘谨的客人，除了微笑外，还要主动地与他讲话，使气氛和缓。

“干脆利落”型：对于性格急躁的客人，答对要利索，处理问题不拖泥带水，使他确信你的办事效率。

“安抚慰问”型：对于敏感、神经质的客人，微笑当然重要，同时应特别注意用词的委婉客气，使对方产生安全感。

“自信解惑”型：对于疑虑重重的人，除了微笑，自信的口吻和表情也非常重要。

与人相处的方法有很多，但是根本出发点不能变，那就是要时刻注意维护本单位的声誉，要始终诚心诚意地对待客人，想方设法解决他们的问题。唯有如此，你的表现才能真正让对方满意。

第三节　公共关系人员的社交礼仪

人际关系通过人与人之间的交往和联系表现出来，这些交往和联系得以正常进行，就需要用一定的行为规范调节和增进彼此间的关系。随着商品经济的大规模发展，社交礼仪更成为人们社会生活中不可缺少的内容。讲究礼仪，注重礼貌，遵守一定的礼仪规定，已成为文明社会生活的一项重要标志。因此，社交礼仪就是人们在社会交往中相互沟通必须遵循、掌握的礼节和礼貌行为。

一、见面握手礼仪

握手是人们在日常的社会交往中常见的礼节，是沟通思想、交流感情、增进友谊的重要方式，是现代交际和应酬的礼仪之一。握手多数用于见面致意和问候或辞别的场合。深情、文雅而得体的握手，往往蕴含着令人愉悦、信任、接受的契机。

（一）握手的方法

握手时，伸出手，双方的虎口应互相接触。不要仅握手指尖，对女性也一样。握手要果断有力，特别是女性，不要犹犹豫豫的。但是不能过于用力，晃动两三下即可松开。握手时要注视对方眼睛，表示你的诚恳和自信。没松手时，目光不宜转向别人。

（二）握手的注意事项

一般情况下，主人、女性、职位高者、年长者应该先伸出手，表示友好意愿，客人、男性、职位低者、年轻人则马上伸出手来呼应。在公共关系活动中，不讲究性别、年龄，更在意职务的高低，职务高者、主人先伸手。在年轻人之间的交际活动中，谁先伸手都没关系。

（三）特别情况的处理方法

1. 被拒绝

有的时候，你很热情地伸出手去，而对方却没有回应，让你很尴尬。此时，你只需把手收回来，接着谈话就是了，不必影响自己的情绪。这是对方的错，不是你的问题。

2. 死鱼式握手

对方的手虽然伸了出来，但握上去是僵硬的，没有回应。这时你就更热情地握上一握，然后松开。

3. 拥抱式握手

指用自己的双手握住对方的手。这在表示感激、老友重逢等场合是很自然的情感流露。当老人或贵宾向你伸手时，可以双手握对方的手，同时致以问候。在公共关系活动中，一般不使用这种握手的方式，因为这样显得过分谦恭，无形中降低了自己的地位。

4. 戴着手套握手

一般情况下应该摘下手套再握手，除非传染病流行或天气奇冷。

二、介绍礼仪

介绍是社会交往中人们互相认识、建立联系必不可少的手段。介绍有自我介绍和为他人介绍两种。

（一）自我介绍

这样的场合很多，例如，独自去拜访或接待客人、某个社交场合、自我推介等。

自我介绍的内容因场合的不同而变化。一般的社交场合说清自己的姓名及与主人或双方都认识的人的关系即可。在公共关系活动中，自我介绍的内容应该不少于这三项：姓名、供职单位及部门的全称、自己的职务或负责的业务。

例如，“你好！我叫王夏，是智同广告公司公关部的经理。”

自我介绍时要充满自信，眼睛注视对方，吐字清晰，面带微笑。

（二）为他人介绍

它是通过第三者为陌生的双方引见的一种方式，第三者即为介绍者。

介绍者应熟悉双方的情况，如有可能，应征求双方的意见，“李总经理，是否愿意认识一下赵林先生？他是前锋制药有限公司的副总经理”。一般来说，不必把职位很低的人介绍给身居高位的人。

为他人介绍时，要讲究介绍顺序，应该本着“让尊者优先了解对方情况”的原则来定。一般是先把男性介绍给女性，把年轻人介绍给老年人，把社会地位低者介绍给地位高者，把客人介绍给主人，把未婚者介绍给已婚者，把和自己关系密切的一方介绍给另一方。在公共关系活动中，是以职位的高低决定介绍顺序的，而不考虑性别和年龄。一人与多人见面，要先把一人介绍给大家，但是如果来者身份地位很高，即使一人，也应该先把其他人介绍给他。

微型案例

在正式场合,介绍人的介绍用语应当是很正规的,一般用"请允许我来为您介绍……"开头。而介绍的内容一般是偏商务性的,如:"请允许我来介绍,李小姐,这位是大地公司销售部经理唐为先生;唐先生,这位是宏大化妆品有限公司总经理李兰小姐。"

在非正式场合,介绍语可以比较随便,如:"王明,这是我的同事李扬,她的现代舞跳得非常好;小李,这是我中学的同学王明,也是一名舞蹈爱好者。"

在涉外场合,介绍时应把中方人员介绍给外方人员,介绍人由接待人员或中方人员中身份最高者担任。若双方需要介绍的人都比较多,那么在介绍各自人员的时候,应以职位高低为顺序,首先介绍职位高者。介绍时应自然大方、热情、简单明了,不要做作。

三、互赠名片礼仪

名片的使用在国内已不陌生,在国际上,名片的使用也比较普遍。宾主相见时,互相交换名片已成为现代社会中相互介绍和建立联系的一个重要方式,在公共关系活动中尤其受到重视。随着社会的发展和人际交往的日益增多,交换名片的方式已成为一种普遍的礼仪,更是涉外日常交往中宾主见面双方常用的礼节。

(1)名片的内容:公务活动中使用的名片,其内容主要包括所在单位、部门、姓名、职务或职称、地址、电话等联络方式。名片上的字数不宜太多,头衔也不宜太多,名字在名片中应该是最大的几个字,这样便于对方一眼就看到你的姓名,并能迅速称呼你。头衔太多会给人一种炫耀的感觉。

(2)随身携带的名片应该放置于名片盒或名片夹中,不要直接放在衣袋里或钱包中,这样既不利于保存,也是对自己的不尊重。女性可以把名片夹放在手提包内,男性可放在西服上衣内侧口袋里或公文包内。

(3)名片应双手呈递,接受名片的态度一定要恭敬,使对方感到你对他的名片很感兴趣。接受对方的名片后,不可以立刻放到自己口袋里,而应首先表示谢意,然后再看清对方的姓名。如果对其中的某个字念不准,要请教对方,相信他会很乐于告诉你。保存时,则应放在名片盒或名片夹中,既方便查找,也利于保存,更能表示对对方的尊重。

(4)应该是来访者先递上名片,然后接待者回赠名片。要双手拿着名片齐胸递接。如遇自己名片正好用完,无法回赠对方时,可说明原因,表示歉意,并手写姓名、地址、联络方式送给对方。

(5)如果没有携带名片,可以经对方同意后,添加对方的微信号。

四、拜访礼仪

(一)办公室拜访

办公室是各种社会组织处理往来事务的重要部门。公共关系工作的拜访活动常常发生在办公室。做好办公室拜访,应注意以下几方面的问题:

(1)事先约定时间。拜访前要先和对方约定,切忌贸然前往,成为不速之客。一旦约定,就要按时前往。如有事不能按时前往,应及时沟通,说明理由并表示歉意,更改拜访时间。

(2)注意仪表仪容。一般的拜访可不必过分修饰,比较重要的拜访,应注意仪容端正、服饰整洁,以表示对对方的尊重。仪容不佳、衣冠不整是极不礼貌的。

(3)礼貌进入室内。到达办公室门口,要稍稍整理一下头发和服装,鞋子在门垫上蹭干净。叩两三下门,经允许后方可进入。如门虚掩或开着,则应先敲一两声,并问:“我可以进来吗?”待应答后再进入。

(4)尽快进入正题。双方见面后客套话尽量少说,以免影响对方的工作。

(5)适时予以告辞。在达到拜访目的后,应及时礼貌地告辞,对对方的热情接待表示感谢,对进一步接触表示信任和诚意。

(二)家庭拜访

在公共关系活动中,公共关系人员有时受人之邀前往某个家庭拜访,掌握家庭拜访礼仪也是非常重要的。

(1)拜访前的准备。事先预约,最好按对方的意思确定拜访的时间和地点。还要注意个人修饰,既要表现个人修养和风度,又要表达对主人的尊敬。

(2)入室前的礼节。登门拜访时,应按门铃或敲门,不能长时间按着门铃不放,敲门每次敲两三下。

(3)作客时的礼节。待主人允许入室后,应随主人行至指定房间,并与室内所有人一一致意,待主人招呼就座后坐下。举止要大方,讲话应诚恳自然。

(4)告辞时的礼节。告辞时应向主人及其家人表示谢意,尤其是向长辈打招呼,出门后要礼貌谢绝主人远送,切忌出门后扬长而去。

五、方位礼仪

各国的礼节都很讲究方位,一个人在与他人交往时,占用多大空间及占用哪方面的空间都不是小事,而是表现了他的地位、身份、权利等诸多内容,不可忽视。

(一)左右位置

国际通行的礼节是“以右为尊”。让长辈、职位高者、客人、女士等尊者行立坐在晚辈、职位低者、主人、男士等的右侧,以体现出尊重与重视。

在国内,一般依据我国文化传统要求,采用“以左为尊”。但在涉外场合和签字仪式时,则一般遵循国际惯例。

(二)前后位置

在前后位置方面,一般以前面为尊。除非在一些拥挤的场合,需要工作人员在前面开路,或接待人员引导首次到访的客人时,抑或为客人按电梯按钮或开门等一些需要照顾客人的场合,尊者在后面。

(三)中间和两侧

无论行走或就座,应让尊者居中。

(四)乘车

在公共关系活动中,乘车座位的位次高低是考虑安全、方便、舒适等诸因素后确定的。

(1)小轿车。如果是由专职司机驾车,座位的位次由高到低依次排列为后右、后左、后中、副驾驶;如果小轿车由主人亲自驾驶,座位的位次由高到低依次排列为副驾驶、后右、后左、后中。后排座位比前排好是因为后排比较安全,并且在汽车靠右行驶的国家,从右边上下车是最方便的。所以人们认为后排右座为最尊位置。同理,在汽车靠左行驶的地方,后排左座才是最尊之位。

(2)多排客车。以司机为第一排,从第二排开始,越靠前、靠右越好,依次为第二排右座、中座、左座、第三排右座、中座、左座……

六、馈赠礼仪

在人际交往中，馈赠是一种重要的行为。为表达感谢之意、表示祝福之情、庆贺乔迁之喜，我们经常会选择馈赠礼物。送得恰到好处的礼物会让受礼者喜出望外，终生不忘；送得不合适的礼物会让受礼者左右为难，甚至破坏人际关系，完全违背了送礼的初衷。所以我们有必要学习一些馈赠礼仪。

（一）馈赠的原则

1. 纪念性

不管是公共关系活动中的送礼还是私人生活中的送礼，最好要有纪念意义。让受礼者日后每次看到这件礼物，都能想起礼物的来历、含义以及与之有关的事和人。

2. 独特性

如今人们追求的是个性化，礼品也越来越讲究品位和独特性。国外有一座煤矿，他们送给客人的礼品是一盏矿灯，挂在客厅里既是很好的装饰品，又有纪念意义，因此很受客人的喜爱。由此可见，花费很多钱不一定就能买来品位，关键还得看送礼者是否有创意。

3. 适应性

第一，要适应对方的爱好和年龄。如果对方是名古典音乐的爱好者，送一张他寻觅已久的唱片会令他激动不已；一个男孩过 18 岁生日，他的父亲送他一把刮胡刀，也是很有意义的。

第二，要适应对方的身份。对方是教师或学生，送一支笔或一本书就好；可是如果送书给生意人，特别是广东、福建、中国香港及海外侨胞中的经商者，就犯了忌讳，因为书就是“输”啊！

第三，要适应双方的关系。异性之间送礼特别要注意分寸。一般关系的异性忌讳送贴身使用之物。

第四，要适应对方的习俗。各国家、民族都有自己的信仰、习俗和忌讳，送礼一定不能忽略这一问题。例如，不能送酒给信仰伊斯兰教者，不能给他们的妻子送礼，否则就是冒犯了隐私。不要给日本的新婚夫妇送玻璃器皿，因为那意味着婚姻像玻璃一样容易破碎。

4. 原则性

馈赠礼品要掌握分寸，不能违反有关规定；不能把馈赠变成行贿受贿，使受礼者陷于尴尬。很多国家对公务员收受礼物的价值有严格的规定，超过规定价值的礼物就必须登记上交，否则就是受贿。馈赠礼品不能违反国家的法律，比如，不能向外国人赠送超出国家限制年限的不许出境的文物。

（二）馈赠礼品的注意事项

1. 讲究包装

一般的商品多有简易的包装，有的包装还算精美。可是要把商品变为礼品，仅把它买下来还不够，还要为它做一番包装。

很多商店都有包装服务。首先，要依据送礼缘由和受礼者特点选择合适的包装纸。有的包装纸上印着字，要看清写的是什么，生日礼品不要包一张“圣诞快乐”的纸。有的纸上印有卡通动物、人物，适合儿童和年轻人，不适用于送给老人及公共关系活动的礼品。冷色调或柔和色调的单色纸显得比花色纸格调高雅，较适合公共关系活动使用。其次，应根据礼品特点选择包装纸，假如选择了一款富有乡土气息的礼品，那么它的包装风格也应该是朴素的，过于精致的包装材料会破坏它的整体效果。

如果是送给外国人的礼品，还要了解对方国家的习俗忌讳，特别是颜色、图案、包装方式的忌讳，以免好心办错事。

2. 选择时机

送礼要选择恰当的时机，否则会让受礼者感到尴尬。

亲友之间的社交活动，如参加婚礼、寿礼，应一进门就送礼，同时应说一些祝福的话。

3. 表现得体

赠送礼品时要落落大方。不管在会面之初送，还是在会面结束时送，都要举止从容，恭敬有礼。送礼时要站起来，走近受礼者，双手把礼品递上；而不是随意地往桌上一放，等对方自己拿。

在公共关系活动中，有人带着秘书或随员参加，送礼时，只要礼品不是太大、一个人拿不了，都应该由送礼者亲自递交给对方，以示诚意。

如果要同时送给多人礼物，应该先从上司、长辈送起，先上司后下级，先长辈后晚辈，先女性后男性。

在递上礼品时，不能一言不发，总要说几句话。有祝愿式的，“祝你生日快乐”；有说明式的，“知道你属马，所以特地选了有马的图案的……”“这是我从意大利带回来的”，还可以解释礼品的寓意。但是，最好不要说这样的话：“一点小意思，实在拿不出手”“不值几个钱，凑合用吧”，这样的话中国人还能理解，知道你是谦虚，外国人就会当真，以为你的礼物真的不怎么样。

与此同时，当送礼者恭敬地递上礼物时，受礼者一般都应该欣然接受，表示感谢。如果由于某些原因，受礼者不能接受礼品，拒绝时要委婉，要给对方留有余地。有时没有当面打开礼品，事后才发现礼品的价值不菲，也可能当时人多，故不好退还。在这种情况下，事后退回礼品也是可行的。但是时间不能拖得太久，最好在 24 小时之内亲自奉还。同时，无论是送礼者还是接受者，都要遵守中央“八项规定”的要求。

第四节　常用的公共关系活动与仪式礼仪

一、签字仪式礼仪

部门或单位之间就某一重大事件达成协议，签订合同；或者国家之间通过谈判，就政治、经济、军事、科技、文化等某一领域的相互关系达成协议，缔结条约、协定或公约；往往都要举行签字仪式。

（一）签字仪式的准备工作

1. 布置好签字厅

布置签字厅的总体要求为庄重、整洁、清静。

小资料

签字厅的布置

（1）室内应铺地毯，正规的签字桌应为长桌，其上最好铺设墨绿色的台布。

（2）签字桌应横放于室内，在其后可摆放适量的座椅。

（3）签署双边性合同时，可放置两张座椅，供签字人就座。

（4）签署多边性合同时，可以仅放一张座椅，供各方签字人签字时轮流就座；也可以为每位签字人提供座椅。签字人就座时，一般应面对正门。

2. 准备好签字用具

在签字桌上，应事先安放好待签的合同文本以及签字笔、吸墨器等签字时所用的文具。

3. 签署涉外商务合同时，需在签字桌上摆放双方国旗

插放国旗时，其位置与顺序必须依照礼宾序列进行。例如，签署双边性涉外商务合同时，有关各方的国旗需插放在该方签字人座椅的正前方。

小资料

签署合同的座次安排

1. 签署双边性合同的座次安排

(1)应请客方签字人在签字桌右侧就座，主方签字人则应同时就座于签字桌左侧。

(2)双方各自的助签人应分别站立于己方签字人的外侧，以便随时对签字人提供帮助。

(3)双方其他随员可以按照一定的顺序在己方签字人的正对面就座；也可依照职位的高低，依次自左至右(客方)或是自右至左(主方)排成一行，站立于己方签字人的身后。

(4)当一行站不完时，可按照以上顺序并遵照“前高后低”的惯例，排成两行、三行或四行。

(5)原则上，双方随员人数大体上相当。

2. 签署多边性合同的座次安排

(1)一般仅设一把签字椅，也可以每位一把椅子。

(2)各方签字人签字时，须依照有关各方事先同意的先后顺序依次上前签字。

(3)助签人应随签字人一同行动。在助签时，应按照“右高左低”的规矩，助签人应站立于签字人的左侧。

(4)有关各方的随员应按照一定的序列，面对签字桌就座或站立。

4. 对待签合同文本的要求

(1)由主方负责待签文本的准备

依照商界的习惯，在正式签署合同之前，应由举行签字仪式的主方负责准备待签合同的正式文本。

①应会同有关各方一起指定专人，共同负责合同文本的翻译、校对、定稿、印刷、装订、盖火漆印。

②按常规合同文本上正式签字的有关各方，均提供一份待签的合同文本；必要时还可再向各方提供一份副本。

(2)签署涉外商务合同

①按照国际惯例，待签的合同文本应同时使用有关各方法定的官方语言。

②也可同时并用有关各方法定的官方语言。

(3)待签合同文本的印制

应以精美的白纸印制而成，按大8开(A3)的规格装订成册，并以高档质料(如皮质、金属、

软木等)作为封面。

(二)签字仪式的正式程序

1. 签字仪式正式开始

有关各方人员进入签字厅,在既定座位上各就各位。

2. 签字人正式签署合同文本

(1)首先签署己方保存的合同文本,接着再签署他方保存的合同文本。

(2)公共关系活动规定:每个签字人在己方保留的合同文本上签字时,按惯例应当名列首位。因此,每个签字人均应首先签署己方保存的合同文本,然后再交由他方签字人签字。这一做法在礼仪上称为“轮换制”。它的意义是:在位次排列上,轮流使有关各方均有机会居于首位一次,以显示机会均等、各方平等。

3. 签字人正式交换已经由有关各方正式签署的合同文本

(1)此时,各方签字人应热烈握手,互致祝贺,并相互交换各自一方刚才使用过的签字笔以示纪念。

(2)全场人员应鼓掌表示祝贺。

4. 共饮香槟酒互相道贺

(1)交换已签的合同文本后,有关人员,尤其是签字人,当场干一杯香槟酒是国际上通行的用以增添喜庆色彩的做法。

(2)在一般情况下,商务合同在正式签署后,应提交有关方面进行公证,此后才正式生效。

二、交接仪式礼仪

交接仪式在商界一般是指施工单位依照合同将已经建设、安装完成的工程项目或大型设备,经验收合格后正式移交给使用单位之时,所专门举行的庆祝典礼。

交接的礼仪一般是指在举行交接仪式时所须遵守的有关规范,通常包括交接仪式的准备、交接仪式的程序、交接仪式的参加三方面的内容。

(一)交接仪式的准备礼仪

准备交接仪式主要应关注下列三件事,即来宾的邀请、现场的布置、物品的预备。

1. 来宾的邀请

来宾的邀请一般应由交接仪式的东道主(即施工、安装单位)负责。在具体拟定来宾名单时,施工、安装单位也应主动征求自己的合作伙伴(即接收单位)的意见。接收单位对于施工、安装单位所草拟的名单不宜过于挑剔,不过可以对此酌情提出自己的一些合理建议。

从原则上讲,交接仪式的出席人员应当包括:施工、安装单位的有关人员,接收单位的有关人员,上级主管部门的有关人员,当地政府的有关人员,行业组织、社会团体的有关人员,各界知名人士,新闻界人士,以及协作单位的有关人员,等等。

邀请上级主管部门、当地政府、行业组织的有关人员时,虽不必勉强对方,但必须努力争取,并表现得心诚意切。

若非涉密,或暂且不宜广而告之,在举行交接仪式时,东道主既要争取多邀请新闻界的人士参加,又要为其尽可能地提供一切便利。对于不邀而至的新闻界人士,也应尽量来者不拒。至于邀请海外的媒体人员参加交接仪式的问题,则必须认真遵守有关的外事规则与外事纪律,事先履行必要的报批手续。

2. 现场的布置

举行交接仪式的现场，也称交接仪式的会场。在选择时，通常应视交接仪式的重要程度、全体出席者的具体人数、交接仪式的具体程序与内容，以及是否要求保密等因素而定。

根据常规，一般可将交接仪式的举行地点安排在已经建设、安装完成并已验收合格的工程项目或大型设备所在地的现场。

3. 物品的预备

在交接仪式上，有不少需要使用的物品，应由东道主一方提前准备。首先，必不可少的是作为交接象征之物的有关物品，主要有验收文件、一览表、钥匙等。验收文件此处是指已经公证的由交接双方正式签署的接收证明性文件。一览表是指交付给接收单位的全部物资、设备或其他物品的名称、数量明细表。钥匙是指用来开启被交接的建筑物或机械设备的钥匙。

除此之外，主办交接仪式的单位还需为交接仪式的现场准备一些用以烘托喜庆气氛的物品，并应为来宾略备一份薄礼。

在交接仪式的现场，可临时搭建一处主席台。必要时，应在其上铺设一块红地毯。至少也要预备足量的桌椅。在主席台上方悬挂一条红色巨型横幅，上书交接仪式的具体名称，如“××工程交接仪式”或“热烈庆祝××工程正式交付使用”等。

在举行交接仪式的现场四周，尤其是在正门入口处、干道两侧、交接物四周，可酌情悬挂一定数量的彩带、彩旗、彩球，并放置一些色泽艳丽、花朵硕大的盆花，用以美化环境。

在交接仪式上用以赠送给来宾的礼品，应突出其纪念性、宣传性。被交接的工程项目、大型设备的微缩模型，或以其为主角的画册、明信片、纪念章、领带夹、钥匙扣等，皆为上佳之选。

（二）交接仪式的程序

交接仪式的程序具体是指交接仪式进行时的各个步骤。不同内容的交接仪式，其具体程序往往各有不同。主办单位在拟定交接仪式的具体程序时，必须注意两个方面的重要问题：其一，必须在大的方面参照惯例执行，尽量不要标新立异，另搞一套；其二，必须实事求是、量力而行，在具体的细节方面不必事事贪大求全。交接仪式通常有五项基本程序。

1. 主持人宣布交接仪式正式开始

全体与会者应当鼓掌较长时间，以热烈的掌声表达对东道主的祝贺之意。在此之前，主持人应邀请有关各方人士在主席台上就座，并以适当的方式暗示全体人员保持安静。

2. 演奏东道主单位的标志性歌曲

演奏前，全体与会者必须肃立。该项程序有时也可略去。

3. 由施工、安装单位与接收单位正式交接有关工程项目或大型设备

具体的做法主要是由施工、安装单位的代表，将有关工程项目、大型设备的验收文件、一览表或者钥匙等象征性物品，正式递交给接收单位的代表。此时，双方应面带微笑，双手递交、接收有关物品。在此之后，还应热烈握手。至此，标志着有关的工程项目或大型设备已经被正式移交给了接收单位。

在有些情况下，为了进一步营造热烈而隆重的气氛，这一程序也可由上级主管部门或地方政府的负责人为有关的工程项目、大型设备的启用而剪彩所取代。

4. 各方代表发言

按惯例，在交接仪式上，须由有关各方的代表发言。他们依次应为施工、安装单位的代表，接收单位的代表，来宾的代表等。这些发言一般均为礼节性的，并以喜气洋洋为主要特征。它们通常宜短忌长，只需要点到为止的寥寥数语即可。

5. 宣告交接仪式正式结束

随后安排全体来宾参观或观看文娱表演。此时此刻,全体与会者应再次热烈鼓掌。

按照仪式礼仪的总体要求,交接仪式同其他仪式一样,在所耗费的时间上也是宜短不宜长。

如果方便,正式仪式一旦结束,东道主与接收单位即应邀请各方来宾一起参观有关的工程项目或大型设备。东道主一方应为此专门安排富有经验的陪同、解说人员,使各方来宾通过现场参观,进一步深化对有关工程项目或大型设备的认识。

若是出于某种主客观原因,不便邀请来宾现场参观,也可以通过组织参观有关的图片展览或发放宣传资料的方式,适当地满足来宾的好奇之心。

在仪式结束后,若不安排参观活动,还可为来宾安排一场综艺类的文艺表演,以助雅兴。表演者可以是东道主单位的员工,也可以邀请专业人士。表演的主要内容则应为轻松、欢快、娱乐性强的节目。

(三)参加交接仪式的礼仪要求

在参加交接仪式时,不论是东道主还是来宾,都存在一个表现是否得体的问题。有时,甚至还会因此而影响到有关各方的相互关系。

1. 东道主礼仪要求

东道主需要注意的主要问题有:

(1)仪容服饰。东道主要妆容规范、服饰得体、举止大方、保持风度。

(2)待人友好。不管自己是否专门负责接待、陪同或解说工作,东道主一方的全体人员都应当自觉地树立起主人翁意识。一旦来宾提出问题或需要帮助,就要鼎力相助,不允许一问三不知、借故推脱、拒绝帮忙,甚至胡言乱语、说风凉话。

2. 来宾礼仪要求

来宾在应邀出席交接仪式时,主要应重视如下四个方面的问题:

(1)致以祝贺。接到正式邀请后,被邀请者即应尽早以单位或个人的名义发出贺电或贺信,向东道主表示热烈祝贺。有时被邀请者在出席交接仪式时,将贺电或贺信面交东道主也是可行的。不仅如此,被邀请者在参加仪式时,还须郑重其事地与东道主一方的主要负责人一一握手,再次口头道贺。

(2)略备贺礼。为表示祝贺之意,可向东道主一方赠送一些贺礼,如花篮、牌匾等。时下,以赠送花篮最为流行。它一般需要在花店订制,用各色鲜花插装而成,并且应在其两侧悬挂特制的红色缎带,右书"恭贺××交接仪式隆重举行",左书本单位的正式全称。

(3)预备贺词。假如自己与东道主关系密切,则还须提前预备一份书面贺词,供被邀请代表来宾发言时之用。其内容应当简明扼要,主要是为了向东道主一方道喜祝贺。

(4)准点到场。若无特殊原因,接到邀请后,务必牢记在心,届时正点抵达,为主人捧场。

三、开幕、闭幕仪式礼仪

各种展览会,如科学技术展览会、文化艺术展览会、商业博览会等,以及各种文艺体育活动,如文化艺术节、体育运动会等,如其规模较大,在正式开始之前,则往往要举行开幕式,结束时通常要举行闭幕式。

(一)开幕式礼仪

1. 开幕式礼仪的准备工作

首先要选择一处宽敞的场所作为举行开幕式的场地,室内室外均可。选择场地时要结合参加仪式的人数多少与场地大小是否相当来考虑，一般宜大不宜小。场地选定之后，要在正面悬挂红色横幅，写明开幕式的名称，如"××博览会开幕式"。字体应该清晰、醒目、美观。在两旁应布置一些红色的旗帜。较隆重的开幕式还往往在场地四周悬挂五色彩旗，上面印有宣传图画或宣传口号。涉及国际的大型开幕式，如国际博览会，则通常应悬挂所有参加国的国旗。

有些开幕式通常要设主席台，比如运动会的开幕式。这种情况下就把横幅悬挂在主席台的正面帷幕上，并按一定图案在两旁插置彩旗。前台要按上台人数多少安置好桌椅，桌子上要覆盖红色的台布。主席台的前沿还可摆放一些花篮。

一般应该准备3只或更多的话筒，供主持人、致词人、译员使用。主持人的话筒安排在左边，致词人、讲话人及译员等的话筒安排在右边。此外，还应该准备好剪彩用的彩球和剪刀等。

另外，还要注意邀请有关的单位或领导人前来参加。同时也可酌情邀请国内外的记者前来采访。

2. 开幕式的举行

参加开幕式的人员进入场地，按照主左客右分排在两边。主客双方的人数应该大体相同。主持人、致词人和译员分别站在各自的位置，面向观众。

开幕式的一般程序如下：

(1)由主持人宣布开幕式正式开始。

(2)由主办一方的主要负责人致开幕词，其内容主要是简要说明活动大致情况和主要目的。

(3)由合作者中另一方的主要负责人致贺词，主要是祝贺活动成功举办和祝愿举办成功。

(4)邀请东道主或参加开幕式的来宾中身份最高的官员或知名人士剪彩。

(5)由宾主双方各一位或两位人士共同剪彩。

(6)剪彩完毕后是参观活动，有时在参观结束时要举行酒会招待。

(二)闭幕式礼仪

闭幕式的准备活动和开幕式大致相同，只是会场上的标语、横幅等应相应改为与闭幕式有关的内容。

闭幕式的一般程序如下：

(1)由主持人宣布闭幕式开始。

(2)由主办方的领导人做简要总结，并对有关方面尤其是协作者一方表示感谢。

(3)由合作者一方的领导人致辞，祝贺活动的圆满成功。其余人在双方领导人致辞时都应鼓掌响应。

(4)双方也可互赠礼品或纪念品，宣布整个活动结束。

体育运动会及文艺活动的闭幕式较为复杂，其程序是：

第一，主持人宣布闭幕式开始，奏运动会会歌；

第二，领导人做总结，对整个活动的成绩和不足做出全面评价；

第三，宣布本次活动中评选出来的优秀个人、集体或代表队，有的运动会也常常在此刻宣读运动员的优秀成绩；

第四，给优秀的团体或个人颁发奖品；

第五，隆重的运动会及文艺活动可以安排大型歌舞表演等；

第六，主持人宣布运动会或文艺活动最终闭幕。

四、颁奖仪式礼仪

（一）颁奖仪式礼仪的准备工作

举行颁奖仪式应该选择较大的礼堂或宽敞的室外场所。会场布置要衬托出隆重和热烈的气氛。主席台上，要在正上方悬挂横标，上面写清“××颁奖大会”。主席台两旁应悬挂一些相应的标语。为了更加突出气氛，还可在礼堂的休息大厅、走廊或场地四周布置一些彩旗，也可在休息大厅或场地旁的橱窗里布置图片和文字说明，对受奖的个人或集体的主要事迹做简要介绍。主席台上按上台人数放几排长桌，桌上覆盖白色或红色台布，按一定次序摆放好上台就座者的名签。奖状、奖品等可摆放在桌上，但应注意摆放得美观、协调，不影响主持人及发言者讲话。主席台的前台可以放置一些盆花。

颁奖者一般是单位或部门的领导人，也可以专门邀请有关的社会名流。颁奖者事先应该做好周密的安排，尤其在受奖人多的情况下，一定要做好颁奖者向受奖对象发奖的分工和工作人员负责递送奖状、奖品的分工，并应把受奖时的注意事项事先通知受奖人员。

受奖者应安排在会场的前排位置就座，要注意其座位的安排最好能与受奖时的先后次序相一致。此外，事先也可邀请一些记者前来参加。

（二）颁奖仪式的一般程序

（1）参加颁奖大会的人员应提前进入场地。仪式开始之前，敲锣打鼓或者奏乐，迎接接受颁奖的人员入场。

（2）主持人宣布颁奖仪式开始，首先是由有关领导讲话，简要说明颁奖的原因并简介受奖者的事迹。

（3）开始颁奖，同时敲锣打鼓或者奏乐。在主席台下的工作人员引导受奖人员按一定的顺序整齐地上台，并把他们分别引到各个负责为之发奖的领导人面前，然后迅速退去，负责递送奖品、奖状等物的工作人员应迅速把这些物品递交给领导人。领导人在给受奖人奖品或奖状等物时应主动与受奖人握手，并表示“祝贺”“希望”等。受奖人在台上应该站姿大方、端庄、优雅、稳健，接受奖品时站在与颁奖人相距三步左右的位置，面带微笑，伸出双手郑重去接，同时要腾出右手与颁奖人握手。然后，受奖人面向来宾，把奖状或奖品高举过头，接着深深鞠躬，向与会者表示感谢。与会者应报以热烈的掌声。最后，受奖人按工作人员的指挥下主席台。

如果是有等级的颁奖，应按次序宣布，由获得一等奖的先上台，待其下台后再由获得二等奖者上台，依此类推。有时也可为了烘托气氛、形成高潮，而让受一等奖者最后上台。在整个颁奖过程中，应该注意为摄影、录像等工作提供方便。

（4）致辞。发奖完毕后，通常要请来宾当中职务较高的领导人或影响较大的社会名流致贺词，一般可安排1～3位，从其各自不同的角度简要地表示祝贺与鼓励。

（5）由受奖者或受奖者的代表致答谢词。答谢词应该简明扼要、精炼恰当、开门见山，坦诚、直接表达感谢之情和继续努力的决心，切忌套话连篇。

（6）主持人宣布颁奖仪式结束，再次敲锣打鼓或奏乐，欢送受奖人员和来宾退场，然后其他与会者方可离去。

五、奠基、揭幕仪式礼仪

（一）奠基仪式礼仪

大型场馆如体育馆、图书馆、商业大厦等一类的建筑以及其他纪念性建筑，在正式动工修建之际，一般要举行奠基仪式。

奠基仪式在即将开工的工地上举行。现场布置与前几种仪式基本相同，也要悬挂横幅，上书“××奠基仪式”。为了渲染气氛，也可在四周布置一些彩旗，在正面布置一些花篮等，最主要的是奠基石。一般应选择汉白玉等上等石料，刨光磨平其正面，镌刻上名家书写的“××奠基”字样及“×年×月×日”。石刻字迹往往要用金粉勾勒，以更醒目。奠基石上一般还要扎上布扎的大红花。

举行仪式时参加者一般都是站着，也有的要布置桌、椅，以供领导和来宾就座。这时要注意在桌上覆盖彩色台布，安排好就座者的排列次序等。

要拟制好需要邀请的领导人、社会名流等的名单，并提前发出请柬。对于需要安排讲话和剪彩的宾客，更要注意跟踪落实。

此外，现场还应注意布置好剪彩用的工具、铲土用的铁铲等。同时，也要准备好话筒、音响等设备。

仪式举行时，参加仪式的人员按照主左客右的次序，面向奠基石站立或就座。主持人宣布奠基仪式开始。这时参加者应鼓掌，如果条件允许，也可燃放鞭炮。

接着，由本单位领导人讲话，主要是简要介绍该建筑物修建的缘起及其意义，并向施工单位及有关部门表示感谢等。然后，由来宾致辞，主要是对该工程的开始表示祝贺，并祝愿其进展顺利、早日完成。

接下来，便是邀请参加者中身份最高的人员剪彩，有时也可安排两个人剪彩。剪彩完毕，参加者再次鼓掌，或燃放鞭炮。这时，工作人员应递给剪彩者铁铲，由他首先铲土，埋向奠基石根部。然后，其他来宾和领导也用铁铲铲土，埋向奠基石。最后，参加者一起鼓掌祝贺，主持人宣布奠基仪式结束。

（二）揭幕仪式礼仪

名人雕像或塑像、大型的艺术品的落成，或者一个大型机构的建筑物正式落成等，往往要有揭幕仪式或揭碑仪式。

在仪式举行之前，首先要在雕像、塑像或艺术品，或者纪念碑、单位名牌上蒙上彩布，一般以红色为主。同时，在举行仪式的现场，还应以面向需要揭幕的对象为准，在正面悬挂红色会标，上书“××揭幕仪式”。为了增加气氛，还可在四周布置彩旗和鲜花等。同时，还要邀请有关的领导和社会知名人士，并注意要提前通知。

仪式举行时，参加者面向揭幕对象站立。主持人宣布仪式开始。此时可放庄重或欢快的音乐，如果是涉及两国之间的，如领事馆等的落成，则应先奏国歌。然后，由领导人讲话。主要是介绍该揭幕对象落成的经过及其意义，并感谢有关方面的支持。如果是名人像，则要介绍其人主要事迹，并对之赞扬。如果是雕刻等一类的艺术品，则应向作者表示祝贺和鼓励。总之，讲话应简明扼要。

再次，由来宾讲话。如果是名人像，则应由该名人的家属讲话，简要评价其精神，并向有关方面致谢；如是艺术品，则由作者致辞，简述其意义，并感谢有关方面的支持。揭碑仪式则往往由相关单位的领导人致辞，表示祝贺和希望。

最后，揭幕。揭幕人因揭幕对象的不同可由不同身份的人员充当。揭幕时，揭幕人从角上拉起蒙在像或碑上的红色蒙布，缓缓揭下。这时可燃放鞭炮，其他参加人员应致以热烈的掌声，并再次播放音乐，揭幕仪式结束。

六、宴请活动礼仪

(一)宴请的种类

1. 国宴。国宴是规格最高的宴会,是国家级的庆典宴会。举办方是本国政府首脑或国家元首,也可以是来访的外国元首或政府首脑。宴会厅必须悬挂主客两国国旗,宾主入席后乐队要奏两国国歌。举办者是宴会的主持人。宴会上主人和主宾要发表讲话或致祝酒词,席间要奏音乐。

2. 正式宴会。正式宴会适用于宴请规格较高,活动内容较正式、严肃的场合,重点在于突出给予对方较高的礼遇。它除了不挂国旗、不奏国歌、出席者级别不同外,其余都与国宴相似。

3. 便宴。便宴属于非正式的宴会,形式简便,不排桌次座位,不做正式讲话,菜肴道数不必过多,气氛随便、亲切,有利于各方自由交往。官方和非官方的宴会都可以采用这种形式。它有午宴和晚宴之分,也有早餐会。此种便宴都是坐着进食,由服务员顺次上菜。

4. 家宴。家宴是指在自己家中设便宴招待宾客的方式,可以由主妇亲自掌勺,也可请厨师上门做菜。可以广泛用于亲朋好友聚会,也可以用于官方宴请或业务洽谈宴请。席间全家人共同招待客人,气氛亲切、随和、友好,容易创造融洽的人际关系。家宴上午、下午都可举行,但请柬上一定要注明时间。

5. 自助宴。这是一种相当自由的餐饮形式,除了不必排桌次座次外,来宾人数也不受拘束,也不用服务员上菜,宾客自己动手选择食品;可以先后参差进食,不必等客人到齐才进食。这样的宴会形式便于宾客之间有较多的彼此认识的机会。

6. 工作餐。这是人们在特别繁忙、日程安排不开时采用的一种既节省时间,又达到招待目的的宴请形式。它可分为工作早餐、工作午餐和工作晚餐,适用于以谈论或从事某项具体工作为目的的招待场合,其特点是宾主共同进餐,边谈工作边进餐。工作餐一般只请当事人,不请客人的配偶,也不请其他与工作无关的人员。在国外,有的工作餐采取“AA 制”,即参加者各自付费。

(二)宴请的准备工作

由于宴请的种类不同,宴请的组织安排工作也就有所不同。工作餐较简单,而正式宴会的组织工作则相当复杂,有许多具体工作要认真筹划。

1. 列出宾客名单,发出正式请柬

应根据宴请的目的,与上司确认被邀请的宾客名单;在根据宴请的目的和宾客的社会地位、职务身份,确定宴会的规格后,发出正式请柬。正式宴会或正式宴请大多需要向宾客发出正式请柬,事先口头约定的或电话通知的也要补发,这是礼节上的要求。

2. 确定宴请时间,选好宴请场所

根据上司的提议或其他因素确定宴请时间。

一般不选择在重大节日、假日,涉外宴请还要注意避开对方的禁忌日。

确定时间后,接下来要确定宴请地点。

在确定地点时,一要考虑规格。规格高的安排在高级饭店或酒店;一般规格的,则根据情况安排在适当的饭店。另外还要考虑选择交通方便的地方,便于客人到达。二要考虑宴请对象。对文化素质高、有一定身份的宾客,宴请的卫生和环境尤其要讲究。

3. 确定菜单

宴请的菜肴应精致可口、赏心悦目、特色突出;应考虑客人的饮食习惯、禁忌;此外,应关注冷热、甜咸、色香味搭配。

4. 排定座次

宴会一般都要事先安排好桌次和座位，使参加宴会的人都能各就其位。席位的安排也能体现出对客人的尊重。

(1)排定桌次

桌次地位的高低以距主桌位置的远近而定。以主人的桌为基准，右高左低，近高远低。

宴会桌次排定见图 9—1。

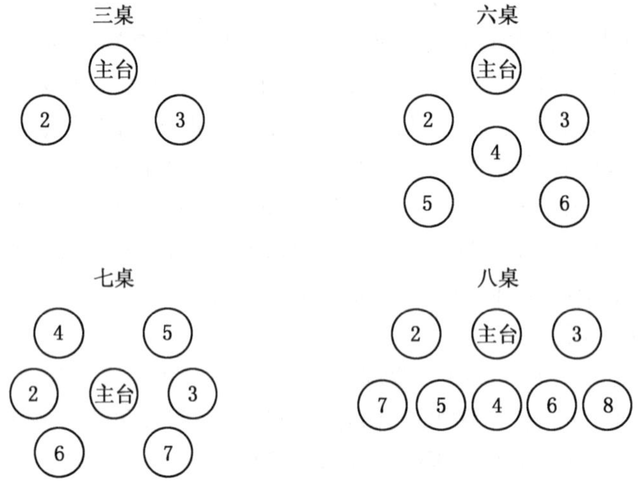

图 9—1　宴会桌次排定

(2)排定座位

①以主人的座位为中心，如果女主人参加，则以主人和女主人为基准，近高远低，右上左下，依次排列。

②把主宾安排在最尊贵的位置，即主人的右手位置；主宾夫人安排在女主人右手位置。

③主人方面的陪同人员尽可能与客人相互交叉，便于交谈，尽可能避免自己人坐在一起，冷落客人。

④译员安排在主宾右侧。

⑤席次确定后，座位卡和桌次卡放在桌前方、桌中间。

几种席位安排示意见图 9—2。

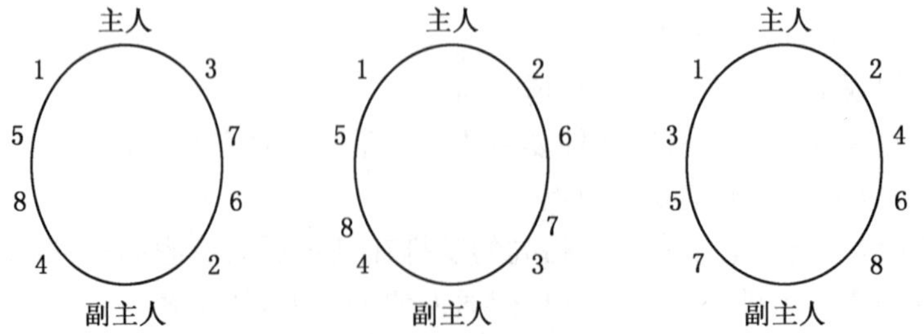

图 9—2　席位安排

(三)宴请程序

1. 迎客

大型宴请,主人一般在大门口迎接主要客人。小型宴请,主人一般在宴会厅或休息室门口迎接客人。另外,视宴会重要程度,还可由其他主要人员陪同主人排列成行迎接客人。

2. 入席

大型宴请中,普通客人应提前进入宴会厅,而主要客人到齐后,由主人陪同按礼宾次序排列先后进入宴会厅,这时全场起立,鼓掌表示欢迎,等主人与主宾落座后,其他人方能坐下,宴会正式开始。小型宴请等客人到齐后,主人陪客人进入宴会厅,全体人员落座,宴会开始。

3. 宣布宴会开始

大型宴请一般都先由主持人宣布:"××宴会(酒会等)现在正式开始。"

4. 致辞

致辞一般放于用餐前。主人应先介绍致辞人的身份,主宾都应派代表致辞。

5. 祝酒

入席后,主人应招呼客人进餐,并率先给客人敬酒。敬酒时可依序逐一敬遍全席,可以不分地位身份高低,一起敬酒。

6. 交谈

席间主人要引导客人愉快地参与交谈,巧妙地选择话题,使席间充满和谐愉快的气氛。

7. 散席

吃完水果,主人与主宾起立,宴会即告结束。主宾告辞,主人送至门口,主宾离去后,原迎宾人员顺序排列与其他客人握别。

微型案例 "基辛格鸡"

1971年7月9日,基辛格带着尼克松总统的使命秘密访华。周总理批示要好好招待,便宴规格要与国宴一样隆重。这位哈佛大学的犹太博士在食物风格上很是考究。他几乎周游过全球,席上佳肴美酒早已尝遍,可谓政坛风云人物中的美食家。当他吃到南京丁山宾馆的国厨徐筱波给他精心制作的"黄油蒸鸡"时,竟然连声叫好,绅士风度荡然无存。见此状,周总理吩咐:"以后国宴上的这道菜就叫基辛格鸡吧!"从此,以他名字命名的"基辛格鸡"便登上了中国国宴大菜的系列。

分析提示:周总理的即席之作令人称绝,他让基辛格兴奋不已,使宾主间气氛融洽到了极致。这一方面显出周总理卓越的才智;另一方面也给了我们如何才能让客人真正满意并对你产生感激之情的启示。

资料来源:百度百科,https://baike.baidu.com/item/基辛格鸡/708223?fr=aladdin,2022年2月26日。

小　结

关键术语

礼仪　公共关系礼仪　个人礼仪　社交礼仪　公共关系活动与仪式礼仪

本章小结

1. 礼仪是人类文明的产物，是人们社会交往的行为规范与准则，具体表现为礼貌、礼节、仪表与仪式四个方面。

2. 公共关系礼仪是社会组织的公共关系工作人员在公共关系活动中，为了塑造个人和组织的良好形象而应当遵循尊重他人、讲究礼节、注意仪表、仪式等的规范和程序。

3. 公共关系礼仪应遵循四个方面的原则，即自觉自律原则、真诚尊重原则、灵活运用原则、“适度、从俗”原则。

4. 公共关系礼仪的作用在于：帮助组织主体树立良好的公众形象；提高公共关系工作者的综合素质；推进诚信建设；提高全社会的文明水平。

5. 个人礼仪是一个人的生活行为规范与待人处世的准则，是个人仪容、服饰、言谈、举止、待人、接物等方面的具体规定，是个人道德品质、文化素养、教养良知等精神内涵的外在表现。个人礼仪的核心是尊重他人、与人友善、表里如一、内外一致。

6. 社交礼仪包括见面握手礼仪、介绍礼节、互赠名片、拜访礼仪、方位礼仪、馈赠礼仪。

7. 公共关系活动与仪式礼仪包括签字仪式礼仪、交接礼仪、开幕闭幕礼仪、颁奖礼仪、奠基揭幕礼仪、宴请活动礼仪。

知识结构图

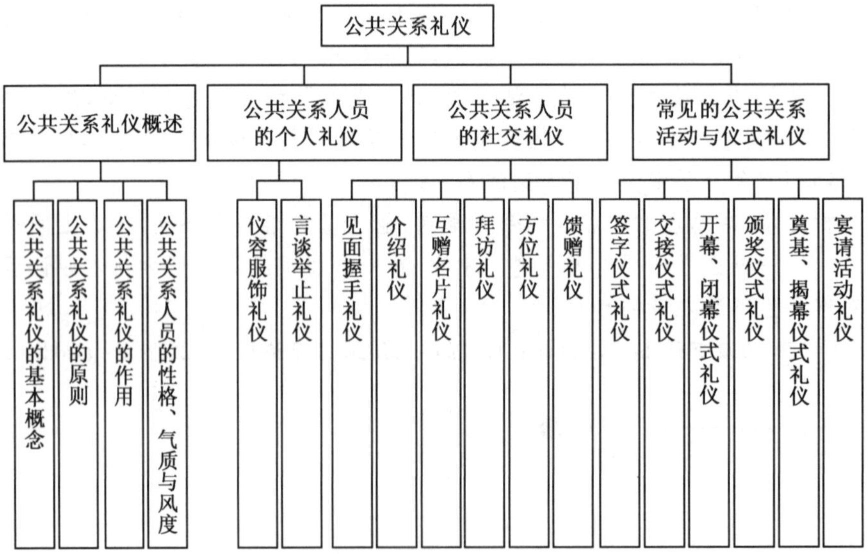

应　用

案例研究

案例一

不拘小节的王先生

距离之前约好的时间已经过去 15 分钟了，某工厂的业务员王先生抱着公司的产品宣传册，来不及等电梯，一口气便冲上 4 楼，脸上的汗还未及时擦一下，也来不及敲门，“呼”地一声推开了采购部李经理办公室的门。

在办公室里已经等得有些不耐烦的李经理，看了看站在自己面前一边喘气一边擦汗的王先生，脸色沉了下来。

“对不起，路上堵车了。这是我们企业设计的新产品，请您过目。”王先生说。

李经理接过王先生递过来的产品宣传册，随口赞道：“嗯，不错！”并请王先生坐下，倒上一杯茶递给他，然后拿起产品宣传册继续研究。

王先生看到李经理对新产品很感兴趣，便往沙发上一靠，跷起二郎腿，一边吸烟，一边悠闲地环视着李经理的办公室。

看了一会儿，李经理指着其中一款问道：“这种器材的性能先进在什么地方？”

王先生习惯性地搔了搔头，干巴巴地说：“说明书上都有写……”

李经理等了一会儿也未见王先生有任何补充，就继续问道：“价格方面有优惠吗？”

王先生回答：“2 000 元一套。”

李经理说：“这个价格比市场同类产品高了不少，能否降一些呢？”

王先生回答：“我们经理说了，这是最低价格，一分也不能再降了。”

李经理放下图册，半天没有开口。

王先生却有点沉不住气，不由自主地拉松领带，眼睛盯着李经理，李经理皱了皱眉。

李经理找了个借口离开了办公室，只剩下王先生一个人。王先生等了一会儿，感觉无聊，便随意地抄起办公桌上的电话，同一个朋友闲谈起来。这时，门被推开，进来的却不是李经理，而是办公室秘书……

问题：

1. 从这个案例中，你获得了哪些启示？
2. 结合此案例，谈谈公共关系礼仪的意义。

案例二

外交场合礼仪不可少

清末北洋大臣李鸿章出使德国时，应俾斯麦之邀赴宴，由于不懂西餐的礼仪习惯，竟误将吃水果后洗手用的一碗水端起来喝掉了。俾斯麦为了不使李鸿章出丑，便也将自己的洗手水一饮而尽。参加宴会的其他官员见此情况，也只得无奈奉陪。

1954 年 4 月 7 日，朝鲜、中国、苏联、越南等社会主义国家，与以美国为首的侵朝国家的代表在日内瓦开会讨论和平解决朝鲜问题和恢复印度支那各国和平问题，这就是举世闻名的“日内瓦会议”。当时美国国务卿杜勒斯代表美方与会，周恩来以外交部部长的身份代表中国政府出席会议。会议期间，杜勒斯扬言只有当中美双方的汽车相撞时，他才可能与周恩来会晤，以示其对中国的敌视。他不承认中国也不准其他代表团成员与中国人接触。一天上午，中美双方成员在会客厅里不期而遇，周恩来非常大度地主动向杜勒斯伸出手去，杜勒斯竟在众目睽睽之下，双手背在身后转身离开会客大厅。这种粗鲁无礼的举动严重违背了国际礼节惯例和一般民俗习惯，引起世界舆论的哗然。

但是，周恩来的友好举动还是得到了回报。1972 年 2 月 20 日，尼克松总统访问中国，当他一下飞机舷梯，在距周恩来2米多远处就向周恩来伸出双手，而周恩来不卑不亢，面带笑容地说："您是从大洋彼岸伸出手来和我握手，我们已有25年没有联系了。"尼克松的这一握，既有对中国人表示的友好，也有对因杜勒斯的失礼行为造成的国际影响和对周总理及中国人民造成的伤害而表示的深深的歉意。

20世纪60年代中期，美国总统约翰逊应邀访问泰国。约翰逊将访泰的消息被泰国的媒体做了大量宣传报道，引起了轰动，泰国国民都盼望着一睹美国总统的风采。泰国国家电视台对泰国国王会见约翰逊总统的场面做了现场直播。然而，约翰逊的举动令泰国国民失望和愤怒。在贵宾室会谈时，约翰逊坐在沙发上，脚却高高地翘在沙发扶手上，极不雅观。观众只能看到他高翘的脚板。谁知一波未平一波又起，这种无礼举动造成的紧张气氛和国民的不满还未消散，这位美国总统又站起来走向邻座的泰国王后，还没等人们明白怎么回事，他就和王后来了个热烈拥抱。王后十分窘迫，国王也面露尴尬。这一举动使泰国国民更加愤怒，第二天，泰国各新闻媒介就对约翰逊的失当举动予以猛烈抨击，使约翰逊提前怏怏而归，访泰以失败而告终。

资料来源：根据网络资料整理而成。

问题：

1. 从这个案例中，你获得了哪些启示？

2. 李鸿章不懂西餐礼仪，俾斯麦为其巧妙掩饰，你能从中得到什么启示呢？

3. 孔子说"非礼勿视，非礼勿听，非礼勿言，非礼勿动"。你是否同意其说法？结合此案例，谈谈公共关系礼仪的意义。

实验实训

1. 选择一次开幕式活动视频资料，观察并记录下其中涉及的礼仪情况。

2. 大华公司与天地公司举行签字仪式，请同学们按照签字仪式的礼仪要求，设计两家公司的签字情景。

复习思考题

1. 公共关系礼仪的核心是什么？

2. 交接仪式礼仪与开幕仪式之间存在哪些异同。

3. 颁奖仪式需要注意哪些方面的礼仪？

4. 如何做好商务宴请活动礼仪的准备工作？

参考资料

[1]何春晖:《中外公关案例宝典》,浙江大学出版社2003年版。

[2]劳动和社会保障部教材办公室:《公关员》,中国劳动社会保障出版社2003年版。

[3]肖北婴等:《现代公共关系学新编》,北京工业大学出版社2003年版。

[4]熊超群、潘其俊:《公关策划实务》,广东经济出版社2003年版。

[5]沈永祥、洪霄:《公共关系学》,化学工业出版社2003年版。

[6][美]克里斯·杰纳斯著,宋庆云、杨桦译:《赢取信誉——如何成为优秀的公关专家》,人民邮电出版社2003年版。

[7]宋常桐:《公共关系与社交礼仪》,清华大学出版社2004年版。

[8]丁军强:《公共关系原理与实务》,北京交通大学出版社2004年版。

[9]边一民:《公共关系案例评析》,浙江大学出版社2004年版。

[10]陈敏:《现代公共关系实务》,上海中医药大学出版社2004年版。

[11]张百章、何伟祥:《公关礼仪》,东北财经大学出版社2005年版。

[12]王培才:《公共关系理论与实务》,电子工业出版社2005年版。

[13]崔景茂:《新编公共关系教程》,北京大学出版社2005年版。

[14]杨晨:《现代公关案例精选》,高等教育出版社2005年版。

[15]李健荣、邱伟光:《高校公共关系教程》,上海中医药大学出版社2007年版。

[16]居延安:《公共关系学》,复旦大学出版社2008年版。

[17][美]迈克尔·莱文著,庄晖、时启亮译:《品牌化世界——公共关系与品牌塑造》,格致出版社、上海人民出版社2008年版。

[18][美]弗雷泽·P. 西泰尔著,梁洨洁等译:《公共关系实务》,清华大学出版社2008年版。

[19]中国国际公共关系协会编:《最佳公共关系案例》,中国市场出版社2009年版。

[20]王培才:《公共关系理论与实务》,电子工业出版社2009年版。

[21]岑丽莹:《中外危机公关案例启示录》,企业管理出版社2010年版。

[22][美]道·纽森、朱迪·范斯里克·杜克、迪恩·库克勃格著,于朝晖等译:《公共关系本质》,复旦大学出版社2011年版。

[23]张岩松:《现代公共关系案例教程》,清华大学出版社、北京交通大学出版社2011年版。

[24]龙鹤志:《公关案例选粹与评析》,经济管理出版社2011年版。

[25]吴建勋、丁华:《公共关系案例与分析教程》,清华大学出版社2013年版。

[26]蒋楠:《公共关系原理与实务》,中国人民大学出版社2013年版。

[27]陈丽清等:《公共关系学》,电子工业出版社2014年版。

[28]徐汉文、王振翼:《公共关系理论与实务》,高等教育出版社2014年版。

[29]李华君、陈先红:《中国危机公关案例研究报告》,华中科技大学出版社2014年版。

[30]苏日娜、邓莎莎:《公共关系原理与实务》,武汉大学出版社2016年版。

[31]张云:《公共关系概论——理论、实践和案例》,华东师范大学出版社2016年版。

[32]魏振香、王爱玲、王晓:《现代公共关系实务》,中国石油大学出版社2016年版。

[33]乜瑛:《公共关系学》,浙江大学出版社2017年版。

[34]蒋楠:《公关策划学》,科学出版社 2017 年版。
[35]刘建芬:《公共关系原理、实务与案例》,厦门大学出版社 2018 年版。
[36]于燕:《公共关系理论与实务》,北京师范大学出版社 2018 年版。
[37]李兰英、肖云林:《商务礼仪》,上海财经大学出版社 2021 年版。